Dolomiten

Höhenwege 1 – 3

Michael Will

GPX-Daten zum Download

www.kompass.de/gpx

Kostenloser Download der GPX-Daten der im Wanderführer enthaltenen Wandertouren.

AUTOR

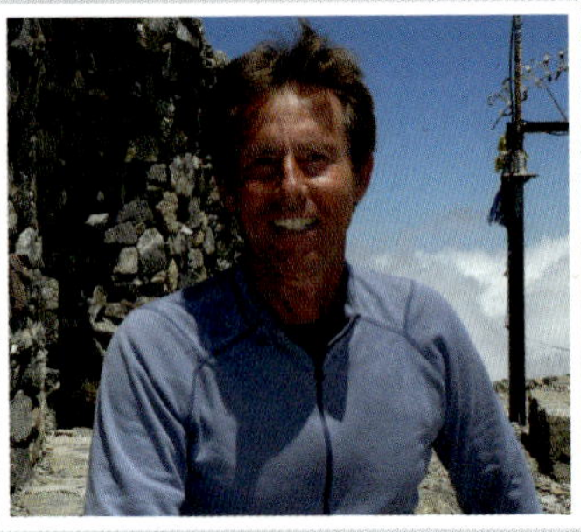

Michael (Willo) Will, geboren 1962 im Alpenrosenweg in Hamburg, Flugtriebswerkmechaniker, Skilehrer, Flugzeugbauingenieur, Abenteurer, Weltwanderer, Extremskifahrer, Director Business Development a. D., Wanderbuchautor, stolzer Vater von zwei Söhnen, lebt in Kiel an der Ostsee. Frei nach Franz Kafka ist sein Treibstoff ... Wege zu gehen, damit sie entstehen ... Ein großer Anteil seiner persönlichen Glücksformel ist: Wanderführer schreiben als Lebensmodell.

Seit 1972 entdeckt er immer wieder auf's Neue den Facettenreichtum der Dolomiten, sei es beim Wandern, beim Mountainbike fahren, beim Skifahren, auf Skitouren und auf Variantenabfahrten. 2015 publizierte er auf der Webseite www.gpstrackfinder.com einen Online Variantenabfahrten-Führer mit 60 Etappen in Norditalien. Die Dokumentation und Überarbeitung der Dolomiten Höhenwege 1 bis 3 ist für ihn eine Herzensangelegenheit. Durch seine starke Naturverbundenheit und langjährige Wandererfahrung vermittelt er in seinen Wandervorschlägen den einzigartigen Reiz und die beeindruckende Mannigfaltigkeit der Region.

VORWORT

Kaum vorstellbar, wo sich heute die Dolomiten erheben, befand sich einst das tropische Urmeer Tethys. In diesem erbauten gehirnlose Polypen über Millionen von Jahren, wir reden von 5–20 mm Wachstum pro Jahr, die größten von Lebewesen geschaffenen Unterwasserstrukturen. In der weiteren Entstehungsgeschichte versanken die Korallenriffe zunächst im Meer, erhoben sich dann aber wieder, aufgrund der Verschiebung der Erdkruste – bei der bislang letzten globalen Gebirgsbildungsphase der Erdgeschichte. So bekamen die mächtigen Bergspitzen der Dolomiten ihr heutiges Erscheinungsbild.

Frei nach dem englischen Dichter William Blake: Großes geschieht, wenn Mensch und Berg sich treffen. Wie passend! Denn nur selten auf dieser faszinierenden Erde ist die Freude des Betrachters an der Natur größer, als auf dieser Wanderung durch das Szenario Dolomiten: Die einzigartige monumentale Schönheit, abwechslungsreiche Landschaften aus schroffen Felsen und grünen und sanften Bergwiesen, die rötlich schimmernden Felswände bei Sonnenuntergang, die am meisten fotografierte Sehenswürdigkeit der Dolomiten, sozusagen der Weltmeister unter den Bergen, die Drei Zinnen, Almwiesen mit den Heuhütten, Bauernhöfe mit ihren Fensterblumen und die blühenden Gärten. Viele Gründe, warum die Dolomiten in die Liste des UNESCO-Welterbes aufgenommen wurden.

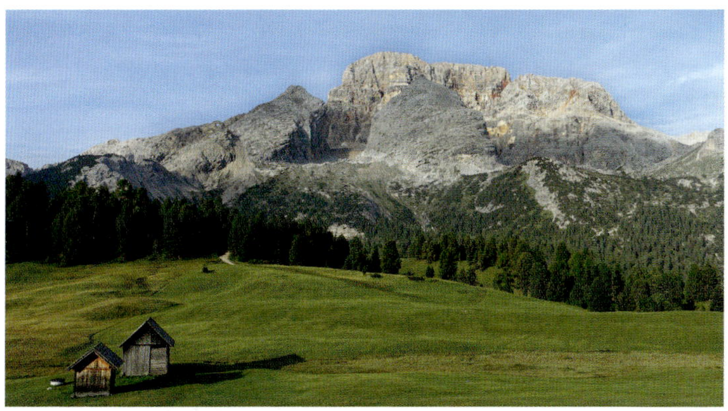
Die Ostflanke der Hohen Gaisl (Etappe 45.1)

Aber für das Erlebnis Dolomiten Höhenweg benötigt der Wanderer Ehrgeiz, um die Herausforderung – Grenzerfahrung – zu bewältigen. Diese mehrtägige Bergtour wird von emotionalen Extrempositionen geprägt sein, von Frustration bis zu erhabenen Glücksgefühl. All dies liegt sehr nahe beieinander und kann innerhalb weniger Stunden erlebt werden. Auch der geübte Bergsteiger tut gut daran, in Vorbereitung auf dieses Projekt gut trainiert zu haben, um so die geforderte Kondition mitzubringen! Reduzieren wir den Höhenweg nur auf Essen, dann wird es definitiv eine Genusswanderung. Denn es geht durch drei Genusszonen: Von den schmackhaftenden Südtiroler Spezialitäten über die typisch ladinischen Speisen bis zur vielfältigen Küche der Provinz Belluno.

Noch überzeugen die Dolomiten durch eine einzigartige und vielfältige Fauna und Flora. Dieser Kulturraum ist aber massiv bedroht angesichts der zunehmenden Touristenströme. Eine wichtige Aufgabe ist der nachhaltige Tourismus und der damit einhergehende Natur- und Landschaftsschutz, der die Freude an diesem Paradies für zukünftige Generationen möglich macht.

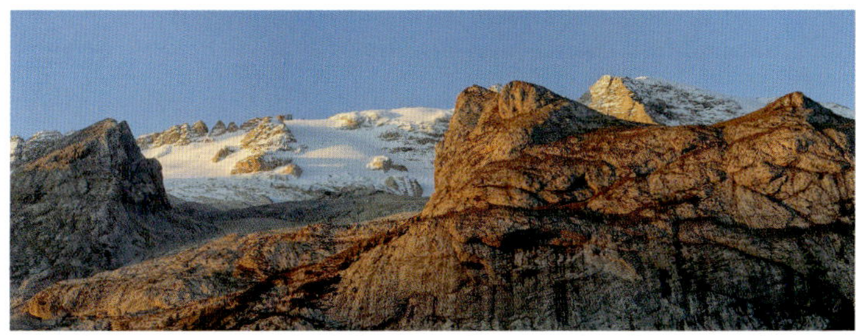
Die eisgekrönte Königin der Dolomiten, die Marmolata (Etappe 31.1)

INHALT UND ETAPPENÜBERSICHT

AUFTAKT

ANHANG

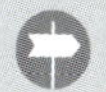 km	 h	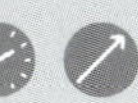 hm	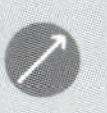 hm	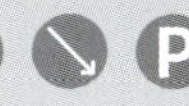	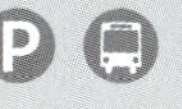	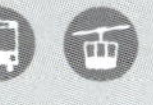	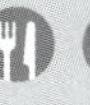	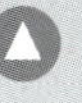	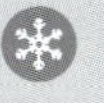	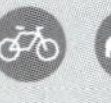		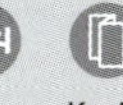 Karte
6,1	3:15	890	70	✓	✓			(✓)			✓	672
3	1:00	60	250								✓	672
2,3	0:45	30	170								✓	672
2,8	0:45	50	410	✓	✓						✓	672
5,4	2:00	520	40	✓	✓		✓				✓	672
12,6	5:00	1150	420			✓	✓				✓	672
7,8	3:15	470	650	✓	✓	✓	✓	✓			✓	672
4,9	2:20	50	725	✓	✓	✓		✓			✓	672
2,9	1:00	20	440				✓				✓	672
4	1:30	60	400	✓	✓		✓				✓	672
6,2	2:15	420	510	✓	✓						✓	672
5,2	1:10	300	250	✓	✓							672
6,8	2:30	320	440								✓	672
3	1:15	40	180	✓	✓						✓	672
6,5	2:30	510	170	✓	✓						✓	672
4,1	1:45	390	320					✓			✓	672
5,5	2:00	60	610								✓	672
8,9	3:30	590	470								✓	672
2,5	0:45	10	250	✓	✓						✓	672

INHALT UND ETAPPENÜBERSICHT

DOLOMITEN HÖHENWEG NR. 2

km	h	hm	hm									Karte
10,4	4:15	500	250	✓	✓						✓	672
6	2:00	540	770								✓	672
6,2	3:45	970	330								✓	672
8,75	2:50	50	1250				✓				✓	672
2	2:30	80	830					✓			✓	672
6,1	2:15	100	890								✓	672
6,5	2:00	50	350	✓	✓		✓				✓	672
2,6	1:30	400	0	✓	✓	✓					✓	672
2,6	0:55	150	50	✓	✓		✓				✓	672
13	5:15	530	730				✓				✓	672
11,3	4:30	790	630				✓				✓	672
6,9	2:45	230	520	✓	✓		✓				✓	672
2,7	1:45	450	10	✓	✓						✓	672
3,3	1:45	400	130								✓	672
4,4	1:45	50	630	✓	✓	✓	✓				✓	672
2,3	1:10	285	335	✓	✓	✓	✓				✓	672
6,7	2:45	150	330	✓	✓		✓				✓	672
11	4:30	500	600	✓	✓		✓				✓	672
7,4	5:15	850	950	✓	✓	✓	✓				✓	672
10,3	4:15	650	800	✓	✓		✓				✓	672
6,2	2:30	300	200	✓	✓						✓	672
6,3	3:10	750	200	✓	✓						✓	672

INHALT UND ETAPPENÜBERSICHT

DOLOMITEN HÖHENWEG NR. 3

km	h	hm	hm									Karte
7,3	3:45	930	400	✓	✓						✓	672
7	4:00	650	630	(✓)	(✓)	(✓)					✓	672
4,8	2:30	270	500	(✓)	(✓)	(✓)					✓	672
3,5	1:30	100	200	(✓)	(✓)	(✓)					✓	672
6,4	3:15	640	1230								✓	672
8,3	3:15	690	930	✓	✓						✓	672
7,7	3:30	840	330	✓	✓							672
5,2	2:15	250	440								✓	672
13,2	5:15	950	700								✓	672/76
5,2	1:45	0	980								✓	76
13	3:40	60	800	✓	✓		✓				✓	76
11,2	4:00	470	920	✓	✓			✓			✓	76
10,2	3:00	10	330	✓	✓		✓				✓	76
13,2	5:30	1250	470	✓	✓						✓	672
13,4	4:30	930	90	✓	✓		✓				✓	672
13,4	5:00	1150	950	✓	✓		✓	✓			✓	672
19	6:15	950	750	✓	✓		✓				✓	672
16,2	5:30	950	1250				✓				✓	672
6	5:15	920	210									672
3,9	1:30	10	810								✓	672
5,3	1:30	0	800				✓				✓	672
7,9	3:15	1140	160	✓	✓						✓	672

INHALT UND ETAPPENÜBERSICHT

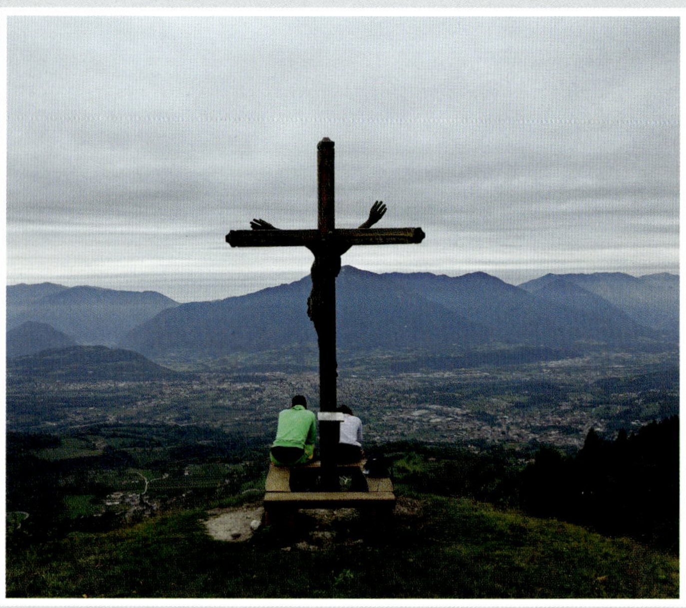

Das Gipfelkreuz am Monte Pafagai (Etappe 43.1)

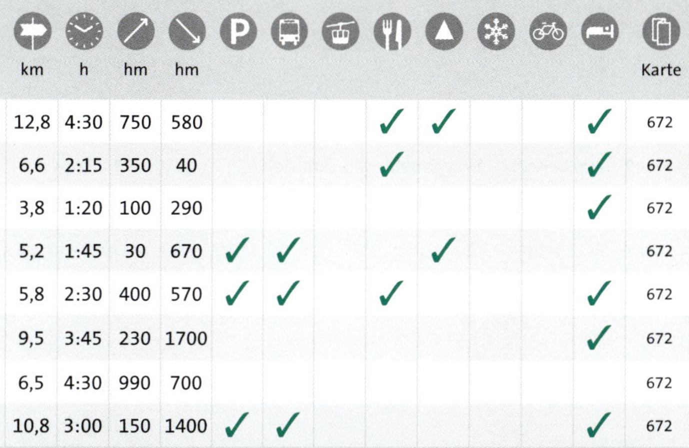

km	h	hm	hm									Karte
12,8	4:30	750	580				✓	✓			✓	672
6,6	2:15	350	40				✓				✓	672
3,8	1:20	100	290								✓	672
5,2	1:45	30	670	✓	✓			✓				672
5,8	2:30	400	570	✓	✓		✓				✓	672
9,5	3:45	230	1700								✓	672
6,5	4:30	990	700									672
10,8	3:00	150	1400	✓	✓						✓	672

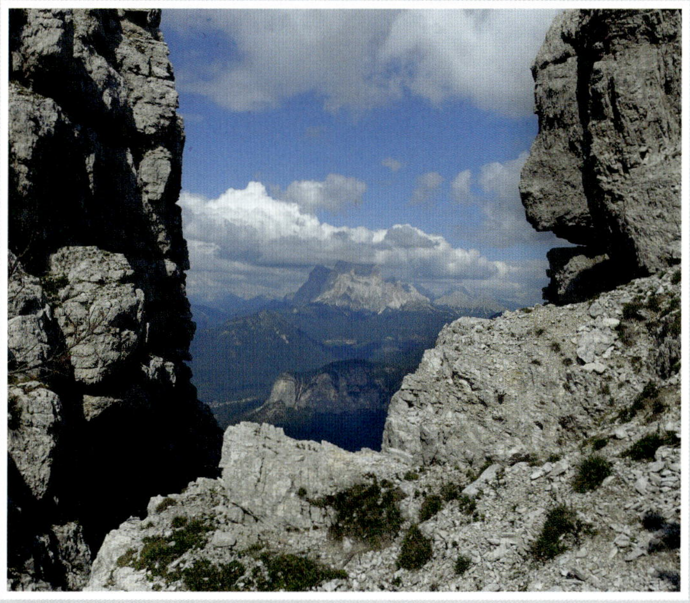

An der Porta de la Serra (Etappe 54)

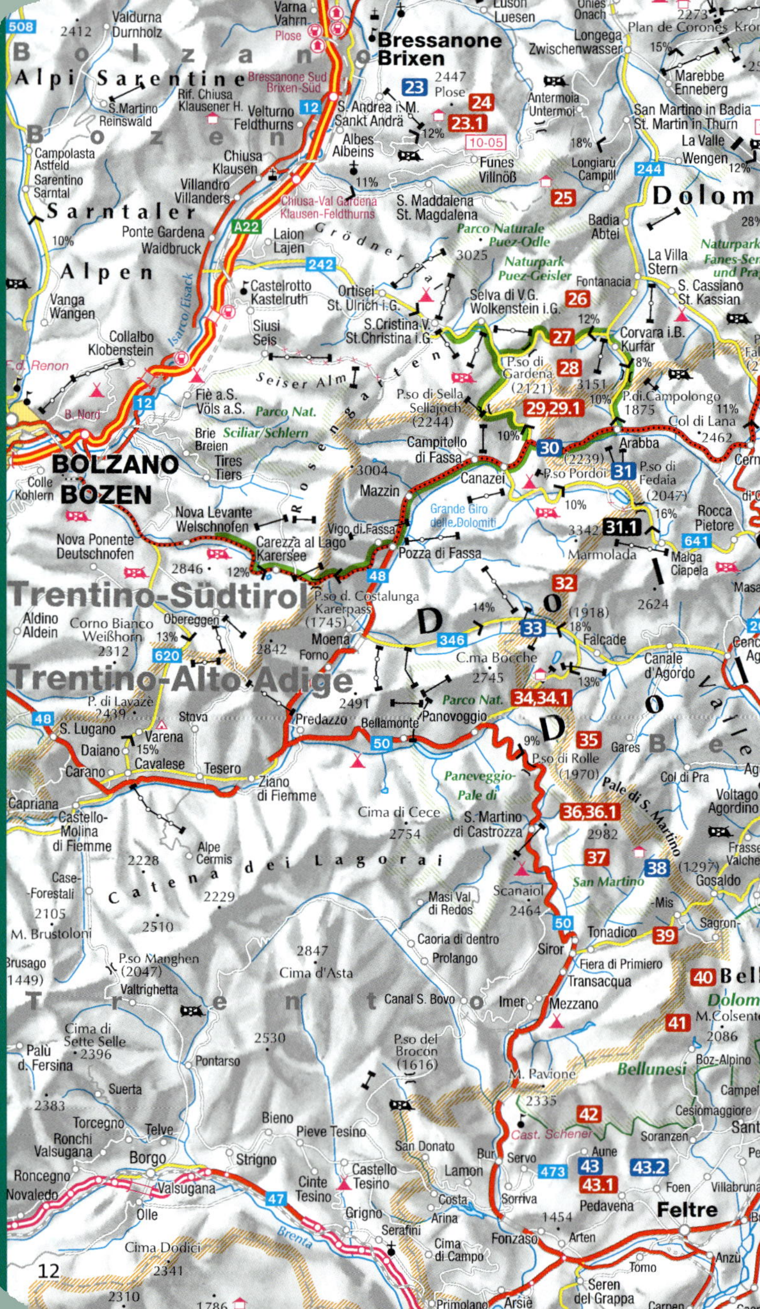

508
2412
Valdurna
Durnholz
Varna
Vahrn
Plose
Bressanone
Brixen
Luson
Luesen
Onies
Onach
2273
Plan de Corones
Kronp
Longega
Zwischenwasser
15%
Bolzano
Alpi Sarentine
Bressanone Sud
Brixen-Süd
23
2447
Plose
24
23.1
Antermoia
Untermoi
Marebbe
Enneberg
S.Martino
Reinswald
Rif. Chiusa
Klausener H.
Velturno
Feldthurns
12
S. Andrea i. M.
Sankt Andrä
12%
Albes
Albeins
10-05
Funes
Villnöß
San Martino in Badia
St. Martin in Thurn
Bozen
Campolasta
Astfeld
Chiusa
Klausen
18%
Longiarù
Campill
La Valle
Wengen
12%
244
Sarentino
Sarntal
Villandro
Villanders
11%
Chiusa-Val Gardena
Klausen-Feldthurns
S. Maddalena
St. Magdalena
25
Dolomi
Sarntaler
A22
Badia
Abtei
28%
10%
Ponte Gardena
Waidbruck
Laion
Lajen
Grödner Tal
Parco Naturale
Puez-Odle
Naturpark
Fanes-Senne
und Prags
Alpen
3025
Naturpark
Puez-Geisler
La Villa
Stern
242
Isarco/Eisack
Castelrotto
Kastelruth
Ortisei
St. Ulrich i.G.
Selva di V.G.
Wolkenstein i.G.
Fontanacia
26
S. Cassiano
St. Kassian
Vanga
Wangen
Siusi
Seis
S.Cristina V.
St.Christina i.G.
12%
27
Corvara i.B.
Kurfar
P.so
Falza
Collalbo
Klobenstein
Rosengarten
P.so di
Gardena
(2121)
28
3151
8%
F.d. Renon
Seiser Alm
7
12
B. Nord
Fiè a.S.
Völs a.S.
Parco Nat.
Sciliar/Schlern
P.so di Sella
Sellajoch
(2244)
29,29.1
10%
P.di.Campolongo
1875
11%
Col di Lana
2462
Brie
Breien
Campitello
di Fassa
10%
30
Arabba
Cernac
BOLZANO
BOZEN
Tires
Tiers
3004
Canazei
(2239)
P.so Pordoi
31
P.so di
Fedaia
(2047)
Colle
Kohlern
Mazzin
Grande Giro
delle Dolomiti
10%
16%
Rocca
Pietore
Nova Levante
Welschnofen
Vigo di Fassa
3342
31.1
641
Nova Ponente
Deutschnofen
Carezza al Lago
Karersee
Pozza di Fassa
Marmolada
Malga
Ciapela
2846
12%
48
32
Masarè
Trentino-Südtirol
P.so d. Costalunga
Karerpass
(1745)
14%
(1918)
2624
Aldino
Aldein
Corno Bianco
Weißhorn
2312
Obereggen
13%
Moena
Forno
33
18%
Falcade
203
Cencer
Agor
620
2842
346
C.ma Bocche
2745
Canale
d'Agordo
Trentino-Alto Adige
13%
P. di Lavazè
2439
2491
Parco Nat.
34,34.1
48
Stava
Predazzo
Bellamonte
Panovoggio
Valle
S. Lugano
Varena
15%
50
9%
35
Gares
Daiano
P.so di Rolle
(1970)
Carano
Cavalese
Tesero
Ziano
di Fiemme
Paneveggio-
Pale di
Col di Pra
Pale di S. Martino
Agor
Voltago
Agordino
Capriana
Castello-
Molina
di Fiemme
Cima di Cece
2754
S. Martino
di Castrozza
36,36.1
2982
Frassene
Valchesia
Alpe
Cermis
Catena dei Lagorai
37
38
(1297)
Gosaldo
2228
San Martino
Case-
-Forestali
2229
Masi Val
di Redos
Scanaiol
2464
Mis
2105
2510
50
Sagron-
M. Brustoloni
Caoria di dentro
Tonadico
39
2847
Siror
Brusago
(1449)
P.so Manghen
(2047)
Prolango
Fiera di Primiero
Cima d'Asta
Transacqua
40
Bell
Dolomit
Valtrighetta
Trento
Canal S. Bovo
Imer
Mezzano
41
M.Colsento
2086
Cima di
Sette Selle
2396
2530
P.so del
Brocon
(1616)
Palù
d. Fersina
Pontarso
Boz-Alpino
M. Pavione
Bellunesi
Suerta
Campel
2383
2335
Cesiomaggiore
42
Torcegno
Telve
Bieno
Cast. Schener
Santa
Ronchi
Valsugana
Pieve Tesino
San Donato
Soranzen
Pez
Borgo
Strigno
Bur
Servo
Aune
43
43.2
Roncegno
Castello
Tesino
Lamon
473
Villabruna
Novaledo
Valsugana
47
Cinte
Tesino
Costa
43.1
Foen
Sorriva
Pedavena
Feltre
Olle
Grigno
Arina
1454
Bus
Brenta
Serafini
Fonzaso
Arten
Cima Dodici
Cima
di Campo
Anzù
2341
Tomo
2310
1786
Primolano
Arsiè
Seren
del Grappa
Carpen

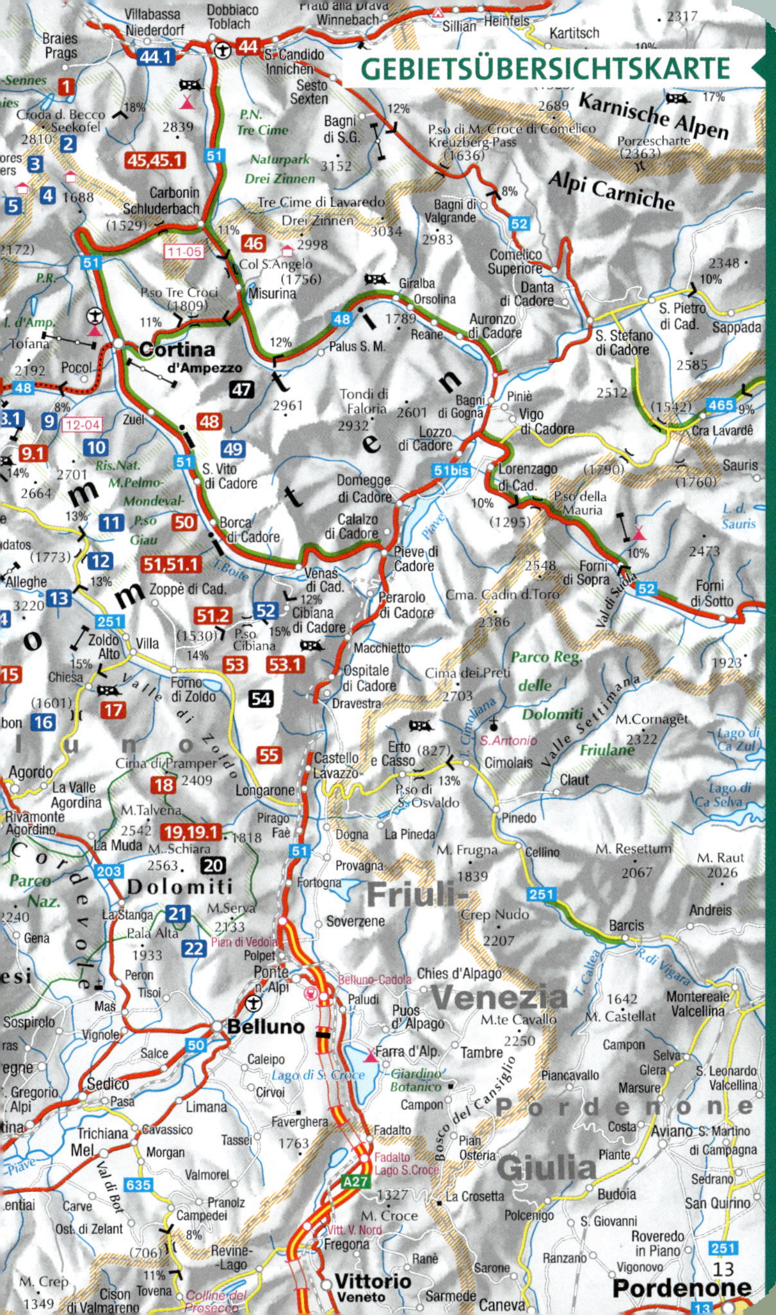
GEBIETSÜBERSICHTSKARTE
Karnische Alpen
Alpi Carniche
Villabassa
Niederdorf
Dobbiaco
Toblach
Winnebach
Sillian
Heinfels
Kartitsch
Braies
Prags
S. Candido
Innichen
Sesto
Sexten
Croda d. Becco
Seekofel
Bagni di S.G.
P.so di M. Croce di Comelico
Kreuzberg-Pass
(1636)
Porzescharte
(2363)
P.N.
Tre Cime
Naturpark
Drei Zinnen
Carbonin
Schluderbach
(1529)
Tre Cime di Lavaredo
Drei Zinnen
Bagni di Valgrande
Comelico Superiore
Danta di Cadore
Col S.Angelo
(1756)
Misurina
P.so Tre Croci
(1809)
Giralba
Orsolina
Reane
Auronzo di Cadore
S. Stefano di Cadore
S. Pietro di Cad.
Sappada
Cortina
d'Ampezzo
Tofana
Pocol
Palus S. M.
Tondi di Faloria
Bagni di Gogna
Piniè
Vigo di Cadore
Cra Lavardê
Sauris
Zuel
Lozzo di Cadore
Lorenzago di Cad.
P.so della Mauria
L. d. Sauris
Ris.Nat.
M.Pelmo-
Mondeval-
P.so
Giau
S. Vito di Cadore
Domegge di Cadore
Calalzo di Cadore
Pieve di Cadore
Piave
Forni di Sopra
Forni di Sotto
Val di Suola
Borca di Cadore
Alleghe
Zoppè di Cad.
Venas di Cad.
Cibiana di Cadore
P.so Cibiana
Perarolo di Cadore
Cma. Cadin d.Toro
Zoldo Alto
Villa
Chiesa
Forno di Zoldo
Macchietto
Ospitale di Cadore
Dravestra
Cima dei Preti
Parco Reg.
delle
Dolomiti
Friulane
Valle Settimana
M.Cornagêt
Lago di Ca Zul
Agordo
La Valle Agordina
Cima di Pramper
Valle di Zoldo
Longarone
Castello Lavazzo
Erto e Casso
S.Antonio
Cimolais
Claut
T. Cimoliana
P.so di S. Osvaldo
Lago di Ca Selva
Rivamonte Agordino
M.Talvena
La Muda
M. Schiara
Pirago
Faè
Dogna
La Pineda
Pinedo
Cellino
M. Frugna
M. Resettum
M. Raut
Provagna
Fortogna
Friuli-
Venezia
Giulia
Pordenone
Cordevole
Parco Naz.
Dolomiti
La Stanga
Pala Alta
M.Serva
Pian di Vedoia
Polpet
Soverzene
Crep Nudo
Barcis
Andreis
T. Caltea
R.di Vigara
Gena
Peron
Tisoi
Ponte n. Alpi
Belluno-Cadola
Chies d'Alpago
Mas
Belluno
Paludi
Puos d'Alpago
M.te Cavallo
M. Castellat
Montereale Valcellina
Sospirolo
Vignole
Salce
Caleipo
Lago di S. Croce
Farra d'Alp.
Tambre
Campon
Selva
Giardino Botanico
Bosco del Cansiglio
Piancavallo
Glera
Marsure
S. Leonardo Valcellina
Sedico
Pasa
Cirvoi
Limana
Faverghera
Fadalto
Costa
Aviano
S. Martino di Campagna
Trichiana
Cavassico
Mel
Morgan
Tassei
Pian Osteria
Piante
Piave
Val di Bot
Valmorel
Fadalto Lago S.Croce
Sedrano
Carve
Pranolz
Campedei
La Crosetta
Budoia
San Quirino
Ost. di Zelant
M. Croce
Polcenigo
S. Giovanni
Vitt. V. Nord
Fregona
Roveredo in Piano
Revine-Lago
Ranè
Sarone
Ranzano
Vigonovo
M. Crep
Cison di Valmareno
Tovena
Colline del Prosecco
Vittorio Veneto
Sarmede
Caneva
Pordenone

DAS GEBIET

Geografisch betrachtet liegen die drei Dolomiten Höhenwege südlich des Alpenhauptkamms in Norditalien. Das Pustertal und das kleinere Sextental mit den Orten Bruneck, Toblach und Innichen begrenzen das Wandergebiet nach Norden. Das Tal Valbelluna mit den Orten Belluno und Feltre definiert die südliche Grenze der Höhenwege. Die Dolomiten Höhenwege liegen in den Provinzen Trentino-Südtirol (Trentino-Alto-Adige) mit ca. 1 Million Einwohnern und 13.700 km² Fläche und Venetien (Veneto) mit ca. 4,8 Millionen Einwohnern und 18.400 km² Fläche.

DIE DOLOMITEN

Die Dolomiten sind eine Gebirgsgruppe der südlichen Kalkalpen und gehören geografisch zu den Südalpen. Sie sind in die nachfolgenden Gebirgsgruppen und Untergruppen [rechteckige Klammern] unterteilt: Ampezzaner Dolomiten [Antelao, Cristallogruppe, Sorapiss, Tofane], Bosconerogruppe, Cimonegagruppe, Civettagruppe, Fanesgruppe, (Grappastock), (Langkofelgruppe), (Latemar), Lüsner Berge, Marmarole, Marmoladagruppe, Palagruppe, Peitlerkofelgruppe, Pelmostock, Pragser Dolomiten, Puez-Geisler-Gruppe, Rosengarten, Schiaragruppe, (Schlerngruppe), Sellastock, Sextner Dolomiten, die (Friauler Dolomiten und Dolomiti d'Oltre Piave) und (Brenta-Dolomiten). Die Gruppe der Brenta-Dolomiten ist die einzige Dolomitengruppe, die sich westlich des Flusses Etsch erhebt. Die Gruppen in Klammern werden auf den Dolomiten Höhenwegen nicht durchwandert. In den Beschreibungen der Wanderungen wird immer wieder darauf hingewiesen, in welcher Gebirgsgruppe man gerade wandert. Unter dem folgenden Link zu Wikipedia befindet sich eine sehr gute Illustration:
https://upload.wikimedia.org/wikipedia/commons/3/3c/Sextner_Dolomiten.png

UNESCO-WELTNATURERBE

Seit 2009 gehören die nachfolgend aufgeführten neun Regionen der Dolomiten zum UNESCO-Weltnaturerbe. Jede dieser Landschaften zeichnet sich durch charakteristische und einzigartige Merkmale aus. 1: Pelmostock, Croda da Lago (Ampezzaner Dolomiten), 2: Marmoladagruppe, 3: Palagruppe und die Untergruppe San Lucano, die zu den Belluneser Dolomiten gehörende Bosconerogruppe und Schiaragruppe, die Velle Feltrine in der Cimonegagruppe, 4: Friauler Dolomiten und Dolomiti d'Oltre Piave, 5: Nördlichen Dolomiten (Lüsner Berge, Peitlerkofelgruppe, Puez-Geisler-Gruppe, Pragser Dolomiten und Sextner Dolomiten), 6: Puez-Geisler-Gruppe, 7: Schlerngruppe, Rosengarten, Latemar, 8: Bletterbach ist ein Canyon westlich des Latemars und 9: Brenta-Dolomiten. Detaillierte Informationen sind auf der nachfolgenden Webseite aufbereitet:
www.dolomitiunesco.info

GEOLOGIE – DIE ENTSTEHUNG DER DOLOMITEN

Einst gab es die Dolomiten nicht. Vor rund 250 Millionen Jahren befand sich an ihrer Stelle eine unendliche

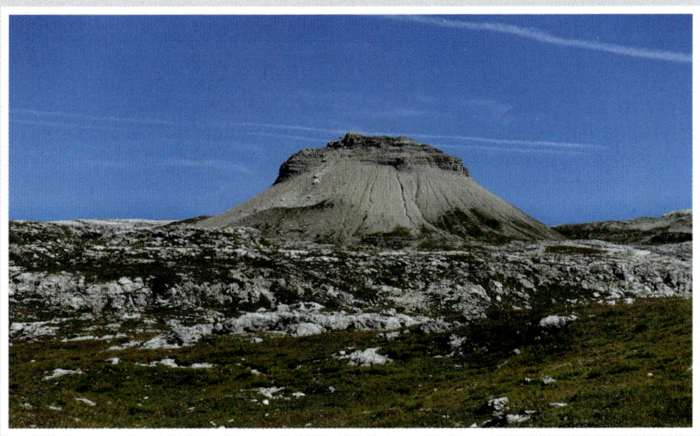

Die Gardenazza-Hochfläche in der Puezgruppe mit dem 2.633 m hohen Col dala Sone (Etappe 26)

Ebene. Diese wurde im Laufe der Jahrhunderte zu einem tropischen Meer mit zahlreichen Atollen und Vulkanen, die heranwuchsen, bis die gesamte Fläche in den Ozean abtauchte. So entstanden die Felsmassen der Dolomiten: Ablagerungen des Meeres, die sich über verschiedenen Schichten aus dem geologischen Altertum aufbauen. Die unterste dieser Schichten wird vom Urtonschiefer Quarzphyllit gebildet. Dann folgt eine mächtige Porphyrplatte, aus vulkanischen Spaltenergüssen entstanden, darauf folgten rote, mitunter auch weiße Sandsteine, die nach ihrer Verbreitung bei St. Ulrich in Gröden den Namen Grödner Sandstein erhalten haben. Diese Schichten wurden dann vom großen erdgeschichtlichen Mittelmeer überflutet. Es kamen Gips, Dolomite und dunkle Kalke (Bellerophon-Schichten) zum Absatz, an die nach obenhin die untersten Triasschichten (Werfner Schichten) schließen. Durch das langsame Wachstum vieler kalkabscheidender Pflanzen und Tiere und die daraus folgende Anhäufung ihrer Skelette entstanden vor ca. 250 Millionen Jahren im Triasmeer zunächst geringfügige Riffkalkbildungen (Sarldolomit). Im Nor-Zeitalter, vor rund 228 Millionen Jahren, sank die Dolomitenregion wieder ins Meer ab, die Riffbildung setzte wieder ein, es erfolgte der Absatz mächtiger geschichteter Dolomitmassen, dem Hauptdolomit. In dieser Zeit siedelten sich die ersten Dinosaurier auf dieser Ebene an, wie erst kürzlich entdeckte Abdrücke in den Gesteinen belegen.

Der bisher genannten Gesteinsfolge aus der Perm- und Triasformation folgten in einigen Gebieten noch Auflagerungen von Gesteinen aus der Juraformation (Jura-Riffkalke und rote Ammoniterikalke) und spärliche Lagen aus dem Neokom, der unteren Abteilung der Kreideformation, also vor 170 bis 65 Millionen Jahren. Bei Predazzo durchdringen den ganzen Schichtenkomplex granitische Tiefengesteine, der Triaskalk wurde hier zu weißem Marmor (Predazzit) verändert. Besondere Ausbildungsarten dieser Tiefengesteine sind turmalinführender Granit und Monzonit, so benannt nach den Eruptivmassen des Monzonigebirges. Beide Gebiete, Predazzo und Monzoni, sind berühmt durch ihre zahlreichen Kontaktmaterialien. Am Ende der Kreidezeit kamen diese Sedimentgesteine aufgrund des Aufeinandertreffens der europäischen und afrikanischen Platte ans Land und bildeten die Gebirgskette der Alpen.

Die Alpen, mit dem 4.810 m hohen Mont Banc und der Kaukasus, mit dem 5.642 m hohen Elbrus, sind die dominierenden Hochgebirge Europas. Beide sind Teil des Alpidischen Gebirgssystems, die bislang letzte globale Gebirgsbildungsphase der Erdgeschichte vor etwa 25 Millionen Jahren. Was passierte: Die beiden Kontinente Afrika und Europa prallten zusammen und falteten die Ränder der afrikanischen und der europäischen Platte auf, genau an der Stelle, wo sich heutzutage die Alpen erheben. Als Folge davon türmten sich Gesteinsmassen wie Dachziegel übereinander, das sogenannte Sedimentgestein oder auch Schichtgestein. Es entsteht unter dem hohen Druck der gegeneinander driftenden Kontinentalplatten. An Sedimentgestein kann man heute sehen, wo und wie sich das Gestein ineinander und übereinander geschoben hat. Dort, wo die Oberfläche der Kontinentalplatten durch Eruptionen aufbrach, kam das magmatische Tiefengestein Granit zum Vorschein.

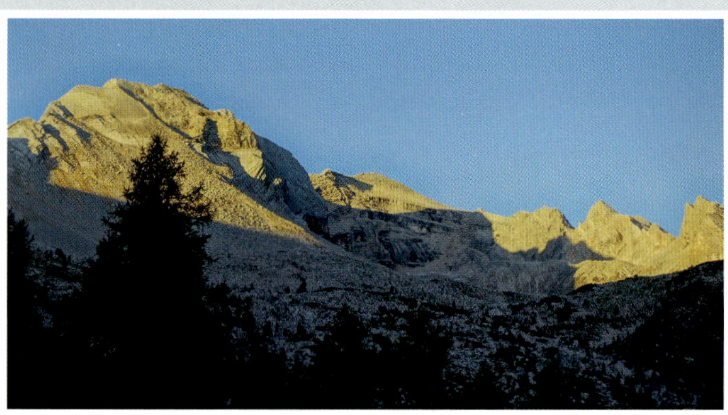

Der 2.786 m hohe Monte Stiga (Stigaspitze) und dahinter die 3.055 m hohe Piz del Lavarella (Lavarellaspitze, Etappe 06)

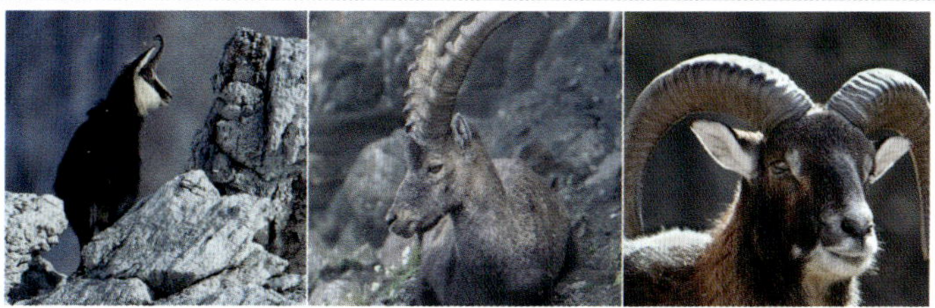

Gämse, Steinbock und Mufflon (von links nach rechts)

FAUNA

Die vielfältige Naturlandschaft der Dolomiten hat die Ansiedlung zahlreicher Tierarten ermöglicht. Das Hochland und die felsigen Hänge sind der Lebensraum für Gämsen, Steinböcke und Mufflons. Im Fassatal gibt es schon seit Langem eine Kolonie von 600–700 Mufflons. Der nicht unbeträchtliche Gämsenbestand einzelner Gebiete, der in den letzten Kriegen nahezu vernichtet worden ist, hat sich erholt. Ihr Lebensraum ist das Hochgebirge, die Almen bis hinunter in die Waldgrenze. Zur Winterszeit auch in den Bergwäldern. Im Hochbebirge lebt das weibliche Wild mit den Kitzen in Rudeln zusammen. Auch die jüngeren Böcke bilden Rudel, nur die alten und reifen Böcke leben als Einzelgänger. Im Sommer bevorzugt das Gamswild die schattigen Lagen und im Winter ist es gerne auf der Sonnenseite anzutreffen. Bei hoher Schneelage zieht das Gamswild auch in tiefere Lagen zur Äsungsaufnahme. Während es üblich ist, Gruppen von Gämsen in allen Bereichen der Dolomiten vor Ort zu sichten, sind die Bergziegen viel seltener. Diese sieht man vor allem in den Friaulischen Dolomiten und den Ampezzaner Dolomiten. In den Bergwäldern findet man eine große Konzentration an Rotwild, die vor allem in den gemischten Nadelwäldern auf Lichtungen und Wiesen vorkommen. Die wohl beeindruckendsten Bewohner der Wälder in den Dolomiten sind die Hirsche.

Zur Vogelwelt zählen der Steinadler, der Hauptfeind der Murmeltiere, das Auerhuhn, der Bartgeier, der Turmfalke, der Specht, die Bergschwalbe, der Uhu, der Steinkauz, der Sperlingskauz, der Raufußkauz, der Buchfink, das Birkhuhn, der Alpenrabe, das Steinhuhn, der scheue Waldvogel Haselhuhn, der Steinschmätzer und Dutzende von anderen Arten von Brutvögeln.

Eine Besonderheit ist das oberhalb der Baumgrenze lebende Alpenschneehuhn. Vorkommen findet man in den Naturparks Belluneser Dolomiten, Sextner Dolomiten und Puez-Geisler.

Zu den allgemein bekannten Tieren zählen das Eichhörnchen, der Hase, das sehr seltene Hermelin, das Stinktier, der Maulwurf und Rehe. In den kühlen, bewaldeten und in feuchten

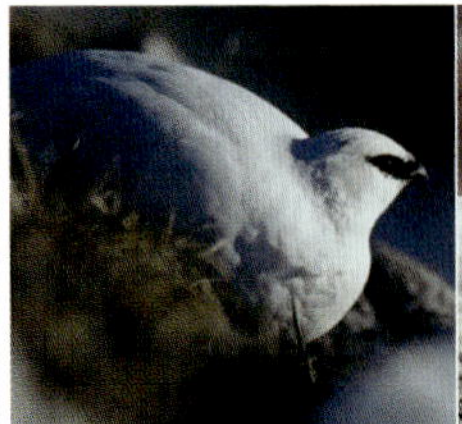
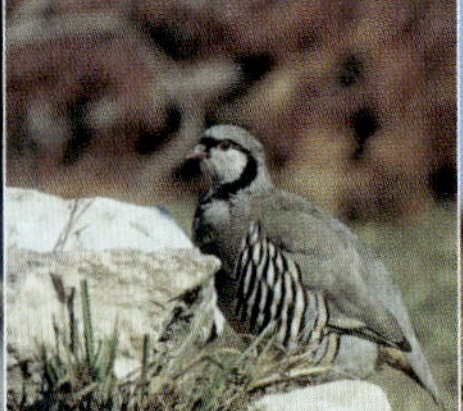
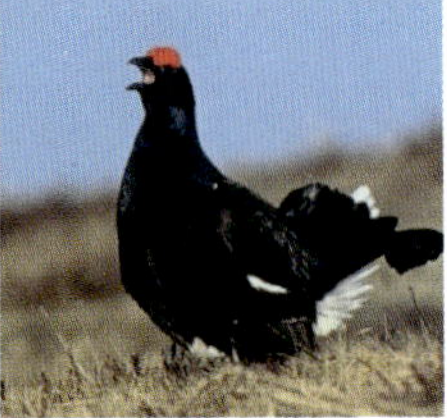

Alpenschneehuhn, Steinhuhn und Birkhuhn (von links nach rechts)

Umgebungen auf niedriger Höhe findet man Amphibien wie Erdkröten, Bergfrösche, Feuersalamander und Bergmolche. Auf der anderen Hangseite sonnen sich in den heißeren Gebieten Reptilien wie die Mauereidechse, die Hornviper oder die Kreuzotter. Mit dem Einbruch der Abenddämmerung erscheinen viele nachtaktive Tiere, wie der Rotfuchs, das Stachelschwein, der Dachs, das Wiesel und der Marder. Der wohl bekannteste Bewohner der Bergwiesen ist das häufig vorkommende Murmeltier. Ein Alleinstellungsmerkmal ist der schrille Pfiff bei drohender Gefahr. Innerhalb von Sekunden verschwindet die gesamte Gruppe in Höhlen.

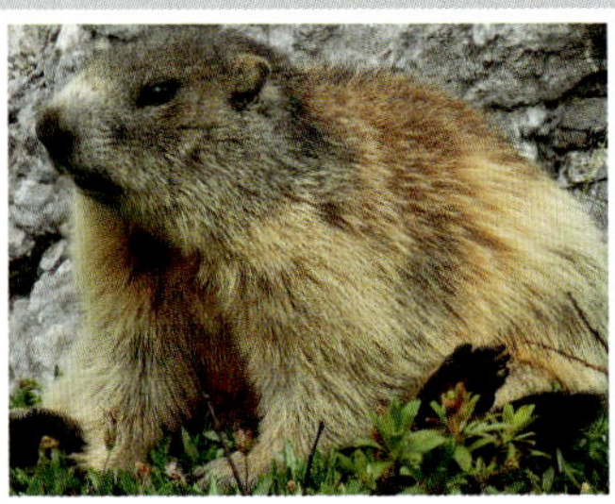

Murmeltier am Passo Valpora

Fauna und Flora haben sich im Laufe der Erdgeschichte immer wieder verändert. Auch in den letzten Jahrhunderten gelang es vielen Tieren und Pflanzen neue Lebensräume zu erobern, entweder auf eigenen Pfoten oder unter dem Zutun der Menschen. Während er mit allen Mitteln über Jahrhunderte hinweg verfolgt wurde, blieb der Braunbär in einem kleinen Gebiet des Trentiner Westens eingeschlossen, das später zum Schutz des Sohlengängers zum Adamello-Brenta-Naturpark erklärt wurde. Zwischen 1999 und 2002 wurden zehn Braunbären freigelassen, die sich gut an ihre neue Lebensumgebung angepasst haben und die Population, die heute 20 Bären umfasst, begründeten. Ab 2010 wurden immer wieder Spuren von Luchsen im Nationalpark der Belluneser Dolomiten gesichtet, das größte katzenartige Raubtier. Von anderen Katzen unterscheidet er sich durch seine Hochbeinigkeit, die ihm in seinem schneereichen Lebensraum die Fortbewegung erleichtert. Fast unbemerkt hat sich der Goldschakal, eine eng mit dem Wolf verwandte Art der Hunde, vom Balkan her immer weiter ausgebreitet. Wie auch in Deutschland sehen die landwirtschaftlichen Betriebe in Südtirol die

Ausbreitung des Wolfs sehr skeptisch, weil Wolfsrudel immer wagemutiger in die Nähe menschlicher Siedlung vordringen.

In den Flüssen, Bächen und Bergseen kommen viele Fischarten vor, am häufigsten Forellen und Karpfen.

FLORA

Aufgrund der Abhängigkeit von sinkenden Temperaturen mit zunehmender Höhe und dem daraus resultierenden steigenden Niederschlagsmengen ergeben sich in den Dolomiten verschiedene Vegetationsstufen. So klassifiziert man die Vegetationsstufen der nördlichen Dolomiten in die Hügellandstufe (600–1.000 m), die Monatane Stufe (1.000–1.800 m), die Subalpine Stufe (1.800–2.500 m), die Alpine Stufe (2.500–3.200 m) und die Nivale Stufe (oberhalb von 3.200 m), die auf dem Gletscher der 3.343 m hohen Marmolata seinen Höhepunkt findet. Weiterhin differenziert man zwischen den nördlichen Dolomiten und den südlichen Dolomiten. Denn in der Region nördlich von Belluno und Feltre dominiert bereits die mediterrane Vegetation Venetiens. Dadurch liegt die Nivale Stufe ca. 400–600 m niedriger als in den nördlichen und zentralen Dolomiten. Deshalb werden die Höhenlagen zwischen 350–1.200 m als Mediterrane Vegetationsstufen definiert. Weitere Faktoren, die die Vielzahl von über 2.000 verschiedenen Pflanzenarten beeinflusst, sind die Vegetationsperioden. In 2.000 m dauert sie gerade mal zweieinhalb Monate und in 3.000 m sind es nur einige Wochen. Auch unterschiedliche Strukturen der Erdkruste und Eigenschaften ihrer Gesteine sowie unterschiedliche Feuchtigkeits- und Bodenverhältnisse beeinflussen das Pflanzenwachstum stark. Die Vegetationsstufen sind einer Änderung unterworfen, denn aufgrund des Klimawandels, verschieben sich die Vegetationszonen über einen Zeitraum von 10 Jahren, um ca. 10–12 m nach oben. Wenn diese Entwicklung in den nächsten Jahren anhält, so ist auf den artenreichen Gipfel mit einem starken Artenverlust zu rechnen, da eine Beschattung durch die Jungbäume von den lichtbedürftigen alpinen Pflanzenarten nicht vertragen wird. Nachfolgend befindet sich eine Auswahl von besonderen und cha-

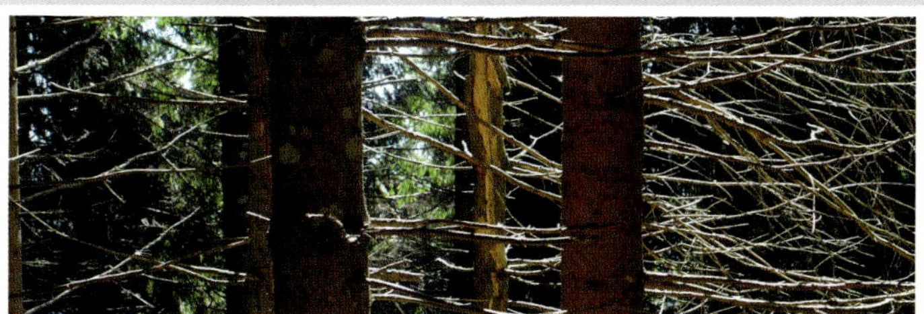

Manchmal sieht man den Wald vor lauter Bäumen nicht

rakteristischen Pflanzenarten in den jeweiligen Vegetationszonen.

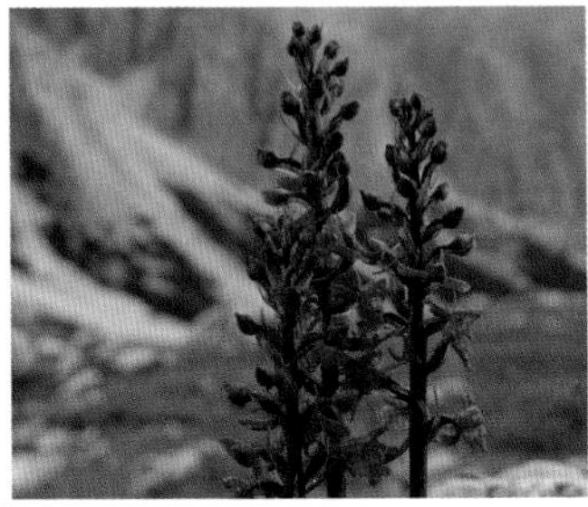

Mücken-Händelwurz

Die Hügellandstufe (600–1.000 m) wurde in den Tälern der Dolomiten größtenteils als kulturlandschaftlich gestaltet, verblieben sind nur wenige ursprüngliche Wälder. Diese bestehen zum größten Teil aus Laubwald, aus Koniferen und Hainbuchen. Im Sommer, zwischen Juli und September, der Hauptblütezeit, fallen die meisten Niederschläge. Die Pflanzen erhalten genügend Feuchtigkeit und sind keinen wachstumsmindernden Trockenbelastungen ausgesetzt. Dann präsentieren sich die Dolomiten umwerfend schön: Die gewöhnliche Löwenzahnblüte taucht die Felder im Tal in leuchtendes Gelb, Margeriten mit ihren weiß-gelben Blüten begeistern, Vergissmeinnicht, rote Lichtnelken, und Rotklee säumen die Wegränder. Im lichten Wald findet man die geschützte Alpenrebe, den Hainlattich, das Buschwindröschen und die Berg-Flockenblume.

In der Montanen Stufe (1.000–1.800 m) geht der Mischwald in Nadelwald über. Fichten, Lärchen und Kiefern bestimmen das Landschaftsbild, vergleichbar mit den höheren Lagen der deutschen Mittelgebirge. Zu den vielen endemischen Arten die in den Dolomiten wachsen gehören beispielsweise die im August blühende Dolomiten-Glockenblume (1.000–1.200 m) und der Huter-Sandkraut (700–2.000 m). Auf Almenwiesen sowie Magerwiesen und zwischen 1.200–2.500 m findet man ca. zwei Dutzend Arten von Orchideen. So zum Beispiel die Mücken-Händelwurz-Orchidee mit ihren rosaroten Rispen.

Die Sternbergs Nelke gedeiht in Höhenlagen zwischen 500–2.000 m. Die Zirbelkiefer findet man auf 1.400–2.000 m. Sie verträgt die trocknen Sommer sowie die winterlichen Temperaturen von bis zu –30° und sie zählt zu den widerstandsfähigsten Arten, die den extremen Klimabedingungen angepasst ist. Die Latschenkiefer wächst in den Dolomiten auf 1.600–2.200 m und wird aufgrund ihrer lindernden und verdauungsfördernden Eigenschaften besonders geschätzt. Die Kiefern spielen eine wichtige Rolle bei der Stabilisierung von Berghängen und Geröllschichten dank des verschachtelten Wurzelsystems.

Die Arten der Subalpinen Stufe (1.800–2.500 m): Die endemische Südtiroler-Primel gedeiht zwischen den Dolomiten-Felsen, in feuchten und beschatteten Orten zwischen 900 und 2.600 m. Weitere Endemiten sind die Dolomiten-Hauswurz, die nur in den Ampezzaner Dolomiten zwischen 1.500–2.500 m heranwächst, die Gemeine Schafgarbe und die Acker-Witwenblume. Bis auf

2.200 m fühlen sich der Blaue Eisenhut und der Gelbe Fingerhut wohl.

Die Alpenrose ist ein Relikt der Alpenvegetation vor der Eiszeit und gilt zu den schönsten Krautgewächsen der Alpenflora. Man findet sie in lichten Zirben- und Latschenwäldern, auch besiedelt sie gerne Alpenwiesen. Ferner findet man die Alpenrose auf hoch gelegenen felsigen Hängen, Felsbändern und Geröllfeldern. Sie gedeiht in Höhenlagen zwischen 1.500–3.000 m. Sie ist frostempfindlich und wächst deshalb nur an Standorten, die im Winter eine dichte

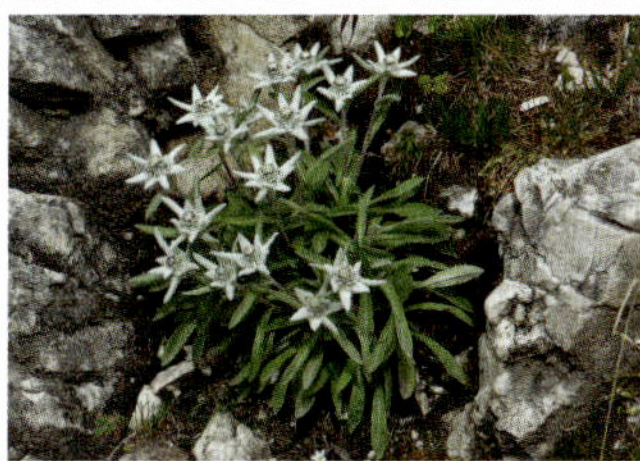

Alpen-Edelweiß

Schneedecke tragen. Das Dolomiten-Fingerkraut ist mit seinem silbernen Aussehen von 1.200–3.000 m sichtbar. Zwischen 1.800–2.500 m erreicht man das Reich der Zwergweiden.

Arten der Alpinen Stufe (2.500–3.200 m): Das Edelweiß ist ungleichmäßig verteilt und bevorzugt felsige Kalksteinumgebung auf Höhenlagen zwischen 1.800 und 3.000 m. Eine geschützte Pflanzenart ist der bis auf über 3.000 m wachsende Rhätische Alpen-Mohn, vor allem findet man ihn auf Geröllhalden, Moränen und Schutt-

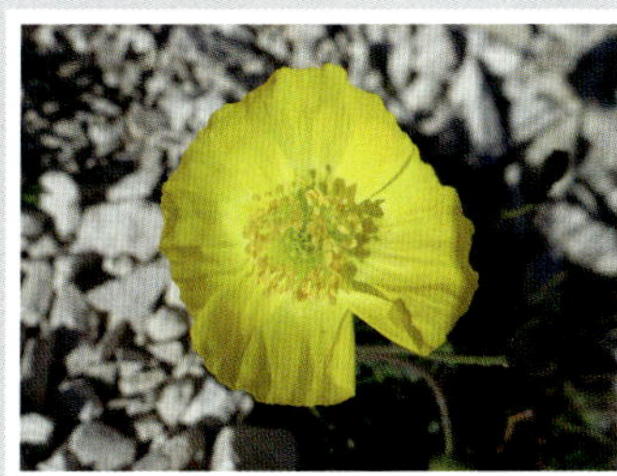

Alpen-Mohn

feldern. Er ist eine mehrjährige Pflanze mit gelben Kornblättern. Fels-, Schuttlebensräume und alpiner Rasen sind das Reich des Alpen-Mannschilds (1.800–3.200 m). Die Alpen-Grasnelke findet man auf Dolomit-Schutthalden und offenen Kalkrasen (1.800–3.200 m). Der Facchinis Steinbrech blüht im felsigen Gebieten mit längerer Schneedecke zwischen 2.400–3.300 m.

In der Nivalen Stufe (oberhalb von 3.200 m), also jenseits der Schneegrenze, findet man an schneearmen Standorten noch Moose, Flechten, Gletscher Hahnenfuß, Stengelloses Leimkraut (auch Polsternelke) und Alpen-Leinkraut.

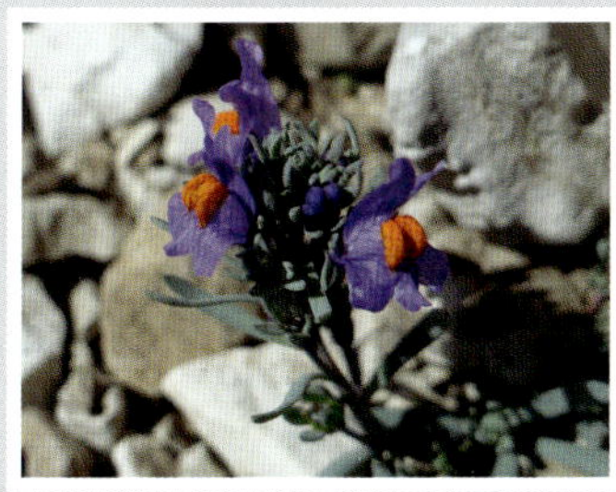

Alpen-Leinkraut

ALLGEMEINE TOURENHINWEISE

DER DOLOMITEN HÖHENWEG NR. 1

Fakten

Die klassische Strecke (ohne Varianten) des Dolomiten Höhenwegs Nr. 1 hat 22 Etappen. In Zahlen bedeutet das eine durchschnittliche Wanderzeit von 50 Stunden und 15 Minuten, 136,6 km Streckenlänge, 7.670 Höhenmeter bergauf und 8.820 Höhenmeter bergab. Der Dolomiten Höhenweg Nr. 1 hat vier Varianten. Je nach Wetter und persönlicher Kondition ist die Begehung in 9–15 Tagen realistisch. Am Wegesrand befinden sich 25 Übernachtungsmöglichkeiten plus eine Biwakschachtel.

Landschaft

Diese Höhenroute führt durch das Herz der Dolomiten, vom Pragser Wildsee bis nach Belluno. Die folgenden sechs **Gebirgsgruppen** werden durchwandert: Pragser Dolomiten, Fanesgruppe, Ampezzaner Dolomiten, Pelmostock, Civettagruppe und Schiaragruppe. Extrem beeindruckend sind das weitläufige **Sennes-Hochplateau und das Fanes-Hochplateau** (siehe Etappen 2–6), das der Landschaft auf dem Erdmond wohl sehr ähnelt. In dieser Region ergeben sich atemberaubende Blicke auf den Seekofel (Croda del Becco), Monte Cristallo, Hohe Gaisl (Croda Rossa d'Ampezzo), Neuner (Piz dales Nü), Zehner (Piza dales Diesc) und Lavarella (Piz de Lavarela) – um nur die wichtigsten Berge zu nennen! Auf **Turnschuhtouristen** werden wir bei schönem Wetter am Lagazoui (Etappe 7) treffen. Dafür ist die Fernsicht vom Lagazoui ein emotionaler Höhepunkt: Tofana di Rozes, Punta Sorapiss, Monte Antelao, Monte Pelmo, Monte Civetta, Punta Penia Marmolada und Piz Boè. Südlich vom Passo Giau (Etappe 9.1) und Rifugio Croda da Lago (Etappe 10) gelangen wir dann in einen Teil der Dolomiten, der größtenteils vom **Tourismus verschont** wurde und die Landschaft dort sehr abwechslungsreich und von großer Schönheit ist. Ein besonderes Juwel ist das ausgewiesene Schutzgebiet des 320 km^2 großen **Nationalpark Belluneser Dolomiten**. Der Park beginnt beim Rifugio Coldai (Etappe 13) und endet bei dem Rifugio 7° Alpini (Etappe 21). In diesem Gebiet konnte sich die artenreichste Flora der italienischen Alpen entwickeln, da sie während der letzten Kaltzeit nur eine geringe Gletscherbildung aufwies. Weitere monumentale Naturspektakel sind das 6 km lange Bollwerk der Civetagruppe (Etappe 13 und 14), die in Himmel ragenden Felsburgen und Felsspitzen der Moiazza-Untergruppe und Schiaragruppe (Etappe 20). Es werden die folgenden vier **Dolomitenpässe** überschritten: Passo Falzarego, Passo Giau, Passo Staulanza und Passo Duràn.

Anforderungen

Von den Dolomiten Höhenwegen Nr. 1–3 ist der Höhenweg 1 der **schwierigste** oder der **leichteste**, je nachdem welche Varianten man auswählt. Entscheidet man sich für die Etappen 19 und 20, so wartet auf den Kletterer die schwierigste Etappe des Wanderführers – ein Klettersteig, durch die Höhen der faszinierenden Schiaragruppe. Entscheidet man sich für die Variante Etappe 19.1, also geht nicht die Etappen 19 und 20, so benötigt man überhaupt kein Klettersteigset für den gesamten Dolomiten Höhenweg 1. Diese **leichteste** Variante

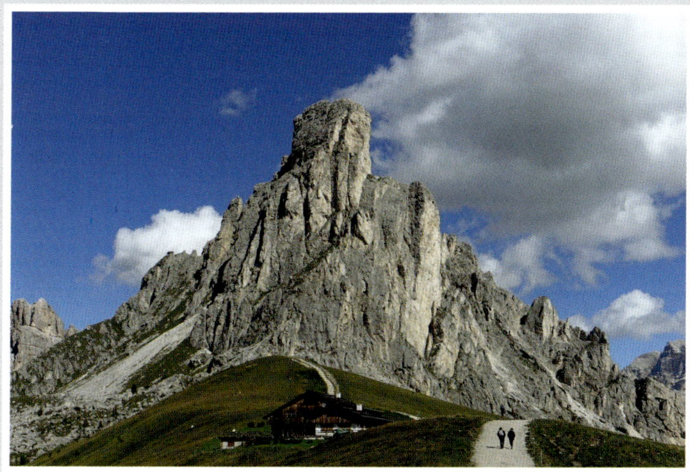

Der 2.595 m hohe Ra Gusela am Passo Giau (Etappen 8 und 8.1)

spricht eher den Genusswanderer an, dem die landschaftliche Schönheit wichtiger ist als die sportliche Herausforderung. Sie ist auch bestens dafür geeignet, um erste Erfahrungen beim Fernwandern zu sammeln. Weiterhin führt der Höhenweg nicht über hoch gelegene Pässe, sodas es für den untrainierten Wanderer aufgrund der dünneren Luft weniger anstrengend ist. Auch müssen im Frühsommer weniger Restschneefelder in Rinnen oder Scharten begangen werden. Möchte der klettersteigambitionierte und sportliche Wanderer trotzendem auf seinen Genuss kommen, so wählt er die Variante auf den Seekofel (Etappe 1), die Etappe 7.1, die Variante auf den Monte Averau (Etappe 7), die Etappe 8.1 über die Via Ferrata Ra Gusela und die Etappen 19 und 20. Dies ist dann die **schwierigste** Variante des Dolomiten Höhenweges Nr. 1.

DER DOLOMITEN HÖHENWEG NR. 2

Fakten

Die klassische Strecke des Dolomiten Höhenwegs Nr. 2 hat 21 Etappen. In Zahlen bedeutet das eine durchschnittliche Wanderzeit von 65 Stunden und 50 Minuten, 155,5 km Streckenlänge, 9.500 Höhenmeter bergauf und 11.320 Höhenmeter bergab. Es gibt insgesamt sieben Varianten zur klassischen Route. Je nach Wetter und persönlicher Kondition ist die Begehung in 13–17 Tagen möglich. Am Wegesrand befinden sich 33 Übernachtungsmöglichkeiten, 2 sind davon Biwakschachteln.

Landschaft

Diese Höhenroute zählt zu den klassischen Nordsüddurchquerungen der Dolomiten. Die folgenden zehn Gebirgsgruppen werden durchwan-

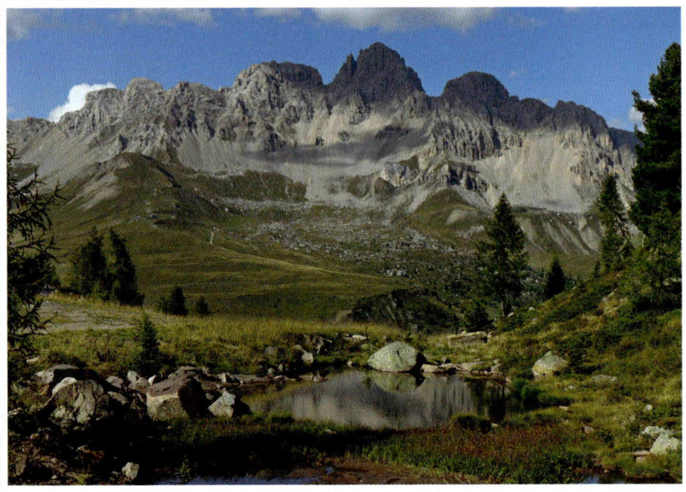

Der 3.010 m hohe Cima dell'Uomo gehört definitiv zu den schönsten Gipfeln der Dolomiten (Etappe 33)

dert: Lüsner Berge, Peitlerkofelgruppe, Geislergruppe, Puezgruppe, Sella, Padongruppe, Marmoladagruppe, Bocchekamm, Palagruppe und Feltriner Alpen. Von denen gehören allerdings die Lüsner Berge, Padongruppe und Bocchegruppe geologisch nicht zu den Dolomiten. Landschaftsprägend sind weite und mit Gras bewachsene Almgebiete, ausgedehnte einsame karstige Hochflächen, majestätisch und prachtvoll in den Himmel ragende Felsburgen und Felsspitzen und starke Vergletscherrungen. Ein nachhaltiger emotionaler Höhepunkt ist die Überschreitung der eisgekrönten Königin der Dolomiten, der Marmolada. Weitere monumentale Naturspektakel sehen wir in der Geislergrupppe, dem Sellamassiv, der Marmoladagruppe und der Palagruppe. Auch werden die folgenden 7 größeren Dolomitenpässe überschritten: Grödnerjoch (Passo Gardena), Pordoijoch (Passo Pordoi), Passo Fedaia, Passo San Pellegrino, Passo di Vallès, Passo Cereda und Passo Croce d'Aune.

Anforderungen

Überschreitet man nicht die Marmolada (Etappe 31.1), so benötigt man kein Klettersteigset, wenn man denn 100 % trittsicher und schwindelfrei ist. Fühlt man sich nicht zu 100 % trittsicher und schwindelfrei, so benötigt man auf versicherten kurzen Teilabschnitten der folgenden Etappen ein Klettersteigset: 27, 29.1, 34, 35, der 36, 36.1., 37 und 38. Die Seilsicherung ist ausschließlich für das Gleichgewicht notwendig. Schlüsselstellen haben maximal den Schwierigkeitsgrad Stufe II! Im Vergleich zu anderen Dolomiten Höhenwegen führt der Alta Via 2 immer wieder über hoch gelegene Pässe, das ist für den untrainierten Wanderer aufgrund der Höhe anstrengend. Aber auch bis in den Frühsommer sehr gefährlich, denn oft müssen Restschneefelder in Rinnen und Scharten bestiegen und gequert werden.

DER DOLOMITEN HÖHENWEG NR. 3

Fakten

Die klassische Strecke des Dolomiten Höhenwegs Nr. 3 hat 12 Etappen. In Zahlen bedeutet das eine Wanderzeit von 71 Stunden und 30 Minuten, 107 km Streckenlänge, 11.160 Höhenmeter bergauf und 12.680 Höhenmeter bergab. Zu einigen Etappen gibt es insgesamt fünf Varianten. Je nach Wetter und persönlicher Kondition ist die Begehung in 8–12 Tagen möglich. Am Wegesrand befinden sich 19 Übernachtungsmöglichkeiten, zwei davon Biwakschachteln sind, die man aber bei guter Kondition auslassen kann.

Landschaft

Diese Route zählt mit zu den klassischen Nordsüddurchquerungen der Dolomiten. Die folgenden sechs Gebirgsgruppen werden durchwandert: Pragser Dolomiten, Cristallogruppe, Sextner Dolomiten, Maramarolegruppe, Monte Pelmo-Stock und Bosconerogruppe. Auf der Etappe der großen Augen sind landschaftsprägend: Die 3.146 m hohe Nordostflanke der Hohen Gaisl, die wunderschöne Cristallogruppe mit den bekannten Größen Cima di Mezzo, dem 3.221 m hohen Monte Cristallo und Piz Popena, natürlich die Mona Lisa der Bergwelt – die Drei Zinnen, der milchig-türkisfarbende Lago del Sorapis – mit der dahinter aufragenden Felsnadel Dito di Dio, die letzten Gletscher der Region, durch Gletscher glatt geschliffene Felsen, ein Hochkar – das einer Mondlandschaft ähnelt, eine bis zu 1.500 m abfallende Steilwand, der monumentale und alleinstehende Felsklotz Monte Pelmo, und die vom Tourismus noch nicht entdeckte Bosconerogruppe – der 2.413 m hohe Sassolungo di Cibiana, der 2.469 m hohe Sasso di Bosconero, der 2.430 m hohe Sasso di Toanella und der 2.412 m hohe Rocchetta Alta.

Anforderungen

Der Dolomiten Höhenweg Nr. 3 ist mit seinen insgesamt 107 Kilometern Länge kürzer als die Höhenwege Nr. 1 und 2, dafür aber anspruchsvoller. Die Etappen führen über Nebenkämme mit daraus resultierenden größeren Höhenunterschieden, man benötigt eine sehr gute Kondition. Ein Klettersteigset ist auf der Etappe 47 ein Muss, an steilen Bergflanken und am gesicherten Klettersteig herrscht Steinschlaggefahr! Schlüsselstellen haben maximal den Schwierigkeitsgrad Stufe II! Bis in den Frühsommer findet man Restschneefelder (Etappen 45, 46, 47, 53 und 54) in Rinnen und Scharten, die bestiegen und gequert werden. So erfreut sich nur der ausdauernde Bergsteiger, mit ausreichender alpiner Erfahrung und Klettererfahrung, an diesen Dolomiten Höhenweg 3. Absolute Trittsicherheit, Schwindelfreiheit sowie

ALLGEMEINE TOURENHINWEISE

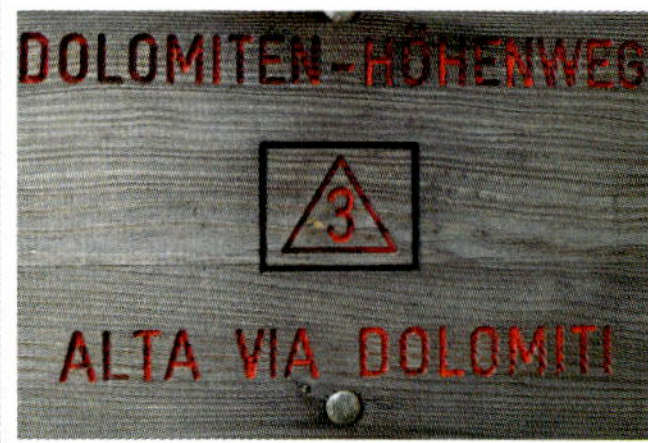

Nomen est omen

gutes Orientierungsvermögen sind ein Muss!

KLIMA

Die nördlich von den Dolomiten liegenden Ötztaler und Zillertaler Alpen bilden aufgrund ihrer geologischen Gegebenheiten eine natürliche Wetterscheide. Damit gelangen kalte Nordwinde und schlechtes Wetter nur schwer über den Alpenhauptkamm. Trotzdem wird das Klima Südtirols zum Norden hin kontinentaler und die Regentage nehmen zu. Beispielsweise verzeichnet die südlicher gelegene Stadt Leifers durchschnittlich 9 Regentage im Juni, so sind es im nördlich gelegenen Sterzing bereits 19. Die feuchtwarmen Luftmassen, die vom Mittelmeerraum ins Landesinnere Richtung Norden drängen, werden größtenteils an den südlich gelegenen Dolomiten abgehalten. Wer in den Dolomiten wandern möchte, sollte sich im Vorfeld über die klimatischen Gegebenheiten der gewählten Wanderregion genauestens informieren. Sowie in allen Gebirgen ist das Klima in den Dolomiten nicht sicher vorhersehbar und kann unerwartet umschlagen. Selbst im Sommer bedeutet Regen in den tiefer gelegenen Tälern Schnee in den Höhen! Mit zunehmender Höhe sinkt die Temperatur um etwa 6 Grad Celsius pro 1.000 Höhenmeter.

BESTE REISEZEIT

Südtirol ist aufgrund seiner Höhenstufung, regionalen Temperaturunterschied und des relativ milden Klimas ein ganzjähriges Reiseziel. Nach schneereichen und lang anhaltenden Wintern sind Wanderungen in den Hochlagen, dazu gehören die meisten Höhenwanderwege, erst **ab Ende Juni** möglich. Während in den Sommermonaten Juli und August im Südtiroler Unterland, Bozen und Meran heiße und sommerliche Temperaturen bis zu 34 °C möglich sind, findet man in den Wäldern der bergigen Regionen angenehm kühle Temperaturen, bis zu 20 °C vor. Diese Wetterlage geht in den Sommermonaten einher mit starker Quellwolkenbildung und den daraus resultierenden, plötzlich und kräftig eintretenden Niederschlägen, meistens mit Blitz und Donner. In den alpinen Hochlagen der Dolomiten herrschen dann immer noch Temperaturen um den Gefrierpunkt und es kann zu jeder Zeit Schnee fallen. Von Mitte Juli bis Mitte September sind die Höhenwanderwege am meisten frequentiert. Danach stabilisiert sich das Wetter, es wird kühler, was zur Folge hat, dass die Quellwolken weniger auftreten. Die **idealen Wanderemonate** sind der **September und bis Mitte Oktober**. Wobei die meisten Hütten ab Mitte Oktober schließen und es auch jederzeit zu einem Wintereinbruch kommen kann. Wanderer und kulinarische Genießer kommen in den Herbstmonaten im

Unterland, der Hochsaison der Weinernte, auf ihre Kosten.

AUSRÜSTUNG
Auf allen Wanderwegen benötigt man feste, über die Knöchel reichende **Wanderschuhe** mit einer festen Profilgummisohle. Gute Schuhe geben uns Sicherheit und sind daher sehr wichtig. Leichte Speed Hiking Schuhe für den schnellen Wanderer oder ein technischer Schuh für Zustiege, mit denen man auch kleine Kletterpassagen problemlos meistern kann, setzen sich immer mehr durch. Da viele Wege auf sehr rutschigen Untergrund verlaufen, sind **Wanderstöcke** zur weiteren Unterstützung hilfreich.

Geht man bereits Anfang Juni auf Tour, so benötigt man **Steigeisen und Pickel**, um Restschneefelder im steilen Gelände sicher zu queren. Um bei Wanderschuhen und Bergstiefeln das Eindringen von Schnee und Schmutz wirkungsvoll zu verhindern sind Gamaschen eine sinnvolle Ergänzung. Auch beim Gehen durch das nasse Gras wird die Feuchtigkeit nicht direkt auf dem Schuh abgestreift, sondern läuft an der Gamasche ab.

Bei der **Bekleidung** gilt das Zwiebelschalenprinzip, mehrere Kleiderschichten von unterschiedlicher Dicke und Material können miteinander kombiniert werden. Gerne wird der Regenschutz für den Rucksack vergessen. Auf allen Höhenwegen trifft man auf Klettersteige, ein mit Eisenleitern, Eisenstiften, Klammern (als Trittstufen) und (Stahl-) Seilen gesicherter (versicherter) Kletterweg am Fels. Um einen harten Sturz oder Absturz zu verhindern, wird dringend ein **Klettersteigset** empfohlen. Natürlich ist die erfahrene und sichere Handhabung des Klettergurts, mit dem am Fels angebrachten Stahlseil Voraussetzung. Das Tragen eines Helms gegen Steinschlag ist selbstverständlich.

Achtung! Auf allen Wanderungen sind immer ein **Navigationsgerät** und/oder Kompass mit Karte mitzutragen. Ebenso ein Telefon für Reser-

Wetter

Die verlässlichsten **Wetterberichte** erhält man auf den nachfolgenden Webseiten der Provinz Bozen und der Provinz Trentino für 7 Tage abrufbar, dazu der Trend für die nächsten 14 Tage:
wetter.provinz.bz.it
www.meteotrentino.it

Es werden jeweils Temperatur, Windrichtung, Windgeschwindigkeit, Niederschlag, Niederschlagswahrscheinlichkeit und zu erwartende Sonnenstunden angezeigt. Diese Informationen sind essenziell für die Etappenplanung der nächsten Wanderertage! Sollte es unerwartet zu signifikanten Neuschneemengen kommen, so kann man sich die Lawinenvorhersage auf der nachfolgenden Webseite anschauen:
www.avalanche.report/albina-web/bulletin/latest?lang=de

vierung auf den Hütten, aber auch für etwaige Notfälle.

Äußerst intensiv ist die UV-Einstrahlung im Hochgebirge. So sind eine **Kopfbedeckung, Sonnencreme und eine Sonnenbrille** wichtige Utensilien. Eine kleine Reiseapotheke, mit notwendigen persönlichen Medikamenten, Desinfektionsspray bei kleinen Verletzungen, Blasenpflaster, eine Trillerpfeife für den Notfall gehören zur Standardausrüstung im Rucksack. Ein superleichtes, extrem schnell trocknendes Handtuch aus weicher Mikrofaser mit großer Saugfähigkeit, ein Hüttenschlafsack und zwei Trinkflaschen dürfen nicht fehlen.

Für eine **Biwaknacht** benötigt man einen leichten Schlafsack, eine leichte Isomatte, Stirnlampe, Campingkocher mit Brennstoff, ein Feuerzeug, ein Taschenmesser, Topf, Essgeschirr, Müllbeutel, eine Kerze und entsprechende Tourenverpflegung. Prinzipiell sind aber bei den meisten Routen keine größeren Proviantmengen notwendig, solange man in den Monaten Juli bis September wandert und genügend bewirtschaftete Hütten geöffnet sind.

Für die meisten Hütten benötigt man einen **Hüttenschlafsack**. Dieser ist ein hygienischer Überzug, in das

Gut zu wissen

Bergrettung:
Europäischer Notruf: 112
Italien: 118

Alpenvereine
Club Alpino Italiano (C.A.I.): www.cai.it
Società degli Alpinisti Tridentini (S.A.T.): www.sat.tn.it

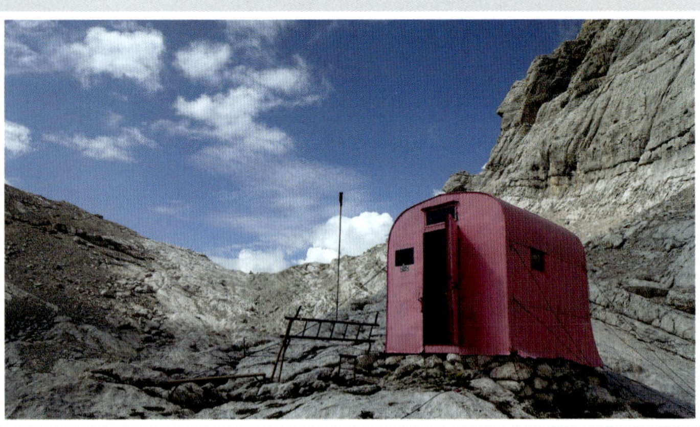

Das Bivacco Slataper (Etappe 48)

Kopfteil kann leicht ein Kopfkissen gesteckt werden. Das Material ist gut waschbar und pflegeleicht. Die Schlafsäcke lassen sich klein verstauen und finden problemlos in jedem Rucksack Platz.

ORIENTIERUNG UND MARKIERUNG

Die Wanderregion Dolomiten ist durch ein dichtes Netz **bestens markierter Wanderwege** verbunden. In Gebirgsregionen und unwegsamen Gelände unterstützen vereinzelt Steinmännchen die Wegfindung. Dazu benötigt man dann einen guten Orientierungssinn und die Fähigkeit, intuitiv sein Ziel zu finden. Diese geforderten Erfahrungen und Kenntnisse werden bei der jeweiligen Etappenbeschreibung der Wanderung explizit herausgestellt. Auf den meisten Wegen ist die Orientierung aber auch ohne Wegkennzeichnung einfach.

MÖGLICHE GEFAHREN BEI WANDERUNGEN IN DEN DOLOMITEN

Gemäß Statistik ergeben sich die meisten Unfälle im Gebirge aufgrund **Überschätzung der eigenen Fähigkeiten**. Für die Dolomiten Höhenwege 1–3 ist es extrem wichtig im Vorfeld gut zu trainieren, um die Anforderungen zu erfüllen. Bevor man lange Wanderungen in großen Höhen vornimmt, sollte man seinem Körper zur individuellen physiologischen Anpassung des Organismus an die sich verändernden Umweltfaktoren Zeit geben.

Steinschlag gehört zu den größten Gefahren eines Bergwanderers. Diese steigt nach Regenfällen, Frost-/Tau-Zyklen und bei starken Temperaturschwankungen. Besonders labil sind Schutthänge und Moränenflanken, die beim Begehen schnell ins Rutschen geraten. Die meisten Steinschläge werden aber von anderen Bergsteigern ausgelöst, so ist das oberste Gebot zur Vermeidung von Steinschlag eine sichere und saubere Gehtechnik. Auch sollte man Bergsteiger, die oberhalb im Hang gehen, genau beobachten, so dass man frühzeitig reagieren kann, falls sich ein Stein löst. Zur Risikominimierung sollten Steinschlagzonen sicher, aber zügig durchquert werden. Wird Steinschlag bemerkt, so ruft man laut Stein und nicht Achtung oder Vorsicht.

Achtung! Beim Queren von steilen Rinnen (bereits mit einer Neigung von 30°) mit **Restschneefeldern** besteht ein hohes Risiko abzurutschen. Der Abrutschende beschleunigt unkontrollierbar und am Ende des Schneefeldes befindet sich im ungünstigsten Fall ein Geröllfeld oder Felsen. Besonders in den Morgenstunden, wenn das Schneefeld noch nicht aufgefirnt ist, sollte man Steigeisen oder einen Pickel einsetzen.

Insbesondere bei längeren Wanderungen in den alpinen Hochlagen ist die Gefahr hoch, durch eine länger andauernde, direkte und intensive **Sonneneinstrahlung** auf Kopf, Hals oder Nacken sich einen Sonnenstich zu holen! Obligatorisch sind Sonnencreme sowie ein eine passende Kopfbedeckung.

Die meisten Etappen der Dolomiten Höhenwege sind gut ausgezeichnet, sodass ein Verirren bei Nebel oder Wolken sehr gering ist. An Stellen, wo sich trotzdem **Orientierungspro-**

bleme ergeben, wird in der Etappenbeschreibung explizit darauf hingewiesen. Auch ist es sinnvoll, den heruntergeladenen GPS-Track auf seinem Smartphone oder Navigationsgerät dabeizuhaben und den Gebrauch natürlich zuvor schon einstudiertzuhaben. Möchte man so nicht navigieren, dann sollte man den Umgang mit einer Wanderkarte und einem Kompass definitiv beherrschen. Kartenempfehlungen befinden sich in der Etappenbeschreibung.

Südtiroler Schlangen, falls man sie denn überhaupt mal zu Gesicht bekommt, sind größtenteils ungefährlich, mit Ausnahme der drei giftigen Schlangenarten: Kreuzotter, Aspisviper und der Hornotter. Im Falle einer Begegnung sollte man einem Mindestabstand von mindestens 2 m einhalten und auf keinen Fall versuchen, sie zu ergreifen oder gar zu stören. Die Tiere greifen nur an, wenn sie in die Enge getrieben werden. Trotzdem ist eine gesunde Vorsicht angebracht und sollte man dennoch von einer Schlange gebissen werden, so ist die Bergrettung zu verständigen.

GEFÜHRTE TOUREN

Bergführer sind die perfekten Begleiter auf Bergtouren. Man kann sich absolut auf sie verlassen, sie übernehmen Verantwortung und üben ihren Beruf professionell aus. Alle Bergführer haben eine qualitativ hochwertige Ausbildung zum Führen und Begleiten im Gebirge erfolgreich abgeschlossen – ob Klettern, Sportklettern, Bergsteigen, Hochtouren, Eisfallklettern, Schneeschuhtouren, Klettersteigen, Skitouren oder Freeriden. Wer einen Bergführer für eine bestimmte Region sucht, findet diese auf der nachfolgenden Webseite: www.bergfuehrer-suedtirol.it/der-berg-und-skifuehrer/.

SCHWIERIGKEITSGRADE

■ EINFACH

Blaue Etappen, Spaziergänge oder einfache Wanderungen führen über breite und gut begehbare Wege oder Pfade. Es gibt dabei keine besonderen Gefahrenstellen. Kräftige Steigungen, steinige oder rutschige Abschnitte sind jedoch möglich. Beschilderungen bestehen nicht überall und so kann es an Weggabelungen zu Orientierungsproblemen kommen.

■ MITTELSCHWER

Rote Etappen führen in unwegsame und abgelegene Berggebiete. Einzelne Passagen können felsig, auf geröllligen Untergrund und abschüssig sein. Diese erfordern dann Trittsicherheit, Schwindelfreiheit und die nötige Wandererfahrung. Manche dieser Strecken setzen guten Orientierungssinn voraus.

■ SCHWER

Schwarze Etappen sind anspruchsvoll und/oder lang. Sie erfordern sehr gutes Orientierungsvermögen. Rechnen Sie mit schmalen, steilen oder abschüssigen und rutschigen Abschnitten durch wegloses oder unübersichtliches Gelände. Diese Bereiche setzen absolute Trittsicherheit, Schwindelfreiheit und Klettersteigerfahrung bis zum Schwierigkeitsgrad II voraus. Diese Routen befinden sich in entlegenen Gebieten und somit ist keine rasche Hilfe zu erwarten.

MEINE LIEBLINGSTOUR

Meine Lieblingstour ist die Überschreitung der eisgepanzerten Königin der Dolomiten, der Marmolada. Schon als 10-jähriger faszinierte mich ihr Anblick, später bin ich dort auf den Pisten der Marmolada Ski gefahren und hatte auch verschiedenste Variantenskiabfahrten gemacht. Ein weiteres Puzzleteil, war die Wanderung über den spaltenlosen Gletscher, der Klettersteig zur 2.896 m hohen Forcella Marmolada und über den Ostwestgrat wieder talwärts. Ein persönliches Ziel bleibt, die Besteigung der 3.343 m hohen Punta Penia, dem höchsten Berg der Dolomiten → Dolomiten Höhenweg Nr. 2, Etappe 31.1, S. 164

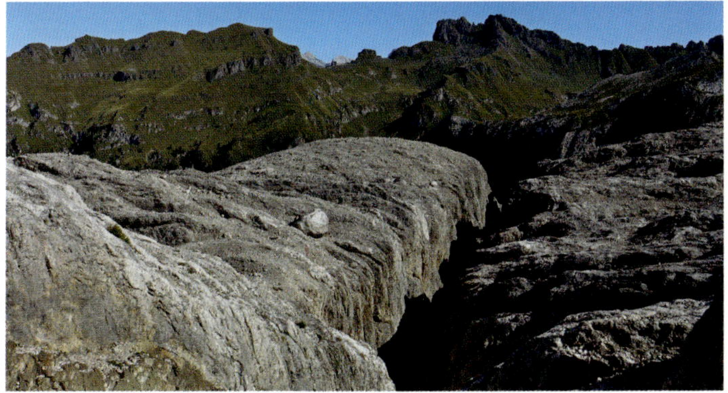

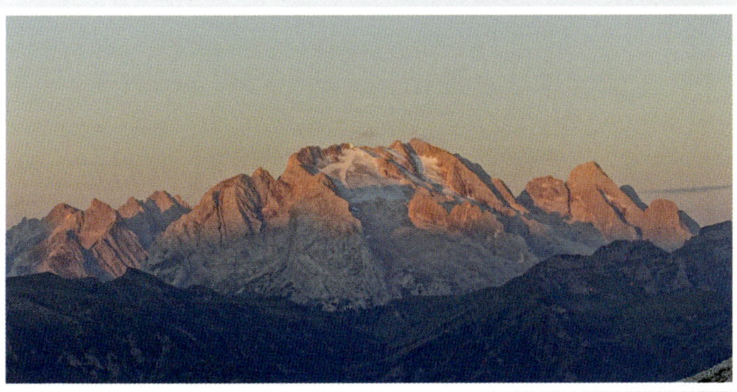

MEINE HIGHLIGHTS

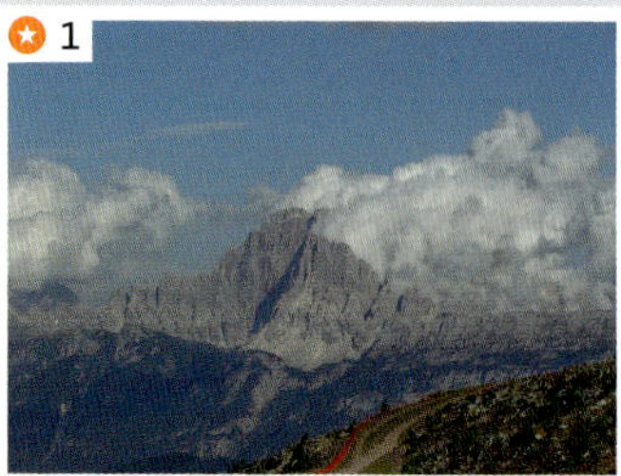

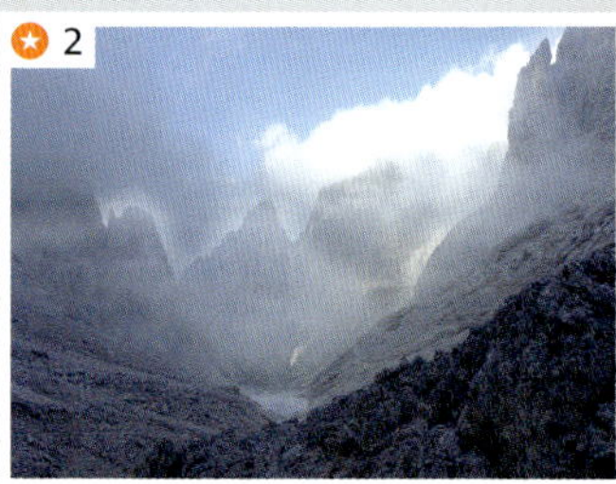

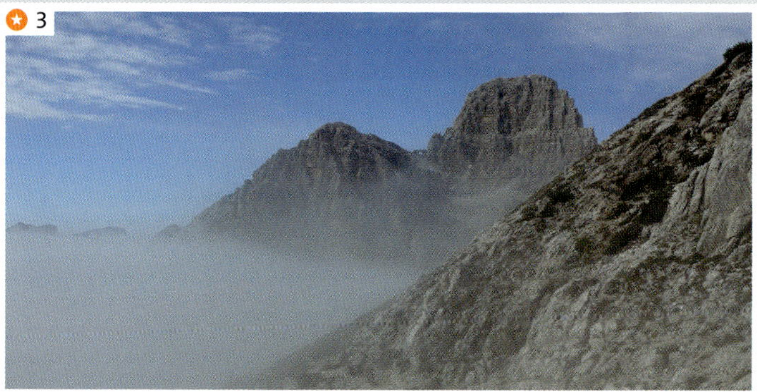

1: Rifugio Coldai – Rifugio Tissi
Kurzweilige Wanderung entlang der faszinierenden Landschaft des 6 km langen Bollwerks der Civettagruppe und eine perfekte Fernsicht vom Gipfelkreuz des Cime di Col Réan (2.281 m) über viele Dolomitengipfel mit Rang und Namen bis zu den eisgepanzerten Gipfeln des Alpenhauptkammes. → Dolomiten Höhenweg Nr. 1, Etappe 13, Seite 88

2: Rifugio Rosetta – Rifugio Pradidali
Majestätisch, prachtvoll und einmalig ragen die Berge aus Korallen auf dieser Wanderung in die Höhe. Die einst (na ja, es war vor 25 Millionen Jahren) bunt schimmernden Korallen des heutigen Gebirgsmassivs Pale di San Martino haben ihre Farbenpracht verloren. → Dolomiten Höhenweg Nr. 2, Etappe 36, Seite 187

3: Passo Cereda – Bivacco Feltre Bodo
Die Wanderung befindet in der Cimonegagruppe, ein Gebirgsmassiv der Feltriner Dolomiten. Ein 6,8 km langer und extrem steiler Aufstieg – abschnittsweise Drahtseilsicherungen an einem

Schuttband, teils Felsband – bis zum 2.130 m hohen Passo del Comedon mit einer faszinierenden Fernsicht auf die umliegende Bergwelt. → Dolomiten Höhenweg Nr. 2, Etappe 39, Seite 200

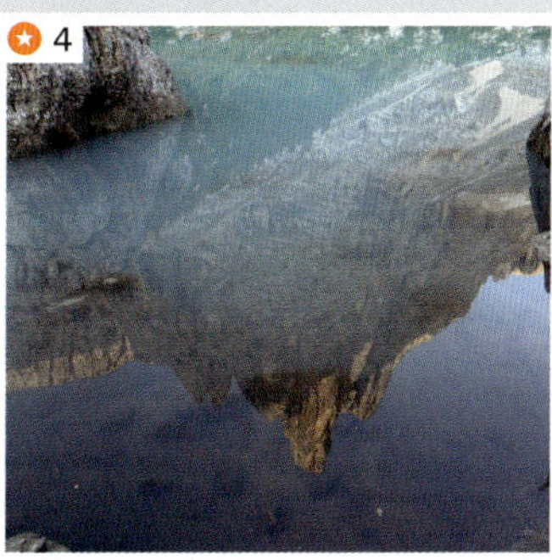

4: Rifugio Vandelli – Bivacco Slataper
Landschaftlich faszinierende Wanderung entlang des milchig-türkisfarbenen Lago del Sorapis – mit der dahinter aufragenden Felsnadel Dito di Dio, ein Hochkar, das einer Mondlandschaft ähnelt und eine 1.500 m abfallende Steilwand, durch die ein technisch anspruchsvoller Klettersteig führt. → Dolomiten Höhenweg Nr. 3, Etappe 47, Seite 254

5: Rifugio Bosconero – Bivacco Tovanella
Eine Königsetappe, da die landschaftlich faszinierende Strecke die gesamte südliche Bosconerogruppe durchquert. Ein besonderes Naturspektakel erleben wir an der Forcella Toanella. Richtung Westen erhebt sich der 2.430 m hohe Sasso di Toanella und rechts davon der 2.468 m hohe Sasso di Bosconero → Dolomiten Höhenweg Nr. 3, Etappe 54, Seite 288

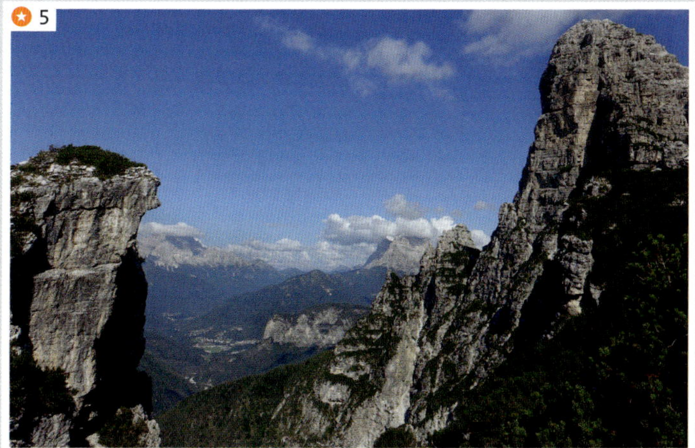

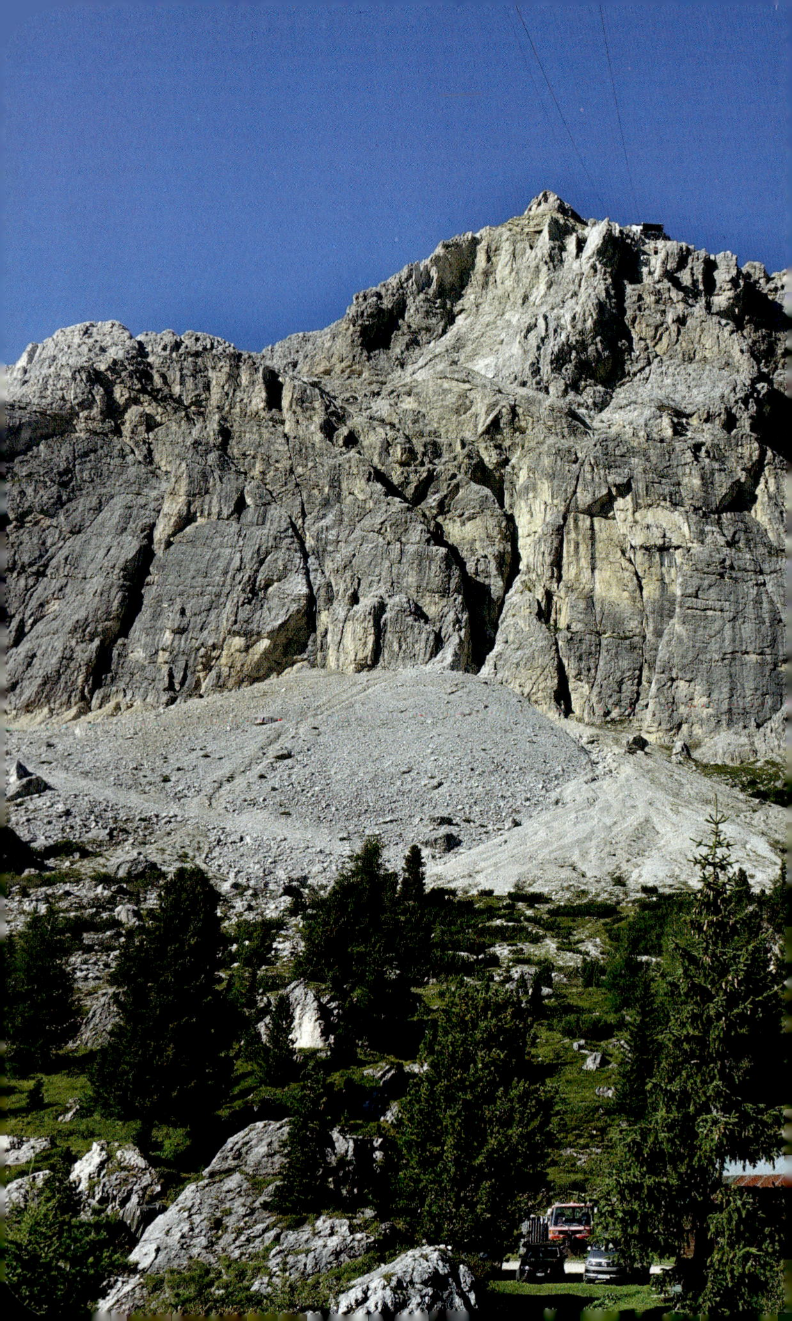

Dolomiten Höhenweg Nr. 1

Pragser Wildsee – Belluno

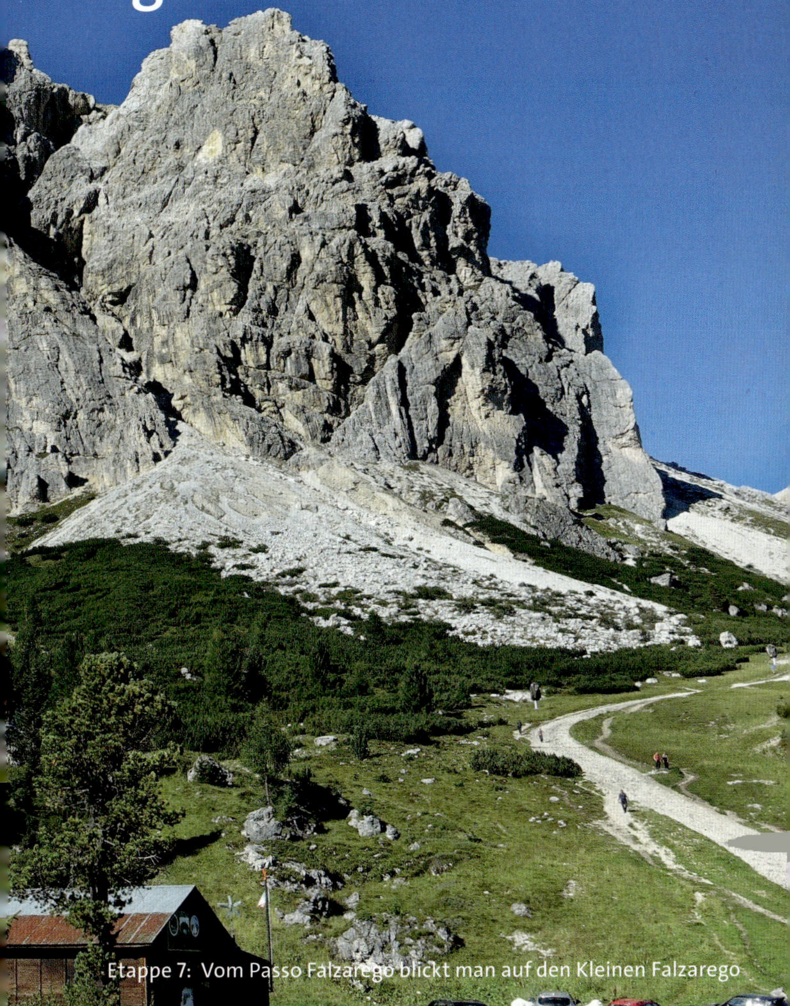

Etappe 7: Vom Passo Falzarego blickt man auf den Kleinen Falzarego

PRAGSER WILDSEE – SEEKOFELHÜTTE

Dolomiten Höhenweg Nr. 1

   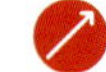 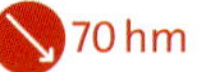 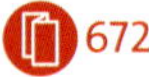

6,1 km | 3:15 h | 890 hm | 70 hm | 672

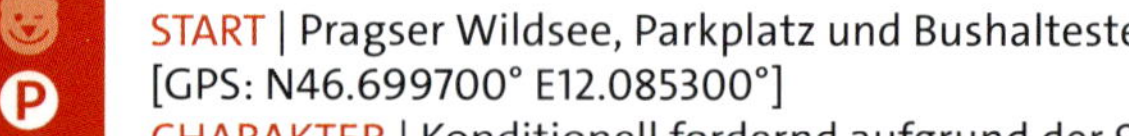

START | Pragser Wildsee, Parkplatz und Bushaltestelle, 1.496 m [GPS: N46.699700° E12.085300°]
CHARAKTER | Konditionell fordernd aufgrund der 900 Höhenmeter Direktaufstieg, technisch einfach und die Orientierung ist eindeutig. Anreise/Startpunkt: Mit dem Pkw verlässt man die Brennerautobahn an der Ausfahrt Brixen-Pustertal und fährt 56 km bis zum Parkplatz am Start und beim Hotel Lago di Braies. Regionalbahn 400 von Franzensfeste nach Niederdorf, Bus 442 von Niederdorf, Von-Kurz-Platz, nach St. Veit (Prags), Pragser Wildsee (www.sii.bz.it). Zusatzausrüstung: keine. Einkehr: keine unterwegs. Übernachtung: Seekofelhütte: www.rifugiobiella.it.

Der Pragser Wildsee, mit seinem grünblau schimmernden Wasser, liegt idyllisch unterhalb der mächtigen Steilhänge des 2.810 m hohen Seekofels und entstand vor langer Zeit durch einen Murenabgang. Er ist einer der bekanntesten Seen in den Dolomiten und Teil des wunderschönen Naturparks Fanes-Sennes-Prags – damit ein geschütztes Naturdenkmal. Der See ist auch Drehort der italienischen Fernsehserie „Un passo dal cielo" (Die Bergpolizei – Ganz nah am Himmel), in der Terence Hill den Forstaufseher und guten Bergsteiger Pietro spielt. Die 1. Etappe

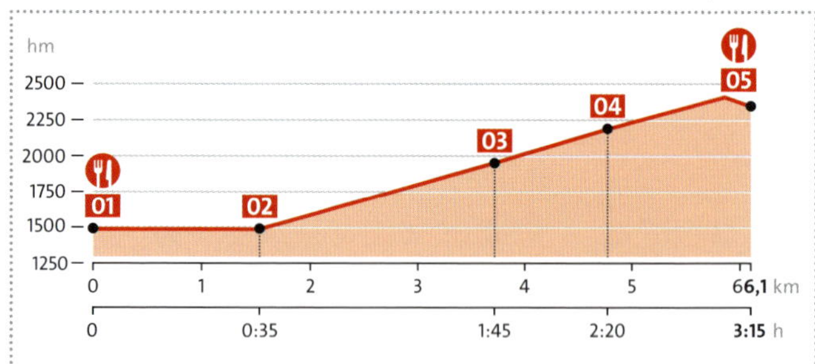

01 Parkplatz und Bushaltestelle Pragser Wildsee, 1.496 m; 02 Pragser Wildsee, südliches Ende, 1.500 m; 03 Nabiges Loch, 1.968 m; 04 Ofental, 2.189 m; 05 Seekofelhütte, 2.327 m

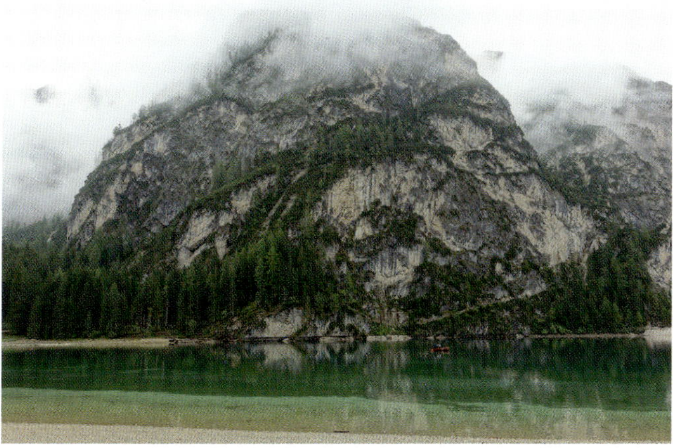

Der Pragser Wildsee (Lago di Braies).

des Dolomiten Höhenwegs Nr. 1 geht aufgrund der zu bewältigenden Höhenmeter gleich ans Eingemachte! Der Aufstieg durch das Ofenkar, unterhalb der Ofenmauer, ist landschaftlich beeindruckend, wird dann aber noch getoppt, durch die faszinierende Szenerie der Dolomiten, von der Ofenscharte aus gesehen.

▶ Vom Parkplatz und der Bushaltestelle nördlich vom **Pragser Wildsee (Lago di Braies)** 01

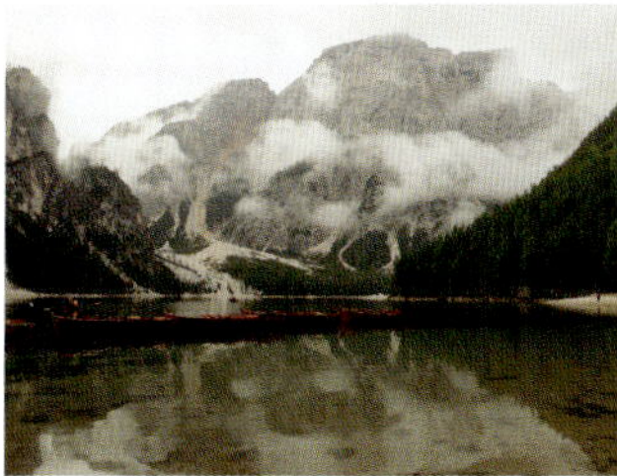

Der Pragser Wildsee mit den mächtigen Steilhängen des 2.810 m hohen Seekofels

(1.496 m) spaziert man Richtung See und an der rechten (westlichen) Seeseite entlang. Wir folgen dem Wanderweg 1 bis zum südlichen Ende des **Pragser Wildsees** 02 (1.500 m). Dort an der Wegverzweigung, bei einen Schotterfeld, gehen wir rechts auf einem Pfad, der das Tal verlässt. Vor uns erhebt sich die mächtige, ca. 1.300 m hohe Felswand des Seekofels (Croda del Becco). In steilen Kehren steigen wir bis zu einem Talboden auf das **Nabige Loch** 03 (1.968 m). Bei der darauffolgenden Weggabelung orientieren wir uns halb rechts und folgen weiterhin dem Wanderweg 1, und nicht halb links den Wanderweg 4. Es folgt ein mit Drahtseilen gesicherter Wegabschnitt, der bei feuchten Witterungsverhältnissen sehr rutschig werden kann.

Wir erreichen eine weitere Kreuzung, links zweigt der Pfad zur Plätzwiese ab. Wir gehen halb rechts durch das **Ofental** 04 (2.189 m) unterhalb der im-

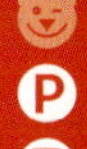

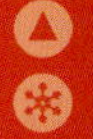

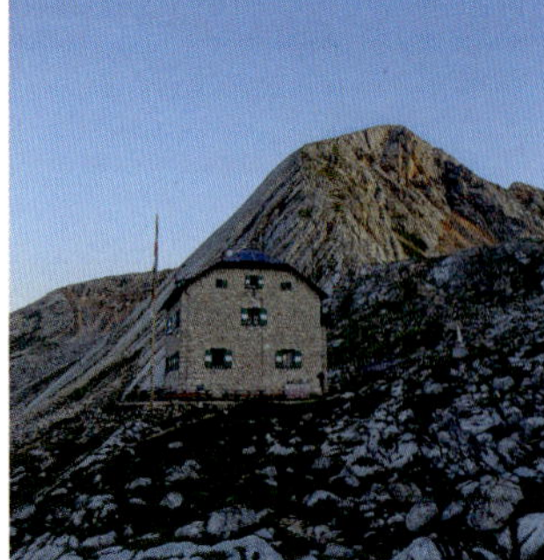

Die Seekofelhütte (Rifugio Biella)

posanten Ofenmauer hinauf zur Ofenscharte 2.388 m (Forcella Sora Forno) mit einem Marienbildstock und beeindruckendem Ausblick auf die Bergwelt der Dolomiten.

Wer genügend Kondition mitbringt, besteigt den Gipfel des Seekofels, siehe Variante 1 (siehe Seite 39). Sonst erreicht man in wenigen Schritten bergab die **Seekofelhütte (Rifugio Biella)** **05** (2.327 m), das heutige Etappenziel.

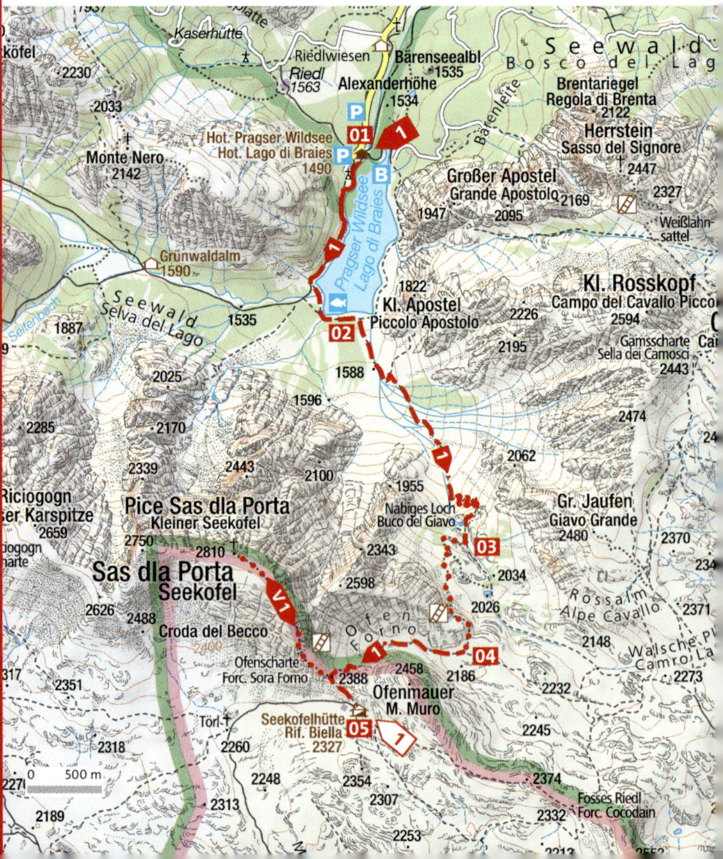

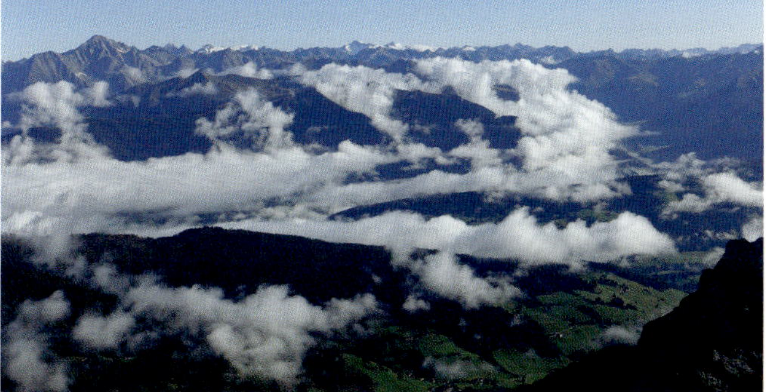

Freier Blick vom Seekofel bis zum Alpenhauptkamm

Mittelschwere Variante 1 auf den Seekofel: Bei schönem Wetter ist dieser Weg von der mondähnlichen Landschaft bei der Seekofelhütte, bis zum 2.810 m hohen Seekofel schon fast eine Pflichtübung. Nach nur 480 Höhenmetern Anstieg genießt man eine faszinierende Fernsicht bis zum Alpenhauptkamm. Ca. 65 km in nordöstlicher Richtung liegt der Großglockner, links daneben in ca. 52 km Entfernung die Venedigergruppe und ca. 43 km in nördlicher Richtung der Rauchkofel in den Zillertaler Alpen. Welch ein Tiefblick: 1.300 Höhenmeter unter uns liegt der grünblau schimmernde Pragser Wildsee. Auch das Panorama über die Dolomiten lässt keine Wünsche offen. Wem hier das Wetterglück hold ist, der genießt eine einmalige Wanderung.

Von der **Seekofelhütte** marschieren wir in nordwestliche Richtung ca. 250 m auf dem Pfad bergauf. Wir erreichen die **Ofenscharte** mit dem gemauerten Marienbildstock. Von dort beginnt der Aufstieg durch das **Schrofengelände** des sehr steilen Südostrückens. Von der Ofenscharte sieht der Aufstieg weitaus schwieriger aus, als er in Wirklichkeit ist!

Es folgt eine ca. 80 m kurze, durch eine **Eisenkette** gesicherte Passage. Ein Klettersteigset wird an dieser Stelle nicht benötigt. Danach ist das Gelände nicht mehr so steil ansteigend, wir wandern weiterhin in nordwestlicher Richtung. Der nachfolgende Pfad über die Karstfläche des nun breiten Gipfelrückens führt bis zum **Gipfel des Seekofels**.

Wir gehen auf dem bekannten Hinweg zurück. Hin- und Rückweg: 3,4 km, 1:40 Stunden, 480 hm.

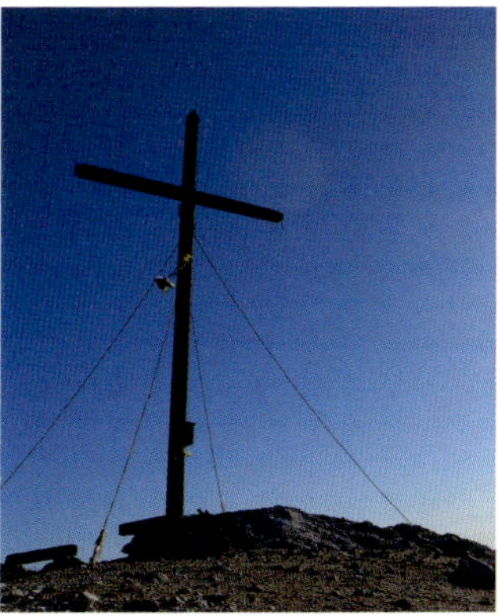

Das Gipfelkreuz am Seekofel

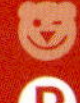
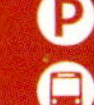
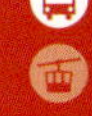
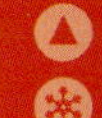
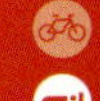

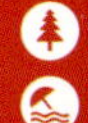

SEEKOFELHÜTTE – SENNESHÜTTE

Dolomiten Höhenweg Nr. 1

 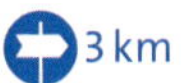 3 km 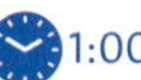 1:00 h  60 hm 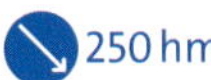 250 hm  672

START | Seekofelhütte, 2.327 m
[GPS: N46.665717° E12.084650°]
CHARAKTER | Leichter Spaziergang ohne große Höhenunterschiede. Startpunkt: Die Seekofelhütte befindet sich am Ende der Etappe 1. Endpunkt: Die Senneshütte liegt am Anfang der Etappe 3. Zusatzausrüstung: keine. Einkehr: keine unterwegs. Übernachtung: Senneshütte: www.sennes.com.

Es erwartet uns ein leichter Spaziergang durch Wiesengelände und kleine Talmulden über die Sennes-Hochfläche im Naturpark Fanes-Sennes-Prags. Auf der Wanderung erspäht (Südwesten) man immer wieder den Gipfel der 2.968 m hohen Neunerspitze (Piza dales Nü). Trotz der eingeschränkten Fernsicht von der Senneshütte ergibt sich von dort ein weitreichendes Panorama über einige der schönsten Gipfel der Dolomiten: die 3.146 m hohe Hohe Gaisel (Croda Rossa), der 3.221 m hohe Monte Cristallo, der 3.205 m hohe Ponta de Sorapis und die 3.244 m hohe Tofana di Mezzo. Die wunderbare Welt der Dolomiten lädt zu einem Weg der Langsamkeit ein

▶ Wir gehen auf der Zufahrtsstraße, der Wanderweg 6, zur

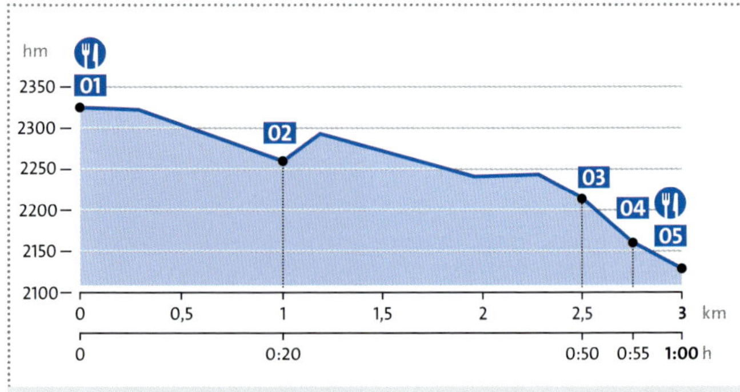

01 Seekofelhütte, 2.327 m; 02 Cianpo Ros, 2.260 m;
03 Pfadgabelung, 2.217 m; 04 Abzweig, 2.162 m; 05 Senneshütte, 2.126 m

Seekofelhütte (Rifugio Biella) 01 (2.327 m) in westliche Richtung talwärts. Hinter dem Haus für das Winterlager und Stromgenerator passieren wir die mächtige Südwand des Seekofels. Bei einem großen Felsen am Wegesrand erreichen wir den nächsten Wegpunkt, **Cianpo Ros 02** (2.260 m). An dieser Stelle zweigen wir nach halb rechts auf den Wanderweg 6A ab, Richtung Senneshütte. Der Pfad führt gemütlich über die Sennes-Hochfläche, Teil des Naturpark Fanes-Sennes-Prags.

Hinter Wiesengelände und kleinen Talmulden erreichen wir eine **Pfadgabelung 03** (2.217 m). Richtung Südwesten erhebt sich

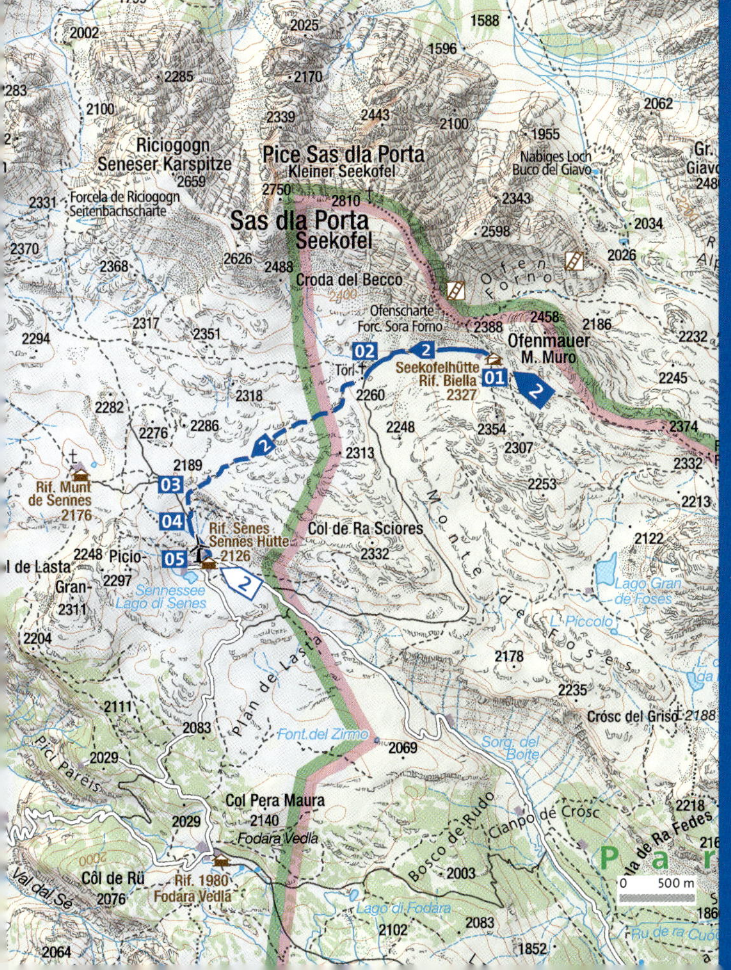

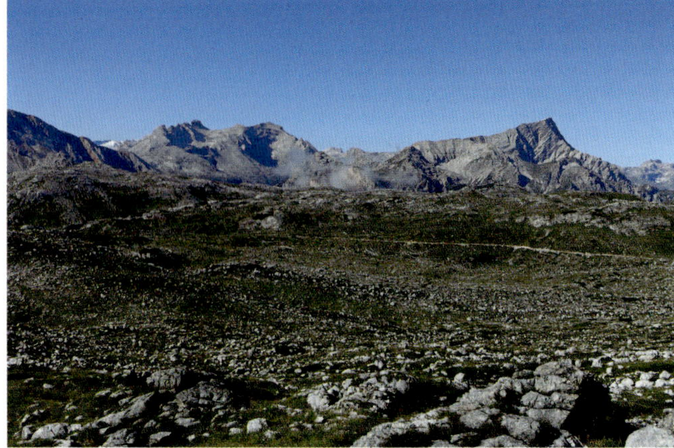

Die wunderbare Welt der Dolomiten von der Sennes Hochebene

hinter dem vor uns liegenden Tal die unspektakuläre 2.311 m hohe Gran Col de Lasta, rechts davon sieht man in der Ferne die umso spektakulärere 2.968 m hohen Neunerspitze (Piza dales Nü). Wir steigen zur unterhalb querenden Schotterpiste ab. Auf der Schotterpiste gehen wir nur ca. 90 m bergab, um dort bei dem halbrechten **Abzweig** 04 (2.162 m) auf einem Pfad durch wenige Kiefern zu marschieren.

Schon kurz später sehen wir unterhalb, auf Almwiesen gelegen, die **Senneshütte (Rifugio Sennes)** 05 (2.126 m).

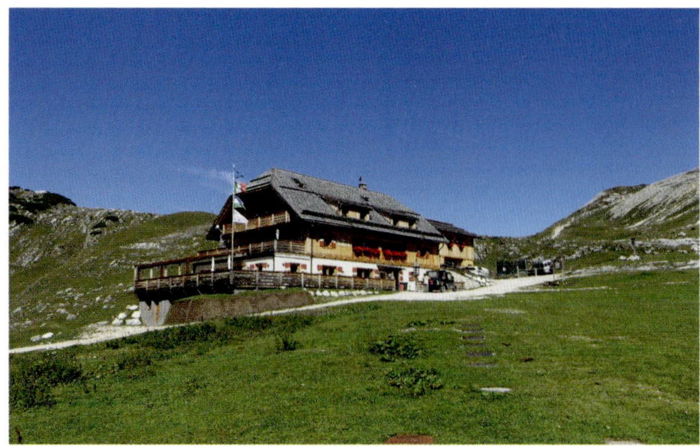

Schön auf Almwiesen liegt die Senneshütte

SENNESHÜTTE – SCHUTZHÜTTE FODARA VEDLA

Dolomiten Höhenweg Nr. 1

 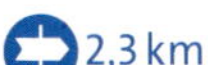  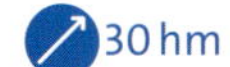 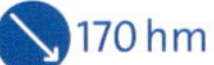 

2,3 km | 0:45 h | 30 hm | 170 hm | 672

START | Senneshütte, 2.126 m
[GPS: N46.653600° E12.059517°]
CHARAKTER | Gemütlicher Spaziergang ohne Anstieg und nur 170 Höhenmeter im Abstieg. Einfache Orientierung. Startpunkt: Die Senneshütte ist nur zu Fuß erreichbar und befindet sich am Ende der Etappe 2. Endpunkt: Die Schutzhütte Fodara Vedla ist nur zu Fuß erreichbar und befindet sich am Anfang der Etappe 4. Zusatzausrüstung: keine. Einkehr: keine unterwegs. Übernachtung: Schutzhütte Fodara Vedla: www.fodara.it/de.

Es folgt eine kurzweilige Wanderung über die südlichen Ausläufer des Sennes-Hochplateaus. Der Pfad führt direkt auf die gewaltige Croda Ciamin-Berggruppe zu, mit dem höchsten Punkt der 2.610 m hohen Croda Ciamin, bis zur gastfreundlichen und gemütlichen Schutzhütte Fodara Vedla.

Von der **Senneshütte (Rifugio Sennes)** 01 (2.126 m) wandern wir auf der Schotterpiste, Wanderweg 7, oder auf dem Pfad über die grünen Almwiesen bergab. Bei dem nachfolgenden Heiligenschrein verlassen wir die **Piste** 02 (2.108 m) nach halb rechts auf dem weiterführenden Wander-

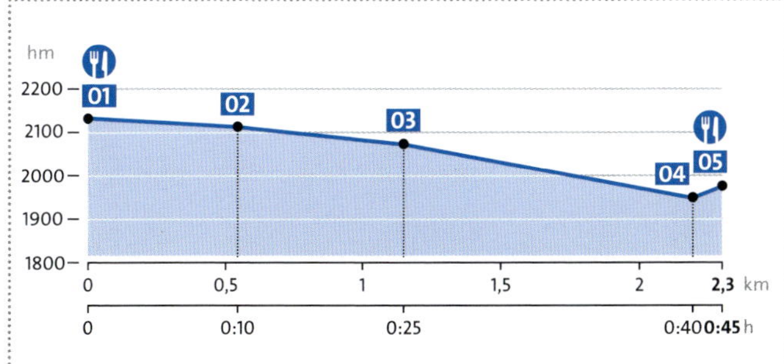

01 Senneshütte, 2.126 m; 02 Piste, 2.108 m; 03 Pfad geradeaus, 2.078 m; 04 Weggabelung, 1.954 m; 05 Schutzhütte Fodara Vedla, 1.980 m

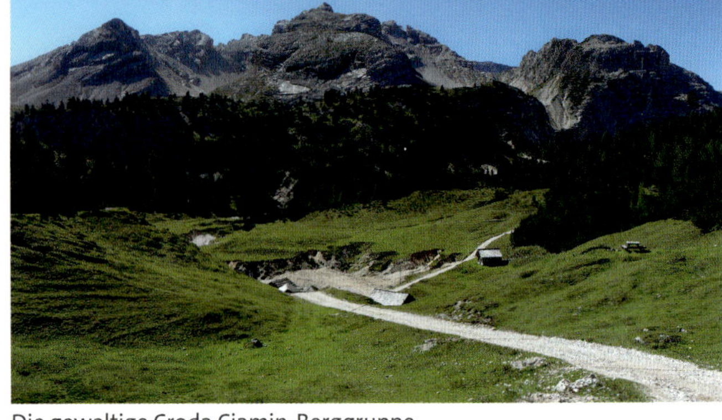

Die gewaltige Croda Ciamin-Berggruppe

weg 7. Kurz später mündet dieser wieder in Schotterpiste, der wir weiter bergab folgen. In einer Rechtskehre der Schotterpiste, hier befindet sich eine Sitzbank, gehen wir auf dem **Pfad** **03** (2.078 m) **geradeaus** weiter. Vor uns erhebt sich die gewaltige Croda Ciamin-Berggruppe, mit dem höchsten Punkt der 2.610 m hohen Croda Ciamin. Der Pfad endet an einer breiten Schotterpiste, der wir links bergab Richtung Pederü und Fodara folgen. An der Stelle, von der wir unterhalb liegende Hütten ausmachen können, zweigen wir nicht halb rechts auf dem Pfad ab, sondern gehen geradeaus weiter. An der **Weggabelung** **04** (1.954 m) zwischen den Hütten gehen wir geradeaus an der Kapelle vorbei.

Nach wenigen Metern erreichen wir die **Schutzhütte Fodara Vedla** **05** (1.980 m), ein traditionaler Familienbetrieb seit 1923.

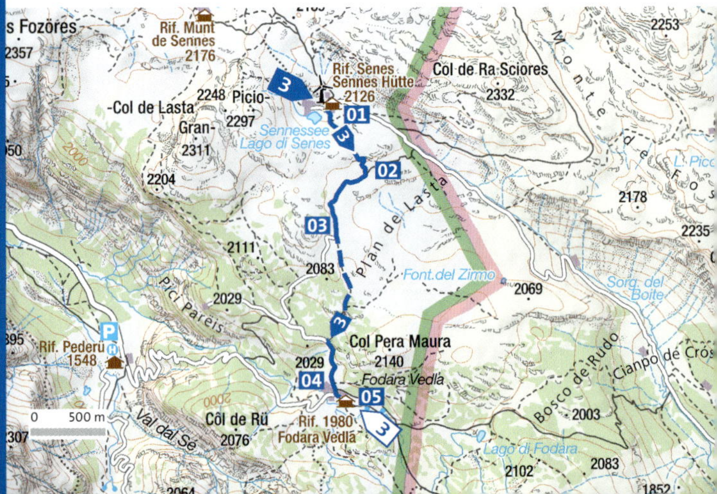

SCHUTZHÜTTE FODARA VEDLA – BERGGASTHAUS PEDERÜ

Dolomiten Höhenweg Nr. 1

 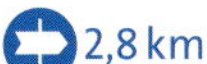 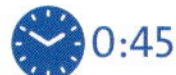  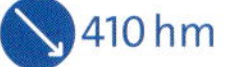 

START | Schutzhütte Fodara Vedla, 1.980 m [GPS: N46.635590° E12.060930°]
CHARAKTER | Steiler aber einfacher Abstieg bis ins Tal. Startpunkt: Die Schutzhütte Fodara Vedla ist nur zu Fuß erreichbar und befindet sich am Ende der Etappe 3. Endpunkt/Einstieg/Abbruch: Das Berggasthaus Pederü ist zu Fuß, mit dem Pkw und mit dem Bus erreichbar und befindet sich am Anfang der Etappe 5. Zusatzausrüstung: keine. Einkehr: keine unterwegs. Übernachtung: Berggasthaus Pederü: www.pederue.it/de.

Vom Rifugio Fodara Vedla führt ein romantischer Wanderweg durch eine Schlucht mit Latschenkiefer und jahrhundertealten Zirbeln, hinunter bis zum grünen Talboden des Rautals. Dort angekommen lassen wir die Berggruppe der Pragser Dolomiten hinter uns und treten ein in die Fanesgruppe.

Vor der **Schutzhütte Fodara Vedla** 01 (1.980 m) gehen wir nur wenige Meter in südwestliche Richtung bis zu dem grasigen Hügel mit den vielen Wegweisern vor, queren in westliche Richtung das Trockenbachbett und steigen bis zu einem Kreuz und der nachfolgenden Schotterpiste auf. Wir be-

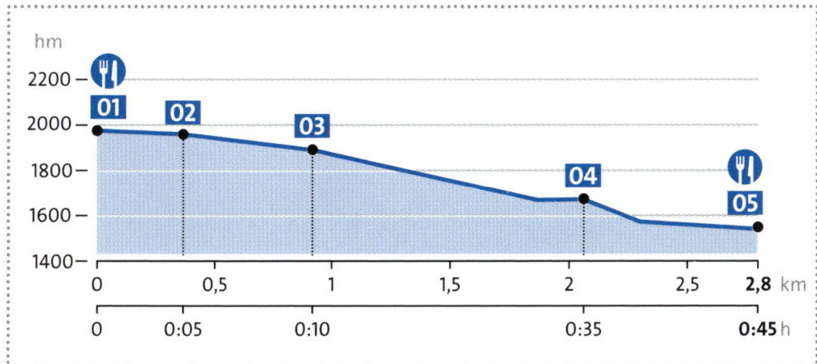

01 Schutzhütte Fodara Vedla, 1.980 m; 02 Abzweig, 1.974 m; 03 Schotterpiste, 1.886 m; 04 Rautal, 1.673 m; 05 Berggasthaus Pederü, 1.548 m

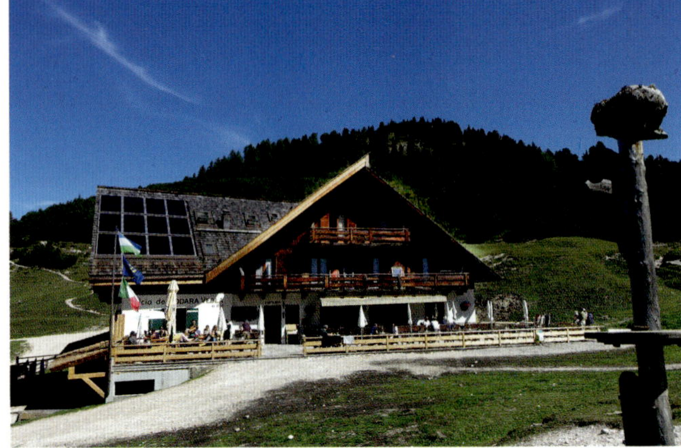

Die Schutzhütte Fodara Vedla

finden uns auf dem Wanderweg 7. Hinter der ersten Rechtskehre der Piste, wir sind ca. 60 m auf dieser gegangen, nehmen wir einen **Abzweig** 02 (1.974 m) nach rechts auf einen unscheinbaren Trampelpfad durch Latschenkiefern. Auch könnte man auf der Schotterpiste weiter geradeaus gehen, beide Wege sind zielführend. Nach ca. 50 m steigen wir dann fast weglos bis zu dem unterhalb liegenden Pfad mit Holzgeländer ab.

In einem lichten Wald, bestanden mit Latschenkiefern und jahrhundertealten Zirbeln, geht es durch eine wunderschöne Schlucht berg-

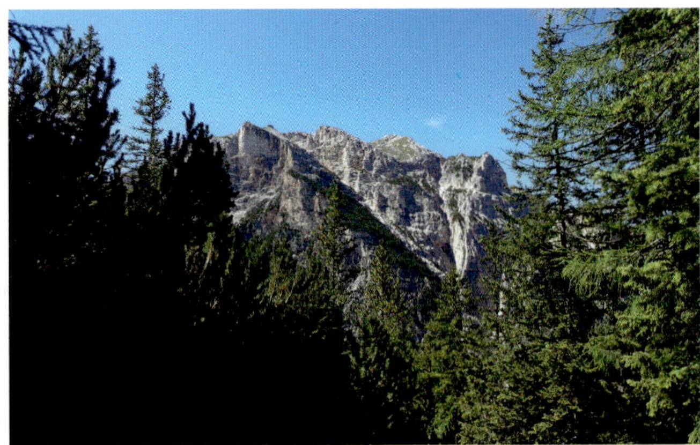

Bergimpression auf dem Weg ins Rautal

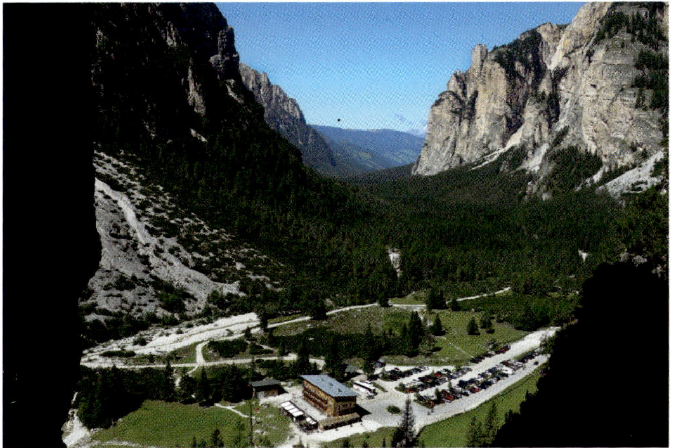

Ein wunderschöner Blick auf das lang gezogene Rautal

ab. Bei dem ersten ebenen Wegabschnitt gehen wir durch das Holzgatter und folgen weiter dem Wanderweg 7, bis der Pfad in die **Schotterpiste** 03 (1.886 m) mündet.

Die Schotterpiste wird nun extrem steil und schlängelt sich in engen Kehren talwärts. Schon bald ergibt sich ein wunderschöner Blick auf das lang gezogene **Rautal** 04 (1.673 m).

Auch sieht man steil unterhalb unser Etappenziel, das **Berggasthaus Pederü** 05, (1.548 m), das wir nach weiteren engen Serpentinen erreichen.

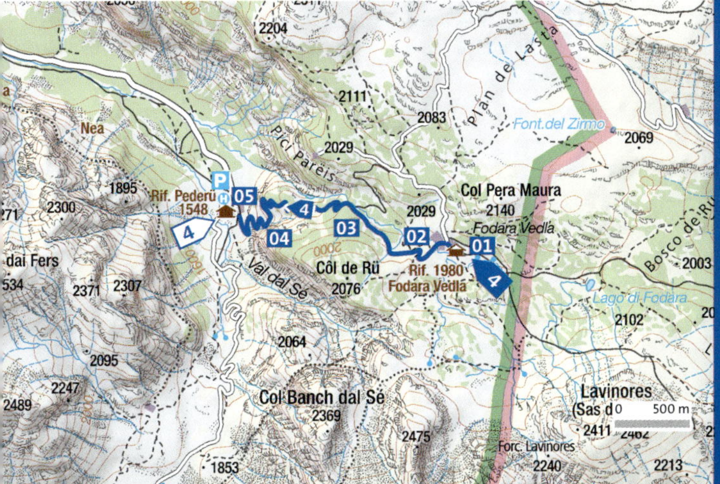

5

BERGGASTHAUS PEDERÜ – LAVARELLA-BERGHÜTTE

Dolomiten Höhenweg Nr. 1

 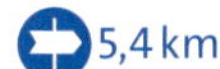   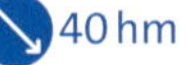 

START | Berggasthaus Pederü, 1.548 m
[GPS: N46.638283° E12.041400°]
CHARAKTER | Das Gelände ist sehr einfach und kann ohne spezifische Kenntnisse von jedem absolviert werden. Startpunkt/Einstieg/Abbruch: Das Berggasthaus Pederü ist zu Fuß, mit dem Pkw und mit dem Bus erreichbar und befindet sich am Ende der Etappe 4. Endpunkt: Die Lavarella-Berghütte ist nur zu Fuß erreichbar und befindet sich am Anfang der Etappe 6. Zusatzausrüstung: keine. Einkehr: Ücia dles Muntagnoles. Übernachtung: Lavarella-Berghütte: www.lavarella.it/de.

Der Wanderweg windet sich kontinuierlich bergauf, nach einer Anhöhe erreichen wir das Fanes-Hochtal, ein unvergessliches Bergpanorama aus Dolomitigestein: die 2.534 m hohe Äußere Eisengabelspitze (Furcia dai Fers), die 2.655 m hohe Antoniusspitze (Piz de Sant Antone, Norden), die 2.968 m hohe Neunerspitze (Piza dales Nü), die 3.026 m hohe Zehnerspitze (Piza dales Diesc), der 2.907 m hohe Heiligkreuzkofel (Sas dla Crusc), die 2.794 m hohe Pareispitze (Col Bechei dessora) und am Horizont die

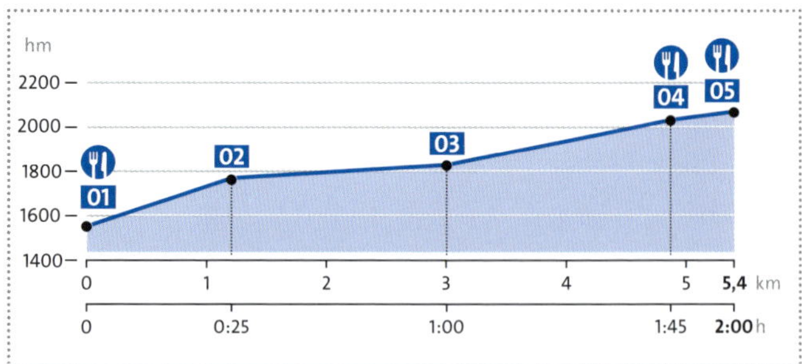

01 Berggasthaus Pederü, 1.548 m; 02 Piste, 1.739 m; 03 Schotterpiste, 1.817 m; 04 Weggabelung Faneshütte, 2.018 m; 05 Lavarella Berghütte, 2.050 m

3.055 m hohe Piz de Lavarella, um nur einige zu nennen. Aber auch willkommen im Reich der ladinischen Legenden und Sagen. Empfehlenswert ist eine Wanderung, möglichst während der Blauen Stunde, zur Holzbrücke oberhalb des Sees Lé Vért (Grünsee) – gelegen zwischen der Lavarella-Berghütte und Faneshütte. Von dort blickt man auf das sogenannte „Parlament der Murmeltiere". Eine stufenförmige Schichtung von Gestein, angeordnet genau wie die Ränge eines Parlaments, gelegen nördlich des Grünsees, direkt oberhalb der Schotterpiste. Die Legende der Fanes besagt, dass in den Felshöhlen Mitglieder des einstigen Fanesvolkes lebt.

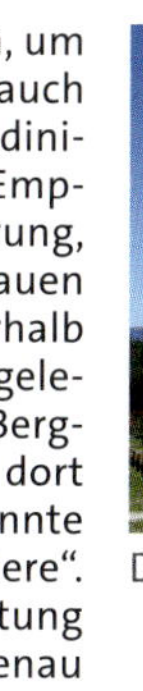

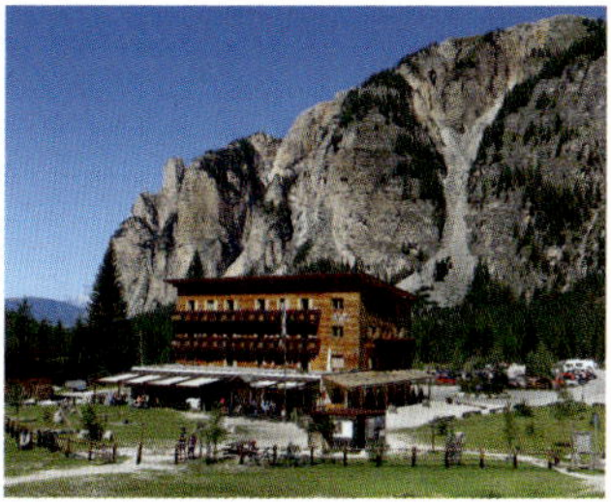

Das Berggasthaus Pederü

Was für ein passendes Szenario für den Sonnenuntergang.

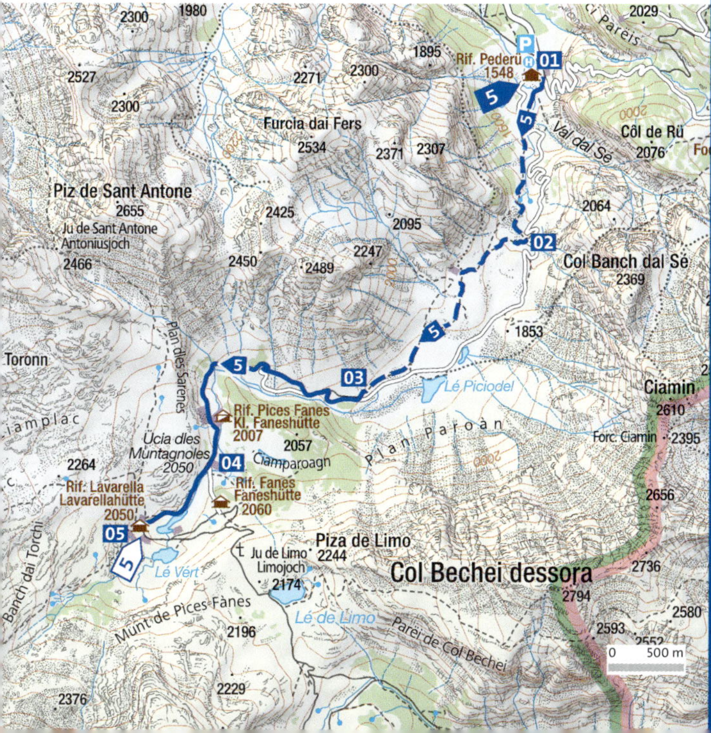

▶ Vom **Berggasthaus Pederü** 01 (1.548 m) gehen wir ca. 100 m auf dem Kieselsteinweg (Wanderweg 7) in südliche Richtung, bevor wir die Brücke über den Bachlauf queren. Dahinter gehen wir links und marschieren durch Latschenkiefern bergauf, weiterhin auf einem Kieselsteinweg. Zwischenzeitlich überqueren wir eine Schotterpiste, die bis in das Hochtal des Fanes-Sennes-Prags-Naturpark führt. Alternativ kann man auch auf der Schotterpiste bergauf gehen, die nachfolgende Beschreibung gilt für den kürzeren und schöneren Wanderweg. Der nachfolgende Pfad ist mit Holzpfosten befestigt, da der komplette Hang abgerutscht war.

Nachdem wir einen weiteren Berghang gequert haben tangieren wir die **Piste** 02 (1.739 m) und gehen dort sofort scharf rechts auf dem weiterführenden Pfad. Nach kurzem Aufstieg gabelt sich der Pfad, wir wandern nicht geradeaus, sondern halb rechts. Wir überschreiten eine Anhöhe und man kann halb rechts die Spitzen der Heiligkreuzkofelgruppe mit dem 2.968 m hohen Neuner, dem 3.026 m hohen Zehner und dem 2.907 m hohen Heiligkreuzkofel sehen. Links unterhalb kann man den kleinen See Lé Piciodel ausmachen. Nach kurzem Abstieg queren wir einige Felder aus angespülten Gesteinsschutts von den Steilhängen der Berge und stoßen abermals auf die **Schotterpiste** 03 (1.817 m). Auf dieser gehen wir aber nur ca. 50 m, um dann dort halb rechts auf den weiterführenden Pfad abzubiegen. Dieser mündet dann ein letztes Mal in die bergaufführende Schotterpiste.

Hinter der **Ücia dles Muntagnoles** erreichen wir dann eine **Weggabelung** 04 (2.018 m), halb rechts geht es zur Lavarella-Berghütte und halb links zur **Faneshütte**. Wir gehen halb rechts, kommen an einem kleinen dunkelgrünen See vorbei – oft weiden Kühe an seinen Ufern – und erreichen das heutige Etappenziel, die **Lavarella-Berghütte** 05 (2.050 m).

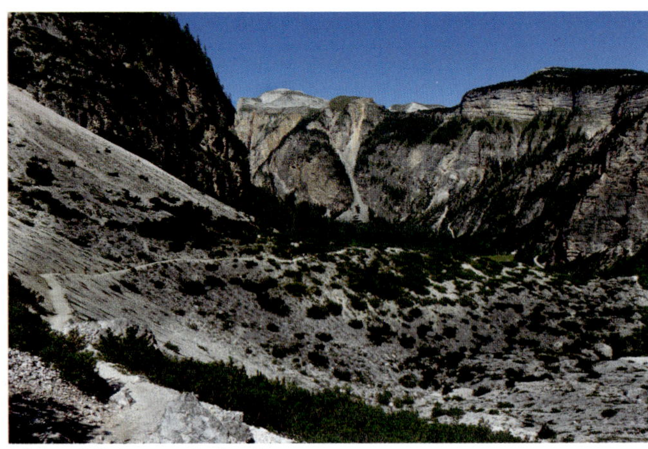

Blick auf die Pragser Dolomiten

LAVARELLA-BERGHÜTTE – RIFUGIO LAGAZUOI

Dolomiten Höhenweg Nr. 1

  12,6 km  5:00 h 1150 hm  420 hm 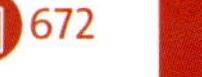 672

START | Lavarella-Berghütte, 2.050 m
[GPS: N46.611117° E12.007067°]
CHARAKTER | Konditionell fordernd, technisch einfach und Orientierung eindeutig. Trotzdem ist dieses eine hochalpine Wanderung und bei einem Wetterumsturz ist der Rückzug schwierig. Startpunkt: Die Lavarella-Berghütte ist nur zu Fuß erreichbar und befindet sich am Ende der Etappe 5. Endpunkt/Einstieg/Abbruch: Das Rifugio Lagazuoi ist zu Fuß und mit der Seilbahn vom Falzaregopass erreichbar und befindet sich am Anfang der Etappen 7 und 7.1. Zusatzausrüstung: leichte Steigeisen oder einen Eispickel. Einkehr: Faneshütte und Ücia de Gran Fanes (Große Fanesalm). Übernachtung: Rifugio Lagazuoi: www.rifugiolagazuoi.com.

Ständig wechselnde Landschaftsbilder gestalten diese lange und anstrengende Wanderung durch alpines Gelände zum Rifugio Lagazuoi kurzweilig. Dort angekommen heißt es dann innehalten, wo die Natur verzaubert: Richtung Osten blickt man auf die mächtige Wand der 3.225 m hohe Tofana di Rozes (73° Ost), dann

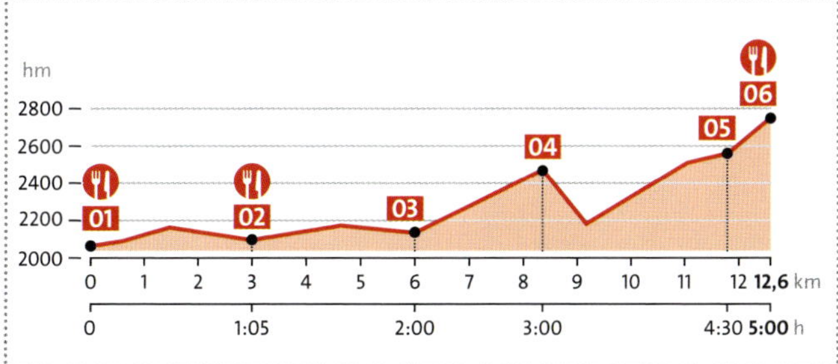

01 Lavarella Berghütte, 2.050 m; 02 Ücia de Gran Fanes, 2.102 m; 03 Wanderweg 20B, 2.130 m; 04 Forcella dl Lech, 2.486 m; 05 Forcella Lagazuoi, 2.573 m; 06 Rifugio Lagazuoi, 2.752 m

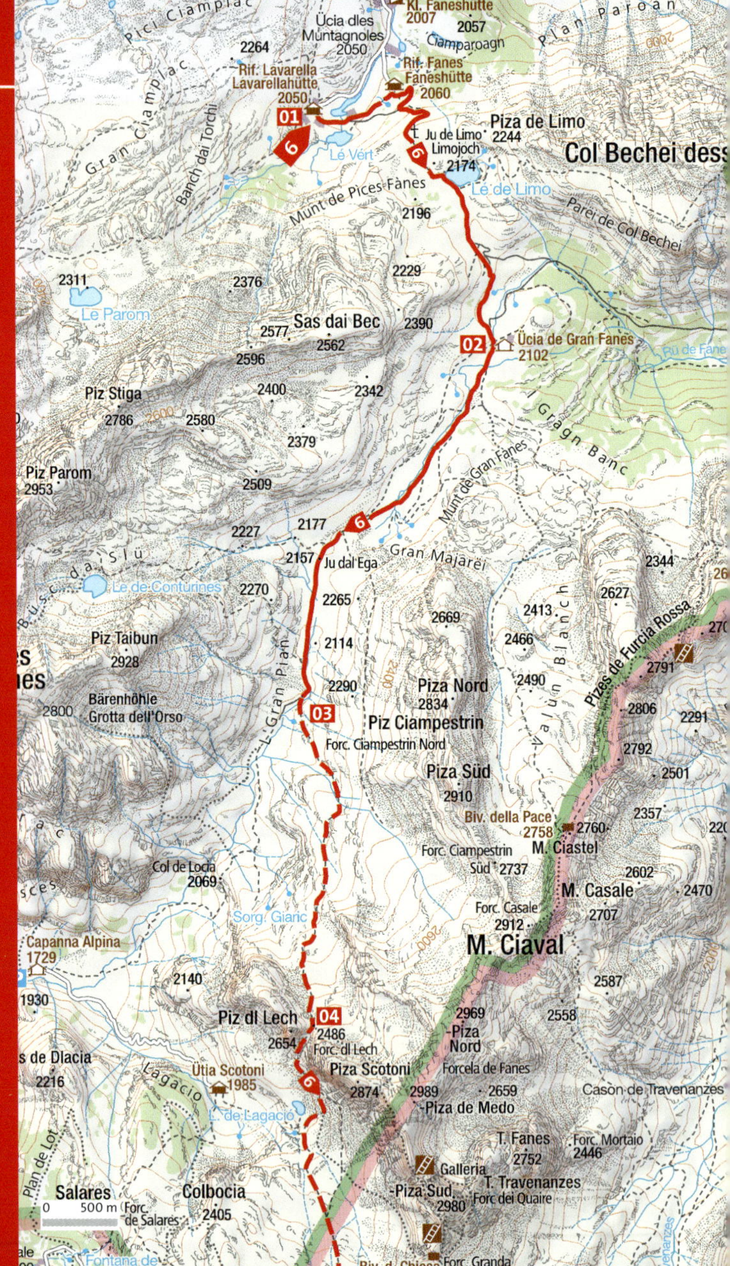

Rif. Pices Fanes
Kl. Faneshütte
2007
2057
Ùcia dles Muntagnoles
2050
Ciamparoagn
Plan Paroàn
Pici Ciamplac
2264
Rif. Lavarella
Lavarellahütte
2050
Rif. Fanes
Faneshütte
2060
01
6
Piza de Limo
2244
Ju de Limo
Limojoch
2174
Col Bechei dess
Gran Ciamplac
Banch dai Torchi
Lé Vert
Le de Limo
Munt de Pìces Fànes
2196
Paréi de Col Bechei
2311
2376
2229
Le Parom
Sas dai Bec
2390
2577
2562
02
Ùcia de Gran Fanes
2102
Rü de Fanes
2596
Piz Stiga
2400
2342
2786
2580
I Gragn Banc
2379
Piz Parom
2953
2509
Munt de Gran Fanes
2227
2177
2157
Ju dal Ega
Gran Majarëi
2344
Büsc da Slü
Le de Contùrines
2270
2265
2627
2669
2413
Piz Taibun
2928
2114
2466
Pizes de Furcia Rossa
2791
L. Gran Plan
Valun Blanch
2290
Piza Nord
2834
2490
Bärenhöhle
Grotta dell'Orso
2800
03
Piz Ciampestrin
2806
2291
Forc. Ciampestrin Nord
2792
Piza Süd
2910
2501
Biv. della Pace
2758
2760
2357
Forc. Ciampestrin Süd
2737
M. Ciastel
Col de Locia
2069
2602
M. Casale
2470
Forc. Casale
2912
2707
Sorg. Giaric
Capanna Alpina
1729
M. Ciaval
2587
2140
1930
Piz dl Lech
04
2486
2654
Forc. dl Lech
2969
Piza Nord
2558
de Dlacia
Ütia Scotoni
1985
Piza Scotoni
2874
Forcela de Fanes
2216
Lagacio
2989
2659
Piza de Medo
Cason de Travenanzes
L. de Lagacio
T. Fanes
2752
Forc. Mortaio
2446
Plan de Lot
Galleria
T. Travenanzes
Salares
Colbocia
Piza Süd
2980
Forc dei Quaire
0 500 m
Forc. de Salares
2405
Fontana de Valparola
Biv. d. Chiesa
Forc. Granda
Travenanzes

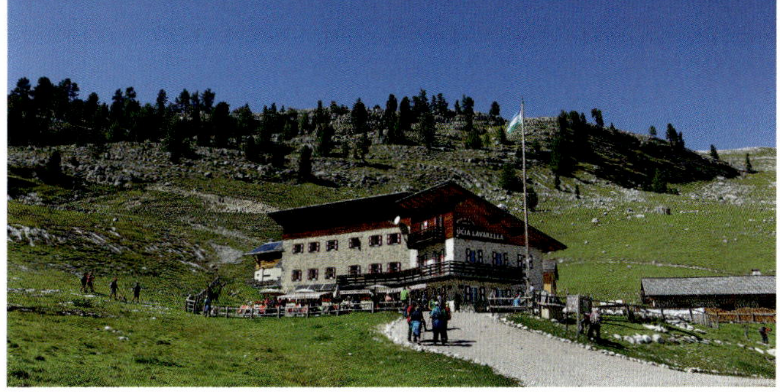

Die Lavarella-Berghütte im Fanes Hochtal

folgt der 3.205 m hohe Punta de Sorapis (99° Ost), der 3.264 m hohe Monte Antelao (114° Südost), der 3.168 m hohe Pelmo (141° Südost), die 3.220 m Monte Civetta (169° Süd), die 3.343 m hohe Punta Penia Marmolada (230° Südwest) und im Sellamassiv der 3.152 m hohe Piz Boè (261° West).

▶ Von der **Lavarella-Berghütte** **01** (2.050 m) folgen wir in östliche Richtung dem Pfad über die kleine Holzbrücke am Grünen See und erreichen die **Faneshütte**. Hier setzen wir unsere Wanderung entweder auf der Schotterpiste oder abkürzenden Pfaden auf dem Wanderweg 11 fort. Durch wenige Kehren steigen wir bis zum 2.174 m hohen **Ju de Limo (Limojoch)** auf. Vorbei am dahinterliegenden Bergsee Lé de Limo folgen wir weiterhin der Schotterpiste.

Dort wo die Schotterpiste eine scharfe Linkskehre Richtung Cortina macht, gehen wir geradeaus weiter Richtung Capanna Alpina. Von der **Ücia de Gran Fanes (Große Faneshütte)** **02** (2.102 m) – hier gibt es keine Übernachtungsmög-

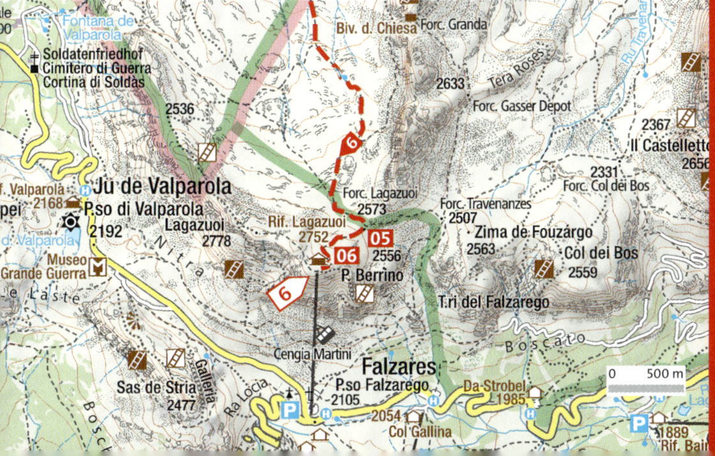

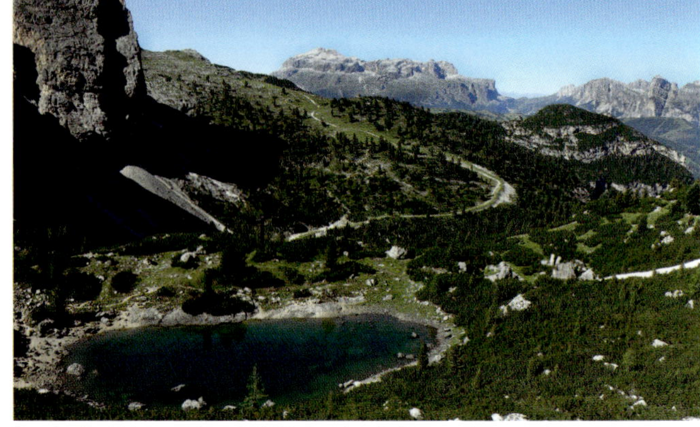

Der Lech de Lagació und dahinter das Sellamassiv

lichkeiten – wandern wir durch das wunderschöne Wiesengelände der Großen Fanes-Alpe. Bei guter Sicht blinzelt im Südwesten der Eispanzer der Marmolada am Horizont. Den abzweigenden Pfad auf die Piz de Lavarella ignorieren wir und biegen dann links, auf den **Wanderweg 20B** 03 (2.130 m) ab, auch ausgeschildert zum Lagazuoi.

Schnell lassen wir die wenigen Latschenkiefern hinter uns, wir haben in südwestlicher Richtung freien Blick über das weite Gadertal und den dahinterliegenden Sellastock. An der **Forcella dl Lech** 04 (2.486 m) ergibt sich abermals ein faszinierender Ausblick auf die Marmolada. Der nachfolgende Abstieg durch die Scharte verläuft in engen Kehren durch gerölliges Gelände auf einem teilweise mit Holzstufen gesicherten Pfad Richtung des unterhalb liegenden **Lech de Lagació**. Achtung! Nach schneereichen und langen Wintern benötigt man bis in den Juni hinein für diese Scharte leichte Steigeisen oder einen Eispickel.

Bereits unterhalb der Scharte angekommen gehen wir nicht an der Weggabelung bis zum See hinunter. Wir queren oberhalb des Sees, unterhalb der mächtigen Felswand des 2.874 m hohen **Piza Scotoni**, bis zum Wanderweg 20 – der vom Ütia Scotoni heraufführt. Es erfolgt ein Aufstieg über das karge Lagazuoi-Plateau. Auf Höhe einer Ruine geht der Pfad in einem breiten Fahrweg über. Den nach rechts abzweigenden markierten Wanderweg 20A ignorieren wir und folgen den rot-weißen Markierungen und ausgezeichneten Weg bis zur **Forcella Lagazuoi** 05 (2.573 m) Bei schönem Wetter treffen wir spätestens ab hier auf sehr viele Touristen, die Seilbahn vom Falzaregopass zum kleinen Lagazuoi macht es möglich. Es beginnt ein letzter steiler Anstieg, vorbei an Stellungen aus dem 1. Weltkrieg, und man hat das fantastisch gelegenene **Rifugio Lagazuoi** 06 (2.752 m) erreicht.

Bei der Bergstation der Seilbahn befindet sich die sehenswerte Foto-Ausstellung **Lagazuoi Expo Dolomiti** (www.lagazuoiphotoaward.org).

RIFUGIO LAGAZUOI – PASSO FALZAREGO – RIFUGIO NUVOLAU

Dolomiten Höhenweg Nr. 1

 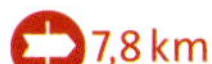 7,8 km  3:15 h  470 hm 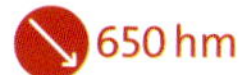 650 hm  672

START | Rifugio Lagazuoi, 2.752 m [GPS: N46.527633° E12.008060°]
CHARAKTER | Es erwartet uns ein durchgehender Wegverlauf. Gute Trittsicherheit und durchschnittliches Orientierungsvermögen werden benötigt. Startpunkt/Einstieg/Abbruch: Das Rifugio Lagazuoi ist zu Fuß und mit der Seilbahn vom Falzaregopass erreichbar und befindet sich am Ende der Etappe 6. Einstieg/Abbruch: Am Falzarego-Pass besteht Busanschluss. Endpunkt: Das Rifugio Nuvolau ist nur zu Fuß erreichbar und befindet sich am Ende der Etappen 7 und 7.1. Zusatzausrüstung: keine. Einkehr: Rifugio Passo Falzarego und Rifugio Averau. Übernachtung: Rifugio Nuvolau: www.nuvolau.com.

Nach prachtvollen Ausblicken auf die senkrecht abfallenden Felswände der Tofana di Rozes verlassen wir die wundervolle Stille der Berge und tauchen ein in den Massentourismus am Falzarego-Pass. Der Pass markiert den Übergang von der Fanesgruppe in die Ampezzaner Dolomiten. Nach wenigen Metern auf dem Wanderweg hat uns aber die Stille der Berge wieder, wir wandern auf

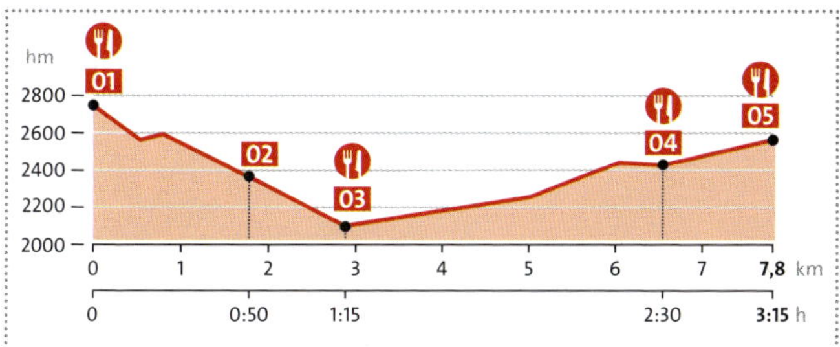

01 Rifugio Lagazuoi, 2.752 m; 02 Weggabelung, 2.389 m; 03 Passo Falzarego, 2.105 m; 04 Rifugio Averau/Forcella Nuvolau, 2.413 m; 05 Rifugio Nuvolau, 2.575 m

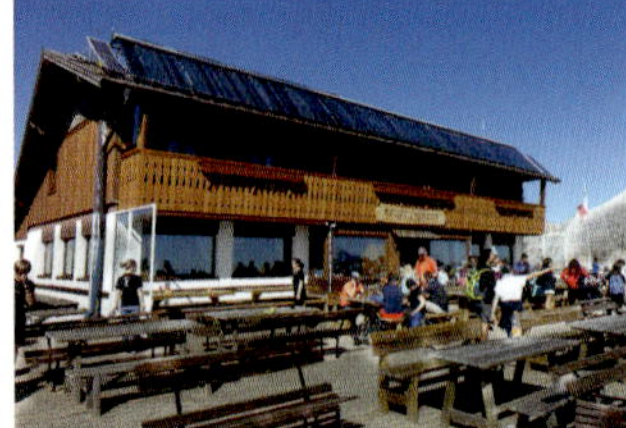
Das Rifugio Lagazuoi

die alleinstehende Felsspitze des 2.647 m hohen Gipfel des Monte Averau zu – einem der schönsten Aussichtsgipfel der Dolomiten (siehe schwarze Variante 7, Seite 58). Sobald wir uns auf einem Schotterband unterhalb der steil abfallenden Südwände des Monte Averau befinden, kann man bereits das heutige Etappenziel, das Rifugio Nuvolau, auf einer Felsspitze erspähen. Auch präsentiert sich der Monte Pelmo sehr fotogen. Der Gipfel des Monte Nuvolau ist eine 360°-Aussichtsplattform par excellence.

▶ Vom **Rifugio Lagazuoi** **01** (2.752 m) gehen wir die wenigen Meter zur Seilbahnstation hinunter und folgen dann den mit Holzpfählen befestigten Wanderweg 20. Es geht vorbei an Stellungen aus dem Ersten Weltkrieg bis zur **Forcella Lagazuoi** (2.573 m). Bei dieser kleinen Einsattelung gehen wir wenige Meter geradeaus bergauf und folgen dann dem weiterführenden Wanderweg 20B. Der Pfad führt Richtung der mächtigen Westwand der Tofana di Rozes. Es geht parallel zu Metallgerüsten zur Lawinensicherung bis zur 2.507 m hohen **Forcella Travenanzes**.

Von dort steigen wir dann in südliche Richtung auf dem Wanderweg 402 bis zur querenden Skipiste ab und gehen auf dem nachfolgenden Pfad bis zu einer

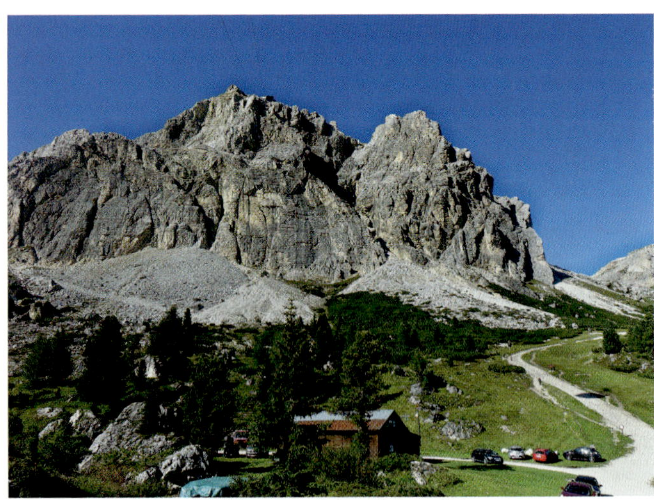
Vom Falzarego-Pass blickt man auf den Kleinen Falzarego

Weggabelung 02 (2.389 m). Wir befinden uns nun direkt unterhalb einer senkrecht aufsteigenden Felswand. Hier ergeben sich zwei Optionen für den weiteren Abstieg. Geradeaus führt der Wanderweg 402 weiter. Gehen wir scharf links auf dem Pfad, so mündet dieser nach ca. 50 m Metern wieder in die Skipiste.

Ab hier können wir auf der teilweise begrünten Skipiste oder der Schotterpiste bis zur Seilbahnstation am **Passo Falzarego** 03 (2.105 m) absteigen. Dort über-

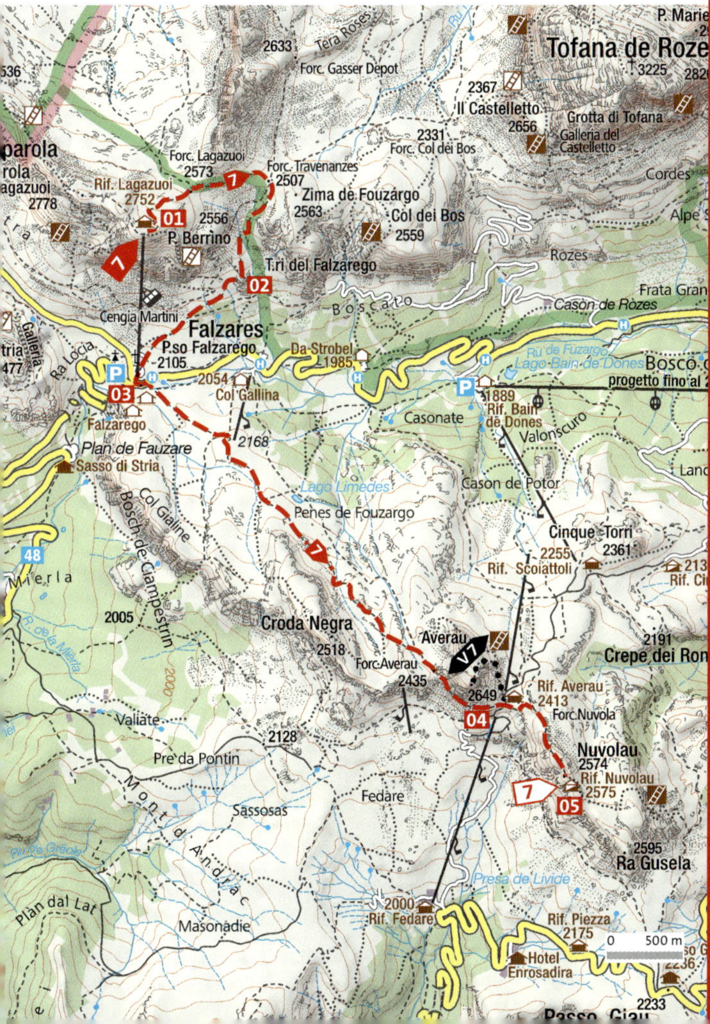

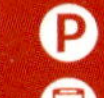
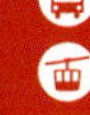

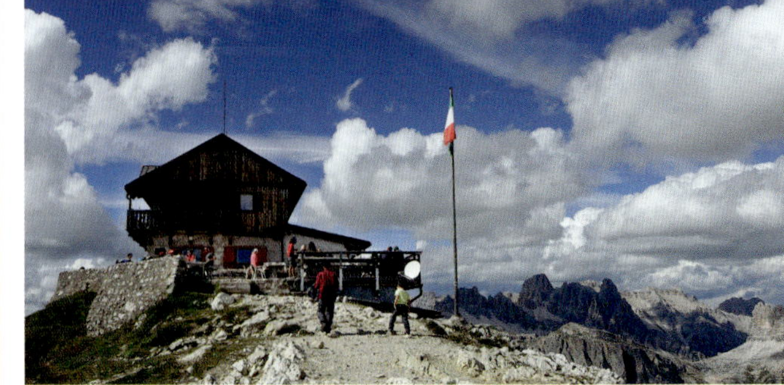

Wie ein Adlernest liegt das Rifugio Nuvolau Monte Nuvolau

queren wir die Straße des Passes, gehen vorbei an dem Haus mit Souvenirladen und in der hintersten Ecke des nachfolgenden Parkplatzes beginnt der ausgeschilderte Wanderweg 441, Richtung **Forcella Averau**. Ca. 70 m vor dem Sessellift marschieren wir bei der Weggabelung halb rechts. Bei der sofort darauffolgenden Weggabelung gehen wir auf dem mittleren Pfad mit Wegmarkierung. Nach wenigen Metern mündet der Pfad in eine Schotterpiste, die gleichzeitig als Skipiste im Winter fungiert. Vor uns erhebt sich der 2.649 m hohe Berg Monte Averau.

Ca. 225 m hinter einer Holzbrücke, hier macht die Schotterpiste eine scharfe Rechtskurve, gehen wir aber nun gerade aus weiter und orientieren uns dabei an den Wegmarkierungen. Nachdem wir eine felsige Rinne hinter uns gelassen haben, sehen wir die Bergstation eines weiteren Sessellifts. Hier gabelt sich der Wanderweg, wir gehen halb link, Richtung Forcella Nuvolau. Nach steilem Aufstieg gelangen wir in flacheres Gelände und gehen direkt auf große Felsabbrüche vom Monte Averau zu. Im Weiteren geht es dann auf einem Schotterband unterhalb der steil abfallenden Südwände des Monte Averau bis zum **Rifugio Averau** an der **Forcella Nuvolau** **04** (2.413 m).

Vom Sessellift und dem Rifugio Averau an der Forcella Nuvolau steigen wir in östlicher Richtung auf dem Wanderweg 439 gemächlich über einen Bergkamm bis zum extrem aussichtsreichen Gipfel des Monte Nuvolau auf; wie ein Adlernest liegt hier das **Rifugio Nuvolau** **05** (2.575 m).

Schwere Variante 7 auf den Monte Averau (Klettersteig): Kurzer aber knackiger, mittelschwieriger Klettersteig B/C–K2/3 auf den frei stehenden und 2.649 m hohen Monte Averau in den Ampezzaner Dolomiten. Trittsicherheit, Schwindelfreiheit und alpine Erfahrung sind erforderlich. Ein sehr lohnenswerter Klassiker mit einem umwerfenden Panorama auf die umliegende Welt der Dolomiten.

Unmittelbar neben dem **Rifugio Averau** an der **Forcella Nuvolau** und marschieren wir oberhalb der Bergstation des Sessellifts – vom Cinque Torre kommend – in nördliche Richtung. Unterhalb der

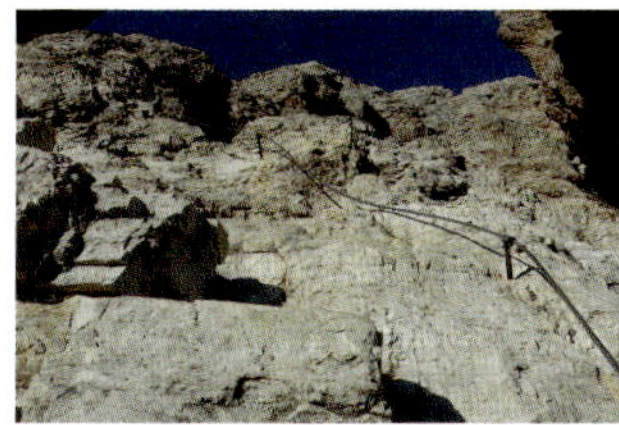
Der Anfang der Via Ferrata Averau

Felsspitzen des Monte Averaus führt der Pfad dann über Geröllhalden. Auf diesem Teilstück genießen wir einen wunderschönen Blick auf die mächtige Südwand der 3.225 m hohen **Tofana di Rozes**. Der aufmerksame Beobachter entdeckt rechts von der Felswand die sogenannte Felsöffnung Bus de Tofana, eine faszinierende Variantenabfahrt im Winter. Siehe: www.gpstrackfinder.com/de/tracks/trackdetail/cortina-bus-de-tofana-rifugio-dibona-bc-1013.html.

Schlussendlich steigt der Pfad an und endet vor einer Felswand, der **Anfang der Via Ferrata Averau**. Es folgt zugleich die schwierigste Kletterstelle, ein dunkler Kamin.

Nachdem wir ein kurzes Stück den Fels gequert haben und durch eine Rinne aufgestiegen sind erreichen wir bereits das **Ende der Via Ferrata Averau**. In dem nachfolgenden gerölligen Hochkar führen verschiedene Pfade zum **Monte Averau** (2.649 m).

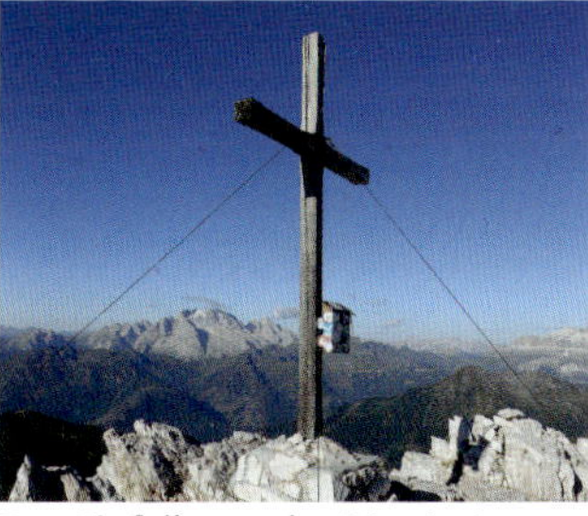
Das Gipfelkreuz des Monte Averau

Der Abstieg zur **Forcella Nuvolau** erfolgt auf der Aufstiegsroute. Hin- und Rückweg: 1,7 km, 1:45 Stunden, 240 hm.

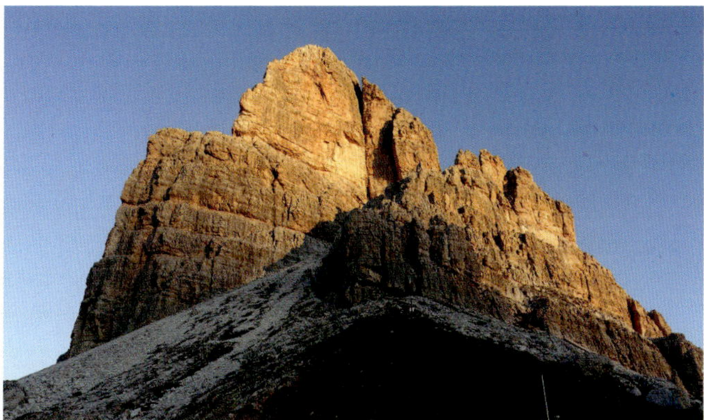
Der 2.649 m hohe Monte Averau in der Morgenstimmung

7.1

RIFUGIO LAGAZUOI – KLEINER LAGAZUOI • 2778 m – PASSO FALZAREGO

Dolomiten Höhenweg Nr. 1

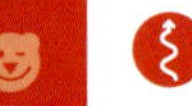  4,9 km  2:20 h 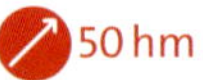 50 hm  725 hm  672

START | Rifugio Lagazuoi, 2.752 m
[GPS: N46.527633° E12.008060°]
CHARAKTER | Leichter Klettersteig; Eisentritte, große Tritt- und Griffmöglichkeiten sowie stark gestufter Felsaufbau verlangen keine größeren Anstrengungen. Die Seilsicherung ist ausschließlich für das Gleichgewicht notwendig. Es ist eine hochalpine Tour, die bei Wettersturz sehr gefährlich sein kann. Startpunkt/Einstieg/Abbruch: Das Rifugio Lagazuoi ist zu Fuß und mit der Seilbahn vom Falzarego-Pass erreichbar und befindet sich am Ende der Etappe 6. Einstieg/Abbruch: Am Falzarego-Pass besteht Busanschluss. Endpunkt: Das Rifugio Nuvolau ist nur zu Fuß erreichbar und befindet sich am Anfang der Etappen 8 und 8.1. Zusatzausrüstung: für den unerfahrenen Bergsteiger ein Klettersteigset. Einkehr: Rifugio Passo Falzarego, Rifugio Averau. Übernachtung: Rifugio Nuvolau: www.nuvolau.com.

Die zwei Gipfel des Lagazuoi sind der 2.835 m hohe Große Lagazuoi und der 2.778 m hohe Kleine Lagazuoi. Weithin bekannter ist der Gebirgsstock aber auch für seine in den Berg getrieben Stollen aus dem Ersten Weltkrieg – der Schauplatz heftiger Kämpfe

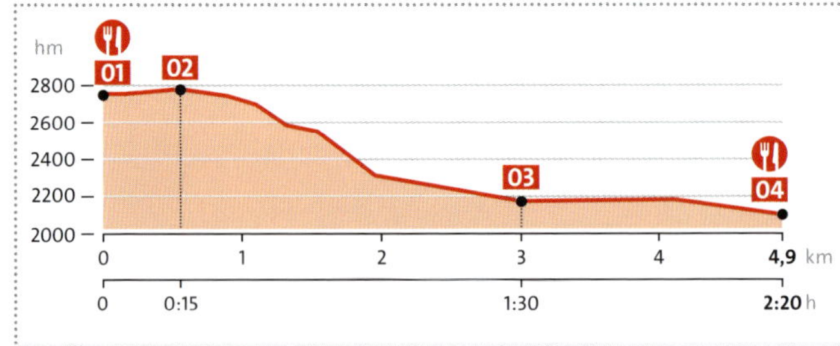

01 Rifugio Lagazuoi, 2.752 m; 02 Kleiner Lagazuoi 2.778 m; 03 Sassi-Festung, 2.190 m; 04 Passo Falzarego, 2.105 m

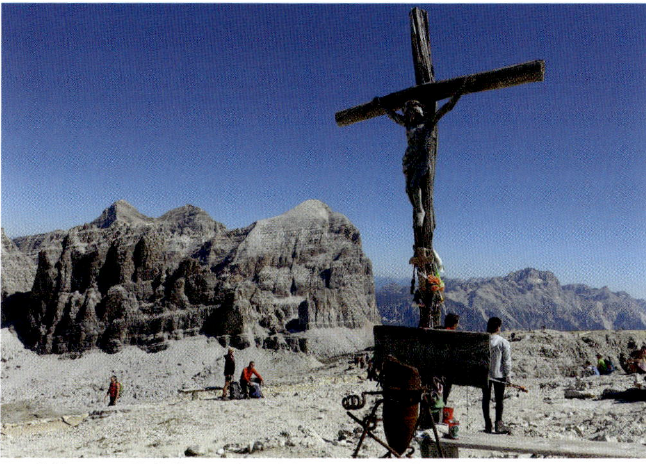

Das hölzerne Gipfelkreuz des Kleinen Lagazuoi

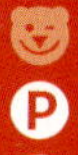
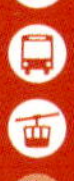
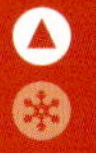

zwischen italienischen und österreich-ungarischen Truppen. Um Bergsteigern und Kletterern einen Eindruck der tragischen Geschehnisse am Lagazuoi zu ermöglichen, wurde der Kaiserjägersteig, heutzutage als Klettersteig, am Kleinen Lagazuoi in den letzten Jahren wieder gangbar gemacht. Der Kletterstreig erstreckt sich über ca. 700 m Länge und ca. 550 hm, durch mit Drahtseilen gesicherte Rinnen, über eine Brücke und vorbei an alten Stollen und Schützengräben. Im Anschluss kann man Exponate aus dieser Zeit in einem Museum bestaunen. Der nachfolgende Pfad zum Etappenziel führt durch eine wunderschöne Naturlandschaft bis zum einmaligen und 2.575 m hohen Aussichtsberg Monte Nuvolau.

▶ Vom **Rifugio Lagazuoi** 01 (2.752 m) folgt man dem Wanderweg 402. In nordwestliche Richtung, über den felsigen Bergrücken des Lagazuoi, geht es auf einem breiten Pfad bis zum hölzernen Gipfelkreuz des **Kleinen Lagazuoi** 02 (2.778 m). Eine Kanonenkugel und ein Holzschild erinnern an dieser Stelle an die Gefallenen des Krieges. Die 360°-Rundumsicht ist faszinierend: Die Geislergruppe, der Sellastock mit der Piz Boè-Spitze, die Marmolada, die Civetta, der Monte Pelmo, der Antelào bis zum Dreigestirn der Tofanespitzen – um nur die bekanntesten zu nennen!

Nach ca. 150 m auf dem weiterführenden Pfad zweigt dann links ein steiler gerölliger und teilweise gesicherter Pfad zunächst diagonal die Südwand des Lagazuoi ab. Es folgt die schwierigste Passage über ein ausgesetztes Felsband, kurz danach erreichen wir den Höhepunkt des Abstiegs, eine 15 m lange Hängebrücke aus Stahlseilen über eine tiefe Rinne. Diese neu gebaute Brücke wurde exakt am gleichen Standort des österreichischen Originals nachgebaut.

Der Abstieg führt vorbei an Grotten, die in den Fels geschlagen worden sind, hier ist eine Küche und der Schlafsaal der Soldaten nachgestellt. Im Zickzack geht es über Geröllhalden talwärts – damals Niemandsland zwischen den österreichisch-ungarischen Stellungen im Westen und den italienischen Schützengräben im Osten. Nachdem man über einen mit Gras bewachsenen Bergrücken abgestiegen ist, zweigen wir auf dem nach rechts, auf den leicht bergaufführenden Pfad ab. An dieser Stelle befinden sich keine Wegmarkierungen. Möchte man nicht die kleine Runde zum Museum machen, so kann man natürlich von hier auf dem nach links abzweigenden Pfad bis zum Falzarego-Pass absteigen. Wir folgen dem Pfad bis zur Passstraße und dem dahinterliegenden Museum der **Sassi-Festung** 03 (2.190 m). Die Festung, mit Kanonen und Maschinengewehren bestückt, wurde zwischen 1897 und 1901 erbaut, um ein Vorrücken der italienischen Armee ins Gadertal zu verhindern.

Nach der Besichtigung des Museums gehen wir ein kurzes Stück auf der Passstraße Richtung Fal-

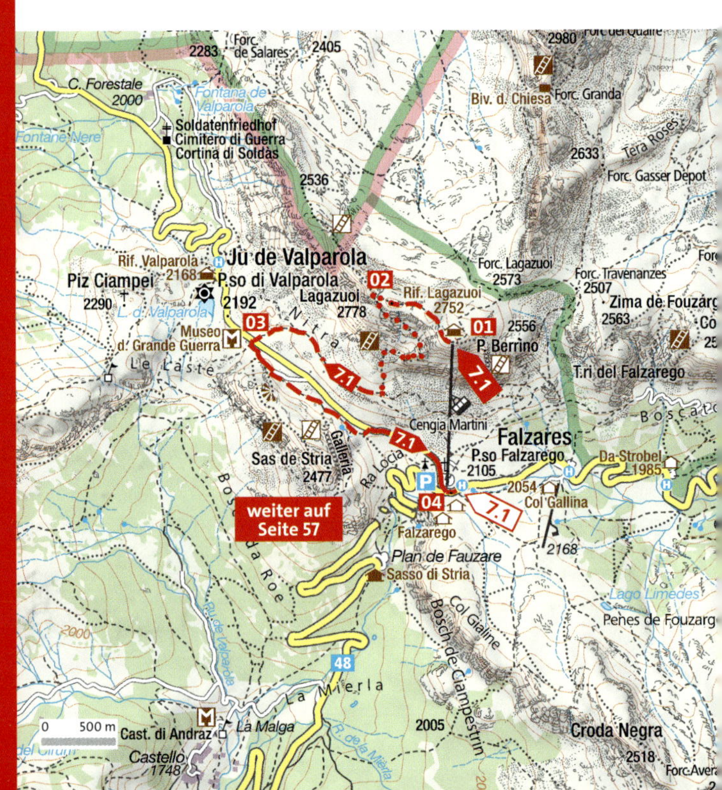

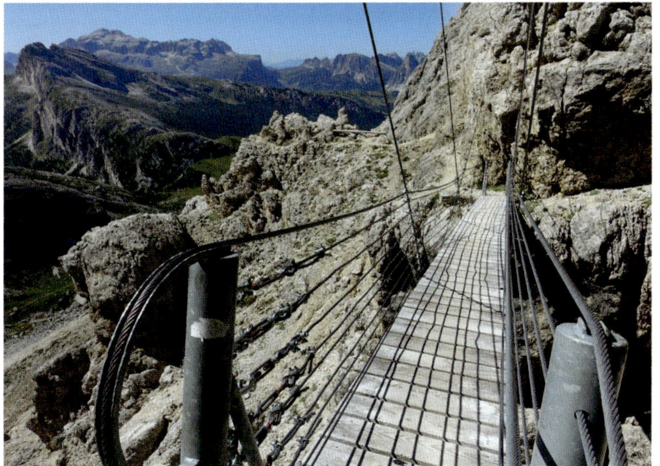
Eine 15 m lange Hängebrücke aus Stahlseilen

zarego-Pass und biegen rechts in die nächste Stichstraße, die zum Parkplatz führt. Wir verlassen wiederum diese Stichstraße nach halb rechts, um nun auf diesem Pfad, durch ein kleines Tal bis zur weithin sichtbaren Seilbahn am **Passo Falzarego** 04 (2.105 m) abzusteigen.

Ab hier folgen wir der **Etappe 7,** Wegpunkt **Passo Falzarego** 03 zum **Rifugio Nuvolau** (siehe Seite 57).

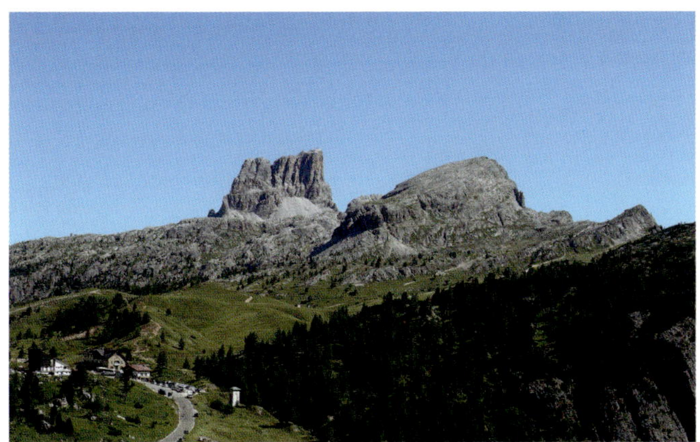
Die steil abfallenden Ostwände des Monte Averau

8

RIFUGIO NUVOLAU – RIFUGIO CINQUE TORRI

Dolomiten Höhenweg Nr. 1

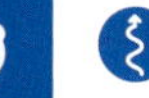
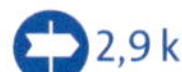

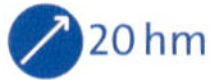

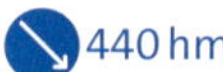

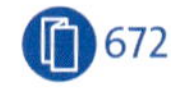

START | Rifugio Nuvolau, 2.575 m
[GPS: N46.495167° E12.045650°]
CHARAKTER | Das Gelände ist einfach und kann ohne spezifische Übung von jedem absolviert werden. Startpunkt: Das Rifugio Nuvolau am Ende der Etappen 7 und 7.1. Abbruch/Einstieg: Vom Rifugio Scoiattoli kann man mit dem Sessellift talwärts fahren. Von dort fahren Busse nach Cortina und zum Falzaregopass. Endpunkt: Das Rifugio Cinque Torri ist zu Fuß und mit dem PKW erreichbar und befindet sich am Anfang der Etappe 9. Zusatzausrüstung: keine. Einkehr: Rifugio Scoiattoli. Übernachtung: Rifugio Cinque Torri: www.cortinadelicious.it/DE/s4-tipo-3-Die-Htte-Rifugio-Cinque-Torri.

Eine sehr kurzweilige Wanderung, wenn man in die Etappe die Besichtigung des Freilichtmuseums des „Großen Krieges" aus dem Ersten Weltkrieg mit einbindet. Unter dem Motto „Auf den Spuren des

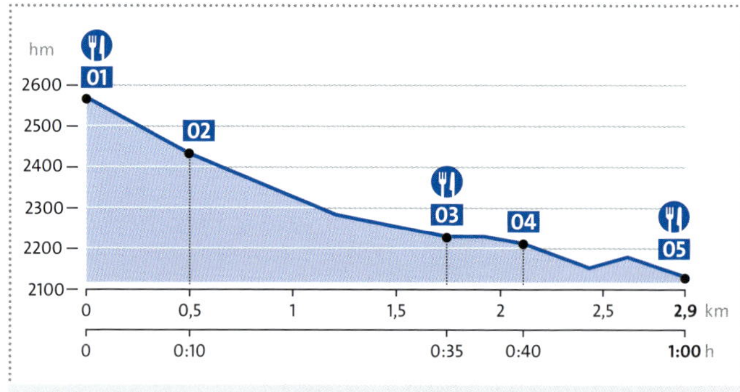

01 Rifugio Nuvolau, 2.575 m; **02** Weggabelung Lasta del Nuvolau, 2.457 m; **03** Rifugio Scoiattoli, 2.255 m; **04** Stellungen und Schützengräben, 2.212 m; **05** Rifugio Cinque Torri, 2.137 m

Dolomitenkrieges“ wandert man entlang zahlreicher Häuser, Stellungen und Schützengräben, umgeben von den steilen Felstürmen der Cinque Torri. Natürlich können wir auch die Besichtigung auslassen, indem wir bereits vorher an dem Wanderweg 493 rechts Richtung Cortina abzweigen und so direkt zum Rifugio Cinque Torri gelangen.

Vom **Rifugio Nuvolau** **01** (2.575 m) wandern wir auf dem felsigen Bergrücken talwärts. So gelangen wir auf dem Wanderweg 439 an die **Weggabelung Lasta del Nuvolau** **02** (2.457 m). Halb links führt der Pfad zur Forcella Nuvolau und dem Falzarego-Pass, wir verlassen aber an dieser Stelle den Bergrücken nach halb rechts, Richtung Rifugio Cinque Torri.

Beim Abstieg sind die vielen parallel verlaufenden Pfade alle zielführend. Den nach rechts abzweigenden Wanderweg 493, Richtung Cortina, ignorieren wir aber und gehen bis zur Hütte **Rifugio Scoiattoli** **03** (2.255 m) und zum Sessellift weiter. Von dort genießt man einen wunderschönen Blick auf die fünf Felstürme Cinque Torri. Von dort gehen wir in nordöstlicher Richtung auf dem Pfad zwischen der Bergstation der Seilbahn und dem Rifugio. Im weiteren Verlauf wandern wir auf einem mit Steinen gesäumten Pfad, die Cinque Torri erheben sich nun halb rechts von uns. Nach kurzem Aufstieg gehen wir bei der Weggabelung halb rechts und bei der erneuten Weggabelung halb rechts hinunter zu den Holzhäusern.

Dort erklären Tafeln die Bedeutung der einzelnen Häuser. Gehen wir halb links bergauf, so erreichen wir restaurierte **Stellungen und Schützengräben** **04** (2.212 m) aus dem Ersten Weltkrieg. Wir marschieren ein kurzes Stück auf dem Hinweg

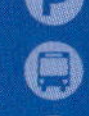

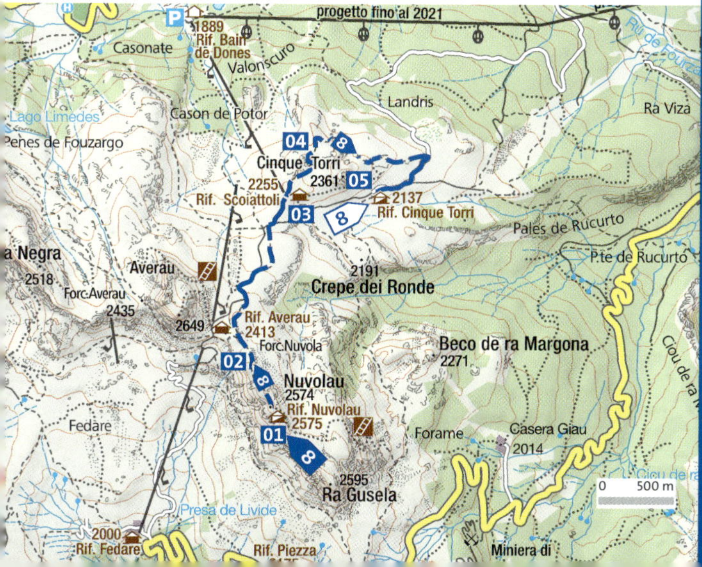

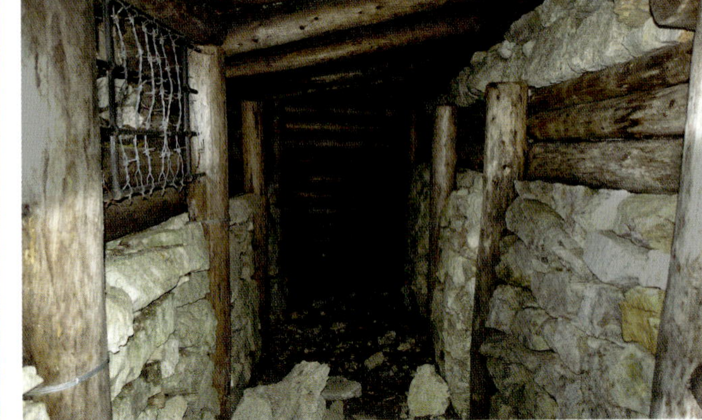

Restaurierte Schützengräben aus dem Dolomitenkrieg

zurück, dann bei der Gabelung halb links, bei den Holzhütten links bergauf, bei der erneuten Weggabelung halb rechts, nun mitten durch die chaotisch angeordnete Felsformationen der Cinque Torri. Ja, und es folgt eine erneute Weggabelung, ausgeschildert Richtung Giro de Cinque Torri.

Im Folgenden gehen wir halb rechts, nun auf einen mit Treppen angelegten Pfad, durch eine schmale und düstere Felsspalte. Es folgt ein mit Holzbrettern befestigter Weg, den nächsten scharfen linken Abzweig ignorieren wir und gehen nun durch den lichten Wald hinunter zum **Rifugio Cinque Torri** 05 (2.137 m).

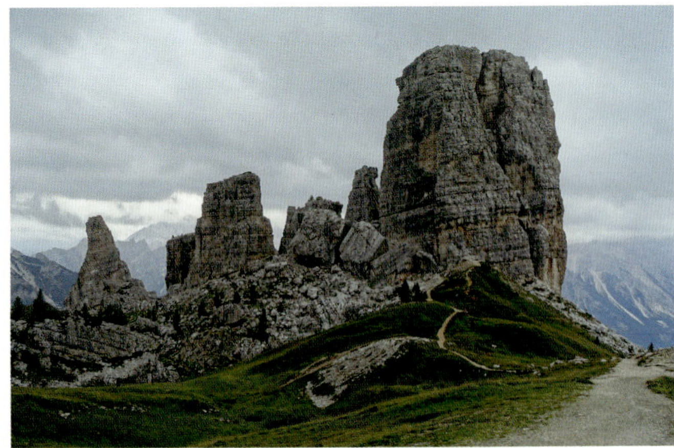

Die Felstürme Cinque Torri

RIFUGIO NUVOLAU – PASSO GIAU

Dolomiten Höhenweg Nr. 1

 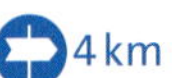 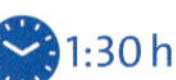 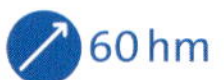 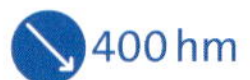 

START | Rifugio Nuvolau, 2.575 m
[GPS: N46.495167° E12.045650°]
CHARAKTER | Das Gelände ist einfach und kann ohne spezifische Kenntnis von jedem absolviert werden. Startpunkt: Das Rifugio Nuvolau ist nur zu Fuß erreichbar und befindet sich am Ende der Etappen 7 und 7.1. Endpunkt/Einstieg/Abbruch: Der Passo Giau ist zu Fuß, mit dem Pkw und mit dem Bus erreichbar und befindet sich am Anfang der Etappe 9.1. Das Rifugio Averau ist mit dem Fedare Sessellift erreichbar. Zusatzausrüstung: keine.
Einkehr: Rifugio Averau. Übernachtung: Berghotel Passo Giau: www.passogiau.it/de/.

Reich an Varianten ist der weitere Weg. In diesem Wanderführer nicht weiter beschrieben ist der Abstieg vom Rifugio Nuvolau in östliche Richtung, über den leichten Klettersteig Via Ferrata Ra Gusela (aber man benötigt ein Klettersteigset!), bis zum Passo Giau (die Wanderwege 438, 444 und 452, Strecke 3,4 km, Abstieg 370 m). Mit der hier beschriebenen Etappe 8.1 und der Etappe 9.1 spart man sich im Vergleich der Gesamtlänge zu den Etappen 8, 9 und 10 gerade 2 km Strecke, 30 Minuten Wanderzeit, 310 Hö-

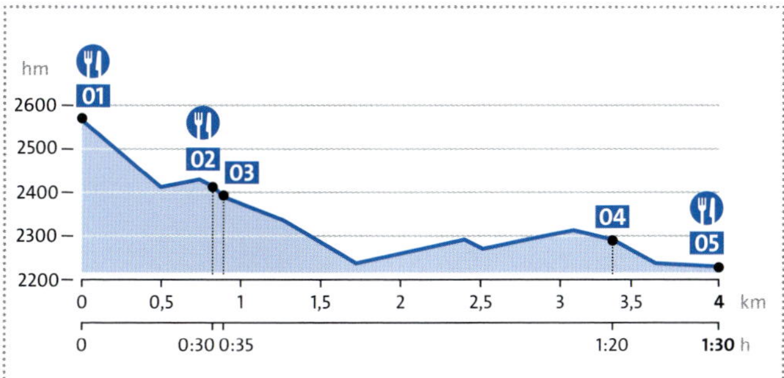

01 Rifugio Nuvolau, 2.575 m; 02 Forcella Nuvolau/Rifugio Averau, 2.413 m; 03 Skipiste, 2.392 m; 04 Felswand, 2.295 m; 05 Passo Giau, 2.233 m

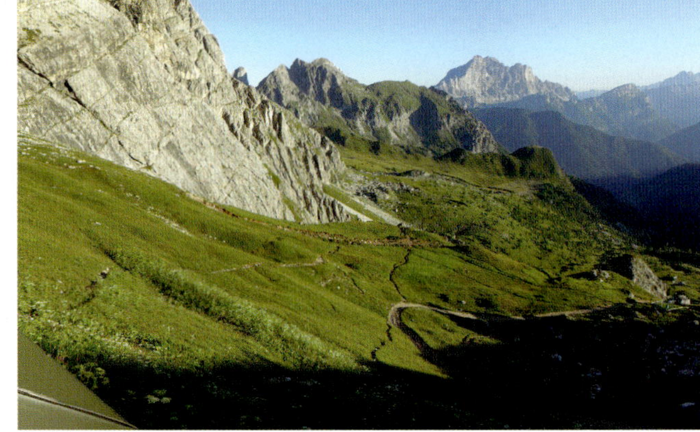

Fernsicht vom Rifugio Nuvolau zur Civetta

henmeter bergauf und bergab. Geht man diese beiden Varianten, so verpasst man aber den zauberhaften Lago di Federa, einen der schönsten Bergseen in den Dolomiten.

▶ Vom **Rifugio Nuvolau** 01 (2.575 m) wandern wir auf dem felsigen Bergrücken auf dem Wanderweg 439 in westliche Richtung talwärts. Je weiter wir bergab steigen, umso höher erhebt sich vor uns der 2.649 m hohe Monte Averau (siehe Variante Etappe 7, Seite 58). Bei der Weggabelung Lasta del Nuvolau zweigen wir halb links Richtung Falzarego-Pass ab. Vom **Rifugio Averau** an der **Forcella Nuvolau** 02 (2.413 m) marschieren wir in südliche Richtung, ca. 100 m auf der Skipiste (unter dem Sessellift hindurch) bergab.

Am Ende der 100 m verlassen wir die **Skipiste** 03 (2.392 m) und zweigen scharf links auf den Wanderweg 452 ab, ausgeschildert Richtung Passo Giau. Auf dem breiten Wanderweg unterqueren wir den Lift ein zweites Mal und gehen nach einer lang gezogenen Rechtskehre an einer Wettermessstation vorbei. Wir unterqueren inzwischen das dritte Mal den Sessellift und gelangen wieder auf die Skipiste. Der breite Wanderweg macht eine lang gezogene Linkskehre.

Ca. 40 m nachdem wir ein viertes Mal den Lift unterquert haben

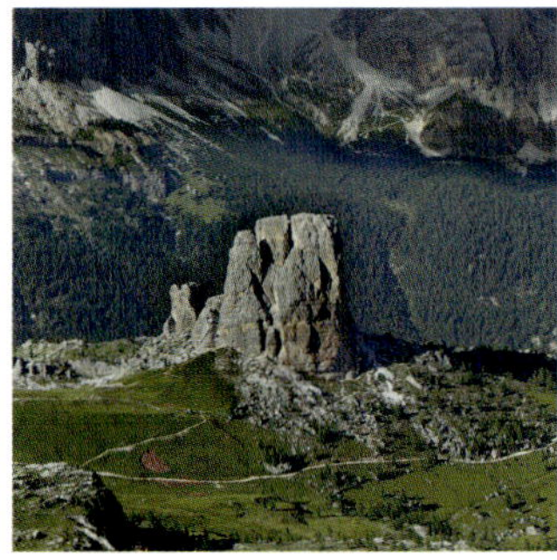

Die Cinque Torri vom Rifugio Nuvolau

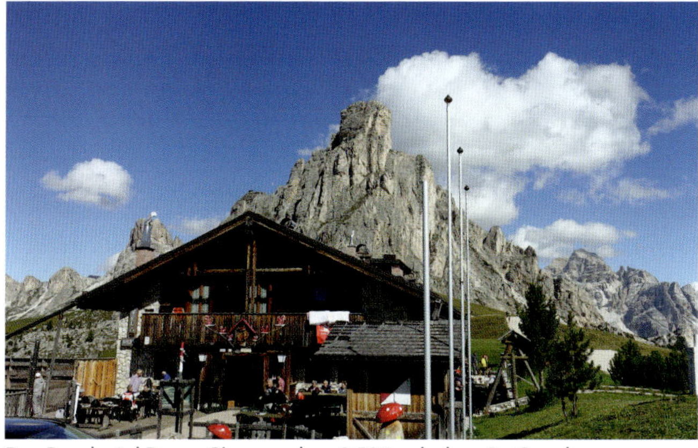

Das Berghotel Passo Giau vor dem 2.595 m hohen Ra Gusela

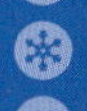

verlassen wir nun diesen breiten Wanderweg nach halb links, auf den Wanderweg 452, ausgeschildert Richtung Passo Giau. Zunächst schlängelt sich der Pfad durch Wiesengelände, bis er dann wieder zu einer Schotterhalde aufsteigt. Wir wandern nun unterhalb der **Felswand** **04** (2.295 m) des 2.595 m hohen Ra Gusela.

Sobald wir wieder Bergwiesen erreichen wird der Pfad zum breiten Wanderweg. Vor einem großen Haus mündet von scharf links der Wanderweg 444 in den unsrigen. Dieser kommt vom Rifugio Cinque Torri und dem Klettersteig Via Ferrata Ra Gusela (Wanderweg 438). Auf dem breiten Wanderweg geht es bequem zum **Passo Giau** **05** (2.233 m).

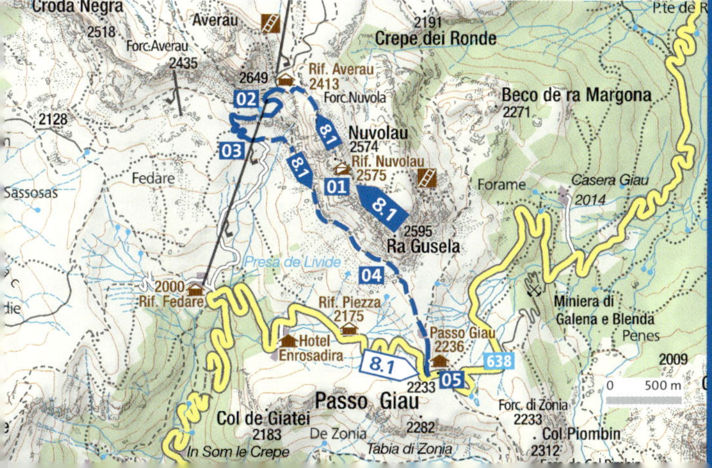

RIFUGIO CINQUE TORRI – RIFUGIO CRODA DA LAGO

Dolomiten Höhenweg Nr. 1

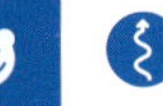  6,2 km  2:15 h  420 hm  510 hm  672

START | Rifugio Cinque Torri, 2.137 m
[GPS: N46.508183° E12.054833°]
CHARAKTER | Einfaches Gelände, das ohne spezifische Kenntnis von jedem absolviert werden kann. Startpunkt: Das Rifugio Cinque Torri ist zu Fuß und mit dem PKW erreichbar und befindet sich am Ende der Etappe 8. Einstieg/Abbruch: Am Wegpunkt 03 befindet sich die Bushaltestelle Pian del Pantan. Von dort kann man mit dem Bus zur Passo-Giau-Straße hochfahren oder nach Cortina hinunterfahren. Endpunkt: Das Rifugio Croda da Lago ist nur zu Fuß erreichbar und befindet sich am Anfang der Etappe 10. Zusatzausrüstung: keine. Einkehr: keine unterwegs. Übernachtung: Rifugio Croda da Lago: www.crodadalago.it.

Nachdem wir die spektakulären Felstürme Cinque Torri hinter uns gelassen haben begeistert die Kulisse der Felsspitzen der Berggruppe Croda da Lago, dessen höchster Gipfel die 2.715 m hohe Cima Ambrizzola ist. Weiter führt die Wanderung zum zauberhaften Lago di Federa, einem der schönsten Bergseen in den Dolomiten. An diesem

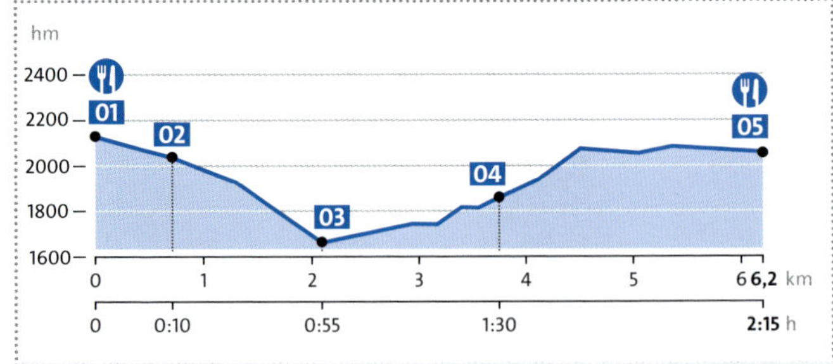

01 Rifugio Cinque Torri, 2.137 m; 02 Abzweig Senterio 439, 2.035 m; 03 Bushaltestelle Pian del Pantan, 1.693 m; 04 Weggabelung, 1.861 m; 05 Rifugio Croda da Lago, 2.046 m

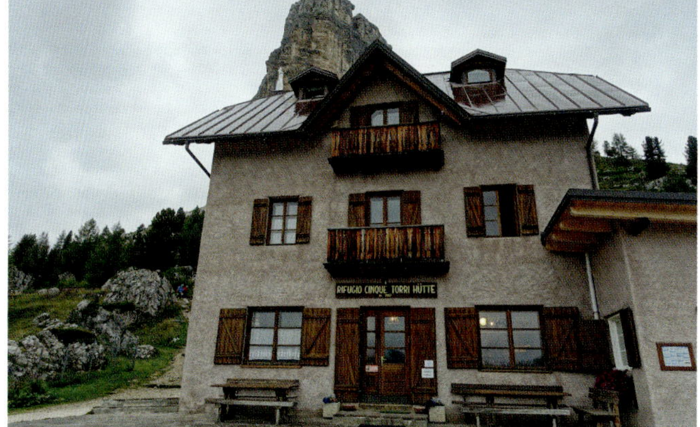

Das Rifugio Cinque Torri

idyllischen Ort liegt das heutige Etappenziel, das Rifugio Croda da Lago, umgeben von der 3.146 m Hohen Gaisl (Croda Rossa 9,9°), dem 3.221 m hohen Monte Cristallo (37°), der 3.205 m hohe Ponta de Sorapis (74°), dem 2.603 m hohen Becco di Mezzodì (163°) und von der Cima Ambrizzola (222°), ein eindrückliches Naturspektakel.

▶ Vom **Rifugio Cinque Torri** 01 (2.137 m) gehen wir auf dessen Zufahrtsstraße ca. 150 m in nordöstlicher Richtung, um dort nach halb rechts auf den Wanderweg 437 Richtung Ponte de Croda abzuzweigen. Während des Abstiegs ignorieren wir den links abzweigenden **Sentiero (Wanderweg 439)** 02 (2.035 m) Richtung der Bushaltestelle Cianzopè.

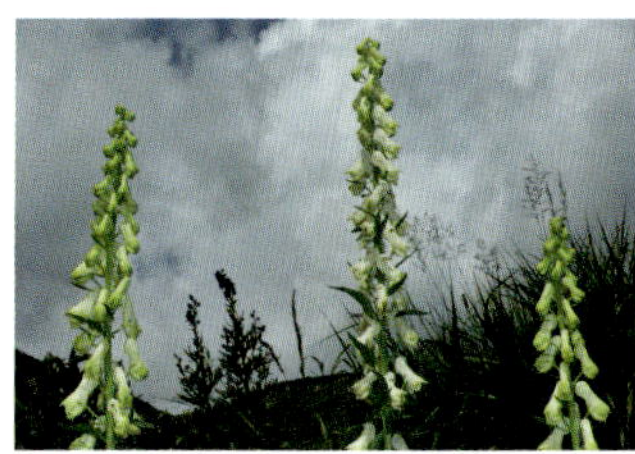
Wilder Fingerhut

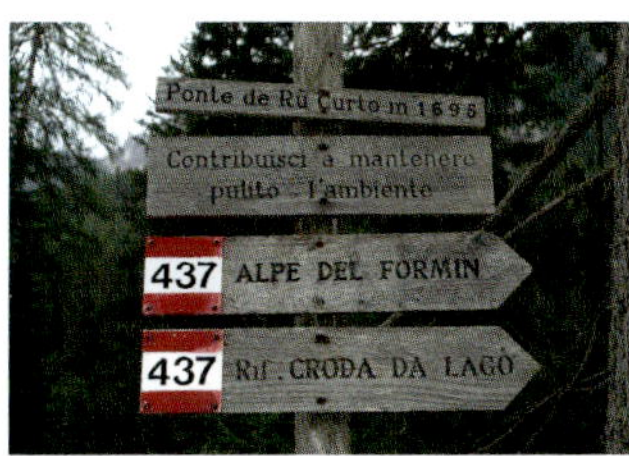

Die Wegweiser am Wegpunkt 03

Zunächst durch den lichten Wald und zum Ende des Abstiegs über Wiesengelände erreichen wir die Verbindungsstraße von Cortina d'Ampezzo zum Passo Giau. Hier befindet sich die **Bushaltestelle Pian del Pantan** 03 (1.693 m). Nachdem wir die Straße überquert haben, folgen wir dem weiterführenden Wanderweg 437, Richtung Croda da Lago.

Der Aufstieg durch das Valle Formin, zu Füßen des Bergmassives Croda da Lago, ist landschaftlich wunderschön. An der 1.845 m

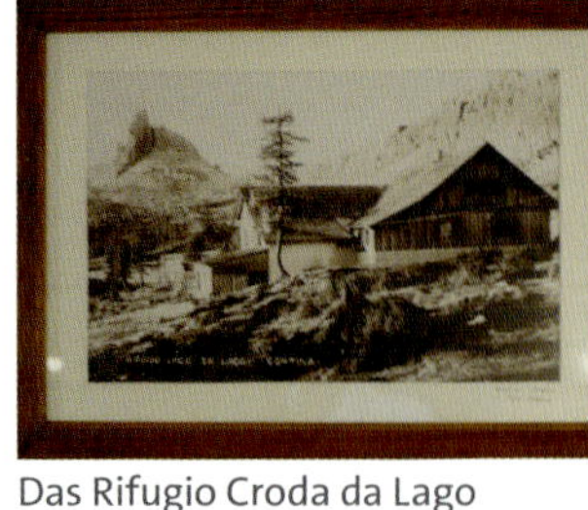

Das Rifugio Croda da Lago während seiner Entstehungsphase

hoch gelegenen Weggabelung **Cason de Formin** gehen wir geradeaus. Ab hier hat der Wanderweg die Nummer 434. An der nach ca. 60 m folgenden **Weggabelung** 04 (1.861 m) ignorieren wir den links abzweigenden Senterio zur Cason de Formin und folgen dem durch eine Rechtskurve weiterführenden Pfad.

Kurzfristig geht es steil durch einen bewaldeten Berghang bergauf, um dann auf einer Hochebene durch den lichten Fichtenwald bis an das nördliche Ufer des Lago di Federa zu gelangen.

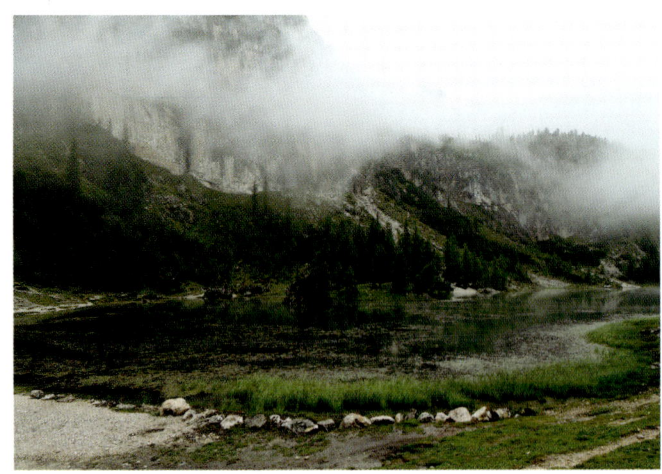

Das nördliche Ufer des Lago di Federa

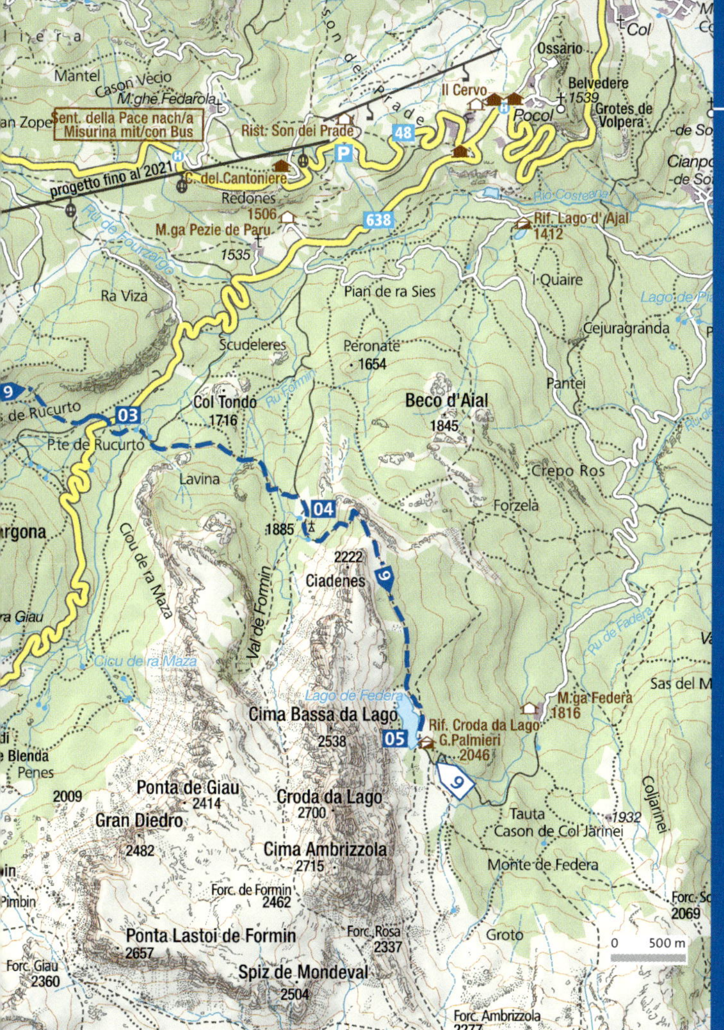

Steigt man an dieser Stelle einige Meter zum See hinunter, so ergibt sich in südliche Richtung ein wunderschöner Blick über den See und auf den 2.603 m hohen Beco de Mezodi – dahinter taucht der Gipfel des Monte Pelmo aus dem Dunst. Hat man etwas Zeit mitgebracht, so kann man an dieser Stelle rechts um den See herumgehen. Sonst marschieren wir auf dem breiten und von malerischen Zirben bestandenen Hauptweg am Ostufer des Lago di Federa, bis zum **Rifugio Croda da Lago** **05** (2.046 m).

9.1

PASSO GIAU – FORCELLA AMBRIZZOLA

Dolomiten Höhenweg Nr. 1

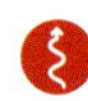 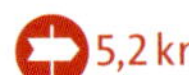  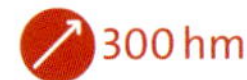 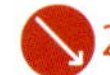 

5,2 km | 1:10 h | 300 hm | 250 hm | 672

START | Passo Giau, 2.236m
[GPS: N46.482900° E12.053433°]
CHARAKTER | Trittsicherheit und elementares Orientierungsvermögen benötigt man auf dieser Bergwanderung. Startpunkt/Einstieg/Abbruch: Der Passo Giau ist zu Fuß, mit dem Pkw und mit dem Bus erreichbar und befindet sich am Ende der Etappe 8.1. Endpunkt: Das Rifugio Città di Fiume ist nur zu Fuß erreichbar und befindet sich am Ende der Etappe 10 und Anfang der Etappe 11. Zusatzausrüstung: keine. Einkehr: keine unterwegs. Übernachtung: Rifugio Città di Fiume: www.rifugiocittadifiume.it.

Entscheidet man sich für die Variante 8.1, und die hier beschriebene Variante 9.1, so reduziert sich die Strecke um 2 km, die Wanderzeit um 30 Minuten, und 310 Höhenmeter bergauf und bergab, im Vergleich mit den Etappen 8, 9 und 10. Geht man aber die Varianten, so verpasst man den zauberhaften Lago di Federa, einen der schönsten Bergseen in den Dolomiten. Landschaftlich sind die Varianten und die Hauptroute einmalig!

▶ Unterhalb der kleinen Kapelle am **Passo Giau** 01 (2.233 m) wandern wir in südöstlicher Richtung auf dem Wanderweg 467 Richtung Passo Staulanza/Wanderweg 436 Richtung Forcella Giau.

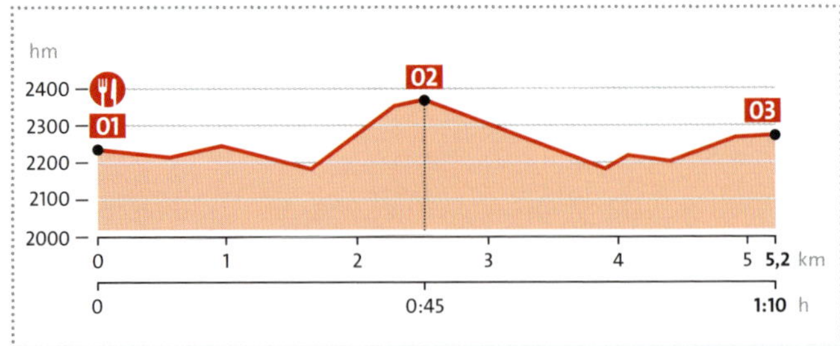

01 Passo Giau, 2.233 m; 02 Forcella Giau, 2.360 m;
03 Forcella Ambrizzola, 2.277 m

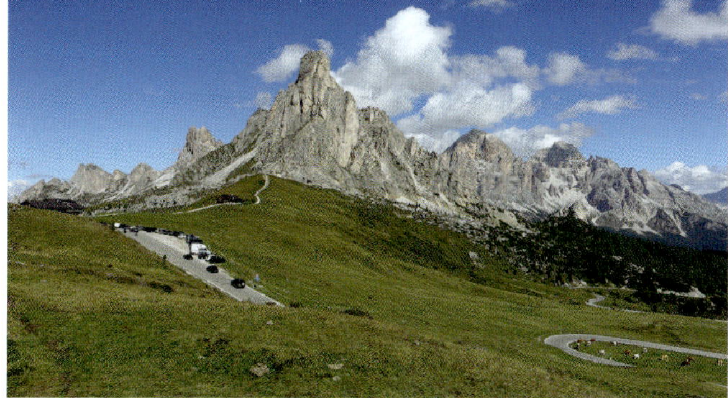

Der 2.595 m hohe Ra Gusela beim Passo Giau

Schnell ist die **Forcella di Zonia** (2.233 m) erreicht, wo sich weitere Wegweiser befinden. Der nachfolgende Pfad führt durch steile Bergwiesen bis zur **Forcella de Col Piombin** (2.239 m). Von nun an geht es leicht bergab, durch das Reich der Murmeltiere, bis zu einer weiteren Wegkreuzung.

Links führt der Wanderweg 436 bergab zur Malga Giau, wir gehen nun rechts – auch der Wanderweg 436 – und erreichen nach steilem Aufstieg die aussichtsreiche **Forcella Giau** 02 (2.360 m). Von hier, am Fuße der steilen Südwände des 2.657 m hohen Ponta Lastoi de Formin, schweift unser Blick Richtung Südosten bis zu den mächtigen Felswänden des Monte Pelmo. An der Gabelung mehrerer Pfade gehen wir in östliche Richtung weiter auf dem Wanderweg 436 Richtung Forcella Ambrizzola. Zunächst na-

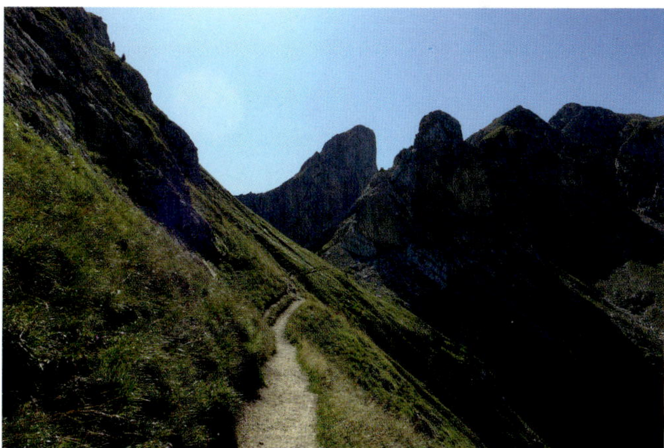

Pfad durch steile Bergwiesen

vigieren wir im Slalom um riesige Felsen, bis der Weg durch flaches Wiesengelände dann leicht bergab führt. Da der Weg bei Nebel keine Orientierungspunkte hat, wurden bemalte Holzpflöcke sporadisch aufgestellt. Bei guter Sicht ist die Orientierung kein Problem, denn wir gehen auf die westliche Flanke des mächtigen Felsturms des 2.603 m hohen Becco di Mezzodì zu.

Den rechts abzweigenden Pfad zur Sennhütte Mondeval de Sora ignorieren wir. Die Hütte liegt in der Nähe des archäologischen Fundortes des Mannes von Mondeva, ein ca. 7.500 Jahre alte Jäger aus der Steinzeit. Eine wichtige Entdeckung, die zusammen mit der 1991 entdeckten Gletschermumie Ötzi, den Besuch der prähistorischen Menschen in den Alpen beweist. Nach kurzem Aufstieg erreichen wir die **Forcella Ambrizzola** 03 (2.277 m).

Ab hier folgen wir der leichten **Etappe 10**, Wegpunkt **Forcella Ambrizzola** 02 bis zum **Rifugio Città di Fiume** (siehe Seite 79).

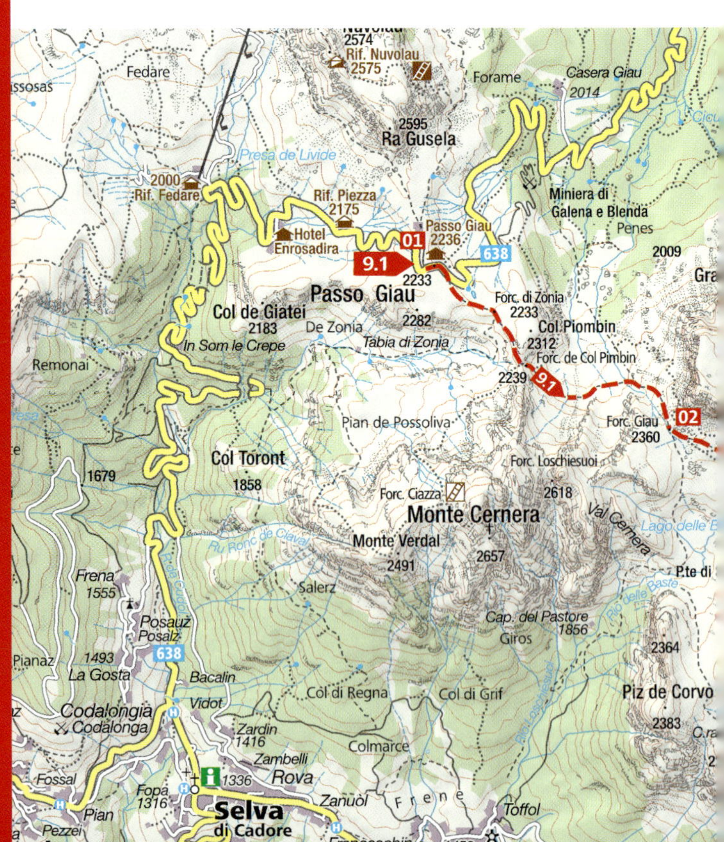

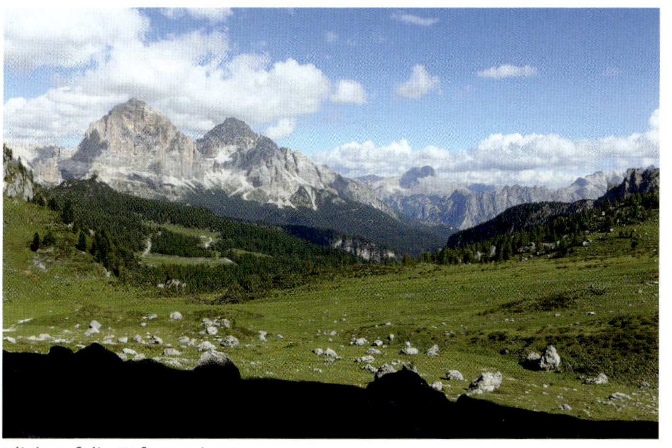

Blick auf die Tofanespitzen

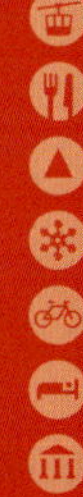

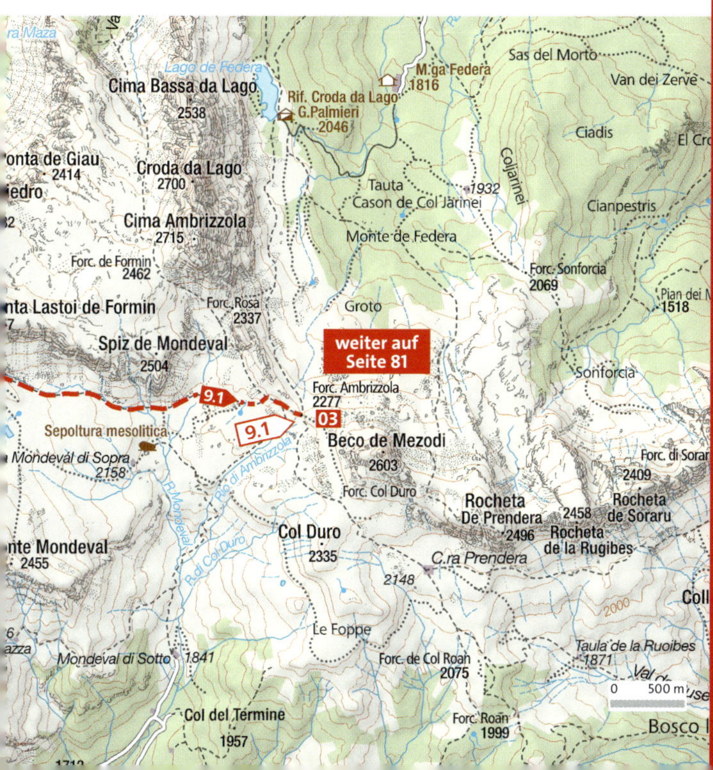

weiter auf Seite 81

10

RIFUGIO CRODA DA LAGO – RIFUGIO CITTÀ DI FIUME

Dolomiten Höhenweg Nr. 1

  6,8 km 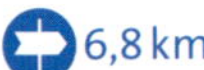 2:30 h  320 hm  440 hm   672

START | Rifugio Croda da Lago, 2.046 m [GPS: N46.486417° E12.105850°]
CHARAKTER | Das Gelände ist einfach und kann ohne spezifische Kenntnis von jedem absolviert werden. Zum Zeitpunkt der Recherchereise fehlten ab der Malga Prendera die Wegmarkierungen, wohl aufgrund der neu fertiggestellten Forststraße. Startpunkt: Das Rifugio Croda da Lago ist zu Fuß und mit einem Zubringerdienst von Cortina erreichbar. Zusatzausrüstung: keine. Einkehr: keine unterwegs. Übernachtung: Rifugio Città di Fiume: www.rifugiocittadifiume.it.

Auf dieser Etappe macht der Dolomiten Höhenweg seinen Namen alle Ehre, denn wir unterschreiten auf unserem Weg niemals 1.900 m Höhe. Bedingt durch diese Höhenlage wandern wir durch lichte Kiefernwälder und über aussichtsreiche Bergwiesen. Zwei markante Felstürme bestimmen das Landschaftsbild auf der Tour. Auf dem 1. Teilstück ist es der 2.603 m hohe Felsturm Becco di Mezzodì, an dessen Westflanke wir vorbeiwandern. Danach führt uns ein Forstweg Richtung des 3.168 m hohe Monte Pelmo, der siebzehnthöchste Berg der Dolomiten. Die leichte Wanderung,

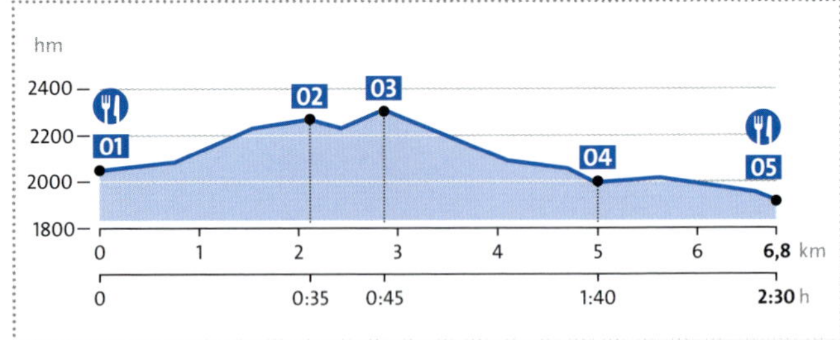

01 Rifugio Croda da Lago, 2.046 m; 02 Forcella Ambrizzola, 2.277 m; 03 Forcella Col Duro, 2.302 m; 04 Forcella de Col Roan, 1.999 m; 05 Rifugio Città di Fiume, 1.918 m

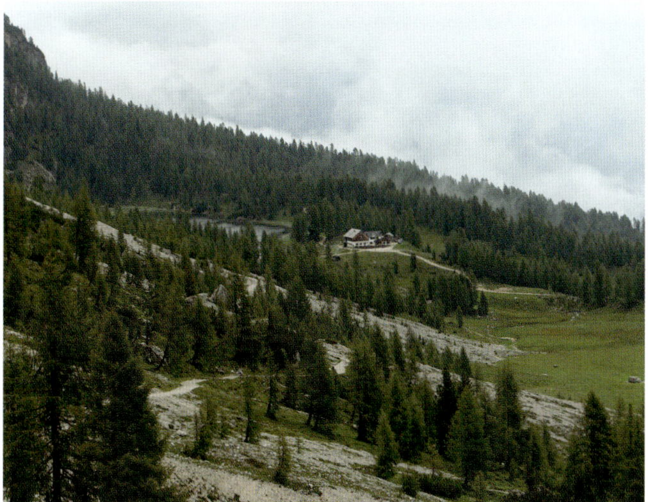

Das Rifugio Croda da Lago versteckt im Wald

ohne große Höhenunterschiede, lässt Freiraum zum Erleben der Dolomitenwelt und für Gefühle.

▶ Vom **Rifugio Croda da Lago** 01 (2.046 m) überqueren wir den Abfluss des Lago di Federa und gehen auf dem leicht ansteigenden Wanderweg 434 in südliche Richtung. Wir wandern auf die westliche Flanke des markanten Felsturms Becco di Mezzodì zu und erreichen nach ca. 2,2 km Gesamtstrecke die **Forcella Ambrizzola** 02 (2.277 m) mit einem fantastischen Ausblick auf die umliegende Bergwelt. Hier endet der Wanderweg 434 und wir gehen auf den von rechts kommenden Wanderweg 436 (siehe Varianten 8.1 und 9.1) halb links weiter, auch ausgeschildert Richtung San Vito di Cadore.

Über die Geröllfelder unterhalb des Felsturms Becco di Mezzodì steigt der Pfad zur **Forcella Col Duro** 03 (2.302 m) auf. Von dort ergibt sich ein beeindruckender Blick auf den Monte Pelmo. Der Pfad führt nun in Südostrichtung und über Wiesengelände. Mehrere parallel verlaufende Pfade führen zur Malga Prendera (2.184 m). Hier ignorieren wir den linken Abzweig (Wanderweg 436) nach San Vito di Cadore und gehen gerade-

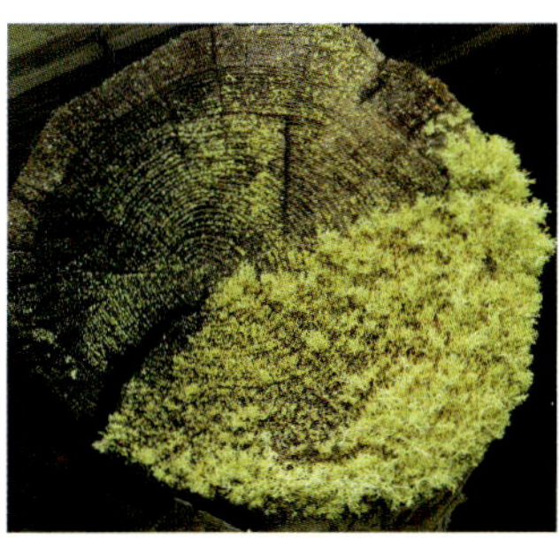

Naturimpression

aus weiter auf der Schotterpiste, nun der Wanderweg 458.

Wir gelangen in eine Senke, die 2.075 m hohe **Forcella de Col Roan**. Nach weiterem Abstieg erreichen wir die **Forcella Roan** 04 (1.999 m) und ignorieren den nach links abzweigenden Wanderweg 458. Wir gehen weiterhin auf der weiterführenden Forststraße, aber nun auf dem Wanderweg 467. Es erfolgt ein Aufstieg und wir ignorieren den nächsten linken Abzweig, dieser ist mit großen Steinen versperrt.

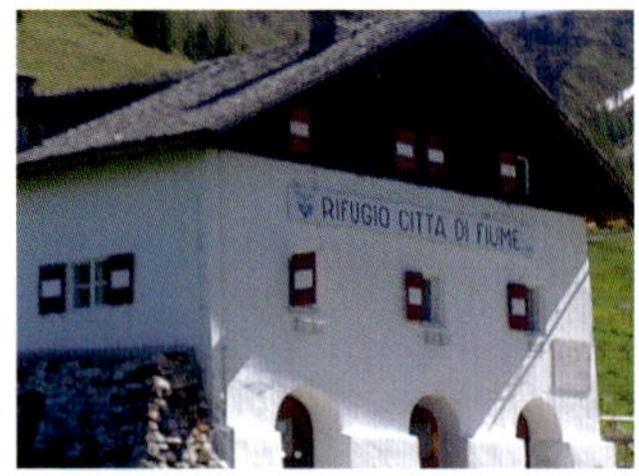

Rifugio Città di Fiume

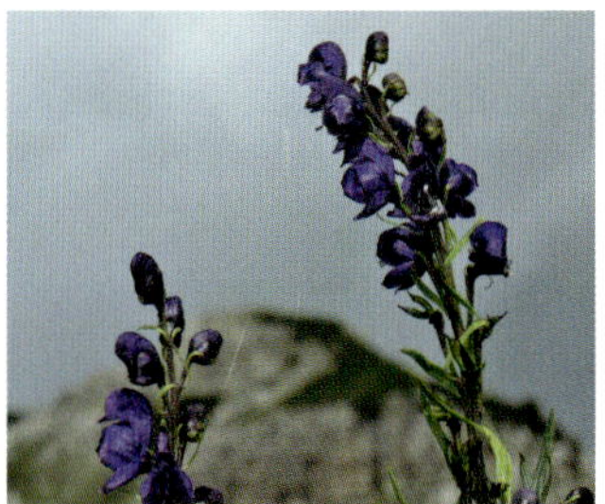
Eisenhut (Aconitum)

Durch den lichten Wald – unterhalb der Westhänge des Berges Col de la Puina – wandern wir auf der Forststraße leicht bergab. Sobald wir unterhalb der Forststraße das **Rifugio Città di Fiume** 05 (1.918 m) sehen, steigen wir auf dem nachfolgenden Pfad zum Haus ab. Von der Hütte blickt man direkt auf die mächtigen Schutthalden der Nordwestflanke des 3.127 m hohen Monte Pelmo.

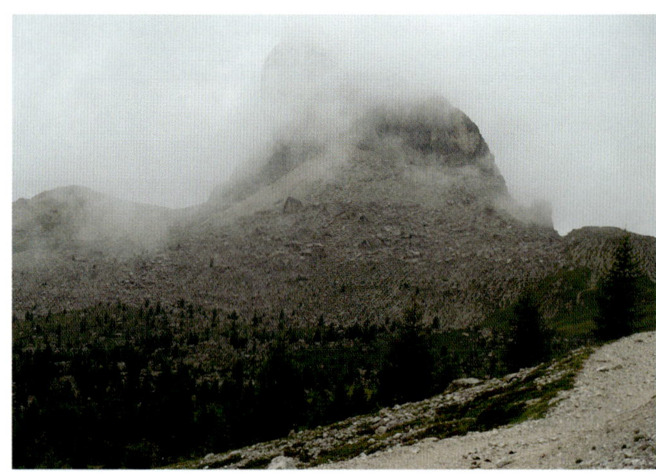
Der 2.603 m hohe Felsturm Becco di Mezzodì

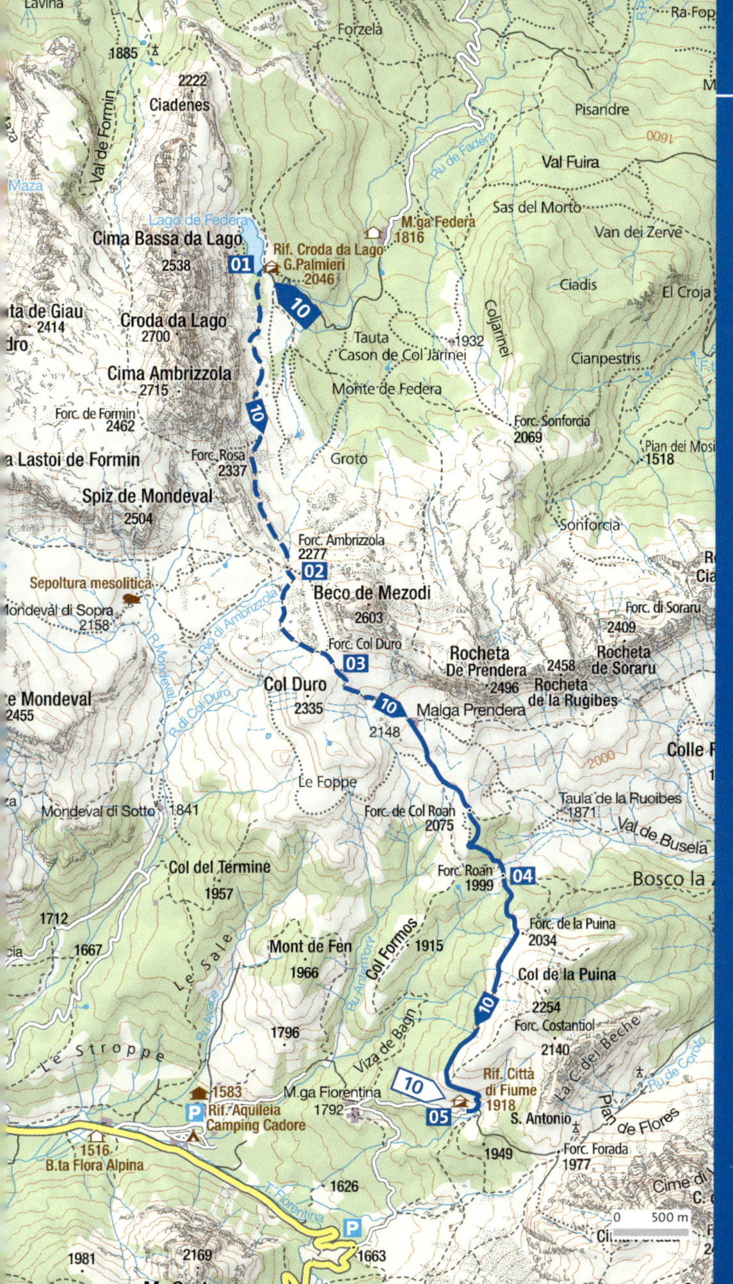
Lavina
Crepo Ros
Forzela
1885
2222
Ciadenes
Val de Formin
Maza
Pisandre
Val Fuira
Ru de Federa
Lago de Federa
Cima Bassa da Lago
2538
01
Rif. Croda da Lago
G.Palmieri
2046
M.ga Federa
1816
Sas del Morto
Van dei Zerve
Ciadis
El Croja
10
Croda da Lago
2700
Tauta
Cason de Col Jarinei
1932
Coljarinei
Cianpestris
Cima Ambrizzola
2715
Monte de Federa
Forc. de Formin
2462
Forc. Sonforcia
2069
Pian dei Mosi
1518
Lastoi de Formin
Forc. Rosa
2337
Groto
Spiz de Mondeval
2504
Sonforcia
Forc. Ambrizzola
2277
02
Beco de Mezodi
2603
Sepoltura mesolitica
Mondevàl di Sopra
2158
Rio di Ambrizzola
Forc. di Soraru
2409
Forc. Col Duro
03
Rocheta
De Prendera
2496
2458
Rocheta
de Soraru
Rocheta
de la Rugibes
Col Duro
2335
Mondeval
2455
R. Mondeval
R. di Col Duro
Malga Prendera
2148
Colle
2000
Le Foppe
Taula de la Ruoibes
1871
Mondeval di Sotto
1841
Forc. de Col Roan
2075
Val de Busela
Forc. Roan
1999
04
Bosco la
Col del Termine
1957
Forc. de la Puina
2034
1712
1667
Le Sale
Mont de Fen
1966
Col Formos
1915
Col de la Puina
2254
Forc. Costantiol
2140
Ru Antermoia
Ru Avaze
1796
Le Stroppe
Viza de Bagn
La C. dei Beche
Ru de Corda
Rif. Città
di Fiume
1918
1583
Rif. Aquileia
Camping Cadore
M.ga Fiorentina
1792
05
S. Antonio
Pian de Flores
1516
B.ta Flora Alpina
1949
Forc. Forada
1977
Cime di
1626
T. Fiorentina
0 500 m
1981
2169
1663
M. Crot

RIFUGIO CITTÀ DI FIUME – PASSO STAULANZA

Dolomiten Höhenweg Nr. 1

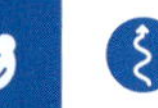 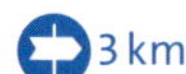 3 km  1:15 h  40 hm  180 hm  672

START | Das Rifugio Città die Fiume, 1.918 m [GPS: N46.436867° E12.122550°]
CHARAKTER | Sehr kurze und sehr einfache Tour, die von jedem ohne spezifische Kenntnisse begangen werden kann. Startpunkt: Das Rifugio Città di Fiume ist nur zu Fuß erreichbar und befindet sich am Ende der Touren 9.1 und 10. Endpunkt/Einstieg/Abbruch: Der Passo Staulanza ist zu Fuß, mit dem Pkw und mit dem Bus erreichbar und befindet sich am Anfang der Etappe 12. Zusatzausrüstung: keine. Einkehr: keine unterwegs. Übernachtung: Rifugio Passo Staulanza: www.staulanza.it.

Auf keiner anderen Wanderung des Dolomiten Höhenwegs Nr. 1 wandern wir gleich in drei der gewaltigsten Gebirgsstöcke der Dolomiten. Nachdem wir den Bachlauf unterhalb des Rifugio Città di Fiume gequert haben, verlassen wir die Ampezzaner Dolomiten und wandern durch das relativ kleine Gebirgsmassiv des Pelmostocks. Sobald wir dann die Passstraße am Passo Staulanza überquert haben, treten wir in das Reich der Civetta-Berggruppe ein. Der Höhepunkt auf dieser kurzen und leichten Wanderung

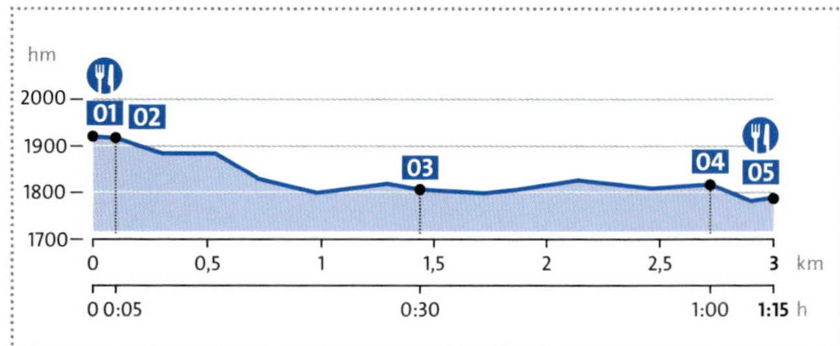

01 Rifugio Città di Fiume, 1.918 m; 02 erste Rechtskurve, 1.911 m;
03 Abzweig, 1.805 m; 04 Wegkreuzung, 1.816 m;
05 Rifugio Passo Staulanza, 1.783 m

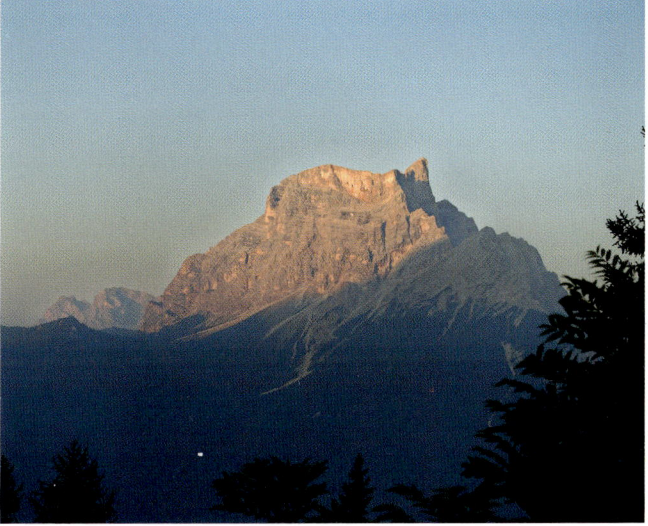

Die uneinnehmbar erscheinende, gigantische Festung des Monte Pelmos

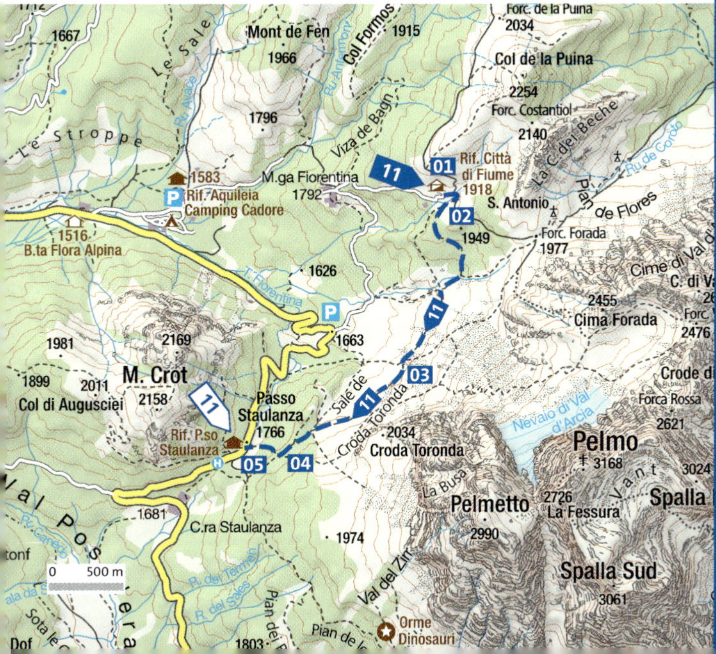

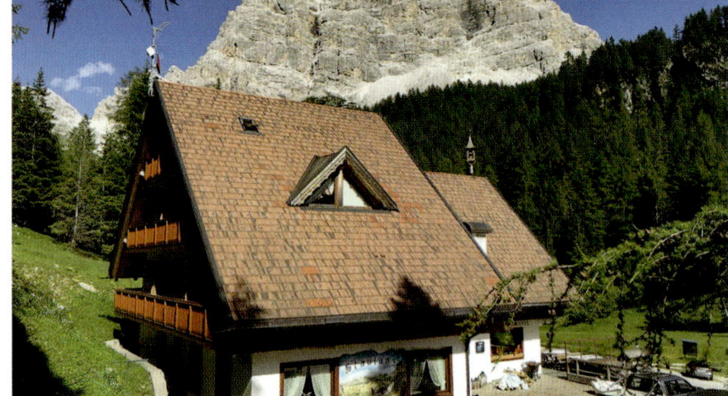

Das Rifugio Passo Staulanza

ist die uneinnehmbare erscheinende, gigantische Festung des Monte Pelmo. Seine bis zu 600 m senkrecht abfallenden Wände und massiven Felsbänder ziehen die Blicke des Betrachters magisch an.

▶ Auf der Zufahrtsstraße zum **Rifugio Città di Fiume** 01 (1.918 m) gehen wir ca. 80 m talwärts. In der **ersten Rechtskurve** 02 (1.911 m) der Zufahrtsstraße gehen wir geradeaus auf dem Wanderweg 427 Richtung Passo Staulanza. Über eine kleine Holzbrücke queren wir einen Bachlauf und gehen durch den Wald auf einem gerölligen Pfad talwärts.

Wir ignorieren den ersten linken Abzweig zur Forecella Forada und erreichen die Schotterfelder, unterhalb der steil aufragenden Nordwest-Wände des Monte Pelmo. In einem weiteren und diesmal breiten Schotterfeld ignorieren wir den linken **Abzweig** 03 (1.805 m) zum Rifugio Venezia (Wanderweg 427) und gehen geradeaus, nun durch Latschenkiefern.

Sobald wir wieder durch den Wald wandern führt der Pfad steil bergab, noch einmal gelangen wir an

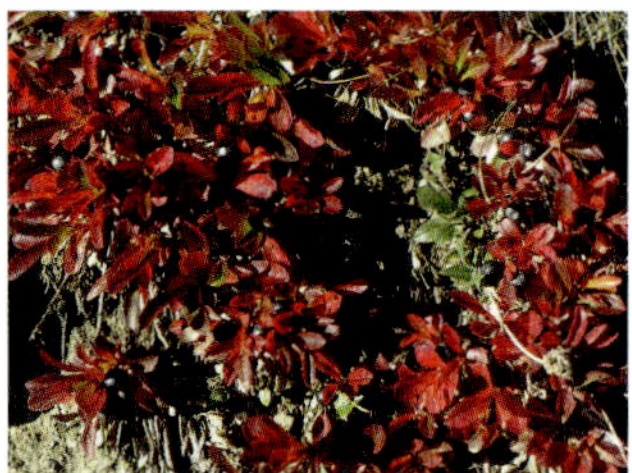

Der Herbst hält Einzug

eine **Wegkreuzung** 04 (1.816 m), an der wir geradeaus weitergehen.

Über Wiesen gelangen wir zur Passstraße und dem dahinterliegenden **Rifugio Passo Staulanza** 05 (1.783 m)

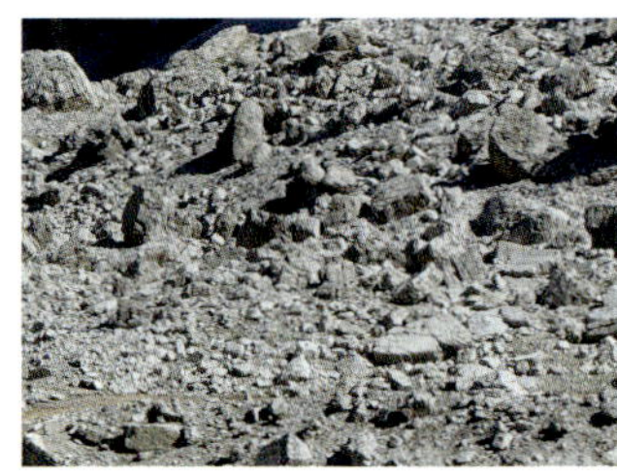

Schotterfelder unterhalb des Monte Pelmo

PASSO STAULANZA – RIFUGIO COLDAI

Dolomiten Höhenweg Nr. 1

  6,5 km  2:30 h 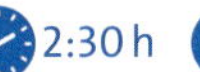 510 hm 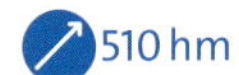 170 hm 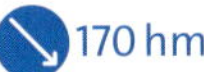 672 

START | Passo Staulanza, 1.783 m
[GPS: N46.421020° E12.104520°]
CHARAKTER | Das Gelände ist einfach und kann ohne spezifische Kentnisse von jedem absolviert werden. Startpunkt/Einstieg/Abbruch: Der Passo Staulanza ist zu Fuß, mit dem Pkw und dem Bus erreichbar und befindet sich am Ende der Etappe 11. Endpunkt: Das Rifugio Coldai ist nur zu Fuß erreichbar und befindet sich am Anfang der Etappe 13. Zusatzausrüstung: keine. Einkehr: keine unterwegs. Übernachtung: Rifugio Coldai: www.rifugiocoldai.com.

Auf dieser leichten Etappe wandern wir durch die Bergwelt zwischen dem Pelmostock und der Civettagruppe. Zunächst führt die Strecke noch durch eine unberührte Landschaft, bis wir dann kurz entlang der Aufstiegshilfen des Dolomiti Superski-Gebiets Civetta wandern. Sobald wir dann unterhalb des nördlichsten Gipfel der Civettagruppe aufsteigen, tauchen wir wieder in die weitgehend unberührte Naturlandschaft ein. Wie schon auf der vorhergehenden Etappe ist der omnipräsente Monte Pelmo die unübertroffene Sehenswürdigkeit. Vom Rifugio Coldai schaut man auf die Bergspitzen Monte Pelmetto (2.990 m links) und Spalla Sud (3.061 m rechts) im Pelmostock.

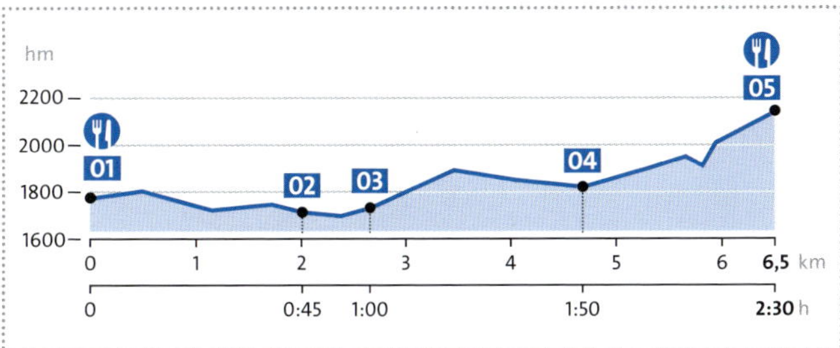

01 Rifugio Passo Staulanza, 1.783 m; 02 Schotterstraße, 1.719 m; 03 Casera Vescovà, 1.722 m; 04 Malga Pioda, 1.816 m; 05 Rifugio Coldai, 2.132 m

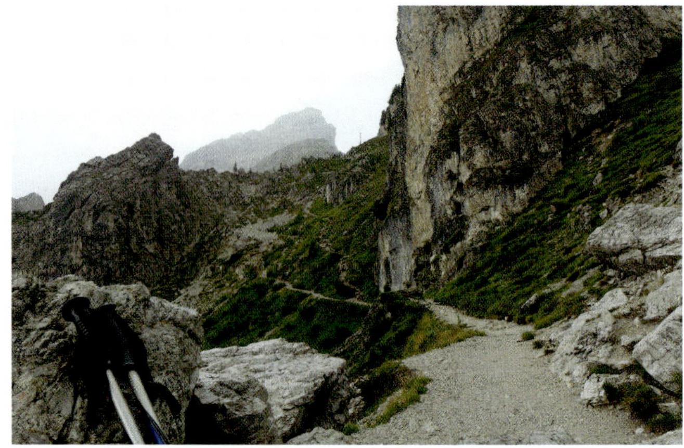

Pfad unterhalb der Ostflanke des 2.403 m hohen Cima di Coldai

Von der Unterkunft am **Passo Staulanza** 01 marschieren wir ca. 825 m am Straßenrand in südwestliche Richtung talwärts. Dort angekommen verlassen wir in der ersten Linkskehre die Straße und gehen geradeaus auf der Schotterpiste weiter. Dies ist der Wanderweg 568 Richtung Casera Vescovà. Nach weiteren ca. 1,1 km biegen wir an der Weggabelung der **Schotterstraße (strada sterrata)** 02 (1.719 m) halb links, auf dem zunächst leicht bergab führenden Pfad.

Nach einem kurzen Aufstieg erreichen wir die **Casera Vescovà** 03 (1.722 m). Bei einem Fahnenmast befinden sich weitere Wegwei-

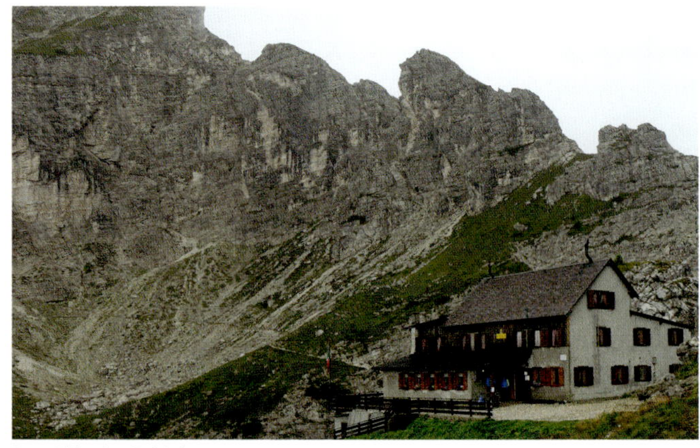

Das Rifugio Coldai

ser. Wir gehen scharf links an dem Haus vorbei und durch ein Holzgatter gelangen wir auf den Wanderweg 561 Richtung Rifugio Coldai. Nach kurzem Aufstieg über Bergwiesen mündet der Pfad in eine Schotterpiste, auf der wir leicht bergab gehen, bis sie endet.

Von hier gehen wir rechts auf die Schotterpiste und erreichen die Forcella Alleghe. Den rechten Abzweig ignorieren wir. Die Einsattelung markiert den Übergang ins Val Zoldana, wir befinden uns noch nördlich des Civetta-Bergmassivs. Hinter der Linkskurve der Schotterpiste gehen wir dann bei der Weggabelung an der **Malga Pioda** **04** (1.816 m) halb rechts auf dem Wanderweg 556 Richtung Rifugio Coldai.

Zunächst auf einen breiten Weg in Kehren, dann im Zickzack auf einem Pfad, geht es steil bergauf an der Ostflanke des 2.403 m hohen Cima di Coldai. Sobald wir das Häuschen der Materialseilbahn erreicht haben, sind es nur noch wenige Meter bis zum **Rifugio Coldai** **05** (2.132 m), das wir schon sehen können.

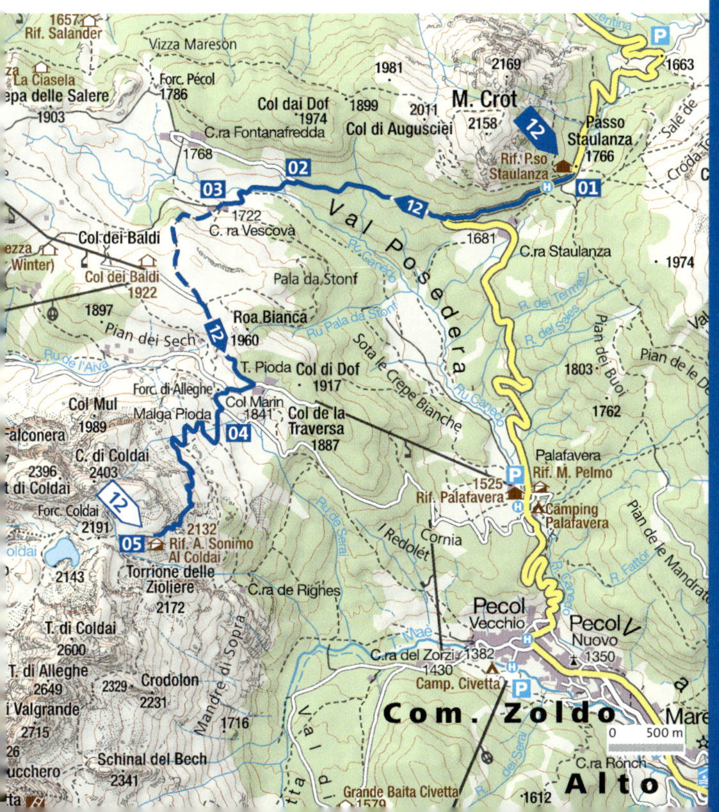

RIFUGIO COLDAI – RIFUGIO TISSI

Dolomiten Höhenweg Nr. 1

 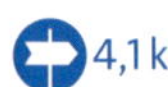 4,1 km  1:45 h  390 hm  320 hm 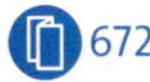 672

START | Rifugio Coldai, 2.132 m
[GPS: N46.399367° E12.069033°]
CHARAKTER | Trittsicherheit und elementares Orientierungsvermögen benötigt man auf dieser Bergwanderung. Startpunkt: Das Rifugio Coldai ist nur zu Fuß erreichbar und befindet sich am Ende der Etappe 12. Endpunkt: Das Rifugio Tissi ist nur zu Fuß erreichbar und befindet sich am Anfang der Etappe 14. Zusatzausrüstung: keine. Einkehr: keine unterwegs. Übernachtung: Rifugio Tissi: www.rifugiotissi.com.

Schon auf der kurzweiligen Wanderung kann man sich an der faszinierenden Landschaft nicht sattsehen. Vom Rifugio Tissi genießt man einen einmaligen Frontalblick auf das 6 km lange Bollwerk der Civettagruppe, ein besonderes Erlebnis ist das Alpenglühen! Steigt man hinter der Hütte dann noch bis zum kleinen Gipfelkreuz des Cima di Col Réan (2.281 m) auf und hat eine perfekte Fernsicht, dann speichert unser Körper diese einmaligen Gefühle und Emotionen energetisch. Warum? 1.200 Höhenmeter unter uns liegt der türkisblaue Lago di Alleghe, im Südwesten sehen wir die Palagruppe und die dahinterliegende Brentagruppe, weiter im Uhrzeigersinn die Marmolada, den Sellstock mit dem Piz Boè, die

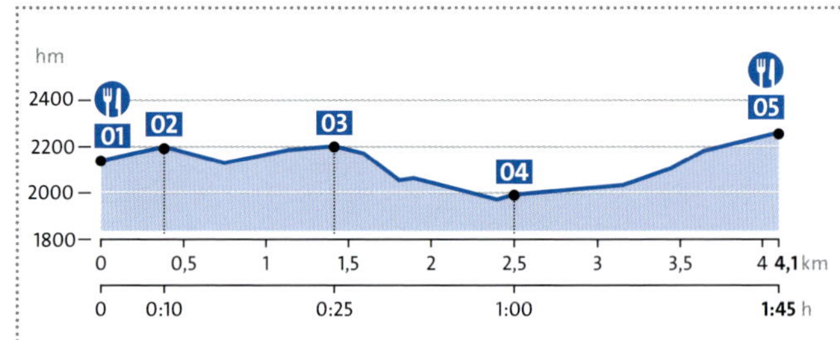

01 Rifugio Coldai, 2.132 m; 02 Forcella Coldai, 2.191 m;
03 Forcella Col Negro di Coldai, 2.199 m;
04 Sentiero (Wanderweg 565), 1.994 m; 05 Rifugio Tissi, 2.250 m

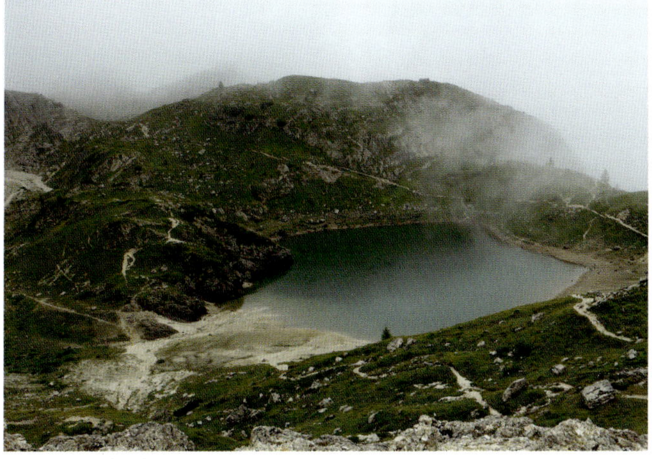
Der Lago del Coldai

Puezgruppe, den Peitlerkofel, die Fanesgruppe, im Nordosten die Cristallogruppe, die Drei Zinnen, Zwölferkofel und gerade noch den Monte Pelmo. Die eisgepanzerten Gipfel des Alpenhauptkammes begrenzen das Szenario Richtung Norden. Fazit: Eine der landschaftlich schönsten Etappen des Dolomiten Höhenwegs Nr. 1!

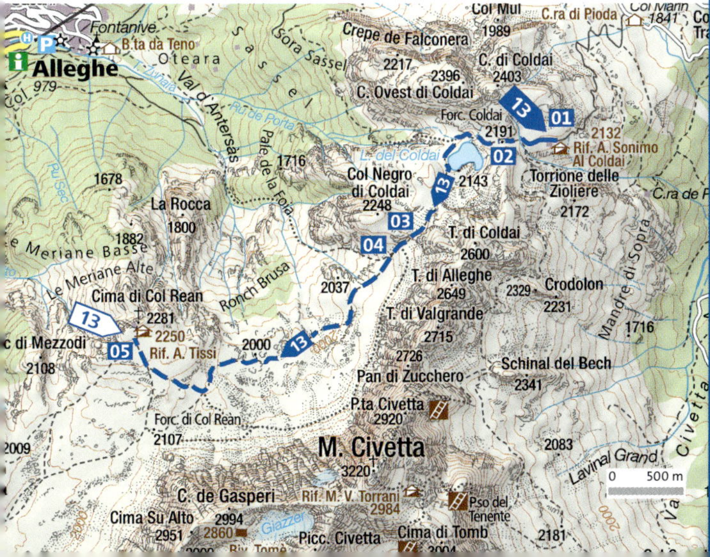

Fontanive
B.ta da Teno
Alleghe
979
Otear a
Col Mul
C.ra di Pioda
1841
Crepe de Falconera
1989
C. di Coldai
2217
2396
2403
C. Ovest di Coldai
Forc. Coldai
2191
13
01
2132
Rif. A. Sonino
Al Coldai
L. del Coldai
02
Col Negro
di Coldai
2248
2143
Torrione delle
Zioliere
2172
03
04
T. di Coldai
2600
T. di Alleghe
2649
2329
Crodolon
2231
T. di Valgrande
2715
2726
Pan di Zucchero
Schinal del Bech
2341
1716
Mandre di Sopra
1678
La Rocca
1800
1882
Meriane Basse
Le Meriane Alte
Cima di Col Rean
2281
2250
Rif. A. Tissi
05
c di Mezzodi
2108
Ronch Brusa
2037
2000
Val d'Antersas
Pale de la Foja
Forc. di Col Rean
2107
2009
P.ta Civetta
2920
M. Civetta
3220
2083
Lavinal Grand
0 500 m
C. de Gasperi
Rif. M. V. Torrani
2984
Pso del Tenente
Cima Su Alto
2994
2951
2860
Giazzer
Picc. Civetta
Cima di Tomb
2181

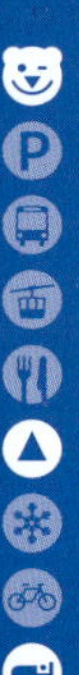

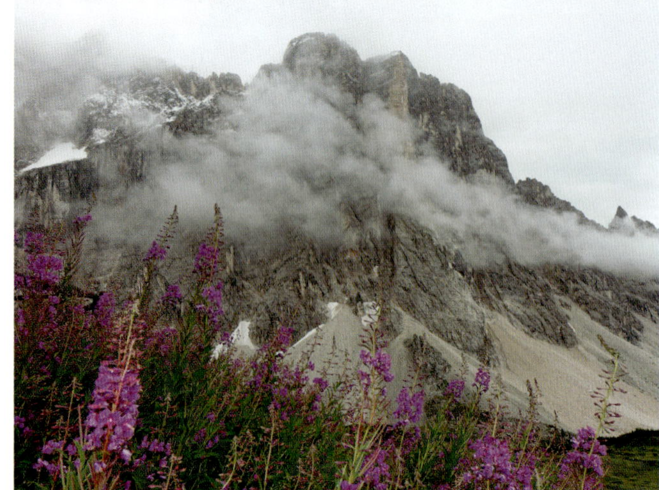

Blick auf die Civetta

Wir verlassen das **Rifugio Coldai** 01 (2.132 m) in westliche Richtung auf dem Wanderweg 560. Zunächst noch durch Bergwiesen, im weiteren Verlauf durch Schutthalden, steigen wir zur **Forcella Coldai** 02 (2.191 m) auf.

Am Fuße des 2.600 m hohen Torre Coldai steigen wir zur **Forcella Col Negro di Coldai** 03 (2.199 m) auf, es ergibt sich ein wunderschöner Blick über das Val Civetta. Und dann sind da noch in südwestliche Richtung die über 1.000 m höher gelegenen Gipfel vom Torre di Alleghe (2.649 m), der Monte Civetta (3.220 m) und Piccola Civetta (3.187 m). An der Weggabelung bei der Forcella gehen wir nicht halb links durch die wegen Steinschlag gefährdeten Schutthalden, sondern steigen im Zickzack halb rechts in das Val Civetta ab. Den ersten nach rechts abzweigenden **Sentiero** 04 (1.994 m), den Wanderweg 565 nach Alleghe, und den zweiten rechten Abzweig, an einer Schutthalde, ignorieren wir und gehen mäßig ansteigend geradeaus weiter bis zu einer Wegkreuzung. Dort gehen wir rechts auf dem Wanderweg 563 über Wiesengelände nochmals 180 Höhenmeter bis zum **Rifugio Tissi** 05 (2.250 m) hinauf.

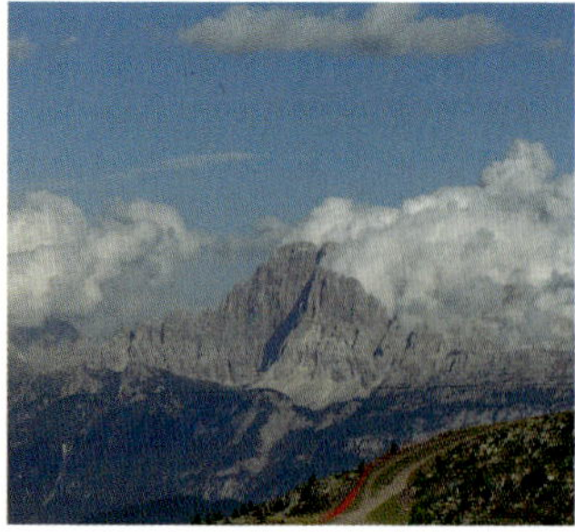

Das 6 km lange Bollwerk der Civettagruppe

RIFUGIO TISSI – RIFUGIO VAZZOLER

Dolomiten Höhenweg Nr. 1

  5,5 km  2:00 h 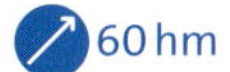 60 hm  610 hm  672

START | Rifugio Tissi, 2.250 m
[GPS: N46.388033° E12.033067°]
CHARAKTER | Trittsicherheit und elementares Orientierungsvermögen benötigt man auf dieser Bergwanderung. Startpunkt: Das Rifugio Tissi ist nur zu Fuß erreichbar und befindet sich am Ende der Etappe 13. Endpunkt: Das Rifugio Vazzolèr ist nur zu Fuß erreichbar und befindet sich am Anfang der Etappe 15. Zusatzausrüstung: keine. Einkehr: keine unterwegs. Übernachtung: Rifugio Vazzoler: www.caiveneto.it/rifugio/vazzoler.

Das Rifugio Tissi markiert ungefähr den halben Weg entlang des 6 km langen Bollwerks der Civettagruppe. So setzen wir auf dieser Etappe unsere Wanderung zunächst entlang der Nordwestflanke fort und erreichen dann die südlichen Gipfel Torre di Pelsa, Torre Venezia und Cima della Busazza. Abermals erwarten uns faszinierende Landschaften und hoffentlich ein wolkenloser Tag, um diese einmaligen Felstürme aus Dolomitgestein zu bestaunen.

Vom **Rifugio Tissi** 01 (2.250 m) steigen wir auf dem Hinweg der 13. Etappe, dem Wanderweg 563,

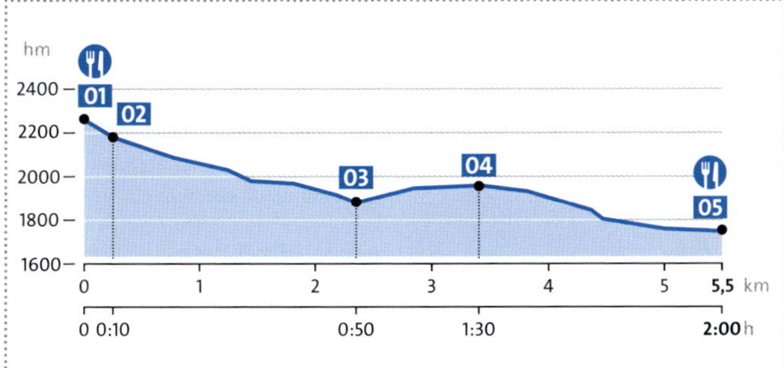

01 Rifugio Tissi, 2.250 m; 02 Sentiero, 2.180 m;
03 Cason di Col Reàn, 1.895 m; 04 Sella di Pelsa, 1.954 m;
05 Rifugio Vazzoler, 1.714 m

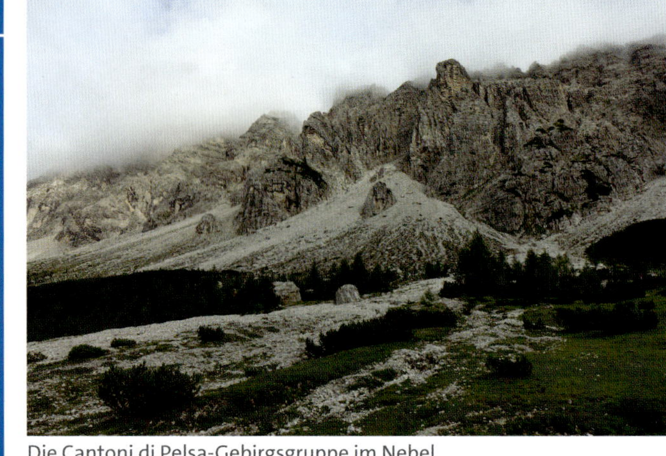

Die Cantoni di Pelsa-Gebirgsgruppe im Nebel

ab. Nach insgesamt ca. 250 Entfernungsmetern gehen wir an der Gabelung der Pfade auf den halb rechts abzweigenden **Sentiero** 02 (2.180 m) weiter, auch ausgeschildert Richtung Rifugio Vazzoler. Nach weiteren 400 m, an der **Forcella di Col Rean** (2.107 m), mündet dann unser Pfad in den Wanderweg 560 und wir wandern nun wieder parallel zum Civetta-Gebirgszug. Über Bergwiesen steigen wir gemächlich ab. Von scharf rechts mündet der Wanderweg 563 in den unsrigen Pfad, eine Variante vom Rifugio Tissi.

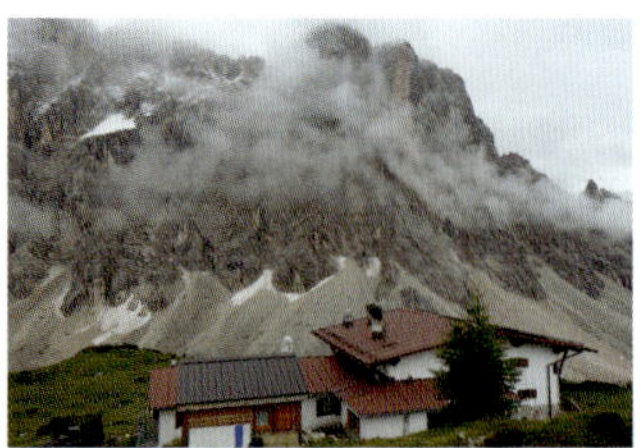

Das Rifugio Tissi vor der Kulisse der Civetta

In einem kleinen Hochtal mit sattgrünen Bergwiesen erreichen wir die Ruine **Cason di Col Reàn** 03 (1.895 m). Leicht steigt der weiterführende Wanderweg zwischen mit Latschenkiefern bestandenen Berghängen auf. Kurz hinter den am Wegesrand liegenden riesigen Felsbrocken erreichen wir den **Sella di Pelsa** 04 (1.954 m) mit einer faszinierenden Sicht auf die östlich von uns liegenden Felswände der Cantoni di Pelsa-Gebirgsgruppe und dem 2.337 m hohen Torre di Pelsa. Den rechts abzweigenden Pfad zum 2.417 m hohen Monte Alto di Pelsa ignorieren wir und gehen geradeaus weiter. Zunächst über Bergwiesen, dann durch einen lichten Wald, steigen wir gemächlich bergab, bis der Pfad an einer Schotterpiste endet.

Von hier gehen wir auf der Schotterstraße bergab, rechts

von uns liegt die **Casere Favretti** (1.827 m). Wir marschieren weiterhin auf dem Wanderweg 560. Zwei rechte Abzweig zur Casera di Pelsa lassen wir aus. Hinter einem Waldstück führt die Schotterstraße durch ein Geröllfeld. Wir haben freien Blick auf die majestätisch aufsteigende Südwand des 2.337 m hohen Torre Venezia (links, Richtung Norden). Richtung Nordosten erhebt sich hinter dem Val dei Cantoni der 2.894 m hohe Cima della Busazza. Die weiterführende Schotterpiste taucht wieder in den Wald ein und wir erreichen das **Rifugio Vazzoler** 05 (1.714 m).

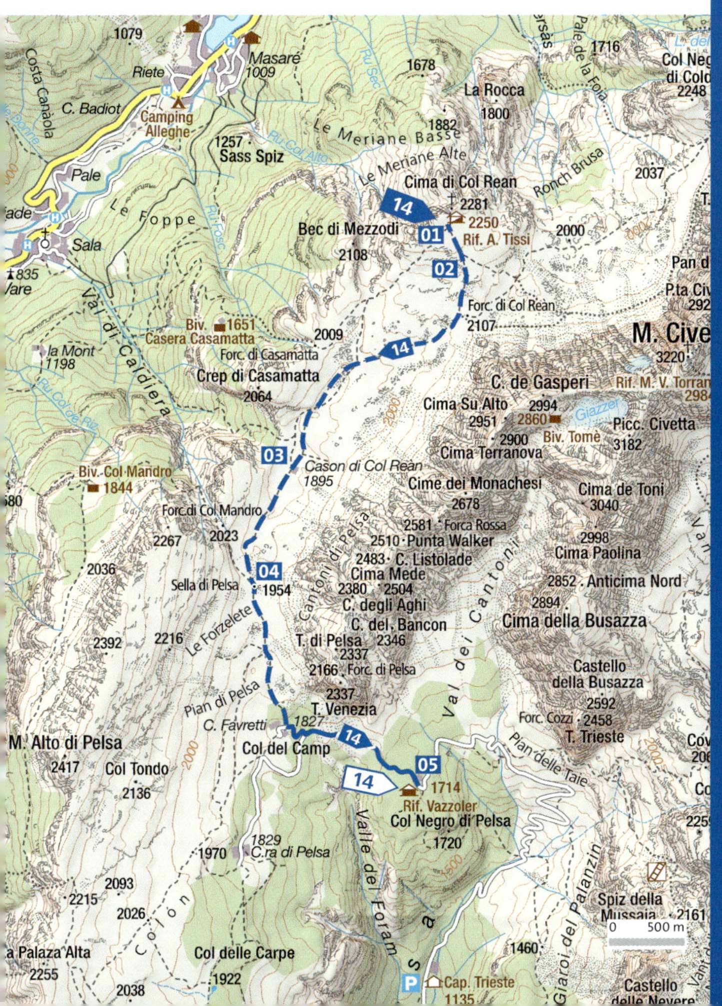

RIFUGIO VAZZOLER – RIFUGIO BRUTO CARESTIATO

Dolomiten Höhenweg Nr. 1

 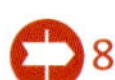 8,9 km  3:30 h 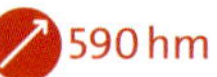 590 hm 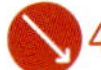 470 hm  672

START | Rifugio Vazzoler, 1.714 m
[GPS: N46.354000° E12.031017°]
CHARAKTER | Trittsicherheit und elementares Orientierungsvermögen benötigt man auf dieser Bergwanderung. Startpunkt: Das Rifugio Vazzoler ist nur zu Fuß erreichbar und befindet sich am Ende der Etappe 14. Endpunkt: Das Rifugio Bruto Carestiato ist nur zu Fuß erreichbar und befindet sich am Anfang der Etappe 16. Zusatzausrüstung: keine. Einkehr: keine unterwegs. Übernachtung: Rifugio Bruto Carestiato: www.rifugiocarestiato.com.

Das Civetta-Bergmassiv bildet gemeinsam mit den kleineren Gipfeln der Moiazza-Untergruppe die Civetta-Moiazza-Gruppe, sie markiert die südlichen Ausläufer der Civetta. Der höchste Punkt der Moiazza ist der 2.878 m hohe Moiazza Sud. Diese noch unbekannte und touristisch wenig erschlossene Region überzeugt durch landschaftliche Schönheit und blumenübersäten Almwiesen. Auf dieser außergewöhnlichen Etappe wandern wir entlang imposanter Felsnadeln wie den 2.458 m hohen Torre Trieste, dem 2.083 m hohen Pala del Camp und unterhalb der bis zu 700 m hohen Wandzonen der 2.413 Meter hohen Pala delle Masenade (2.413 m).

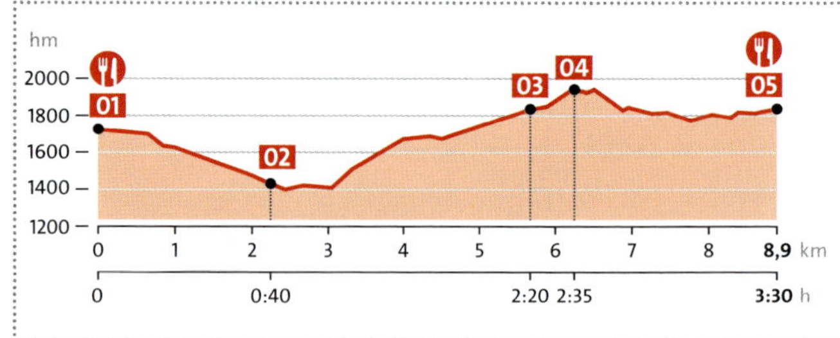

01 Rifugio Vazzoler, 1.714 m; 02 Sentiero, 1.435 m; 03 Abzweig, 1.844 m; 04 Forcella del Camp, 1.933 m; 05 Rifugio Bruto Carestiato, 1.834 m

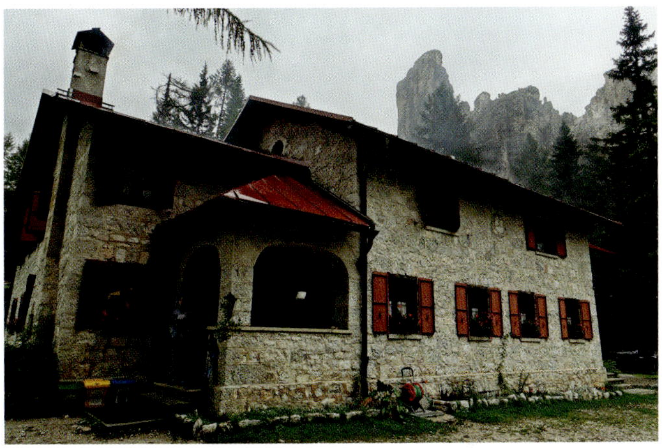
Das Rifugio Vazzoler und dahinter der Torre Venezia

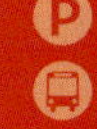
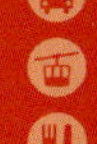
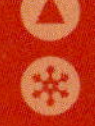

Wir verlassen das **Rifugio Vazzoler** 01 (1.714 m) in nordöstlicher Richtung auf der Schotterpiste. Dieser Wanderweg 555/560 Richtung Rifugio Capanna Trieste macht nach ca. 400 m eine scharfe Rechtskurve, nun wandern wir Richtung Osten, durch die südlichen Ausläufer des Tales **Val dei Cantoni** und entlang der imposanten Südwest-Wand des 2.458 m hohen Torre Trieste.

Die Schotterpiste führt im Weiteren in langen Kehren bergab. Achtung! In der dritten Kehre (eine Rechtskehre) verlassen wir die Schotterpiste auf den links abzweigenden **Sentiero 554** 02 (1.435 m) Richtung Rifugio Bruto Carestiato. Hier befindet sich nur ein unscheinbarer kleiner Wegweiser aus Holz! Der Pfad führt zunächst durch Latschenkiefern und dann durch einen lichten Wald. Schlussendlich marschieren wir unterhalb der Westwände des Spiz della Mussaia, dem Castello della Nevere und der Cima dei Tre entlang, die allesamt zur Moiazzagruppe gehören.

Nach mehreren kleinen Geröllfeldern queren wir ein großes Geröllfeld, der Pfad ist nicht einfach zu finden, aufgestellte Steinmännchen helfen bei der Orientierung. Hinter einer Erosionsrinne und dem nachfolgenden, ca. 150 m breiten, Geröllfeld ignorieren wir den **Abzweig** 03 (1.844 m) nach links und bleiben auf dem Hauptweg. Wir wandern nun durch einen lang gezogenen 180°-Linksbogen, um die 2.083 m hohe Pala del

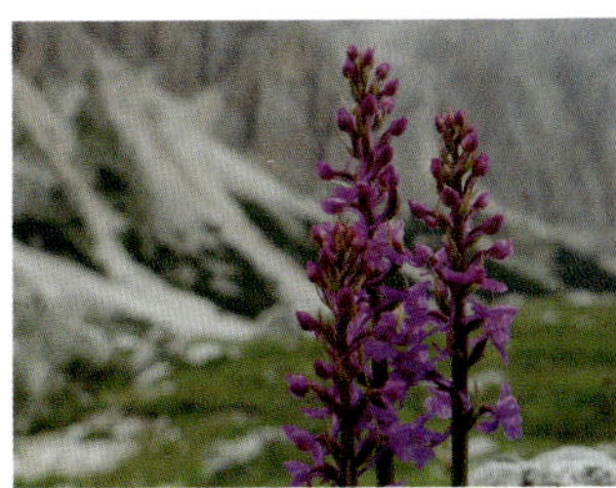
Blütenpracht am Wegesrand

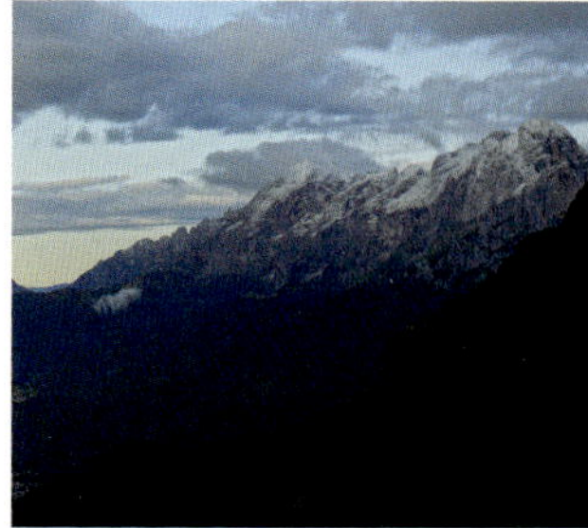

Die Gipfel der Moiazza-Untergruppe

Camp-Felsspitze Richtung Forcella del Camp.

In östliche Richtung gehen wir über die Almwiesen weiter und erreichen die **Forcella del Camp** **04** (1.933 m), dahinter erhebt sich die Südost-Wand der Pala del Camp. An diesem Wegpunkt und Gabelung der Pfade gehen wir weiterhin auf dem Wanderweg 554 Richtung Rifugio Bruto Carestiato, nun in nordöstlicher Richtung. Im weiteren Verlauf geht es leicht bergab

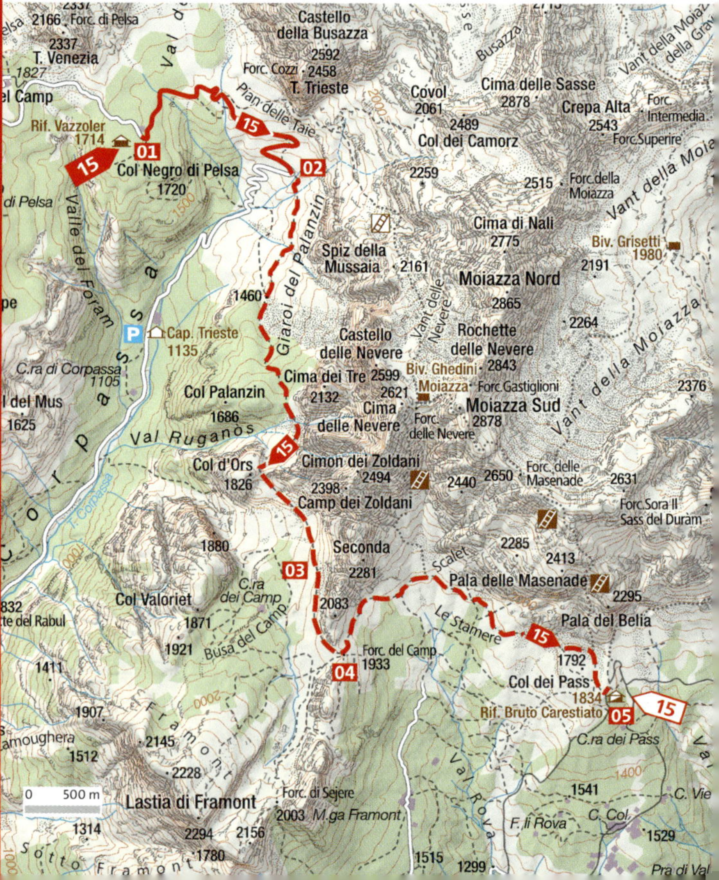

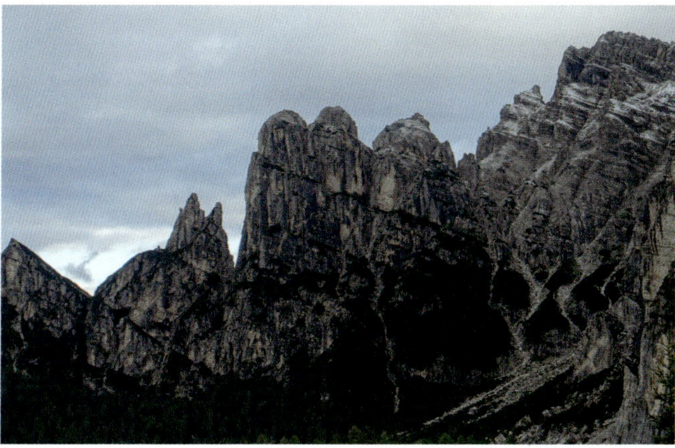
Die Gipfel der Moiazza

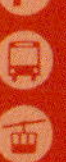
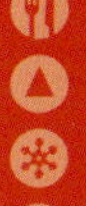
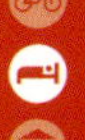

durch einen lichten Wald und wir ignorieren den rechten Abzweig (Wanderweg 552) Richtung Malga Framont. Durch das oberste Val Framont führt der Pfad uns wieder ins Reich der Latschenkiefern und wir queren mehrere kleine Geröllfelder.

Unterhalb der 2.413 m hohen Pala delle Masenade wandern wir durch weitere Geröllfelder und mit Latschenkiefern bestandenen Berghängen. Auf einem aussichtsreichen Felsvorsprung erreichen wir das **Rifugio Bruto Carestiato** 05 (1.834 m).

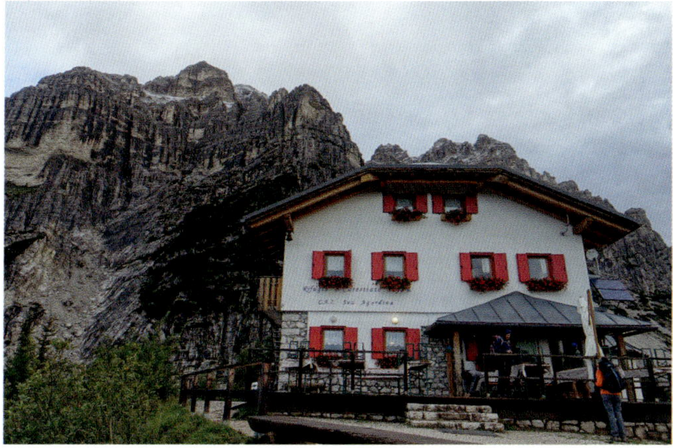
Das Rifugio Bruto Carestiato und links dahinter die Pala delle Masenade

RIFUGIO BRUTO CARESTIATO – PASSO DURÀN

Dolomiten Höhenweg Nr. 1

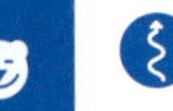 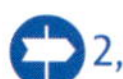 2,5 km 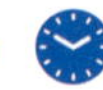 0:45 h 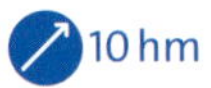 10 hm  250 hm  672

START | Rifugio Bruto Carestiato, 1.834 m
[GPS: N46.321317° E12.070467°]
CHARAKTER | Das Gelände ist sehr einfach und kann ohne spezifische Kentnisse von jedem absolviert werden. Startpunkt: Das Rifugio Bruto Carestiato ist nur zu Fuß erreichbar und befindet sich am Ende der Etappe 15. Endpunkt/Einstieg/Abbruch: Der Dolomitenpass Passo Duràn ist zu Fuß, mit dem Pkw und mit dem Bus erreichbar und befindet sich am Anfang der Etappe 17. Zusatzausrüstung: keine. Einkehr: keine unterwegs. Übernachtung: Rifugio Passo Duràn „Tomè": www.rifugiopassoduran.it oder Rifugio San Sebastiano: www.passoduran.it.

Auf dieser Etappe absolvieren wir nur den kurzen Abstieg zum Dolomitenpass Passo Duràn. Dieser markiert die Grenzlinie zwischen der Civettagruppe und der Schiaragruppe und liegt eingebettet zwischen der 2.488 m hohen Cima Nord di San Sebastiano Nord (östlich vom Pass) und dem 2.868 m hohen Monte Moiazza Sud (nord-westlich vom Pass). Vom Bergsattel ergibt sich ein ein-

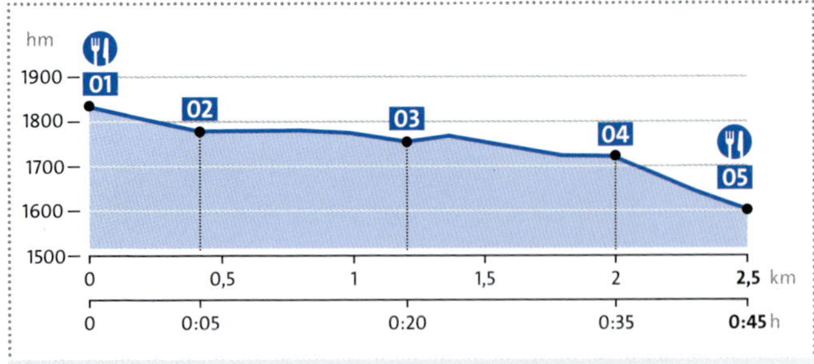

01 Rifugio Bruto Carestiato, 1.834 m; 02 Abzweig Wanderweg 547, 1.778 m; 03 Malga Duràn, 1.747 m; 04 Abzweig nach rechts, 1.716 m; 05 Passo Duràn, 1.605 m

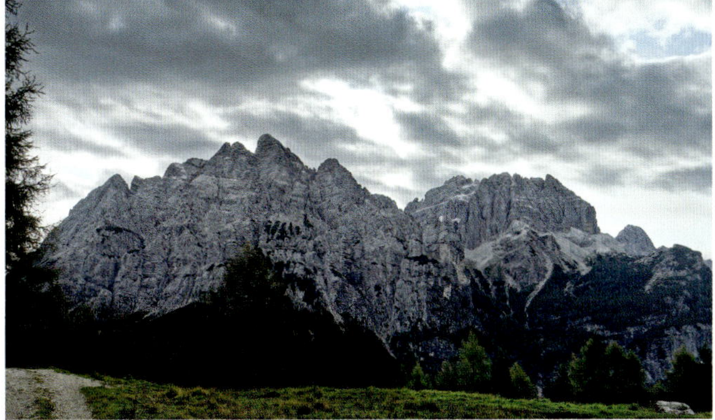

Die 2.488 m hohe Cima Nord di San Sebastiano (links) und die Spitzen des Monte Tamer

drucksvoller Blick auf den 3.168 m hohen Monte Pelmo.

▶ Vom **Rifugio Bruto Carestiato** 01 (1.834 m) folgen wir der Schotterstraße oder den an der Hütte beginnenden und abkürzenden Pfad. Diese beiden Wanderwege 549 Richtung Passo Duràn laufen kurz später zusammen. In der Linkskehre der Schotterpiste ignorieren wir den rechten **Abzweig des Wanderwegs 547** 02 (1.778 m) und queren kurz danach ein großes Geröllfeld. Unterhalb der Südwände der Moiazza-Gruppe gehen wir auf Wiesengelände an der **Malga Duràn** 03 (1.747 m) vorbei.

Nachdem wir weitere ca. 800 m durch den Wald gegangen sind folgen wir dem **rechts abzweigenden Pfad** 04 (1.716 m). Zunächst noch durch lichten Wald, dann über Bergwiesen, geht es hinunter zum **Passo Duràn** 05 (1.605 m).

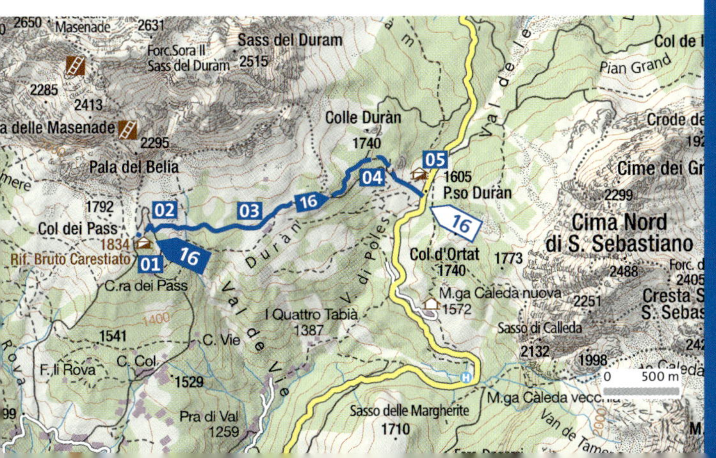

PASSO DURÀN – RIFUGIO SOMMARIVA AL PRAMPERET

Dolomiten Höhenweg Nr. 1

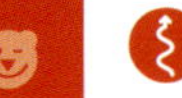  10,4 km 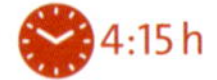 4:15 h 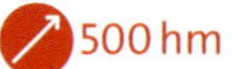 500 hm 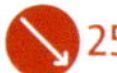 250 hm 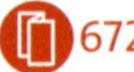 672

START | Passo Duràn, 1.605 m
[GPS: N46.32484° E12.09604°]
CHARAKTER | Gute Trittsicherheit und elementares Orientierungsvermögen benötigt man auf dieser Bergwanderung. Startpunkt/Einstieg/Abbruch: Der Dolomitenpass Passo Duràn ist zu Fuß, mit dem Pkw und mit dem Bus erreichbar und befindet sich am Ende der Etappe 16. Endpunkt: Das Rifugio Sommariva al Pramperet ist nur zu Fuß erreichbar und befindet sich am Anfang der Etappe 18. Zusatzausrüstung: keine. Einkehr: keine unterwegs. Übernachtung: Rifugio Sommariva al Pramperet: www.rifugiosommarivaalpramperet.it.

Die Etappen 17 bis 22 führen nun allesamt durch die Bergwelten der Schiaragruppe. Eine Untergruppe bildet die Tamergruppe, die sich östlich vom Passo Duràn erhebt. Der höchste Gipfel ist der 2.547 m Tamer Grande, unter dessen Westwänden wandern wir bis zur Malga Moschesin. Sobald wir dann freien Blick Richtung Südosten haben, schauen wir auf die drei Gipfel der Cime di Città – sie gehören zur Talvenagruppe (siehe Etappe 18). Ein besonderes Berg-Schmankerl folgt noch, hinter der Forcella Moschesin haben wir

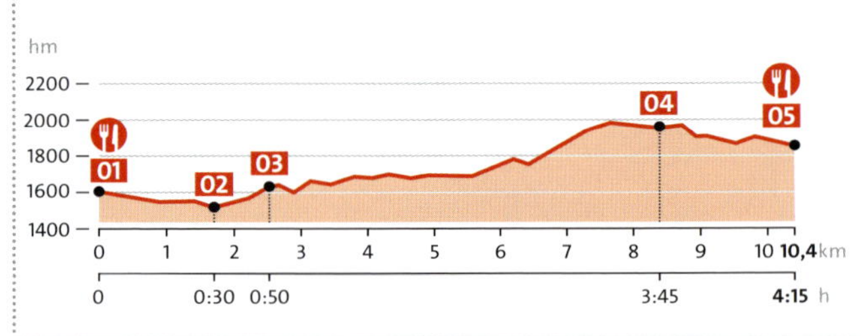

01 Passo Duràn, 1.605 m; 02 Parkbucht, 1.511 m; 03 Forcella Dagarei, 1.617 m; 04 Forcella Moschesin, 1.938 m; 05 Rifugio Sommariva al Pramperet, 1.857 m

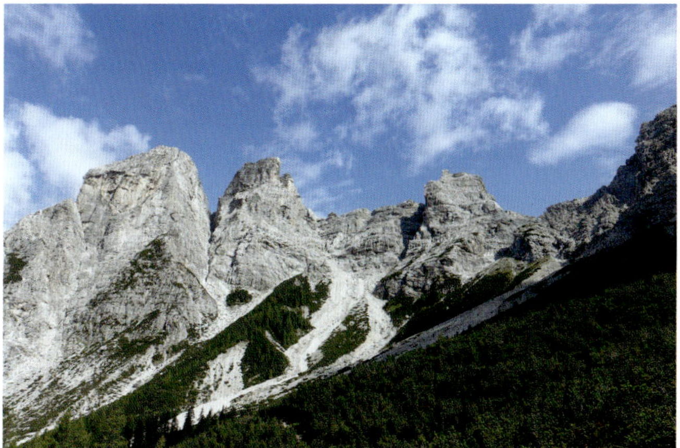

Die Westwände der Tamergruppe.

freien Blick auf den Monte Pelmo und Monte Antelao – wir erleben mal wieder eine große Schau der Berge.

▶ Vom **Passo Duràn** 01 (1.605 m) marschieren wir entlang der Staatsstraße 347 Richtung Süden. Den nach links abzweigenden Weg zur Malga Caleda nuova ignorieren wir. Ca. 200 m hinter einer Straßenbrücke befindet sich auf der linken Straßenseite eine **Parkbucht** 02 (1.511 m) bei der **Malga Caleda vecchia**, insgesamt 1,75 km hinter dem Passo Duràn. Wir folgen dem ausgeschilderten **Wanderweg 543**, der sich bereits nach wenigen Metern gabelt und wir marschieren auf dem halbrechten Arm weiter Richtung Malga Moschesin.

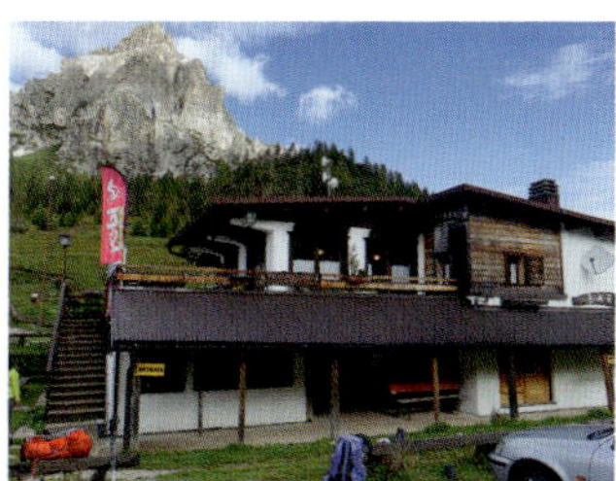

Das Rifugio Passo Duràn „Tomé" und die Moiazzagruppe

Durch die bewaldeten Berghänge steigen wir schnell bis zur **Forcella Dagarei** 03 (1.617 m) auf. Nach kurzem Abstieg queren wir dann ein erstes breiteres Geröllfeld, so geht es im Wechselspiel zwischen Wald und Geröllfeldern weiter. Wir kreuzen den Wanderweg von der Casèra de la Roa zur Forcella Larga. Wir bleiben weiterhin auf dem Wanderweg 543 und ignorieren den auch den nächsten rechts abzweigenden Wanderweg 544 (1.770 m) zur Casèra de la Roa.

Zwischen Wiesen gelegen erreichen wir dann die **Malga Moschesin** (1.800 m) und einen Brunnen. Von dort gehen wir auf einem mit Latschenkiefern bestandenen Berghang im Zickzack bergauf.

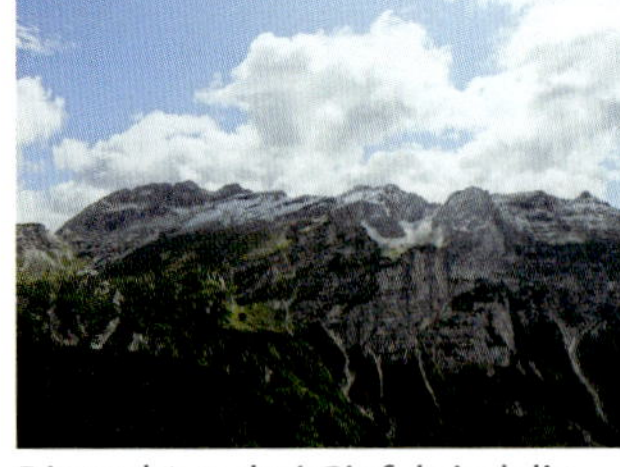

Die rechten drei Gipfel sind die Zime de Zità

Nach einem ca. 200 m langen und gerade verlaufenden Wegabschnitt erreichen wir den Scheitelpunkt (1.966 m) unserer heutigen Wanderung. Richtung Südosten ergibt sich ein wunderschöner Ausblick auf die drei Gipfel der Cime di Città, sie gehören zur Talvenagruppe. Nach kurzem Abstieg erreichen wir die **Forcella Moschesin** 04 (1.938 m). Hier treffen wir auf die Ruinen des 1913 fertigge-

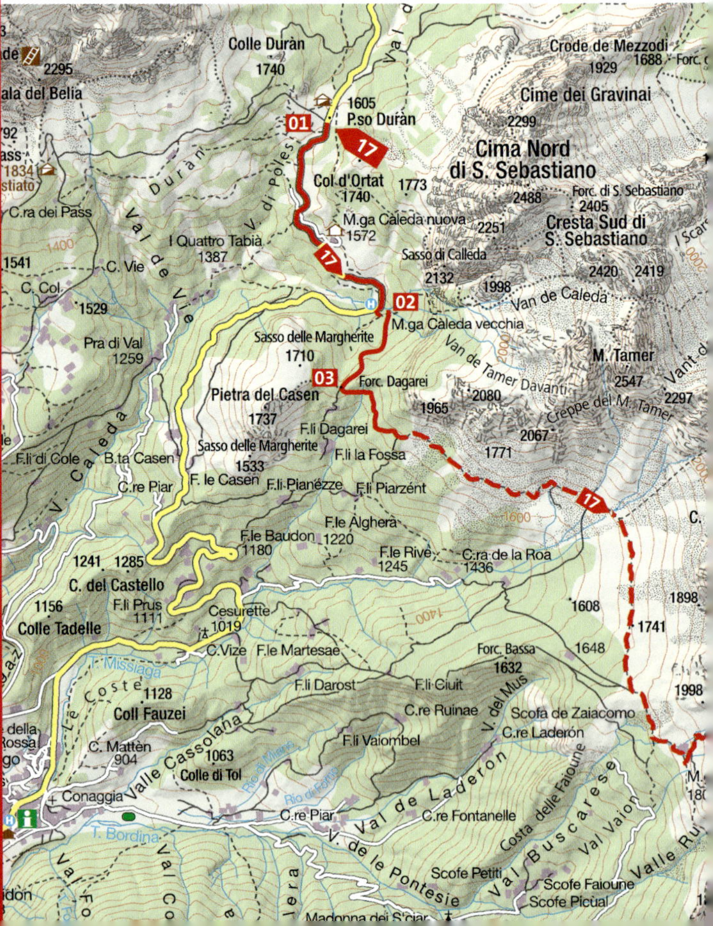

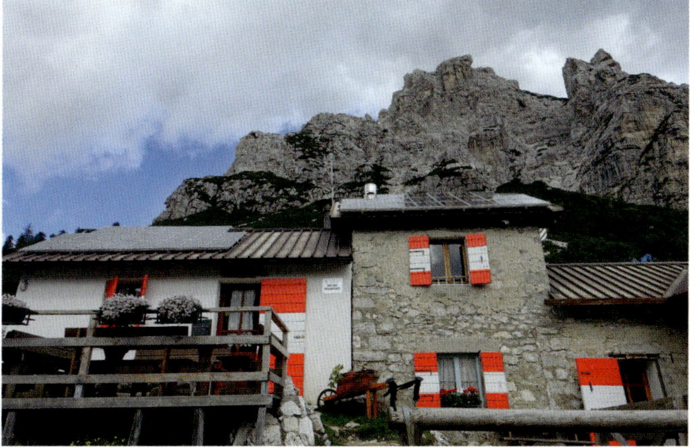

Das Rifugio Sommariva al Pramperet

stellten Forte di Moschesin, erbaut zum Schutz des Heimatlandes vor Invasionen. Es lag auf der sogenannten gelben Linie (Linea Gialla). Aber bereits 1917, nach der Schlacht von Caporetto, verschoben sich die Grenzlinien und die Stellung wurde nutzlos.

Der Wanderweg gabelt sich an dieser Einsattelung (Forcella). Weiter geradeaus führt der Wanderweg 543, wir folgen der halb rechts und leicht bergaufführenden Variante Panoramica. Die Hauptroute so wie die Variante sind beide zielführend. Schon nach einem kurzen Aufstieg haben wir dann freien Blick auf den Monte Pelmo (Nordwest 330°) und Monte Antelao (Nord 21°). Die beiden Varianten führen wieder zusammen und wir erreichen den querenden Wanderweg 514 (siehe Etappe 18) und gehen hier nun links bis in die Senke und halb rechts weiter bis zum **Rifugio Somm ariva al Pramperet** 05 (1.857 m).

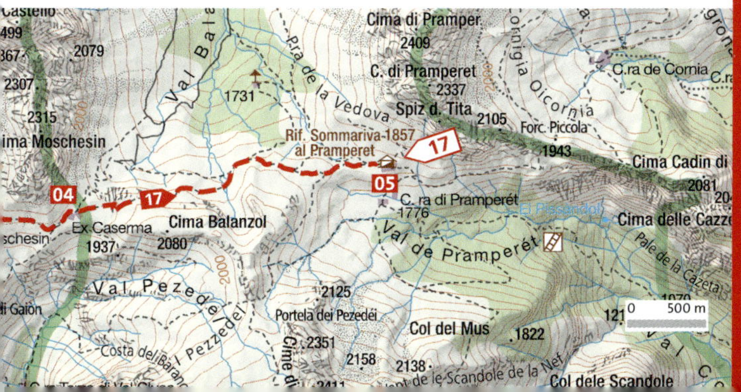

18

RIFUGIO SOMMARIVA AL PRAMPERET – RIFUGIO PIAN DE FONTANA

Dolomiten Höhenweg Nr. 1

 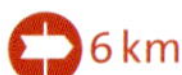 6 km  2:00 h  540 hm 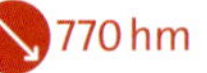 770 hm  672

START | Rifugio Sommariva al Pramperet, 1.857 m [GPS: N46.288867° E12.163667°]
CHARAKTER | Anspruchsvolle Route auf kurzer exponierter Strecke. Eventuell braucht man die Hände fürs Gleichgewicht. Bei einem Wettersturz kann ein Rückzug schwierig werden. Startpunkt: Das Rifugio Sommariva al Pramperet ist nur zu Fuß erreichbar und befindet sich am Ende der Etappe 17. Endpunkt: Das Rifugio Pian de Fontana ist nur zu Fuß erreichbar und befindet sich am Anfang der Etappen 19 und 19.1. Zusatzausrüstung: keine. Einkehr: keine unterwegs. Übernachtung: Rifugio Pian de Fontana: www.piandefontana.it.

Wir brechen auf zu einer landschaftlich und geologisch extrem beeindruckenden Wanderung durch die Talvenagruppe mit ihrer einmaligen Flora, von Gletschern geformte Becken, in denen sich heutzutage sattgrüne Hochwiesen befinden, verschiedenen Karstformen und tief ausgewaschenen Karstfurchen. Auch ergeben sich beeindruckende Fernsichten auf den sich direkt vor uns erhebenden und 2.542 m hohen Monte Talvena sowie in der Ferne

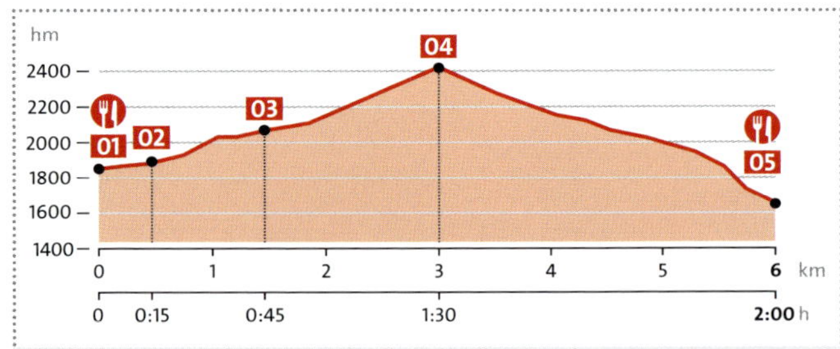

01 Rifugio Sommariva al Pramperet, 1.857 m; 02 Sentiero, 1.897m; 03 Portela dei Pezedei, 2.097 m; 04 Forcella di Città, 2.415 m; 05 Rifugio Pian de Fontana, 1.632 m

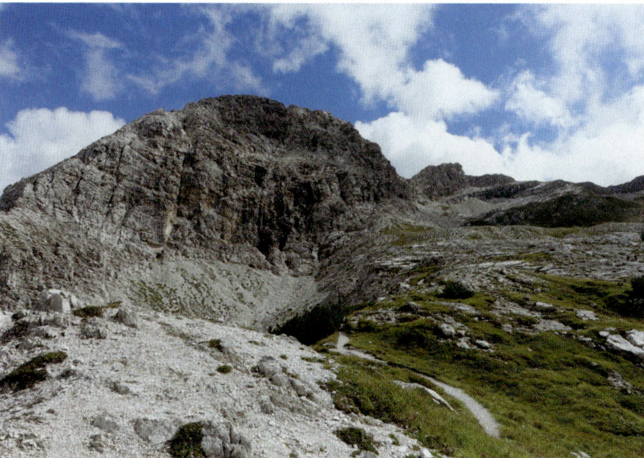

Das Dreigestirns Cime di Città Nord (links), Cime di Città di Mezzo und Cime di Città Sud

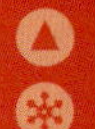

die Schiaragruppe, die wir in den nächsten Tagen überschreiten werden. Während des weiteren Abstiegs kann man dann mit unzähligen Murmeltier-Kolonien in den Dialog treten, die sich in dieser selten bewanderten Region sehr wohlfühlen.

▶ Vom **Rifugio Sommariva al Pramperet** **01** (1.857 m) gehen wir zunächst ein Stück des Hinwegs der Etappe 17 zurück, also auf dem Wanderweg 514 in westliche Richtung. Wir ignorieren den nächsten halbrechten Abzweig und gehen bis zu der Wegkreuzung **Sentiero** **02** (1.897 m) mit der Etappe 17. Hier gehen wir aber nicht rechts, dort wo wir auf der Etappe 17 hergekommen sind, sondern gehen geradeaus weiter.

Zwischen dem rechts von uns liegenden östlichen Ausläufer des 2.080 m hohen Cima de le Balanzole und einem Bachlauf auf der linken Seite wandern wir bis zur Einsattelung **Portela dei Pezedei** **03** (2.097 m) hinauf. Zunächst steigen wir dann noch über Wiesen auf, darauf folgt felsiger Untergrund, bis wir dann durch die Schutthänge des breiten Kars unterhalb des Dreigestirns Cime di Città Nord (links), Cime di Città di Mezzo und Cime di Città Sud aufsteigen.

Bei schlechter Sicht helfen Steinmännchen und rote Markierungen bei der Orientierung. Nach steilem Anstieg bis zu einer Einsattelung erfolgt der schwierigste Abschnitt der heutigen Wanderung. Achtung! Die Einsattelung überschreiten wir nicht, sondern steigen links bergauf, auf den nun sehr schmalen und westlich auslaufenden Berggrat des Cime di Città di Mezzo. Im flacheren Gelände angekommen erreichen wir mit Gras bewachsene Hänge, Richtung Süden blicken wir direkt

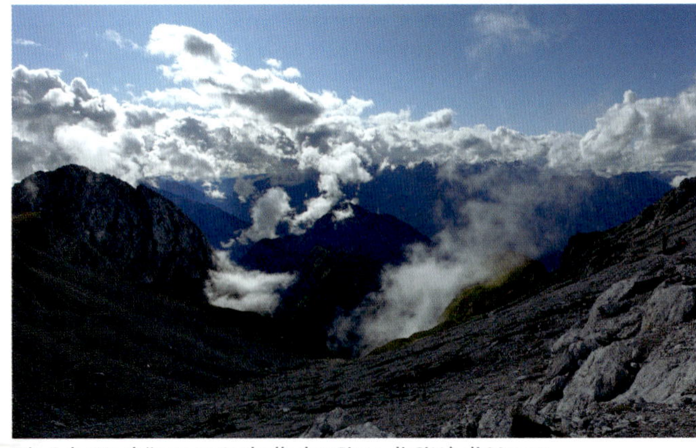

Die Schotterhänge unterhalb der Cime di Città di Mezzo

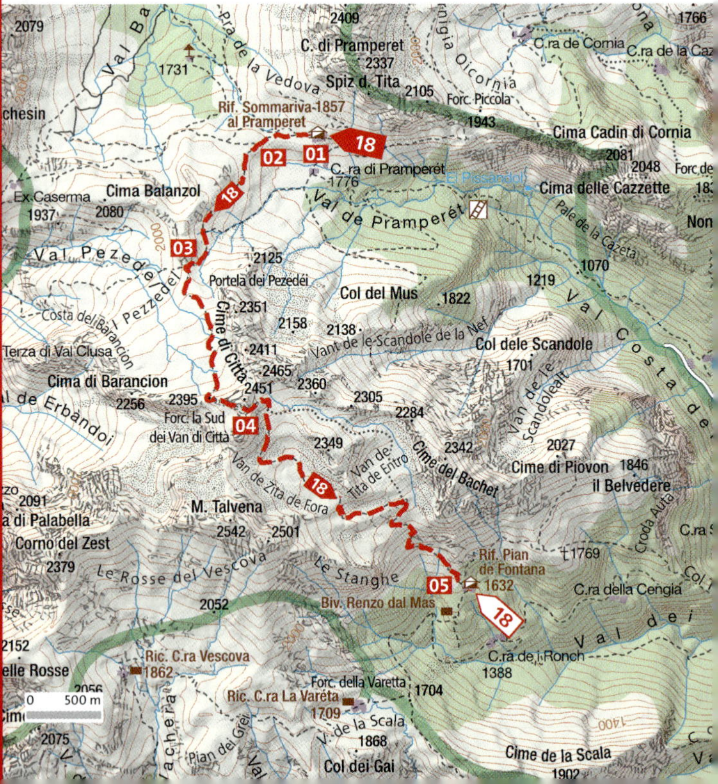

Rif. Sommariva 1857 al Pramperet
C. di Pramperet 2337
Spiz d. Tita 2105
Forc. Piccola 1943
Cima Cadin di Cornia
Cima delle Cazzette
C. ra di Pramperét 1776
Val de Pramperét
Cima Balanzol 2080
Ex Caserma 1937
Val Pezedei
Portela dei Pezedéi 2125
Col del Mus 1822
Cime di Città
Vant de le Scandole de la Nef
Col dele Scandole 1701
Cima di Barancion
Forc. la Sud dei Van di Città 2395
Van de Zita de Fora
Van de Tita de Entro
Cime del Bachet
Cima di Piovon 2027
il Belvedere 1846
M. Talvena 2542
Corno del Zest
Le Rosse del Vescova
Le Stanghe
Rif. Pian de Fontana 1632
Biv. Renzo dal Mas
C.ra della Cengia
C.ra de i Ronch 1388
Ric. C.ra Vescova 1862
Forc. della Varetta 1704
Ric. C.ra La Varéta 1709
V. de la Scala 1868
Col dei Gai
Cime de la Scala 1902
0 500 m

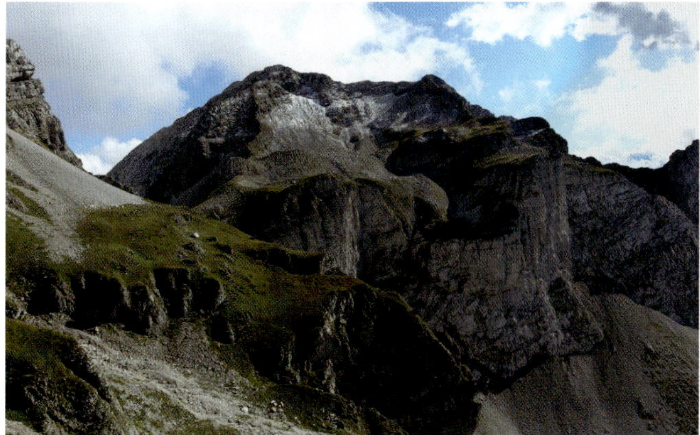
Der 2.542 m hohe Monte Talvena

auf den 2.542 m hohen Monte Talvena der Talvenagruppe. Wir queren nun die Schotterhänge des links oberhalb von uns thronenden Cima di Città di Mezzo und erreichen die **Forcella di Città** **04** (2.415 m).

Hinter der Einsattelung steigen wir über Grashänge und Schotterfelder durch das wunderschöne und verkarstete Gletscherbecken des Van de Zita ab. Auf den Hochwiesen haben sich viele Murmeltiere angesiedelt, mit etwas Glück kann man sie erspähen. Dort, wo dann das ehemalige Gletscherbecken abbricht, beginnt ein sehr steiler Abstieg durch eine mit Gras bewachsene Flanke in das Val dei Ross bis zum **Rifugio Pian de Fontana** **05** (1.632 m).

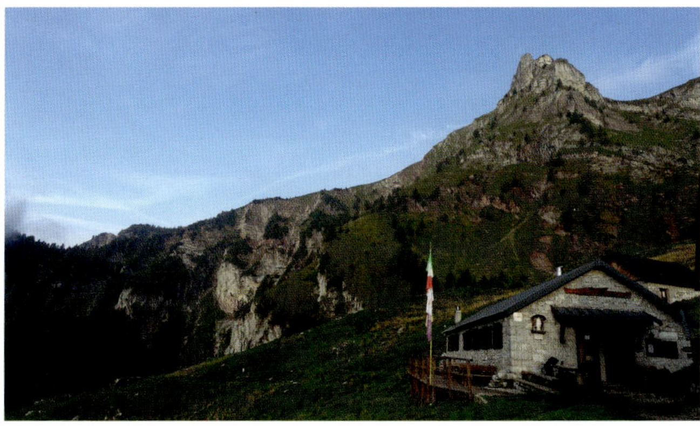
Das Rifugio Pian de Fontana

19

RIFUGIO PIAN DE FONTANA – BIVACCO DEL MÀRMOL

Dolomiten Höhenweg Nr. 1

  6,2 km  3:45 h 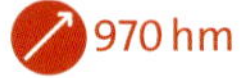 970 hm  330 hm  672

START | Rifugio Pian de Fontana, 1.632 m
[GPS: N46.261817° E12.176317°]
CHARAKTER | Diese mittelschwere Etappe führt über ausgesetzte Felsbänder und einen Klettersteig. Für diese Etappe benötigt man ausgereifte Alpinerfahrung sowie sehr gute Kondition, Vertrautheit im Umgang mit einem Klettersteigset (bis C), freie Kletterstellen bis II und ausgezeichnetes Orientierungsvermögen. Startpunkt: Die Etappe beginnt am Rifugio Pian de Fontana. Es ist nur zu Fuß erreichbar und befindet sich am Ende der Etappe 18. Endpunkt: Das Bivacco del Màrmol ist nur zu Fuß erreichbar und befindet sich am Anfang der Etappe 20. Zusatzausrüstung: Klettersteigset. Einkehr: keine unterwegs. Übernachtung: Selbstversorgerhütte Bivacco del Màrmol: www.caiveneto.it/bivacco/marmol.

Die Etappe 19 beschreibt den anstrengenden Aufstieg zum Drahtseilakt. Ist das Wetter schlecht, hat man einen schlechten Tag erwischt oder ist der Klettersteig einfach eine Nummer zu groß, so

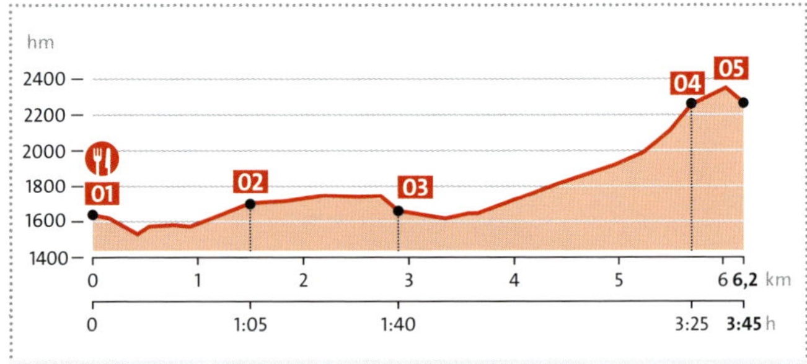

01 Rifugio Pian de Fontana, 1.632 m; 02 Forcella La Varetta, 1.704 m; 03 Pfadgabelung, 1.685 m; 04 Forcella del Màrmol, 2.262 m; 05 Bivacco del Màrmol, 2.266m

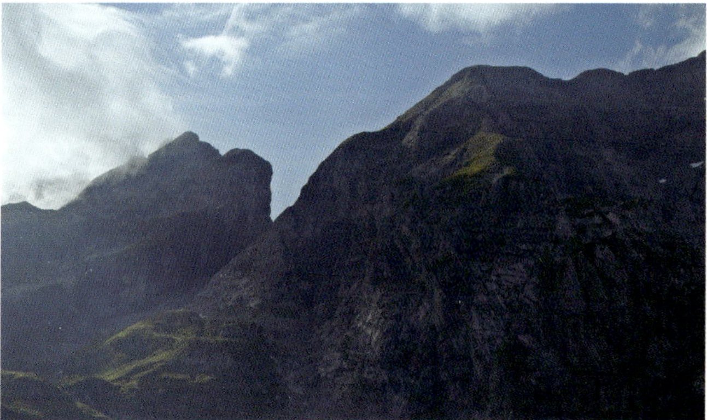

Der 2.565 m hohe Monte Schiara und links der 2.502 m hohe Monte Pelf

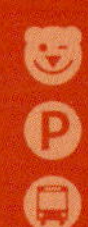

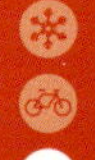

kann man beim Wegpunkt **Sentiero** 03 abbrechen (siehe Etappe 19.1), zum Rifugio F. Bianchet und der nachfolgenden Bushaltestelle absteigen. Entscheidet man sich für die Überschreitung des Monte Schiara, so beginnt bei der 2.262 m hohen Forcella del Màrmol zunächst ein leichter Klettersteig. Rohe Emotionen steigen hoch bei der Klettertour durch eine faszinierende Bergwelt bis zum Scheitelpunkt der Etappe. Danach folgt ein leichter Abstieg bis zum Bivacco del Màrmol, dem Etappenziel, oder nur einem Zwischenziel, auf dem Abstieg zum Rifugio 7° Alpini (siehe Etappe 20).

▶ Vom **Rifugio Plan de Fontana** 01 (1.632 m) führt der Wanderweg 514 zunächst über Graswiesen, später durch den Wald, Richtung Casera La Varetta. Nach gut 100 Höhenmeter Abstieg ignorieren wir den linken Abzweig und folgen weiterhin dem Wanderweg 514, nun wieder bergauf. Wir erreichen die **Forcella La Varetta** 02 (1.704 m), rechts geht es zu der Casera La Varetta, wir gehen aber links Richtung Forcella del Màrmol. Wir wandern auf einem extrem steil abfallenden, mit Gras bewachsenen, Berghang. Unterhalb sieht man das Rifugio F. Bianchet, direkt vor uns erhebt sich der mächtige Felskoloss des 2.565 m hohen Monte Schiara.

Wir erreichen eine Schlüsselstelle: Nach ca. 1,1 km, von der Forcella La Varetta gemessen zweigt an einer **Pfadgabelung** 03 (1.658 m) der Sentiero ab. Wir folgen diesem Wanderweg 514 Richtung Forcella del Màrmol. Geht man rechts ins Val Vescovà hinunter, so gelangt man auf dem Wanderweg zum Rifugio F. Bianchet (siehe Etappe 19.1).

Auf unserem weiteren Weg führt ein teilweise überwachsener Steig vorbei an der verfallenen und 1.641 m hoch gelegenen Casonèt di Nerville. Auf dem Weg zur Forcella del Nerville befinden sich nur noch wenige Wegmarkierungen. Noch unterhalb der Forcella gabelt sich der Pfad, links zweigt

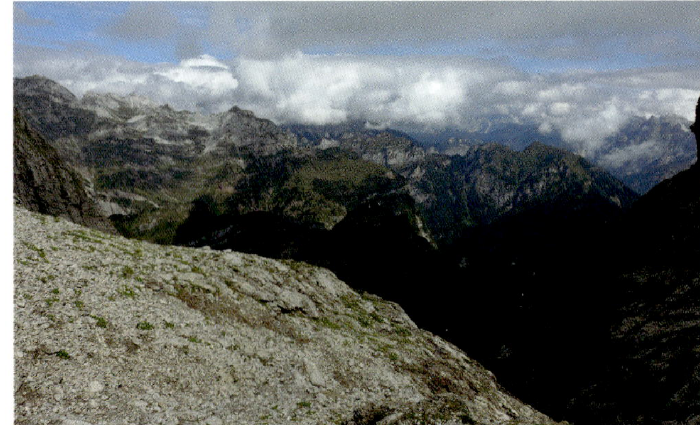

Schier unendliche Felswelten unterhalb des Monte Schiara

der Wanderweg 528 ins Vallon delle Masnade (die Ostumgehung der Schiaragruppe) ab, wir bleiben auf dem Wanderweg 514, auch ausgeschildert zum Bivacco del Màrmol und Rifugio 7° Alpini. Im Zickzack steigen wir mühsam über blanken Fels und Geröllfelder bis zur **Forcella del Màrmol** 04 (2.262 m) auf. Diese liegt äußerst spektakulär zwischen dem 2.565 m hohen **Monte Schiara** und dem links von uns aufragenden 2.502 m hohen **Monte Pelf**.

Von nun an wird das Klettersteigset angelegt, um durch die Ostwand des Monte Schiara, über die **Via Ferrata del Màrmol**, einen gesicherten Klettersteig (Felsstufen) und Schrofengelände, aufzusteigen. Bei ca. 2.360 Höhenmetern

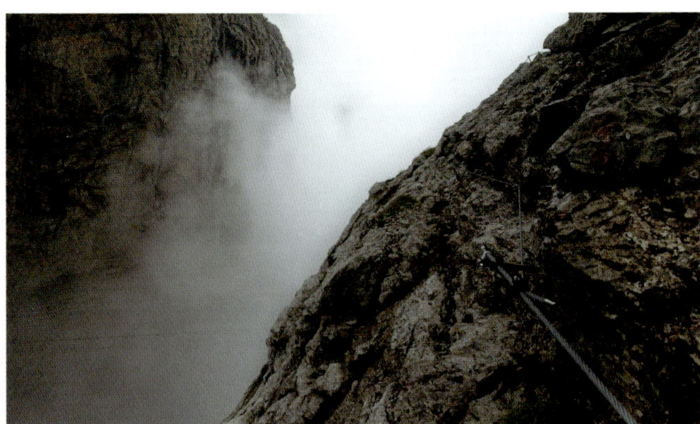

Drahtseilakt oberhalb der Forcella del Màrmol

erreichen wir den Scheitelpunkt der heutigen Etappe, rechts zweigt der Aufstieg zum Gipfel des Monte Schiara ab. Für den Abstecher über den zunächst noch breiten Rücken und nachfolgenden Nordostgrat (Schwierigkeitsgrad I) benötigt man ca. 1:15 Stunden Nach weiterem Abstieg entlang einer breiten Felsspalte erreichen wir das **Bivacco del Màrmol** 05 (2.266 m).

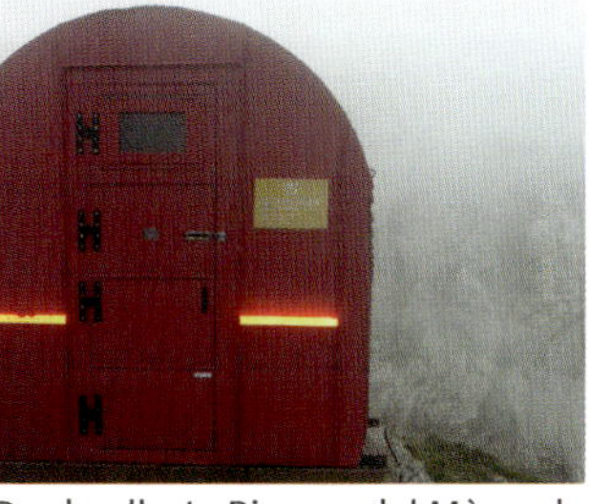
Das knallrote Bivacco del Màrmol

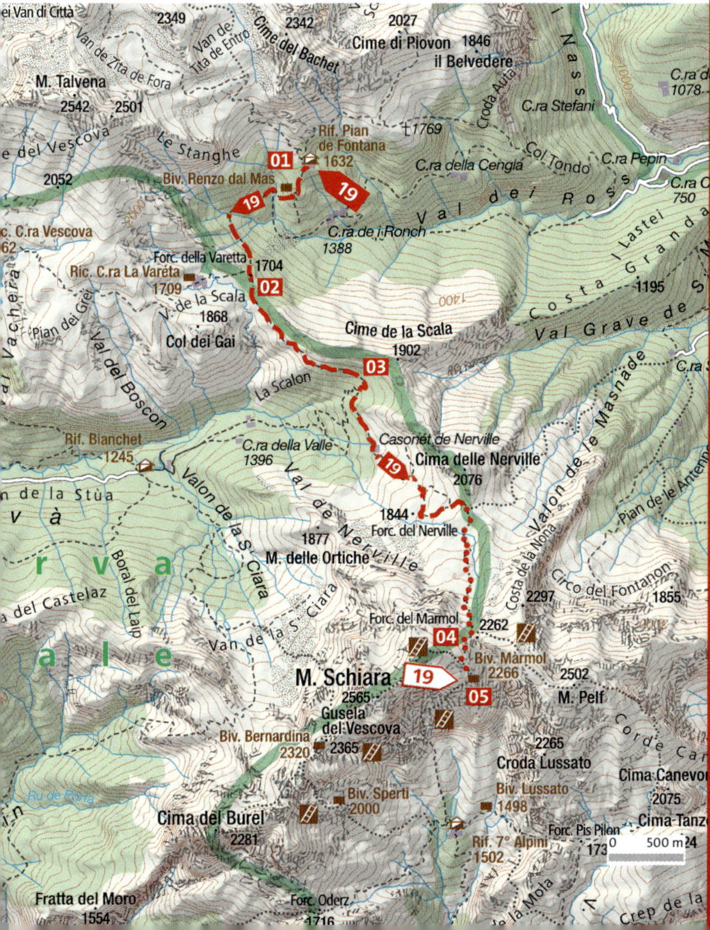

PFADGABELUNG – BUSHALTESTELLE LA PISSA

Dolomiten Höhenweg Nr. 1

  8,75 km  2:50 h 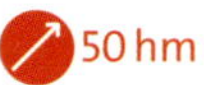 50 hm  1250 hm  672

START | Pfadgabelung, 1.658 m
[GPS: N46.248280° E12.180590°]
CHARAKTER | Für die 1.250 Höhenmeter bergab benötigt man eine gute Kondition. Technisch ist der Pfad einfach, die Wegfindung ist unkompliziert. Startpunkt: Die Etappe beginnt am Rifugio Plan de Fontana. Es ist nur zu Fuß erreichbar und befindet sich am Anfang der Etappe 19. Endpunkt: Die Bushaltestelle La Pissa, von wo man mit der Buslinie 1 nach Belluno fährt (2–3 Stunden-Intervall, ca. 25 Minuten Fahrzeit, www.dolomitibus.it/it/linee-extraurbane-invernali). Die weitere Rückfahrt von Belluno bis zum Ausgangspunkt des Dolomiten Höhenwegs Nr. 1 (Pragser Wildsee) ist in der Etappe 22 beschrieben (siehe Seite 125). Zusatzausrüstung: keine. Einkehr: Rifugio F. Bianchet: www.facebook.com/pg/Rifugio-Furio-Bianchet-2079042468982580.

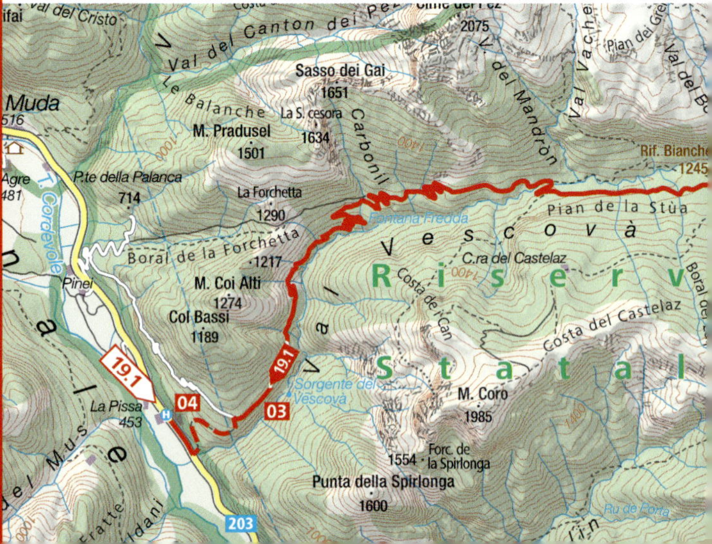

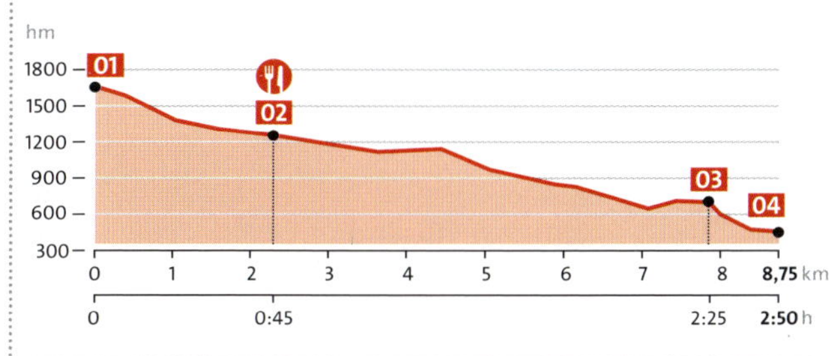

01 Pfadgabelung, 1.658 m; **02** Rifugio F. Bianchet, 1.245 m; **03** Val Vescová, 696 m; **04** Bushaltestelle La Pissa, 451 m

Mit dieser hier beschriebenen Variante umgeht man den anspruchsvollen Klettersteig Via Ferrata del Màrmol, die Überschreitung des Schiaramassivs – die definitiv schwierigste Etappe dieses Wanderführers. Hinter der Forcella La Varetta folgen wir nicht weiter dem Wanderweg 514 zum Klettersteig, sondern steigen durch das traumhaft gelegene Val Vescová ab. Im Tal fahren wir mit dem Bus bis nach Belluno, dem Ziel des Dolomiten Höhenwegs Nr. 1.

▶ Wir folgen der **Etappe 19** vom **Rifugio Plan de Fontana** bis zur Pfadgabelung mit der Schlüsselstelle beim Wegpunkt **Pfadgabelung** **03** (1.658 m).

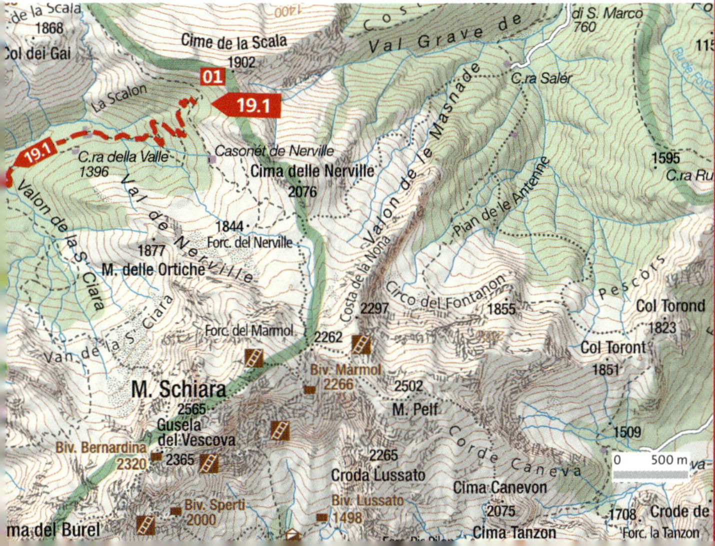

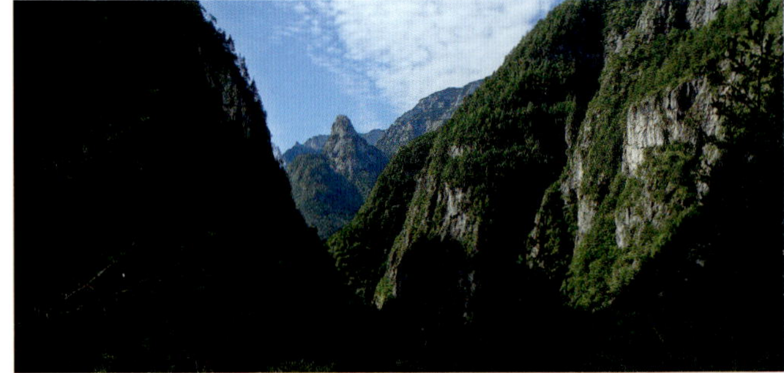

Das traumhaft gelegene Val Vescová

An dieser **Pfadgabelung** 01 (1.658 m), gehen wir weiter geradeaus, also talwärts, auf dem Wanderweg 518 zunächst durch Latschenkiefern, später durch einen Laubwald und dann durch Wiesengelände. Auf dem Weg zum **Rifugio F. Bianchet** 02 (1.245 m) ignorieren wir mehrere linke Abzweige.

Von der Hütte aus geht es dann gemächlich auf der breiten Forststraße durch das wunderschön gelegene Val Vescová talwärts. Der ein deutlich Abstieg bedarf keiner weiteren Erklärung. Im oberen Talabschnitt ergibt sich mehrmals die Möglichkeit, auf Pfaden die langen Kehren des Forstweges abzukürzen. Diese sind an roten Markierungen an Bäumen und Steinen zu erkennen. Die einzige wichtige Schlüsselstelle ist im unteren **Val Vescovà** 03 (696 m) der von der Forststraße nach links abzweigende Pfad. Der Wanderweg 503 ist ausgeschildert Richtung „Fermata Autobus".

Es folgt ein steiler Abstieg, vorbei an einer wunderschönen Klamm, bis wir dann auf die Hauptstraße stoßen. Hier gehen wir rechts die restlichen 350 m bis zur **Bushaltestelle La Pissa** 04 (451 m).

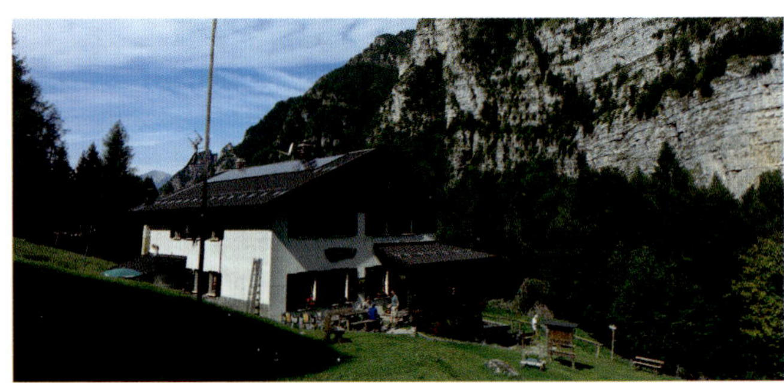

Das Rifugio F. Bianchet

BIVACCO DEL MÀRMOL – VIA FERRATA PIERO ROSSI – RIFUGIO 7° ALPINI

Dolomiten Höhenweg Nr. 1

 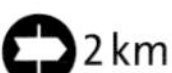 2 km 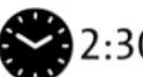 2:30 h  80 hm 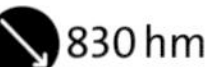 830 hm  672

START | Bivacco del Màrmol, 2.266 m
[GPS: N46.231083° E12.190650°]
CHARAKTER | Die schwerste Etappe dieses Wanderführers führt über ausgesetzte Felsbänder und einen Klettersteig. Für diese Etappe benötigt man ausgereifte Alpinerfahrung sowie sehr gute Kondition, Vertrautheit im Umgang mit einem Klettersteigset (bis C), freie Kletterstellen bis II und ausgezeichnetes Orientierungsvermögen. Startpunkt: Die Etappe beginnt am Bivacco del Màrmol. Es ist nur zu Fuß erreichbar und befindet sich am Ende der Etappe 19. Endpunkt: Das Rifugio 7° Alpini ist nur zu Fuß erreichbar und befindet sich am Anfang der Etappe 21. Zusatzausrüstung: Klettersteigset. Einkehr: unterwegs keine. Übernachtung: Rifugio 7° Alpini: rifugiosettimoalpini.it.

Die Schiaragruppe mit seinen zerklüfteten Graten und freistehenden Felsspitzen ist eine faszinierende Landschaft, die viele Klettersteig-Enthusiasten in den Bann zieht. Der erfahrene Alpinist muss für sich selber herausfinden, ob dieser Drahtseilakt eventuell

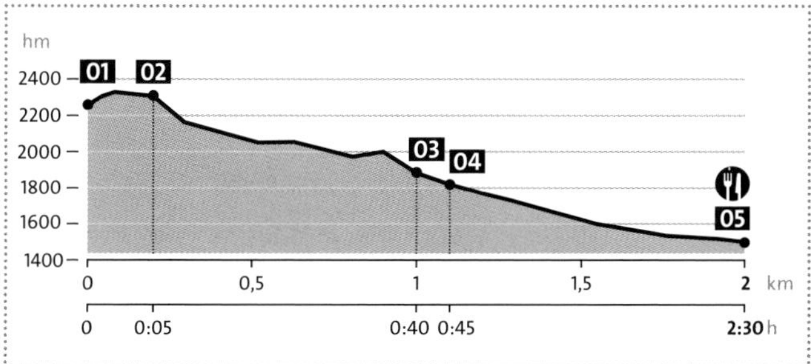

01 Bivacco del Màrmol, 2.266 m; **02** Via Ferrata Piero Rossi, 2.302 m; **03** Abzweig Via Ferrata Zacchi, 1.886 m; **04** Felsnase (lo spuntone), 1.806 m; **05** Rifugio 7° Alpini, 1.502 m

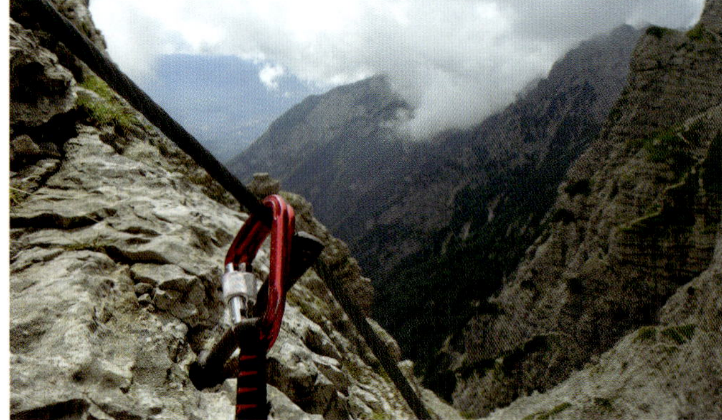

Impressionen am Via Ferrata Piero Rossi

einen Grenzübertritt der eigenen Fähigkeiten darstellt! Klettert man respektvoll die 600 m hohe/tiefe/senkrechte Schiarawand über den Piero-Rossi-Klettersteig, hinunter, so sind emotionale und beeindruckende Momente garantiert. Hat man dann wieder einen festen Pfad unter den Füßen, dann sollte man sich umdrehen, um sich über seine eigene Leistung zu freuen und sich von dem bezaubernden Naturspektakel verabschieden. Zu dieser unwirklichen Landschaft passen dann noch Buchen, die hier am Wegesrand gedeihen, auf einer Höhe von 1800 m! Der Mix aus mediterranem Flair und dieser wilden Dolomitenlandschaft ist einzigartig.

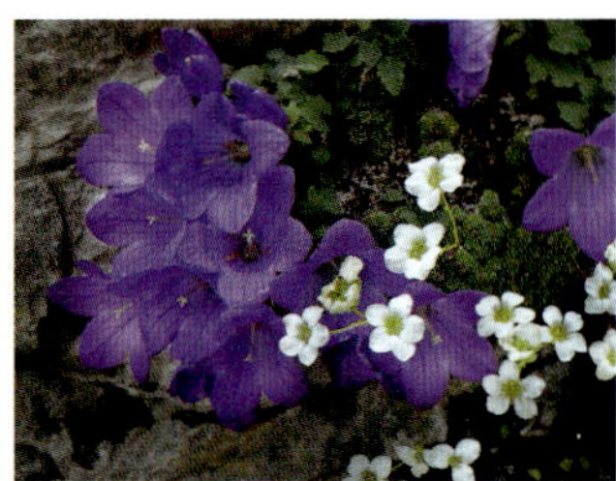

Die faszinierende Natur am Bivacco del Màrmol

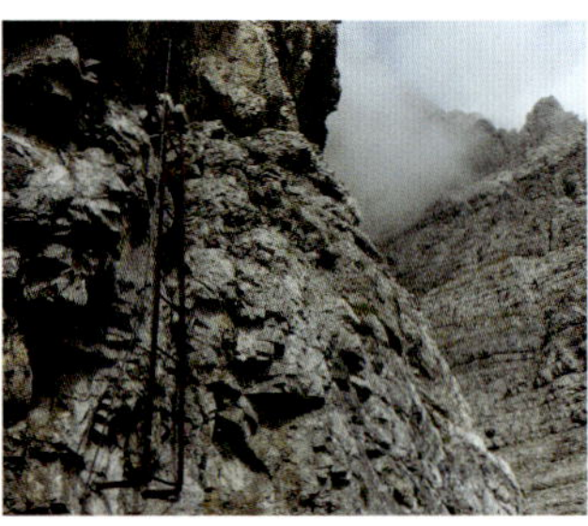

Impressionen am Via Ferrata Piero Rossi

▶ Vom **Bivacco del Màrmol** 01 (2.266 m) folgen wir der Wegnummer 541 durch die Südwand des Monte Schiara.

Schon nach einigen Metern bergab, beginnt nun der schwierigste Abschnitt des Klettersteigs **Via Ferrata Piero Rossi** 02 (2.302 m). Wir gelangen in einen wild zer-

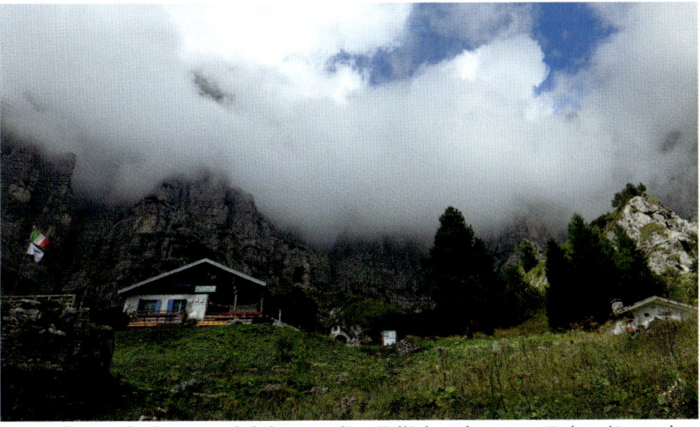

Das Rifugio 7° Alpini und dahinter die südlich gelegenen Felsspitzen der Schiaragruppe

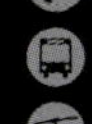
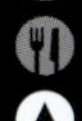
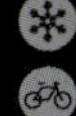

klüfteten Felsenkessel, von rechts mündet die **Via Ferrata Zacchi** **03** (1.886 m), Wegnummer 5, in unseren Abstieg.

Wir queren zu einem ausgesetzten Gesims und einer äußerst exponierten Querung von nur sehr schmalen Felsbändern. Durch einen Kamin steigen wir dann von einer **Felsnase (lo spuntone)** **04** (1.806 m) die letzte Leiter hinunter.

Unterhalb der Südwand des Monte Schiara steigen wir auf dem kombinierten Wanderweg 503/514 bis zum **Rifugio 7° Alpini** **05** (1.502 m) ab.

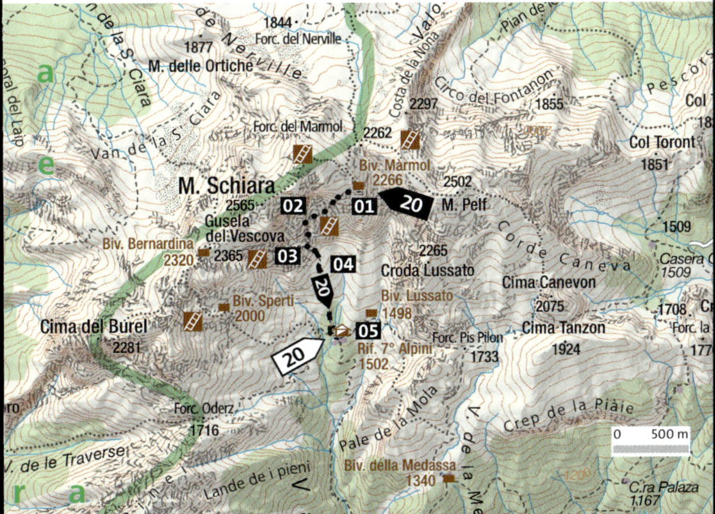

RIFUGIO 7° ALPINI – LOCANDA CASE BORTOT

Dolomiten Höhenweg Nr. 1

 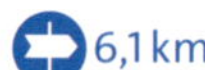 6,1 km  2:15 h 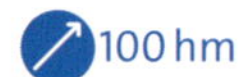 100 hm 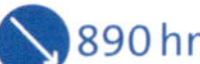 890 hm 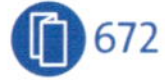 672

START | Rifugio 7° Alpini, 1.502 m
[GPS: N46.221850° E12.188833°]
CHARAKTER | Einfache Wanderung auf gut angelegten Wegen und Pfaden. Startpunkt: Das Rifugio 7° Alpini ist nur zu Fuß erreichbar und befindet sich am Ende der Etappe 21. Endpunkt/Abbruch: Die Case Bortot ist zu Fuß, mit dem Pkw und mit dem Bus erreichbar und befindet sich am Anfang der Etappe 22. Zusatzausrüstung: keine. Einkehr: keine unterwegs. Übernachtung: Locanda Case Bortot: locandacasebortot.it.

Auf dieser Etappe erwartet uns gemütliches Auslaufen durch das wunderschön gelegene Val d'Ardo, vorbei an zwei Wasserfällen und unzähligen Bachläufen. Sobald wir freien Blick Richtung Süden haben schauen wir über endlose Waldwellen bis zum Horizont. Wenden wir den Kopf Richtung Norden, so ergeben sich immer wieder Traumblicke auf die südlich gelegenen Felsspitzen der Schiaragruppe.

▶ Vom **Rifugio 7° Alpini** 01 (1.502 m) gehen wir auf dem Wan-

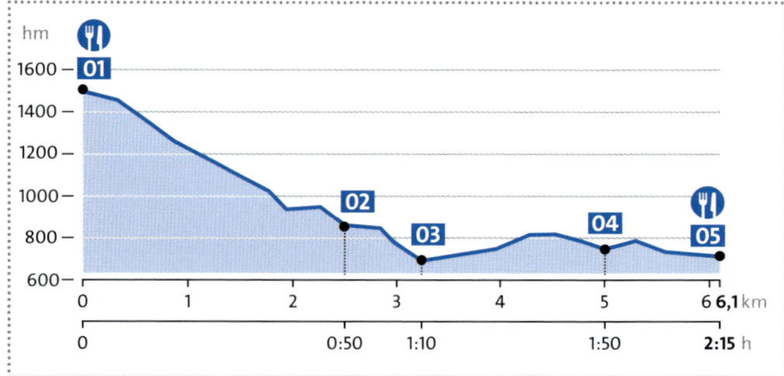

01 Rifugio 7° Alpini, 1.502 m; 02 Bachbett (il torrente), 857m;
03 Betonbrücke Ponte Del Mariano, 696 m;
04 Forra del Bus del Busón, 743 m; 05 Locanda Case Bortot, 712 m

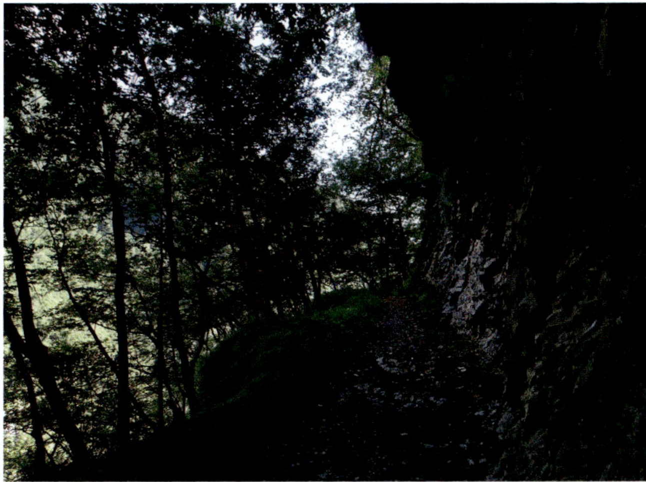
Durch das wunderschön gelegene Val d'Ardo

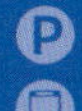
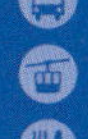

derweg 501 zunächst noch über Bergwiesen, und dann im Wald im

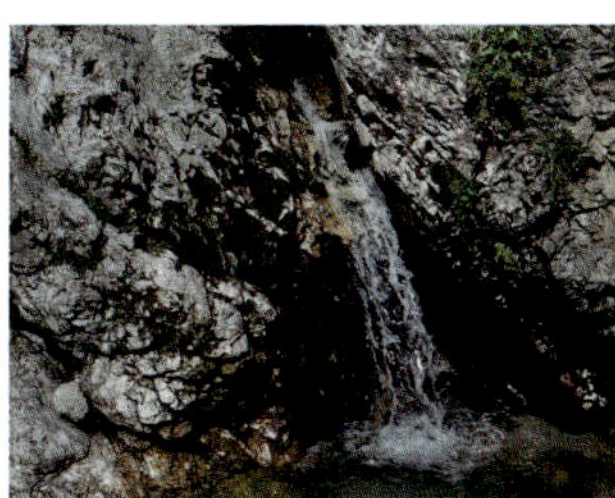
Kleine Wasserfälle am Wegesrand

Zickzack bergab. Wir überqueren einen ersten Bachlauf, um dann auf seiner linken Uferseite weiter abzusteigen.

Das Tal Val d'Ardo verengt sich und wir gehen durch eine kleine Klamm, um dann unterhalb von senkrechten Felswänden ein weiteres **Bachbett (il torrente)** 01 (857 m) zu überqueren. Der Pfad führt an wunderschönen Wasserfällen vorbei. Den linken Abzweig Richtung Bivacco Medessa (Wanderweg 511) ignorieren wir.

Wir erreichen die Betonbrücke **Ponte Del Mariano** 03, diese führt über den Bachlauf Torrente Ardo. Nach kurzem Aufstieg erreichen wir eine Quelle. Die inzwischen weit unter uns liegende Schlucht wird zunehmend enger,

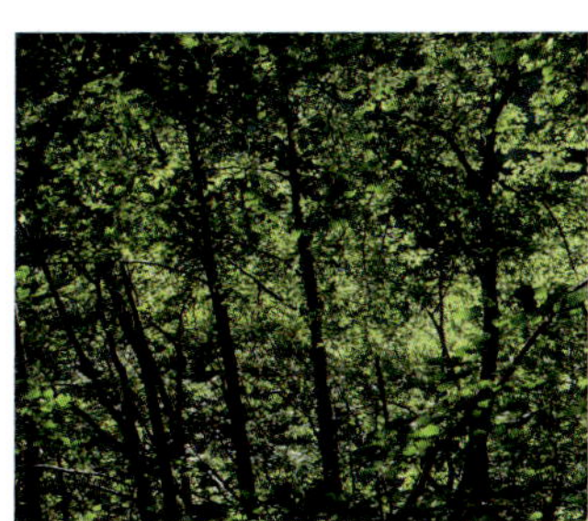
Endlose Waldwellen

sodass wir diese auf einem erhöht liegenden Pfad auf der rechten Tal-seite umlaufen.

Nach 5,1 km Gesamtstrecke, vom Ausgangspunkt gemessen, erreichen wir den scharf links abzweigenden und markierten Pfad zu der Sehenswürdigkeit **Forra del Bus del Busón** 04 (743 m, siehe

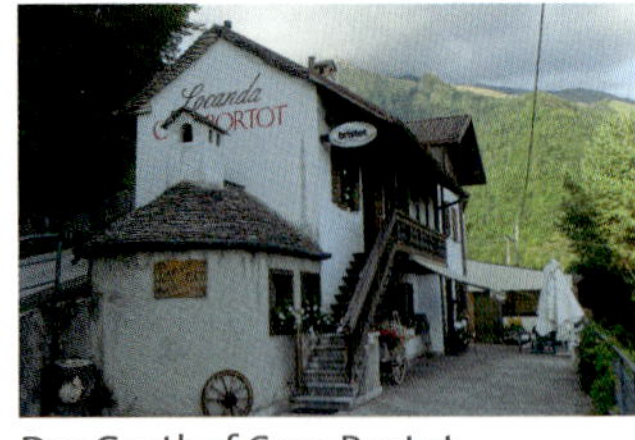

Der Gasthof Case Bortot

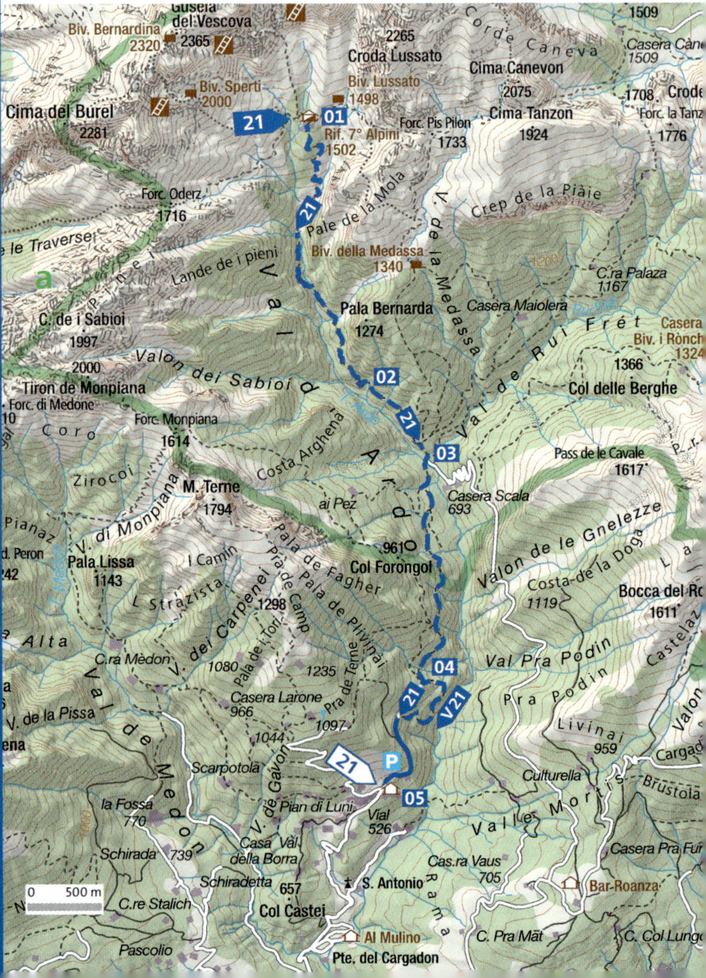

Kasten). Wir gehen geradeaus weiter. Auf der inzwischen breiten Schotterpiste erreichen wir erste Häuser, auf der linken Straßenseite befindet sich **Locanda Case Bortot** 05 (712 m).

Leichte Variante 21: Schlucht Forra del Bus del Busón

Für diese lohnenswerte Variante 21 benötigt man gerade zusätzliche 180 Höhenmeter bergauf und bergab und 30 Minuten mehr. Nach ca. 5 km Gesamtstrecke erreichen wir den Abzweig zur Sehenswürdigkeit Forra del Bus del Busón. Hier gehen wir scharf links und auf den mit Holzbalken befestigten Weg in Kehren talwärts, bis der Pfad vor einer Felsöffnung endet. Von hier geht es durch eine faszinierende Schlucht, diese war das ehemalige Bachbett des Ardo-Baches. Was geschah: Ein mächtiger Erdrutsch führte dazu, dass das damalige Bachbett versperrt wurde. Die unaufhörliche und unerbittliche Kraft des Wassers musste sich einen neuen Weg bahnen und formte diese 250 m lange Schlucht, sie ist an ihrer engsten Stelle gerade mal 3 m breit. Durch konstante Erosion verlagerte sich der Bach dann in sein heutiges Bachbett, geblieben ist ein Naturerlebnis der besonderen Art. Nur an wenigen Stellen gibt das Blätterdach am oberen Rand der Schlucht den Blick zum Himmel frei. Wir erreichen das Ende und steigen auf dem vorgegebenen Pfad bis zum Hauptweg auf. Dort angekommen gehen wir links, auf der inzwischen breiten Schotterpiste.

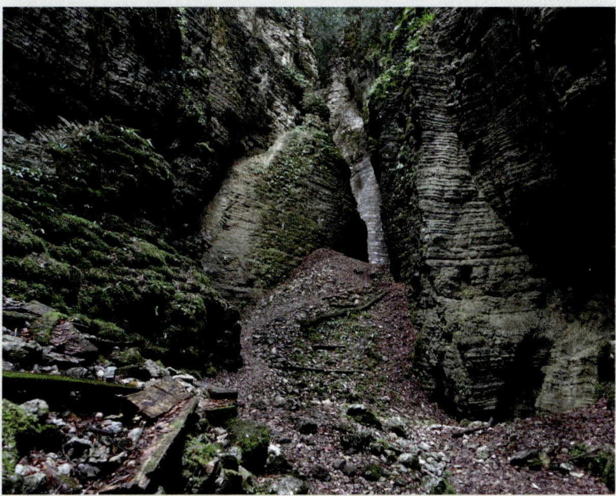

Die Forra del Bus del Busón

LOCANDA CASE BORTOT – BELLUNO

Dolomiten Höhenweg Nr. 1

  6,5 km  2:00 h 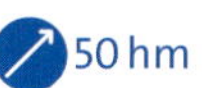 50 hm  350 hm  672

START | Locanda Case Bortot, 712 m
[GPS: N46.181750° E12.194367°]
CHARAKTER | Einfacher Spaziergang entlang einer Straße. Startpunkt: Die Locanda Case Bortot ist zu Fuß, mit dem Pkw und mit dem Bus erreichbar und befindet sich am Ende der Etappe 21. Endpunkt: der Busbahnhof und die Bahnstation Belluno. Einkehr: mehrere Restaurants am Wegesrand. Übernachtung: Albergo Cappello e Cadore: www.albergocappello.com/de/ oder B & B Villa Campana: www.bbvillacampanabelluno.net/stanza-bianca/.

Die Naturlandschaft der vergangenen Tage lassen wir hinter uns und tauchen ein in die Kulturlandschaft von Belluno, mit seiner wunderschönen Altstadt, historischen Plätzen und charakteristischen Palästen. Es ist Zeit, mit erhobenen Hauptes sich zu freuen, seinen persönlichen Erfolg über die Bewältigung des Dolomiten Höhenwegs Nr. 1, gebührend zu feiern. Dazu eignen sich bestens die einladenden Restaurants und Bars, aufgrund des mediterranen Klimas kann man sehr lange draußen sitzen. Je nach Lage des Lokals ergibt sich vielleicht noch einmal der faszinierende Ausblick auf das einmalige Bergpanorama der südlichen Dolomiten – Raum für Emotionen.

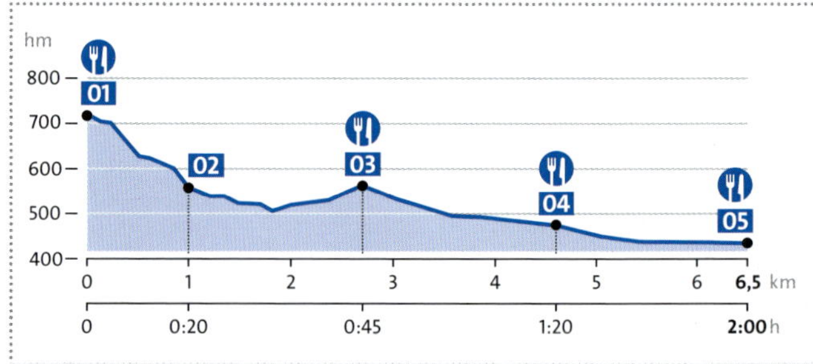

01 Locanda Case Bortot, 712 m; **02** Capella di Sant'Antonio, 562 m; **03** Chiesa Bolzano Bellunese, 572 m; **04** Via Travazzoi, 475 m; **05** Stazione Belluno, 429 m

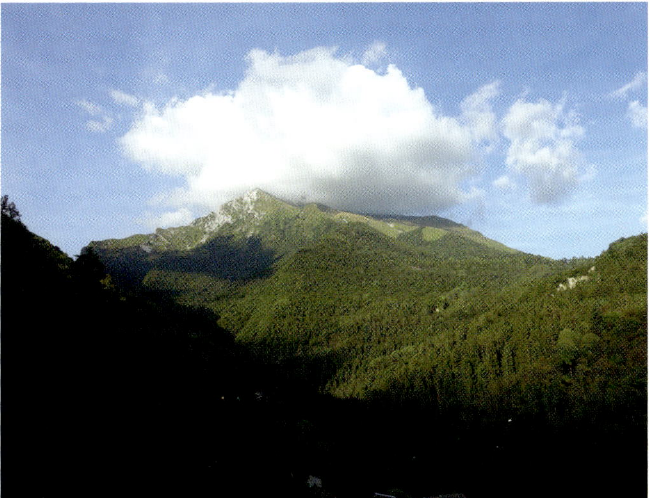

Der 1.394 m hohe Col Cavalin

Wie auch schon bei anderen Fernwanderwegen erwähnt: Wer eine Bergtour macht und nicht den Gipfel besteigt, handelt ähnlich, als wenn man einen Fernwanderweg geht, aber dann die letzte Etappe mit dem Bus zurücklegt. Daher an dieser Stelle ein Plädoyer des Autors, die restlichen 6,5 km bis nach Belluno zu wandern.

So starten wir von der **Locanda Case Bortot** 01 (712 m) und gehen auf der bergabführenden nur mäßig befahrenen Straße vorbei an schönen restaurierten Häusern mit ihren bunten Gärten. Bei der kleinen **Capella di Sant'Antonio** 02 (562 m) zweigen wir nicht links in die Stichstraße, sondern gehen geradeaus weiter.

Auf der inzwischen befahrenen Straße Via Goiz marschieren wir bis zum gleichnamigen Ort mit der rechts oberhalb stehenden Kirche **Chiesa Bolzano Bellunese** 03 (572 m). Hinter dem darauffolgenden Kindergarten gehen wir an der Vorfahrtsstraße geradeaus weiter.

Wir ignorieren den linken Abzweig in die Einbahnstraße Via Fisterre und gehen halb rechts, am Straßenrand der **Via Travazzoi** 04 (475 m), weiter Richtung Stadtzentrum.

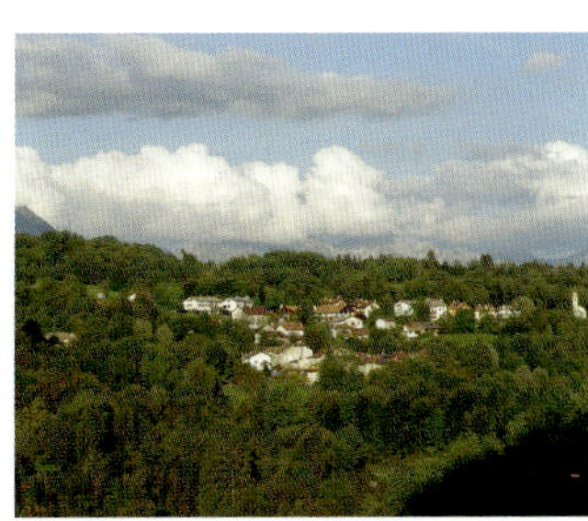

Bei Bolzano Bellunese

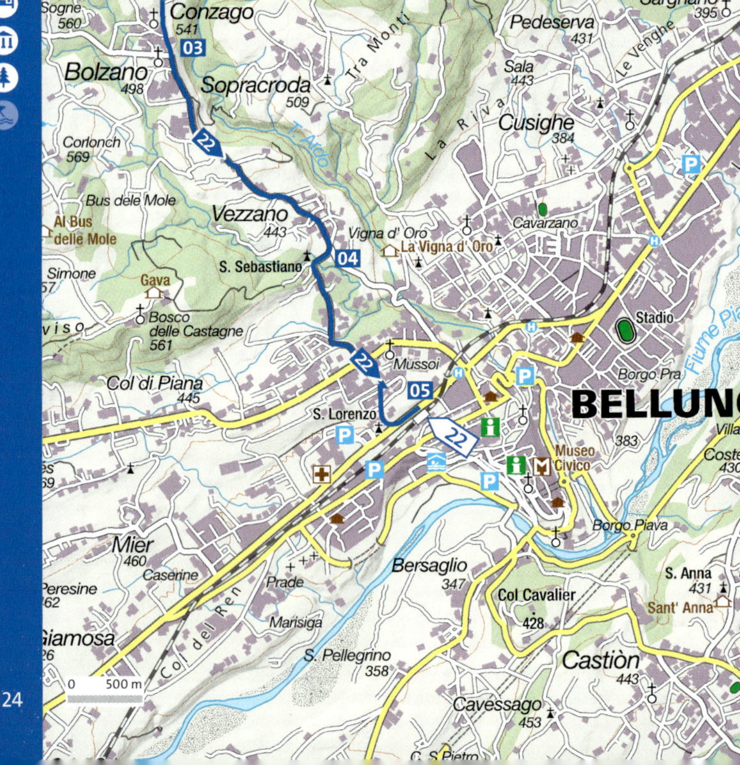
Col Forongol
961
Valon de le Gnelez
Costa de la Doga
1119
Bocca del Rospo
1611
1643
Ponta de i
Biv. C.ra P
1739
I Camin
Pala de Fagher
Pala de Camp
Pala de Plivinai
1298
V. del Carpenei
Pala dei Tori
1080
1235
Pra de Terne
Casera Larone
966
1097
1044
Val Pra Podin
Pra Podin
Castelaz
Valon de la Serva
Col Cavalin
1394
1370
Livinai
959
Cargador
Croda del Sal
1177
Valle del Sal
Scarpotolà
V. de Gavon
22
P
01
Pian di Luni
Vial
526
Culturella
Brustolada
Valle Mortis
Casa Val della Borra
739
Cas.ra Vaus
705
Casera Pra Furlan
Cas.ra Porta
Pian de
Schiradetta
657
S. Antonio
Rama
Bar Roanza
i Narei
635
Col Castei
02
22
Al Mulino
C. Pra Mat
C. Col Lungo
Val di Narei
Roiola
Pte. del Cargadon
S. Michele
664
Braida
Fiamm
Colover
S. Anonio
615
Mas
Gioz
525
S. Liberale
529
Sala
Sargnano
395
Sogne
560
Conzago
541
Pedeserva
431
03
Tra Monti
Le Venghe
Bolzano
498
Sopracroda
509
Sala
443
Riva
Cusighe
384
22
T. Ardo
Corlonch
569
La Riva
P
Bus dele Mole
Al Bus delle Mole
Vezzano
443
Cavarzano
Vigna d' Oro
La Vigna d' Oro
Simone
Gava
S. Sebastiano
04
Bosco delle Castagne
561
Stadio
Fiume Piave
22
Mussoi
P
Borgo Pra
Col di Piana
445
05
BELLUNO
S. Lorenzo
P
22
383
Villa
P
Museo Civico
Coste
430
P
Borgo Piava
Mier
460
Caserine
Prade
Bersaglio
347
S. Anna
431
Peresine
162
Col Cavalier
Sant' Anna
Marisiga
428
Col del Ren
Giamosa
S. Pellegrino
358
Castiòn
443
Cavessago
453
0
500 m
C. S.Pietro

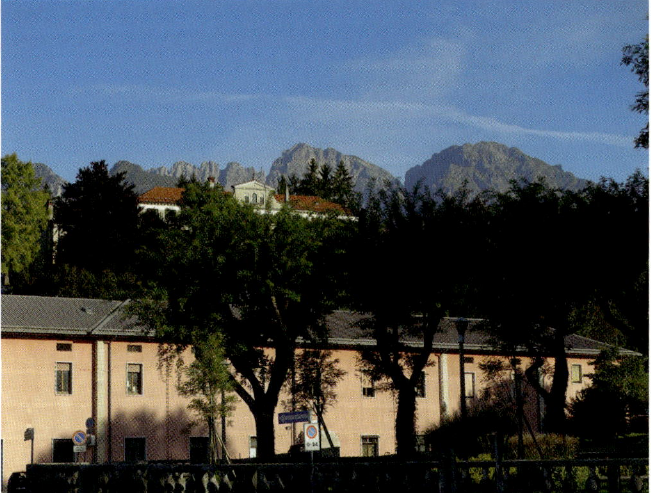

Von Belluno schaut man bis zu den Spitzen des Schiaramassivs

Links vom nachfolgenden Kreisverkehr gehen wir über den Zebrastreifen, einige Meter rechts, um dann links auf einem Weg durch eine Grünzone zu gelangen. An dessen Ende gehen wir einige Meter rechts und sofort links, nun wieder entlang einer Straße. Die nachfolgende Hauptstraße überqueren wir über die Fußgängerbrücke und gehen dann links entlang der Hauptstraße, um dann rechts über Treppen und einer Unterführung zum Busbahnhof und der Bahnstation **Stazione Belluno** 05 (429 m) zu gelangen.

Rückreise zum Pragser Wildsee

Rückreise von der Bahnstation Belluno (N46.141299° E12.209905°) zum Ausgangspunkt der Wanderung am Pragser Wildsee:

1. Mit dem Pkw fährt man 117 km bis zum Ausgangspunkt zurück.
2. Der Autobus VE fährt um 7.30 Uhr von Belluno und erreicht Longarone um 7.52 Uhr. Der Flixbus fährt um 9.16 Uhr von Longarone über Cortina d'Ampezzo nonstop nach Toblach-Bahnhof einmal täglich und benötigt 1:38 Stunden Fahrzeit. Die Regionalbahn 400 fährt von Toblach-Bahnhof nach Niederdorf (Bahnhof Niederdorf-Prags) im 30-Minutentakt und benötigt 5 Minuten. Der Autobus 442 fährt von Niederdorf, Von-Kurz-Platz (N46.738101° E12.169094°) nach St. Veit (Prags), Pragser Wildsee im Stundentakt und benötigt 20 Minuten Fahrzeit.

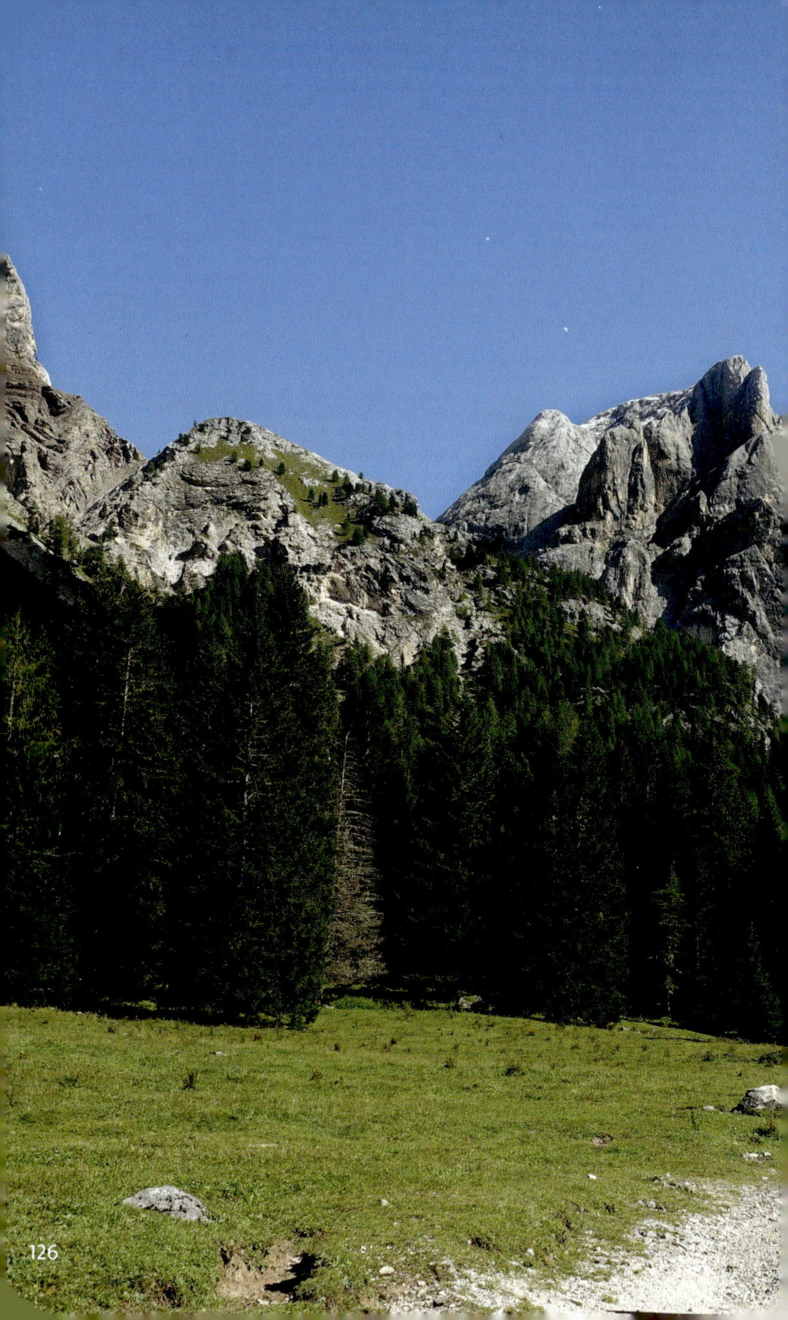

Dolomiten Höhenweg Nr. 2

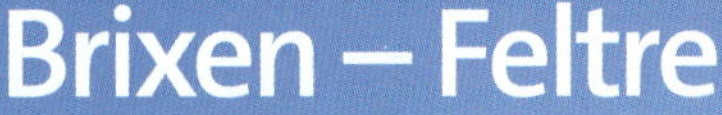

Brixen – Feltre

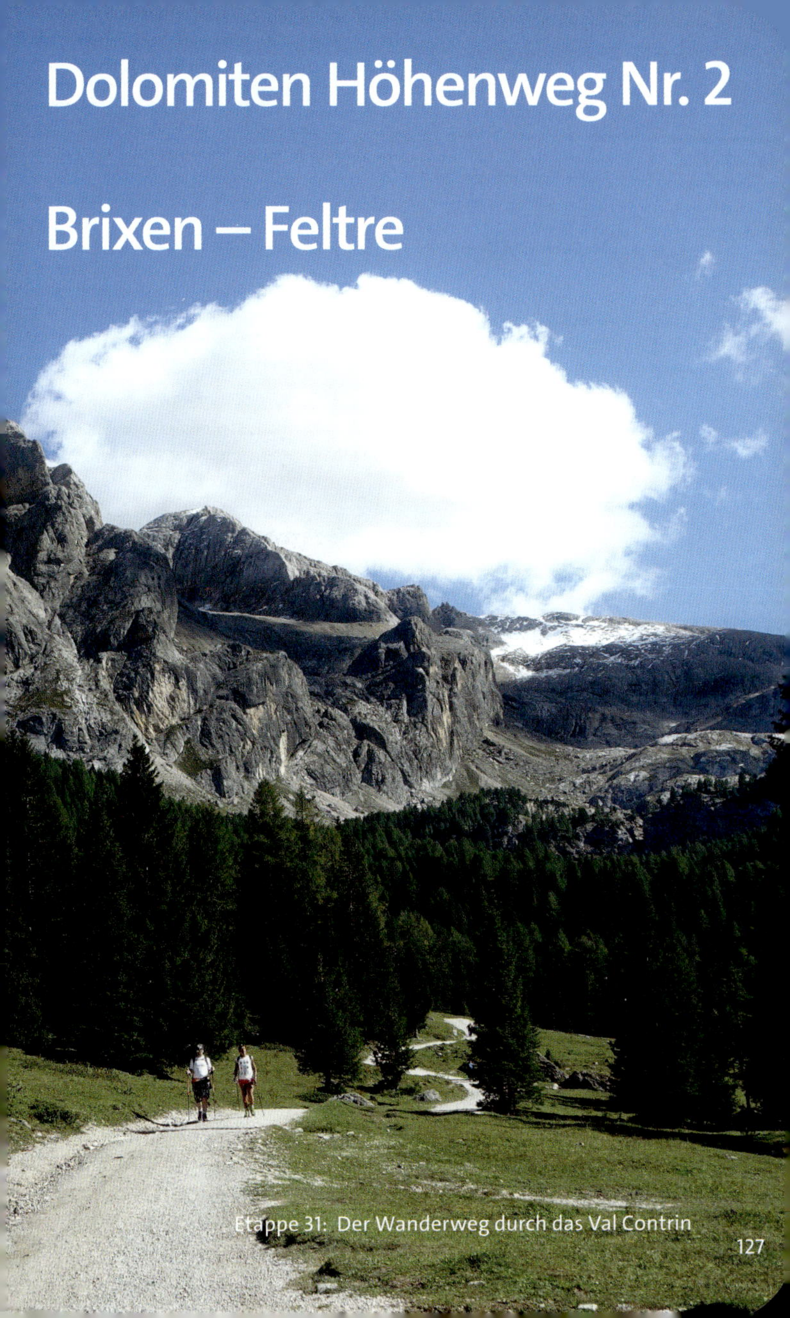

Etappe 31: Der Wanderweg durch das Val Contrin

BERGSTATION PLOSE-KABINENBAHN – PLOSEHÜTTE

Dolomiten Höhenweg Nr. 2

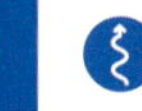 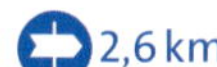   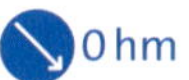 

2,6 km | 1:30 h | 400 hm | 0 hm | 672

START | Bergstation Plose-Kabinenbahn, 1.067 m [GPS: N46.685640° E11.710190°]
CHARAKTER | Das Gelände ist einfach und kann ohne spezifische Kenntnis von jedem absolviert werden. Startpunkt/Einstieg/ Abbruch: Die Buslinie 321 fährt vom Bahnhof Brixen zur Talstation Plose-Kabinenbahn (www.sii.bz.it). Mit dem Pkw zum Parkplatz. Von dort aus geht es mit der Kabinenbahn bis zur Bergstation, wo die Wanderung beginnt. Endpunkt: Die Plosehütte ist nur zu Fuß erreichbar und befindet sich am Anfang der Etappe 24. Zusatzausrüstung: keine. Einkehr: keine unterwegs. Übernachtung: Plosehütte: www.plosehuette.com.

Die Wanderung auf die Plose lohnt sich allein schon wegen des beeindruckenden Panoramas. Von dort ergibt sich ein atemberaubender 360°-Rundblick: Die Ötztaler Alpen, die Zillertaler Alpen, die Stubaier Alpen, die Ortlergruppe, die Brentagruppe, der Adamello und natürlich die Dolomiten. Leider trüben Lifte, unzählige Skipisten und noch mehr Schneekanonen das Bild der eigentlich einzigartigen Naturlandschaft.

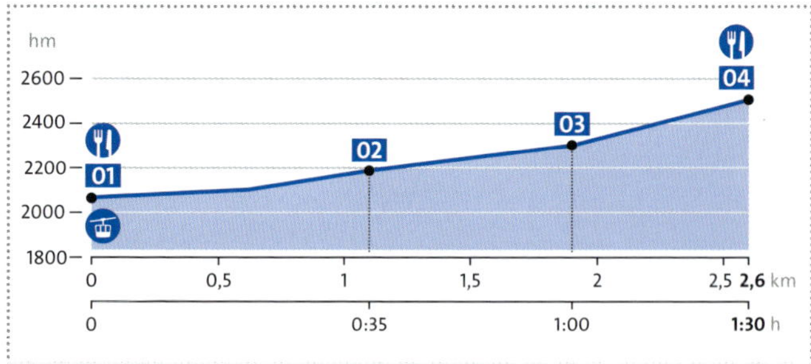

01 Bergstation Plose-Kabinenbahn, 2.050 m; 02 Schönjöchl, 2.188 m; 03 Weggabelung, 2.307 m; 04 Plosehütte, 2.446 m

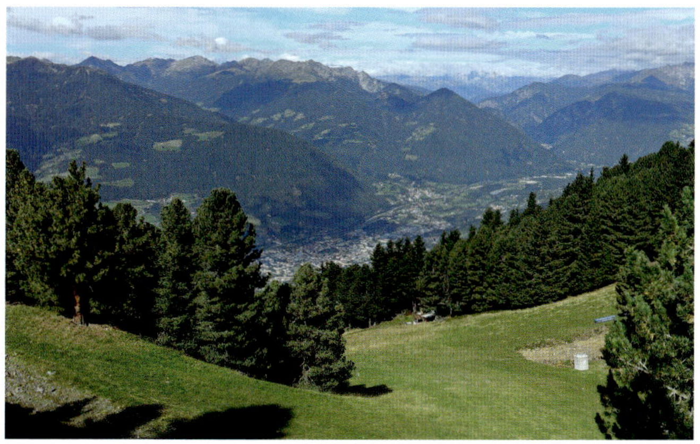

Bei der ersten Skipiste verlassen wir den Höhenweg

▶ Der klassische Dolomiten Höhenweg Nr. 2 beginnt bei der **Talstation der Plose-Kabinenbahn**. Entweder man steigt über die Wanderwege 5 und 17 bis zur Bergstation auf oder man wählt die einfachere Variante und fährt mit der Kabinenbahn.

Hinter dem Gebäude der **Bergstation der Plose-Kabinenbahn** 01 (2.050 m) geht man gleich scharf links, ein kurzes Stück entlang des Brixner Höhenweges, dem Wanderweg 7 – auch ausgeschildert Richtung Plose.

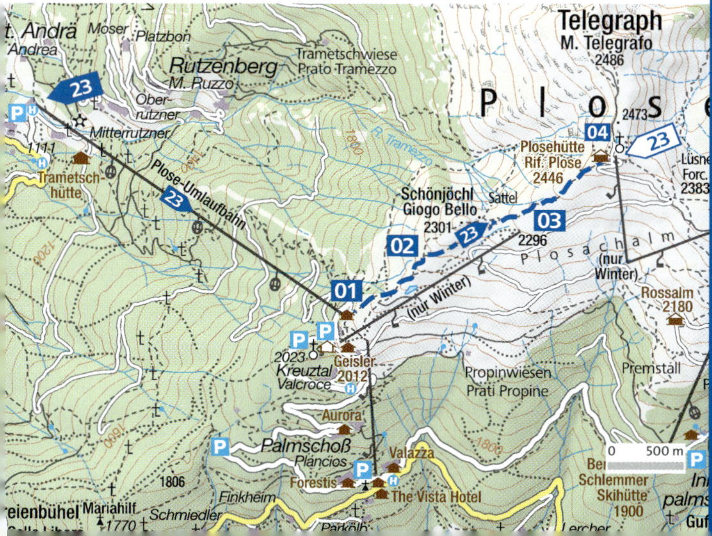

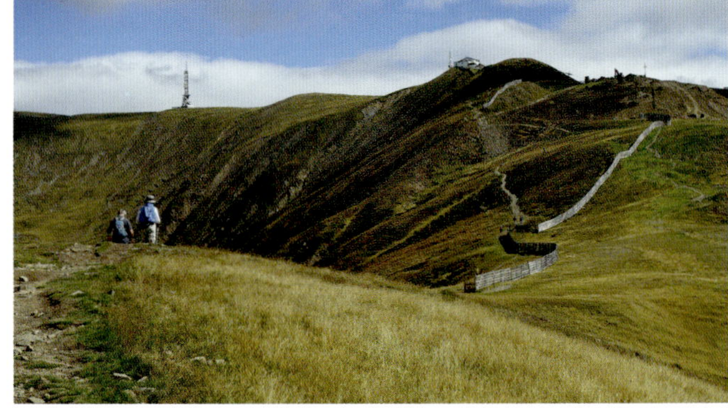

Die Plosehütte

Sobald wir die erste Skipiste erreichen verlassen wir diesen Höhenweg und gehen rechts bis zur Einsattelung hoch, um auf dem links bergaufführenden Pfad aufzusteigen. Dieser führt am Südosthang des **Schönjöchls** 02 (2.188 m) parallel zur Skipiste.

Ca. 30 m hinter einer scharfen Linkskurve, die der Pfad macht –von hier schaut man geradeaus auf den Peitlerkofel – verlassen wir diesen Pfad nach halb rechts, auch ausgeschildert mit Wanderweg 7. Von hier aus kann man bereits bei gutem Wetter unser heutiges Ziel, die Plosehütte, sehen. Bei der nächsten **Weggabelung** 03 (2.307 m) lautet die Frage: 04, 7 oder 7a?

Wir wählen die Variante halb links (für trittsichere) und gehen nicht geradeaus über den Bergrücken und erreichen so die **Plosehütte** 04 (2.446 m).

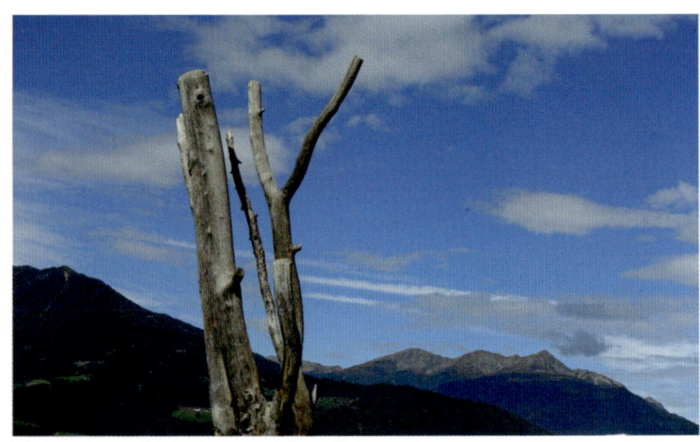

Blick von der Talstation der Plose-Kabinenbahn

AFERS (BRIXEN) SKIHÜTTE – KERER KREUZL

Dolomiten Höhenweg Nr. 2

 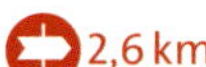 2,6 km 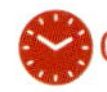 0:55 h  150 hm 50 hm 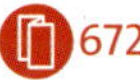 672

START | Bushaltestelle Afers (Brixen) Skihütte, 1.900 m [GPS: N46.677254° E11.739229°]
CHARAKTER | Das Gelände ist einfach und kann ohne spezifische Kenntnis von jedem absolviert werden. Nur aufgrund der Streckenlänge und der zu absolvierenden Höhenmeter hat die Wanderung den Schwierigkeitsgrad rot. Startpunkt/Einstieg/Abbruch: Die Buslinie 321 fährt in 46 Minuten vom Bahnhof Brixen zur Afers (Brixen) Skihütte (www.sii.bz.it, Mitte Juni bis Ende September). Anfahrt mit dem Pkw, Koordinaten: N46.677254° E11.739229°. Endpunkt: Die Schlüterhütte ist nur zu Fuß erreichbar und befindet sich am Anfang der Etappe 25. Zusatzausrüstung: keine. Einkehr: Schatzerhütte, Rodelalm. Übernachtung: Schlüterhütte: www.schlueterhuette.com

Kombiniert man die ersten beiden Etappen des Dolomiten Höhenwegs Nr. 2 (Etappen 23 und 24), so ergibt sich eine Länge 15,6 km, 6:45 Stunden Gehzeit, 930 m im Anstieg und 730 m Abstieg. Die Aussicht vom Plose ist einmalig, leider trüben Lifte, Skipisten und Schneekanonen das Bild der Naturlandschaft. Auch ist die Plosehütte oft komplett ausgebucht und wenn man dann ein Bett be-

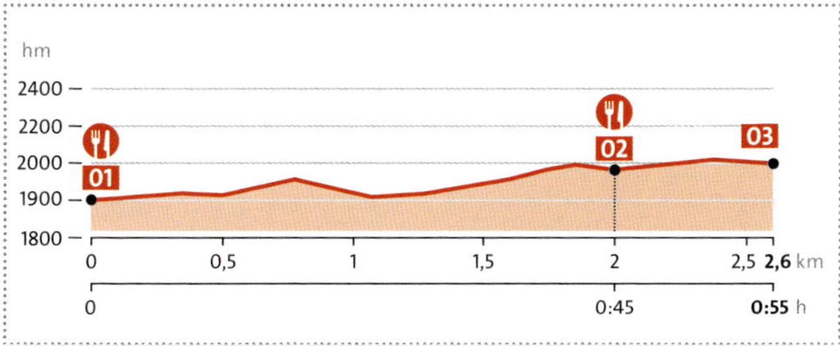

01 Bushaltestelle Afers (Brixen) Skihütte, 1.900 m; 02 Schatzerhütte, 1.984 m; 03 Kerer Kreuzl, 2.008 m

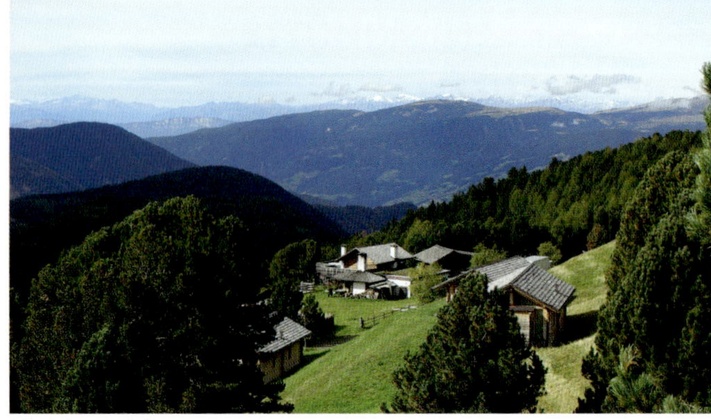
Die Schatzerhütte

kommt, ist die Hütte oft extrem voll. Möchte man dann doch die Wanderzeit verkürzen, so bietet sich diese Variante an.

▶ Von der **Bushaltestelle Afers (Brixen) Skihütte** **01** (1.900 m) gehen wir auf dem Wanderweg 8 in nordöstlicher Richtung auf der Forststraße. Bei der ersten Weggabelung folgen wir dem bergaufführenden Ast. Auch nach rechts abzweigende Piste ignorieren wir und bleiben auf dem Hauptweg. Nach ca. 2 km zweigt halb rechts die Schotterpiste zur **Schatzerhütte** **02** (1.984 m) ab. Wer keinen Espresso zur Stärkung benötigt, geht geradeaus weiter. Bei der darauffolgenden Gabelung der beiden Pisten am **Kerer Kreuzl** **03** (2.008 m) gehen wir nicht halb links bergauf, sondern halb rechts.

Hier treffen wir auf den Hauptweg des Dolomiten Höhenweges Nr. 2 und folgen der Wegbeschreibung der Etappe 24 ab dem Wegpunkt **Kerer Kreuzl** **03** (2.008 m) bis zur **Schlüterhütte** **06** (siehe Seite 136).

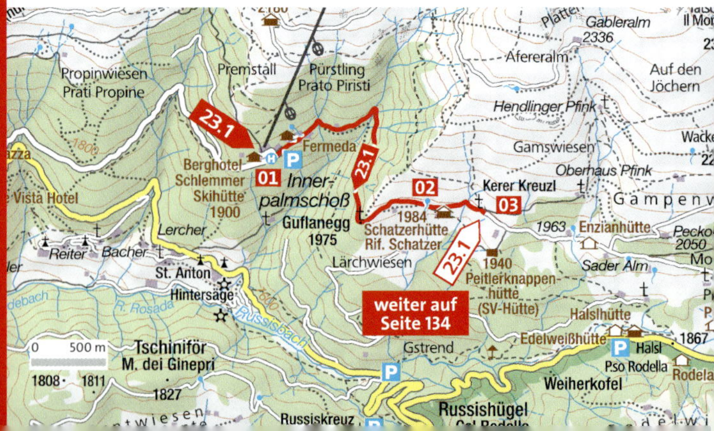

PLOSEHÜTTE – SCHLÜTERHÜTTE

Dolomiten Höhenweg Nr. 2

 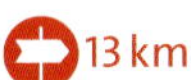 13 km  5:15 h 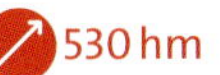 530 hm 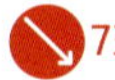 730 hm 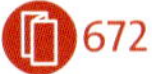 672

START | Plosehütte, 2.446 m
[GPS: N46.694967° E11.732317°]
CHARAKTER | Das Gelände ist einfach und kann ohne spezifische Kenntnis von jedem absolviert werden. Nur aufgrund der Streckenlänge und der zu absolvierenden Höhenmeter hat die Wanderung den Schwierigkeitsgrad rot. Startpunkt: Die Plosehütte ist nur zu Fuß erreichbar und befindet sich am Ende der Etappe 23. Einstieg/Abbruch: Geht man vom Wegpunkt 04, Km 6 rechts auf der Straße, so erreicht man die Halslhütte sowie eine Bushaltestelle. Endpunkt: Die Schlüterhütte ist nur zu Fuß erreichbar und befindet sich am Anfang der Etappe 25. Zusatzausrüstung: keine. Einkehr: Rodelalm. Übernachtung: Schlüterhütte: www.schlueterhuette.com.

Der Ausgangspunkt der heutigen Tour ist die Plosehütte in den Lüsner Bergen. Obwohl sie geologisch nicht aus Dolomitgestein aufgebaut sind, sondern aus Brixner Quarzphyllit, gehören sie zu den Dolomiten. Im weiteren Verlauf geht es an den südlichen Hängen des 2.575 m hohen Großen Gabler, dem höchsten Gipfel der Lüsner Gruppe über den Pass Halsl bis zur Peitlerkofelgruppe. Diese ist im Verhältnis zu den anderen Gebirgsgruppen in den Dolomiten

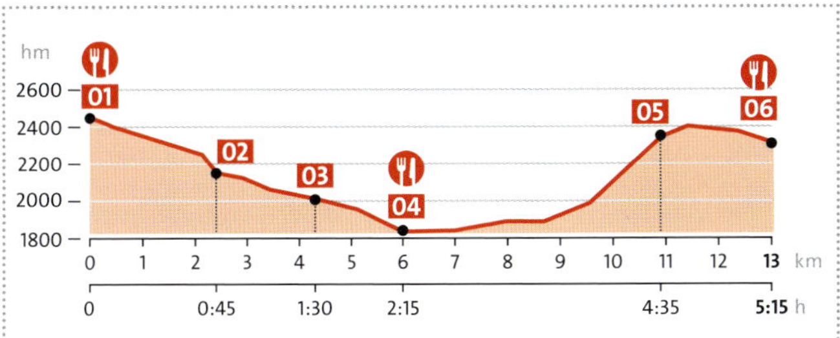

01 Plosehütte, 2.446 m; 02 Pfadkreuzung, 2.150 m; 03 Kerer Kreuzl, 2.008 m; 04 Straße, 1.867 m; 05 Peitlerscharte, 2.357 m; 06 Schlüterhütte, 2.306 m

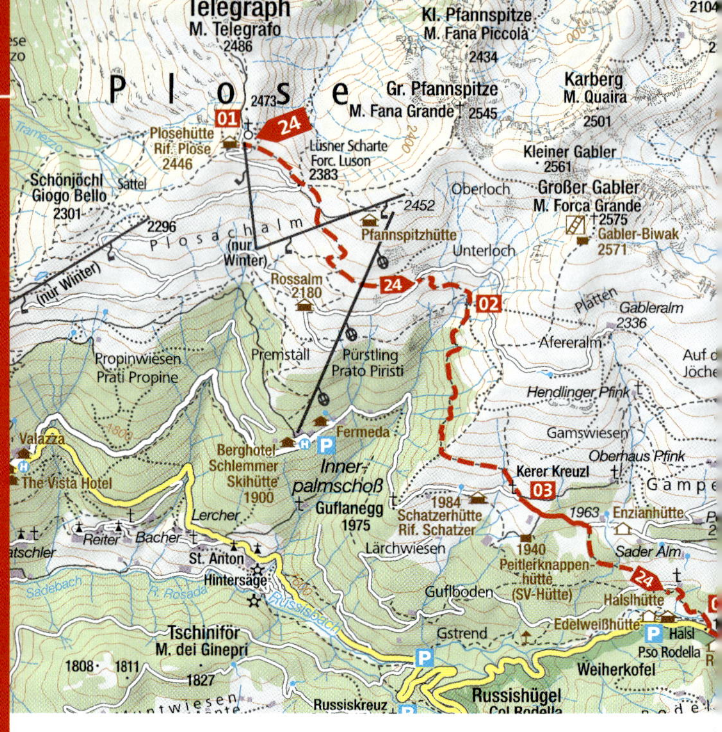

relativ klein, verläuft zum größten Teil in West-Ostrichtung und wird durch die Peiterscharte halbiert. Der omnipräsente Berg dieser Gruppe ist der 2.875 m hohe Peitlerkofel. Von der Peitlerscharte führt der weitere Pfad über einen aussichtsreichen Höhenweg unterhalb eines Kamms, auf dem sich der 2.422 m hohe Zendleser Kofel und die Schlüterhütte befinden, Richtung Südwesten. Einfach umwerfend, was uns heute erwartet.

Von der **Plosehütte** 01 (2.446 m) folgen wir dem Wanderweg 4 in östliche Richtung. Wir gehen oberhalb des Skilifts und auf dem breiten Bergrücken bis zur 2.373 m hohen Lüsner Scharte bergab. Dort gehen wir rechts bergab bis zur Skipiste und nehmen die zweite nach links abzweigende Schotterpiste. Diese ist nicht ausgeschildert und unterquert im weiteren Verlauf einen Skilift. Kurz vor einer weiteren Skipiste ignorieren wir den nach rechts abzweigenden Pfad zur Rossalm, gehen geradeaus weiter und unterqueren kurz später einen weiteren Skilift. Die nachfolgende Schotterpiste queren wir und folgen der Ausschilderung Richtung Gampenwiesen, Halsl und Pass Halsl – weiterhin auf dem Wanderweg 4.

Durch ein Holzgatter, das sich in einer Steinmauer befindet,

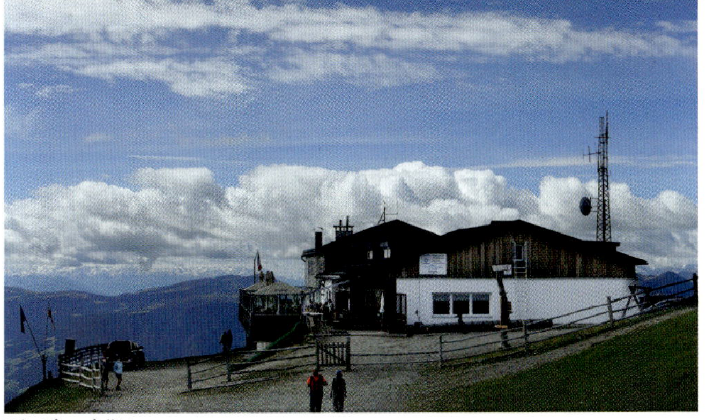

Die Plosehütte

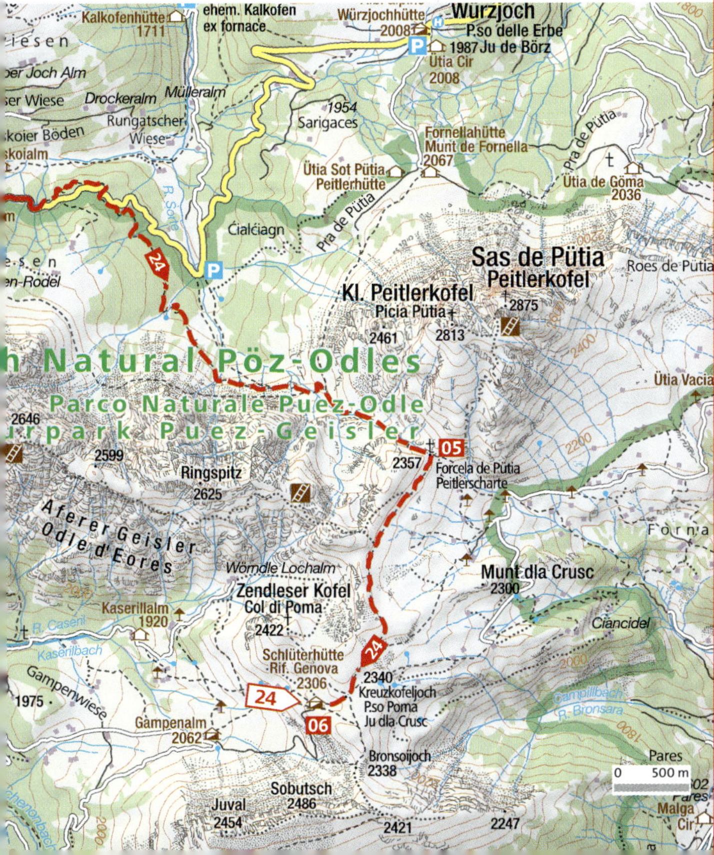

Kalkofenhütte 1711
ehem. Kalkofen ex fornace
Würzjochhütte 2008
Würzjoch
P.so delle Erbe
1987 Ju de Börz
Ütia Cir 2008
Drockeralm
Mülleralm
Rungatscher Wiese
1954 Sarigaces
Fornellahütte Munt de Fornella 2067
Ütia Sot Pütia Peitlerhütte
Pra de Pütia
Ütia de Göma 2036
R. Sorte
Cialciagn
Sas de Pütia Peitlerkofel
Roes de Pütia
Kl. Peitlerkofel
Picia Pütia
2875
2461
2813
Natural Pöz-Odles
Parco Naturale Puez-Odle
Naturpark Puez-Geisler
2646
2599
Ringspitz 2625
2357
05
Forcela de Pütia Peitlerscharte
Ütia Vacia
Aferer Geisler Odle d'Eores
Wömdle Lochalm
Munt dla Crusc 2300
Zendleser Kofel Col di Poma 2422
Kaserillalm 1920
R. Caseril
Kaserilbach
Ciancidel
Schlüterhütte Rif. Genova 2306
2340
Kreuzkofeljoch P.so Poma Ju dla Crusc
24
06
1975
Gampenwiese
Gampenalm 2062
Campillbach R. Bronsara
Bronsoijoch 2338
Sobutsch 2486
Juval 2454
2421
2247
Pares
Malga Cir
0 500 m

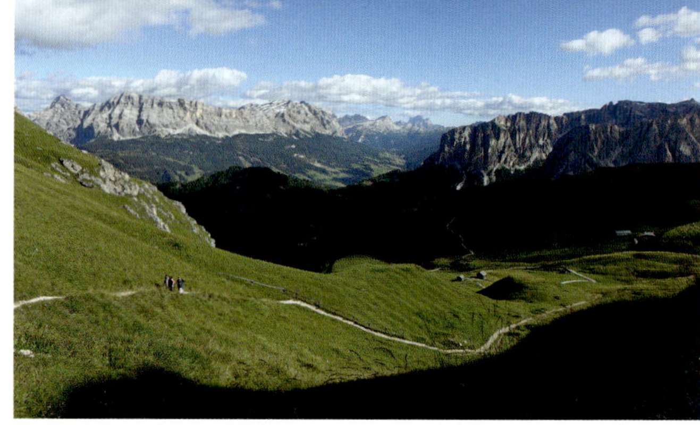

Ein faszinierender Fernblick zur Fanesgruppe (Richtung Südosten) und Puezgruppe (Süden)

erreichen wir eine weitere **Pfadkreuzung** 02 (2.150 m) und gehen weiterhin auf dem Wanderweg 4 geradeaus weiter. Durch steileres Gelände sichern abschnittsweise Holzgeländer den Pfad. Wir queren eine Schotterpiste und nach einem kurzen Stück mündet dann unser Pfad am **Kerer Kreuzl** 03 (2.008 m) in eine weitere Piste. Die nächsten zwei rechten Abzweig ignorieren wir, um dann am dritten Abzweig rechts Richtung Peitlerscharte zu gehen, immer noch auf dem Wanderweg 4.

Der Pfad mündet bei einem alten und neuen Holzhaus in eine Schotterpiste, die wir bereits aber nach 50 m wieder nach halb rechts (nicht nach rechts!) verlassen. Nach kurzem Abstieg mündet der Pfad dann in die **Straße** 04 (1.823 m). Würde man auf dieser nach rechts weitergehen, so erreicht man die Halslhütte und kurz darauf Edelweißhütte sowie die Bushaltestelle Halsl. Wir gehen aber auf der Straße nach links, passieren die **Rodelalm**, bis wir die Straße nach einer scharfen Rechts- und Linkskehre nach halb links auf einen Pfad verlassen.

Der Pfad mündet noch einmal in die Straße, die wir aber bereits nach 50 m nach halb rechts verlassen. Sobald der Wald links von uns den Blick frei gibt, erspähen wir den 2.875 m hohen Peiterlerkofel. Im weiteren Verlauf kommen wir an einem schönen Wasserfall vorbei und von links mündet ein Wanderweg von der Straße in den unsrigen. Den rechten Abzweig zum Russiskreuz sowie den linken Abzweig zum Würzjoch ignorieren wir. Durch eine mäßig steile Scharte steigen wir in Kehren bis zur **Peitlerscharte** 05 (2.357 m) auf. Von dort ergibt sich ein faszinierender Fernblick zur Fanesgruppe und Puezgruppe.

Die Peiterlerscharte verlassen wir in südliche Richtung auf dem ganz rechten, der drei Pfade. Dem Wanderweg Nr. 4 folgen wir nun bis zum Kreuzkofeljoch, von dem wir rechts bergab über Wiesen zur **Schlüterhütte** 06 (2.306 m) gehen.

SCHLÜTERHÜTTE – PUEZHÜTTE

Dolomiten Höhenweg Nr. 2

  11,3 km  4:30 h 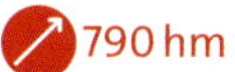 790 hm 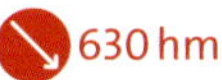 630 hm  672

START | Schlüterhütte, 2.306 m
[GPS: N46.635333° E11.804767°]
CHARAKTER | Gute Trittsicherheit und durchschnittliches Orientierungsvermögen werden benötigt. Bei einem Wettersturz ist der Rückzug schwierig. Die Schlüterhütte ist nur zu Fuß erreichbar und befindet sich am Ende der Etappen 24. Endpunkt: Die Puezhütte ist nur zu Fuß erreichbar und befindet sich am Anfang der Etappe 26. Zusatzausrüstung: keine. Einkehr: Ütia Medalges. Übernachtung: Puezhütte: www.rifugiopuez.it.

Von den südlichen Ausläufern der relativ kleinen Peitlerkofelgruppe wandern wir durch Hochwiesen bis zur Forcella della Roa. Diese Einsattelung trennt die westlich liegende Geislergruppe (Gruppo delle Odle) von der östlich liegenden Puezgruppe. Nach einem kurzen Abstieg steigen wir dann wieder auf, es geht zur Forcella Fórces de Siëles. Von dort eröffnet sich ein umwerfender Blick auf

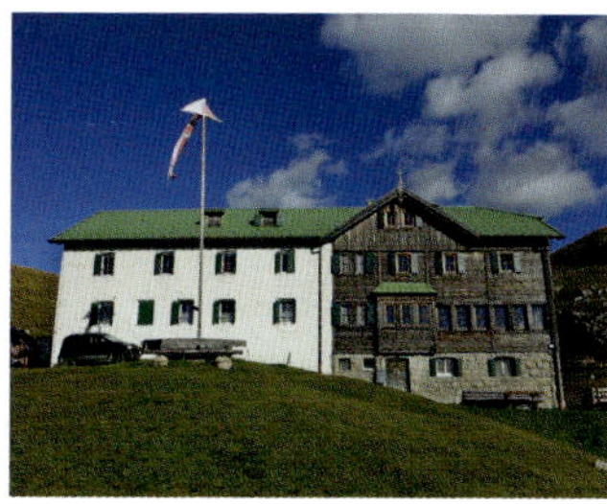
Die Schlüterhütte

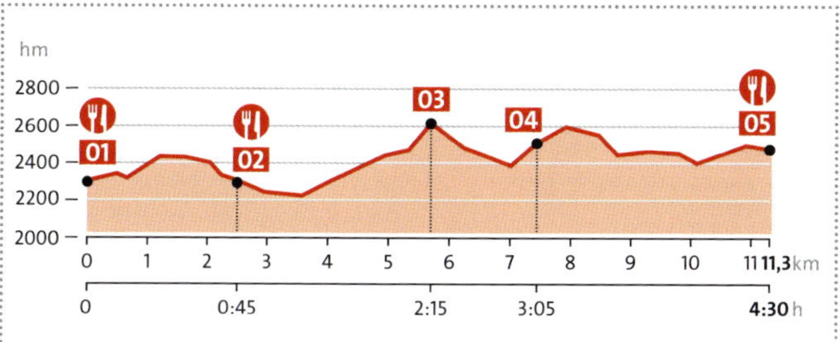

01 Schlüterhütte, 2.306 m; **02** Kreuzjoch/Ütia Medalges, 2.293 m; **03** Forcella della Roa, 2.617 m; **04** Forcella Fórces de Siëles, 2.505 m; **05** Puezhütte, 2.475 m

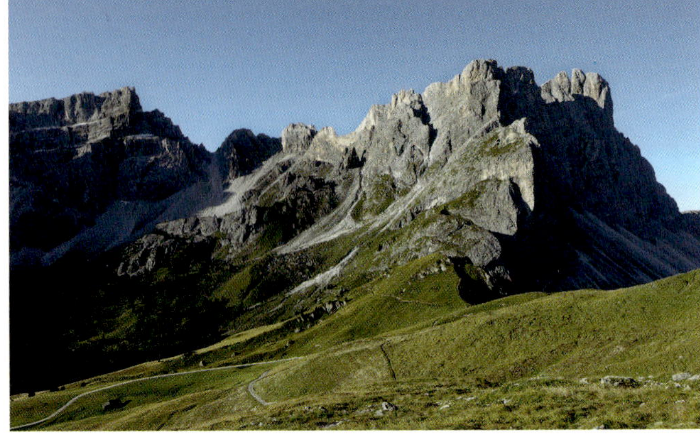
Die Geislergruppe und die Puezgruppe

das Sellamassiv mit der Piz Boè, links davon der Monte Pelmo, es folgt der Sassongher und ganz links das Dreigestirn der Tofane. Was braucht der Mensch sonst noch zu seinem Glück – bei solch einem Spektakel imposanter Dolomitengipfel?

▶ Vom Rifugio Genova, der **Schlüterhütte** 01 (2.306 m), steigen wir in südöstlicher Richtung – Wanderweg 3 – auf dem rechten der beiden Wege zum Kreuzkogeljoch auf. Dort angekommen gehen wir rechts, ignorieren den sofort darauf folgenden rechten Abzweig, gehen gerade aus weiter und erreichen eine kleine Anhöhe, an der wir scharf rechts gehen.

Es ergibt sich ein wunderschöner Blick auf den weiterführenden Weg, bis er ab der Forcella della Roa nicht mehr zu sehen ist. Links davon erhebt sich die 2.909 m hohe Piz Duleda und rechts der 2.924 m hohe Sas dal'Ega (Wasserkofel). Wir steigen zur **Ütia Medalges** ab, um dann halb rechts auf dem Pfad weiter bis zum **Kreuzjoch** 02 (2.293 m) zu marschieren. Wir überschreiten nicht das Joch nach rechts, sondern gehen geradeaus auf dem Wanderweg 3 weiter.

Den nach rechts abzweigenden Wanderweg 13 zur Wasserscharte ignorieren wir und erreichen nach steilem Aufstieg die **Forcella della Roa** 03 (2.617 m). Hier gibt es die Möglichkeit die Schönwettervariante über den Wanderweg 3A zu gehen und der daraus resultierenden Option, den 2.909 m hohen Piz Duleda zu besteigen. Wir wählen die einfache Variante und steigen direkt hinter der Einsattelung auf dem weiterführenden Wanderweg 3 ab, Richtung Forcella Fórces de Siëles.

Aber Obacht, nach kurzem Abstieg gabelt sich der Weg: Halb rechts führt der Wanderweg 3 weiter bergab, wir gehen aber halb links. An dieser Stelle befindet sich auf einem großen Stein, in roter Farbe geschrieben, die

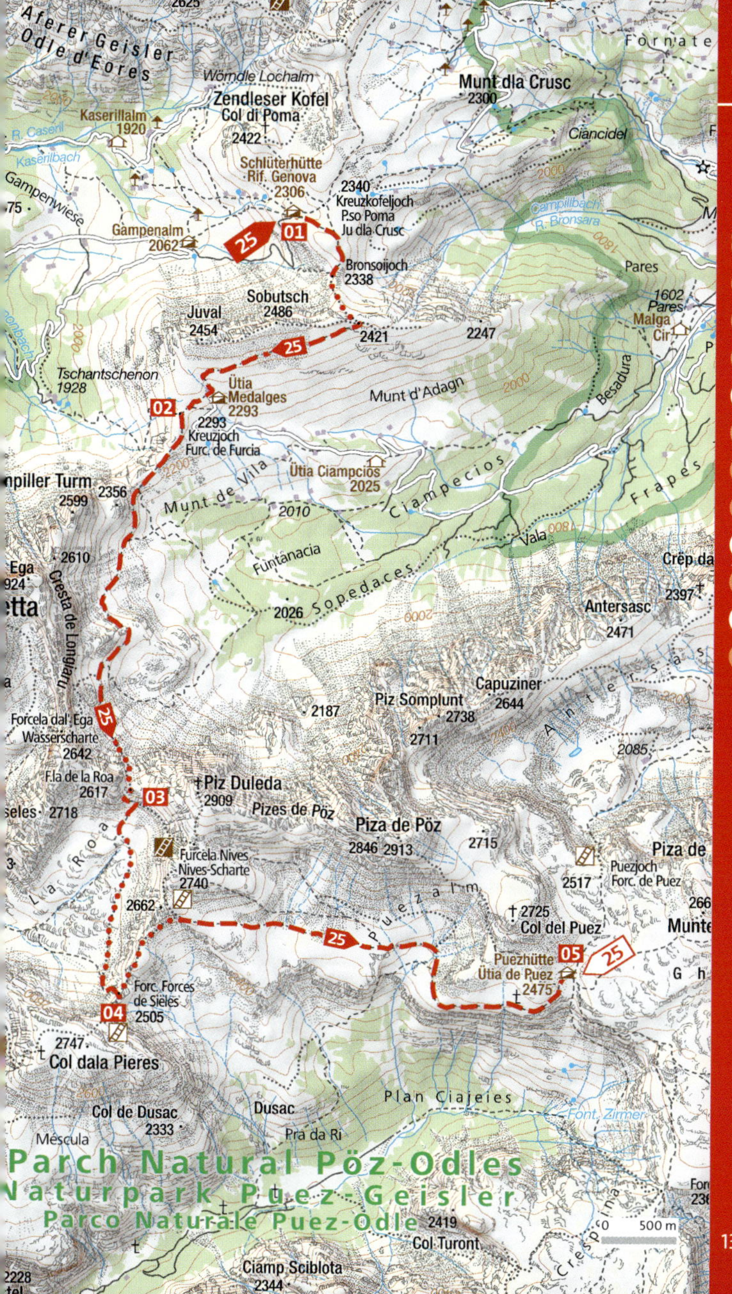
Aferer Geisler
Odle d'Eores
2625
Peitlerscharte
Fornate
Mi dla Crusc
2300
Wörndle Lochalm
Zendleser Kofel
Col di Poma
2422
Kaserillalm
1920
R. Caseril
Kaserillbach
Ciancidel
Schlüterhütte
Rif. Genova
2306
Gampenwiese
2340
Kreuzkofeljoch
P.so Poma
Ju dla Crusc
Campillbach
R. Bronsara
Gampenalm
2062
01
25
Bronsoijoch
2338
Pares
Sobutsch
2486
1602
Pares
Malga
Cir
Juval
2454
2421
2247
Tschantschenon
1928
Ütia
Medalges
2293
02
Munt d'Adagn
Besadura
2293
Kreuzjoch
Furc. de Furcia
Útia Ciampcios
2025
Turm
2599
2356
Munt de Vila
Ciampecios
Frapes
2010
Vala
Fùntanacia
2610
Ega
Crëp da
Cresta de Longiaru
2026
Sopedaces
2397
Antersasc
2471
Capuziner
2644
Piz Somplunt
2738
2187
Forcela dal Ega
Wasserscharte
2642
2711
2085
F.la de la Roa
2617
Piz Duleda
2909
03
2718
Pizes de Pöz
Piza de Pöz
2846
2913
2715
Piza de
La Roa
Furcela Nives
Nives-Scharte
2740
Puezjoch
Forc. de Puez
2517
2662
Puezalm
2725
Col del Puez
05
Puezhütte
Útia de Puez
2475
Forc. Forces
de Sieles
2505
04
2747
Col dala Pieres
Plan Ciajeies
Font. Zirmer
Col de Dusac
2333
Dusac
Mèscula
Pra da Ri
Parch Natural Pöz-Odles
Naturpark Puez-Geisler
Parco Naturale Puez-Odle
2419
Col Turont
Crespëina
0
500 m
Ciamp Sciblota
2344
2228

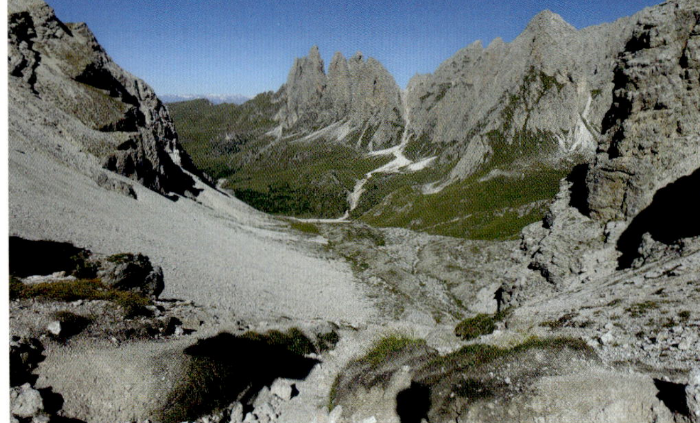

Die Forcella Fórces de Siëles

Wegmarkierung Alta Via 2. Der Pfad durch eine Wüste aus Geröll ist schwer auszumachen, gelbe und rot-weiße Markierungen helfen bei der Orientierung. Nachdem wir längere Zeit einen Hang gequert haben, endet dieser Pfad, wir steigen in östliche Richtung durch eine steil aufsteigende Scharte auf dem Wanderweg 2 zur **Forcella Fórces de Siëles** 04 (2.505 m). An der Einsattelung geht es dann links über den aufsteigenden Berggrat weiter, auch ausgeschildert zur Puezhütte. Teilweise ist der Weg mit Drahtseilen versichert.

Sobald wir den linken Abzweig zur Forcella Nives passieren beginnen wir mit dem Abstieg. Nachdem wir über Bergwiesen gewandert sind, mündet von links der Wanderweg 3A in den unsrigen. Auch lassen wir den Wanderweg 16 zum Langental aus und erreichen schlussendlich die **Puezhütte** 05 (2.475 m).

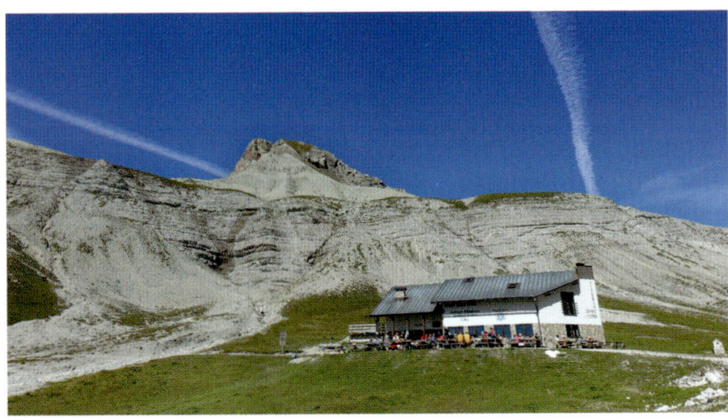

Die Puezhütte

PUEZHÜTTE – GRÖDNER JOCH

Dolomiten Höhenweg Nr. 2

 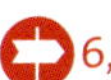 6,9 km  2:45 h 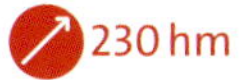 230 hm 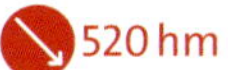 520 hm  672

START | Puezhütte, 2.475 m
[GPS: N46.590150° E11.829217°]
CHARAKTER | Wanderung mit durchgehendem Wegverlauf. Gute Trittsicherheit und durchschnittliches Orientierungsvermögen werden benötigt. Viele Wegverzweigungen erhöhen den Navigationsaufwand. Startpunkt: Die Puezhütte ist nur zu Fuß erreichbar und befindet sich am Ende der Etappe 25. Endpunkt/Abbruch/Einstieg: Das Grödner Joch ist mit dem Pkw, mit dem Bus und zu Fuß erreichbar und befindet sich am Anfang der Etappe 27. Zusatzausrüstung: keine. Einkehr: Rifugio Jimmi (Jimmi Hütte). Übernachtung: Rifugio Frara: www.rifugiofrara.it.

Die Tour von der Puezhütte zum Grödner Joch führt durch die geologisch hochinteressante Puez-Gebirgsgruppe, die Landschaft ist geprägt von Hauptdolomithochflächen aus der Trias (vor ca. 245 Millionen Jahren). Im 19. und 20. Jahrhundert wurden auf diesen Hochflächen Ammonitenfunde gemacht, 120 bis 130 Millionen Jahre alte Kopffüßer. Diese Hochflächen sind heutzutage größtenteils erodiert, wie man am Beispiel des 2.633 m hohen Col dala Sone nachvollziehen kann. Aber auch landschaftlich überzeugt diese Wanderung: Der grünlich schimmernde Lêch de Crespëina, die

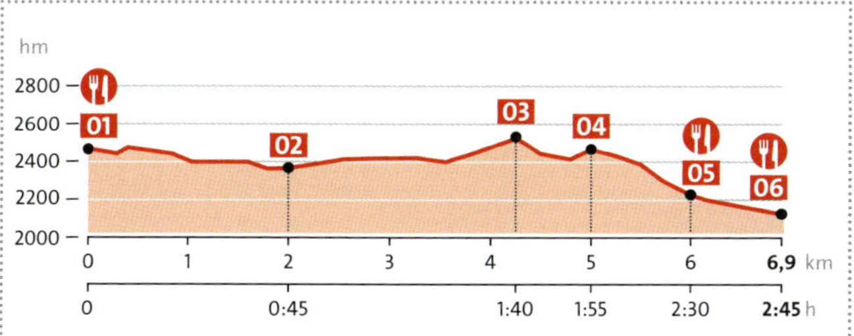

01 Puezhütte, 2.475 m; 02 Forcella de Ciampei, 2.366 m;
03 Pares de Crespëina, 2.528 m; 04 Jëuf de Cir, 2.462 m;
05 Rifugio Jimmi, 2.222 m; 06 Grödner Joch, 2.121 m

Der grünlich schimmernde Lêch de Crespëina

einmalige Aussicht auf das Sellamassiv und die Türme aus Dolomitgestein, die Cirspitzen. Wer hier das Wetterglück hat, der genießt einen einmaligen Tag.

▶ Von der **Puezhütte** 01 (2.475 m) gehen wir in südöstlicher Richtung an der nächsten und einzigen weiteren Hütte vorbei. Bei der nachfolgenden Weggabelung

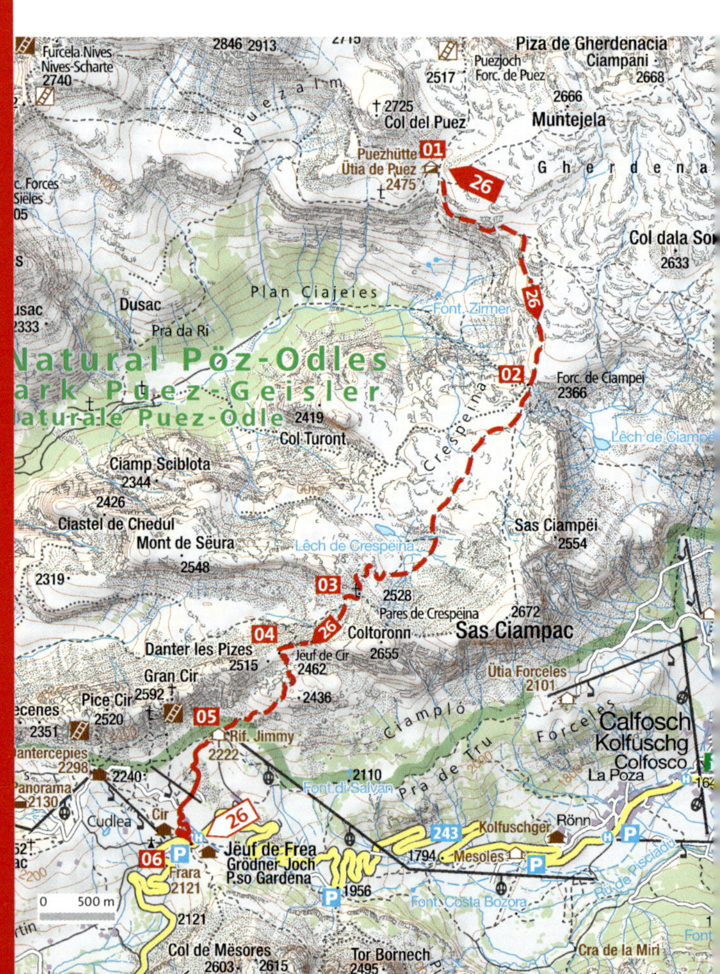

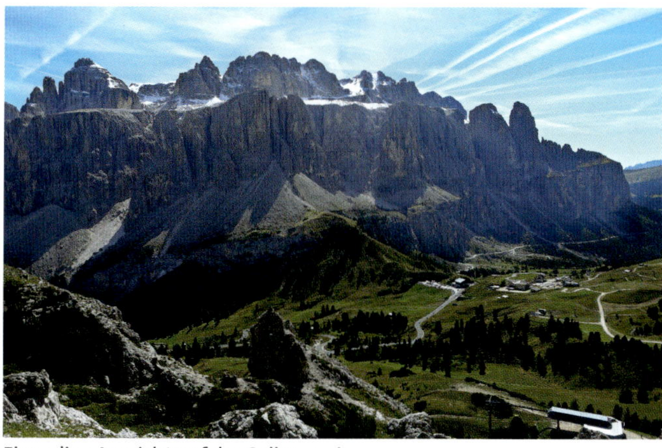

Einmalige Aussicht auf das Sellamassiv

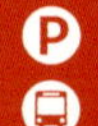
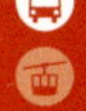

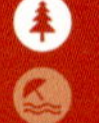

nehmen wir den Wanderweg 2. Der Wanderweg 14 führt rechts hinunter im Langental und der Wanderweg 1 endet in La Villa. Während man rechts tief hinunter ins Langental schauen kann, ignorieren wir den links abzweigenden Wanderweg 5.

Dort wo Holzbalken den Abstieg zwischen Felsen fixieren, befindet sich die **Forcella de Ciampei** 02 (2.366 m). Auch hier biegen wir nicht rechts ins Langental oder links nach Covara ab, sondern gehen geradeaus weiter auf dem Wanderweg 2, zum Passo Gardena (Grödner Joch). Den halb links abzweigenden Wanderweg 2A zum 2.672 m hohen Sas Ciampac ignorieren wir auch. Der breite Weg und mehrere kleine Nebenpfade führen nun gemächlich bergauf und am grünlich schimmernden Lêch de Crespëina vorbei.

In langen Kehren steigt der Pfad bis zur Einsattelung **Pares de Crespëina** 03 (2.528 m) auf. Wir überqueren die Einsattelung und steigen in das obere Val de Chedul ab.

An der nächsten Weggabelung gehen wir nicht auf dem bergab führenden Pfad 12, sondern bleiben weiterhin auf dem Wanderweg 2 zum Grödner Joch, der bis zum **Jëuf de Cir** 04 (2.462 m) nochmals ansteigt. Dort erwartet uns eine prächtige Aussicht auf das Sellamassiv.

Es folgt der landschaftlich schönste Abschnitt, wir wandern im Slalom durch die Cirspitzen – Türme aus Dolomitgestein. Dann folgt ein steiler Abstieg, dort wo der Pfad endet, geht es links zur Bergstation der Dantercepies-Kabinenbahn, wir gehen rechts am **Rifugio Jimmi** 05 (2.222 m) vorbei und auf der grünen Skipiste talwärts. Wir unterqueren noch den Sessellift Val Setus, um dann direkt in der Falllinie zum **Grödner Joch** 06 (2.121 m) abzusteigen.

GRÖDNER JOCH – PISCIADÙHÜTTE

Dolomiten Höhenweg Nr. 2

 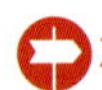 2,7 km  1:45 h  450 hm 10 hm  672

START | Grödner Joch, 2.121 m
[GPS: N46.549617° E11.808483°]
CHARAKTER | Der Aufstieg führt durch heikles Geröll oder Blockwerk. Am Ende der Scharte ist der Weg mit Drahtseilen versichert. Startpunkt/Einstieg/Abbruch: Das Grödner Joch ist mit dem Pkw, mit dem Bus und zu Fuß erreichbar und befindet sich am Ende der Etappe 26. Endpunkt: Die Pisciadùhütte ist nur zu Fuß erreichbar und befindet sich am am Anfang der Etappe 28. Zusatzausrüstung: keine. Einkehr: keine unterwegs. Übernachtung: Pisciadùhütte: www.rifugiopisciadu.it.

Das touristisch voll erschlossene und in den Sommermonaten überfüllte Grödner Joch teilt die Puez-Gebirgsgruppe (Etappe 26) von der dramatischen Bergkulisse des Sella-Massivs (Etappe 28). Bei dieser Wanderung muss man immer wieder innehalten, um das Naturspektakel der besonderen Art zu genießen. Der steile und auf einem kurzen Stück mit Drahtseilen versicherte Steig führt von der Passstraße, durch die schmale Schlucht des Val Setus, zur aussichtsreich gelegenen Pisciadùhütte. Im Winter führt eine spektakuläre Variantenskiabfahrt durch das Val Setus!

▶ Zwischen dem Rifugio Frara und dem **Grödner Joch** 01 (2.121 m) zweigt links (in südliche

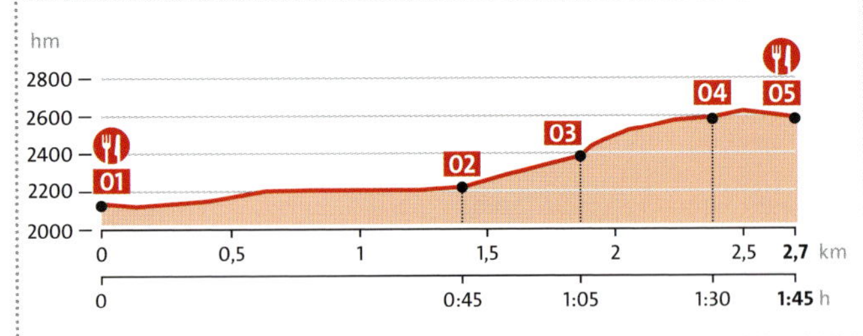

01 Grödner Joch, 2.121 m; 02 Wegverzweigung, 2.227 m; 03 Val Setus, 2.380 m; 04 Scharte, 2.580 m; 05 Pisciadùhütte, 2.585 m

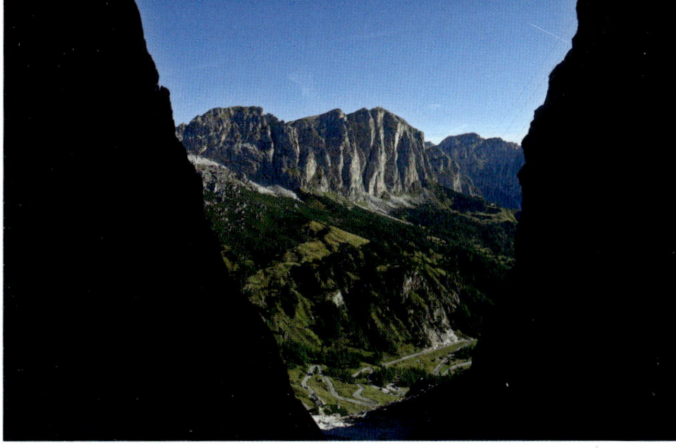

Steil steigen die Felswände rechts und links des Val Setus auf

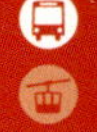
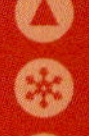

Richtung) der Wanderweg 666 zur Pisciadùhütte ab, auch markiert als Dolomiten Höhenweg Nr. 2.

Erst an einem Heiligenschrein vorbei, dann entlang von Bergwiesen, queren wir auf einem Pfad unterhalb des Sellastocks. Bereits bei den unteren Geröllfeldern des Val Setus angekommen gehen wir bei der **Wegverzweigung** 02 (2.227 m) halb rechts, beginnen mit dem Aufstieg durch die Rinne – weiterhin der Wanderweg 666. Selbst im Frühsommer muss man beim Aufstieg mit ausgedehnten Schneefeldern rechnen!

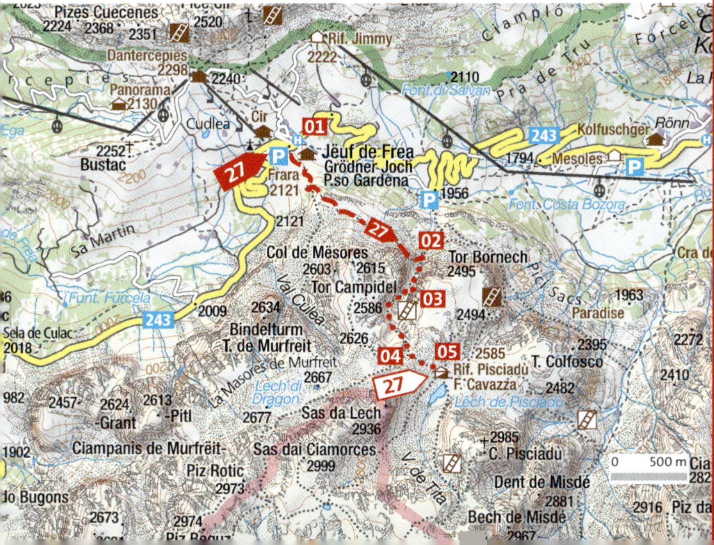

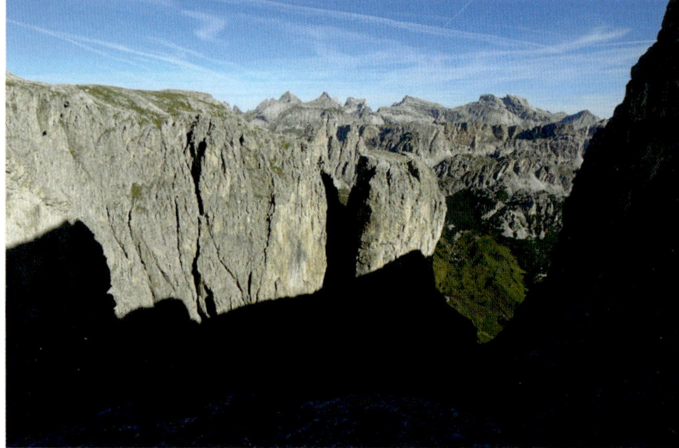

Der Einstieg in das Val Setus

Das **Val Setus** 03 (2.380 m) verjüngt sich zunehmend, es geht im Zickzack bergauf und wir gelangen an mit Drahtseilen und Trittstiften versicherte Passagen. Es wird kein Klettersteigset benötigt. Wir erreichen eine Hochfläche oberhalb der **Scharte** 04 (2.580 m) und halten uns links.

Der nun wieder breite Pfad führt durch einen Felsgarten direkt auf die mächtige 2.985 m hohe Cima Pisciadù zu. Auf den letzten Metern geht es dann leicht bergab bis zur **Pisciadùhütte** 05 (2.585 m), die malerisch oberhalb des Bergsees Lech de Pisciadù liegt.

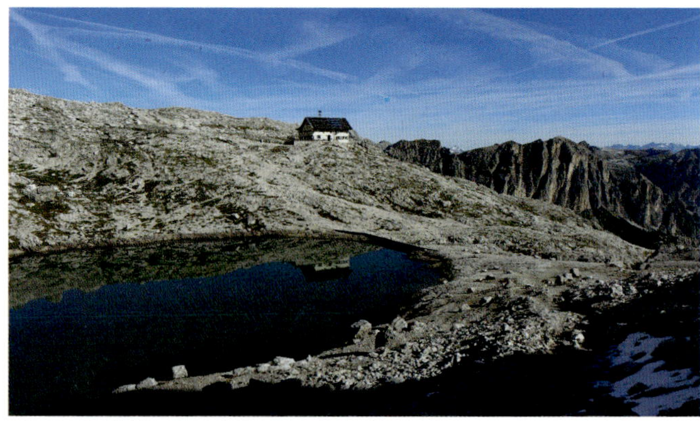

Die Pisciadùhütte und der wunderschön gelegene Bergsee Lêch de Pisciadù

PISCIADÙHÜTTE – BOÈHÜTTE

Dolomiten Höhenweg Nr. 2

 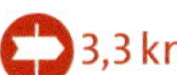 3,3 km 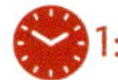 1:45 h  400 hm  130 hm 672

START | Pisciadùhütte, 2.585 m
[GPS: N46.536300° E11.821800°]
CHARAKTER | Der technisch einfache Steig führt durch heikles Geröll oder Blockwerk und befindet sich in hochalpinen Gelände. Bei schlechtem Wetter benötigt man gutes Orientierungsvermögen. Startpunkt: Die Pisciadùhütte ist nur zu Fuß erreichbar und befindet sich am Ende der Etappe 27. Endpunkt: Die Boèhütte ist nur zu Fuß erreichbar und befindet sich am Anfang der Etappen 29 und 29.1. Zusatzausrüstung: keine. Einkehr: keine unterwegs, Quelle an der Pisciadùhütte. Übernachtung: Boèhütte: www.rifugioboe.it.

Der Aufstieg zur 2.871 m hohen Boèhütte führt durch eine einzigartige Landschaft, dem nördlichen Teil der Sella-Gruppe, die Pisciadùgruppe. Dazu zählen der 2.881 m hohe Dënt de Mezdì, der 2.978 m hohe Sas de Mezdì, die 2.985 m hohe Cima Pisciadù und der 2.907 m hohe L'Antersas. Der Sattel, auf dem sich die alte und neue Hütte befinden, bildet den Übergang zwischen dem Val Mezdì (Mittagstal) im Nordosten, dem Val Lasties im Südwesten und liegt rund 700 Meter nordwestlich des 3.152 m hohen Piz Boès (siehe Etappe 29.1). Fazit: Ein Leben ohne Wandern ist sinnlos, aber möglich.

▶ Von der **Pisciadùhütte** 01 (2.585 m) gehen wir die wenigen Meter zum wunderschön gelege-

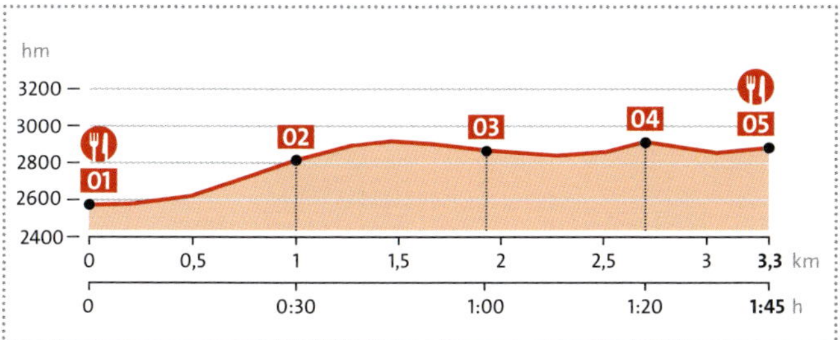

01 Pisciadùhütte, 2.585 m; 02 Einsattelung Sella di Val di Tita, 2.805 m; 03 Forcella della Antersas, 2.839 m; 04 L'Antersas, 2.907 m; 05 Boèhütte, 2.873 m

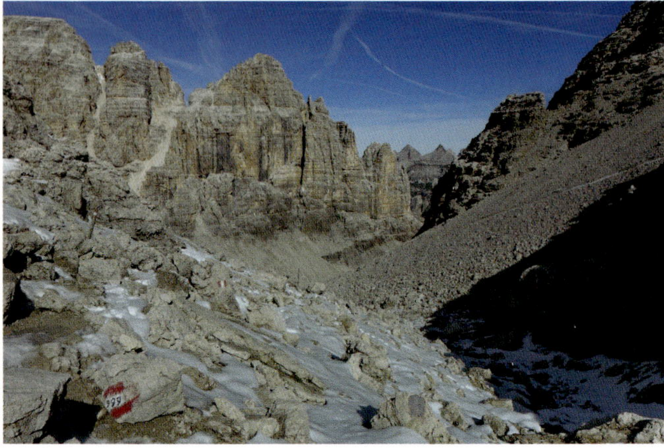

Bei der Einsattelung Sella di Val di Tita

nen Lech de Pisciadù hinunter, auf dem Wanderweg 666 Richtung Boèhütte. Hinter der kleinen Staumauer des Bergsees beginnt der Pfad durch das wunderschön gelegene Vallun de Pisciadù, unterhalb der steil aufragenden Felswände der 2.985 m hohen Cima Pisciadù.

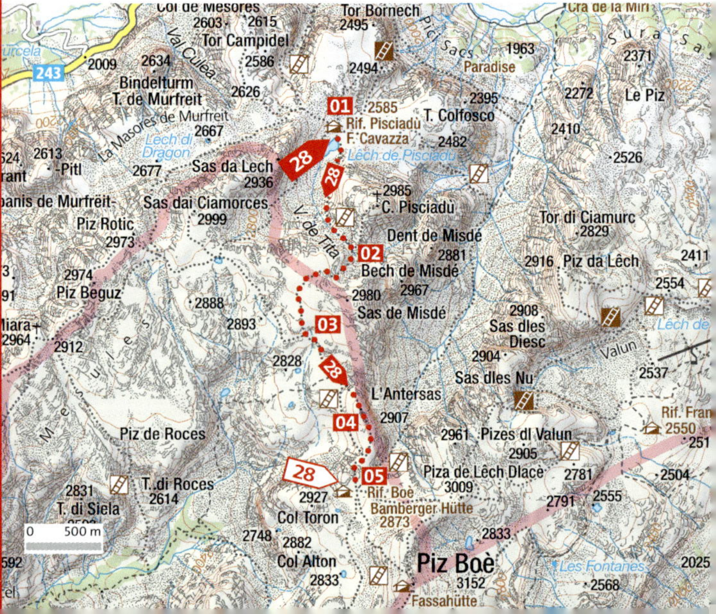

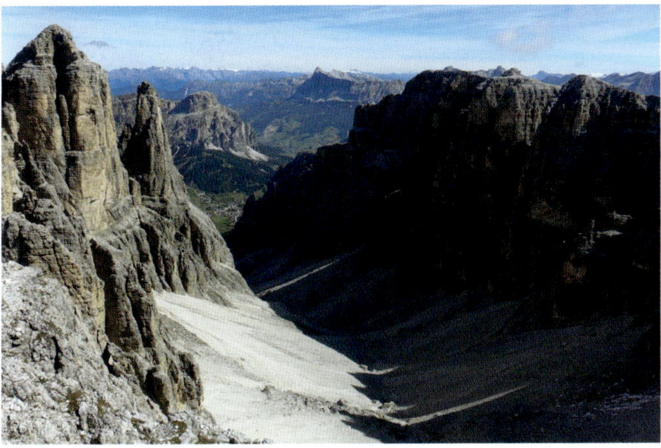

Tief blickt man in das Val Mezdì (Mittagstal)

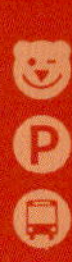

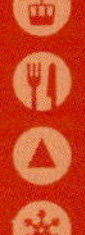

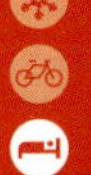

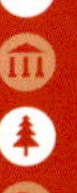

Sobald sich Schnee auf dem Untergrund befindet oder es stark neblig ist, wird die Orientierung durch das Val di Tita schwierig. Bei der **Einsattelung Sella di Val di Tita** 02 (2.805 m) befindet sich dann links der Aufstieg zum 2.985 m hohen Cima Pisciadù, wir gehen halb rechts weiter, durch Geröll oder Blockwerk. Große in den Boden gerammte Holzstangen sorgen für eine verbesserte Orientierung bis zur nachfolgenden Anhöhe, wo wir dann auf einem breiten Schotterweg in südliche Richtung absteigen. Den rechten Abzweig, den Wanderweg 649 zur 2.964 m hohen Piz Miara, ignorieren wir und gehen halb links weiter.

An der **Forcella della Antersas** 03 (2.839 m) ignorieren wir den nach rechts abzweigenden Wanderweg 647 zum Val Lasties und gehen geradeaus weiter, nun aber auf dem Wanderweg 647.

Nach einer Mulde und der folgenden Verzweigung gibt es zwei Varianten: So kann man über einen ausgesetzten Klettersteig, auf einem mit Stahlseilen gesicherten Felsband, dem Koburger Weg 647A, um den Zwischenkofel herumgehen. Bei der einfachen Route überschreitet man einfach den **L'Antersas (Zwischenkofel)** 04 (2.907 m).

Bei guter Sicht kann man dann bereits unterhalb die **Boèhütte** 05 (2.873 m) ausmachen, die man auf einem breiten Wanderweg erreicht.

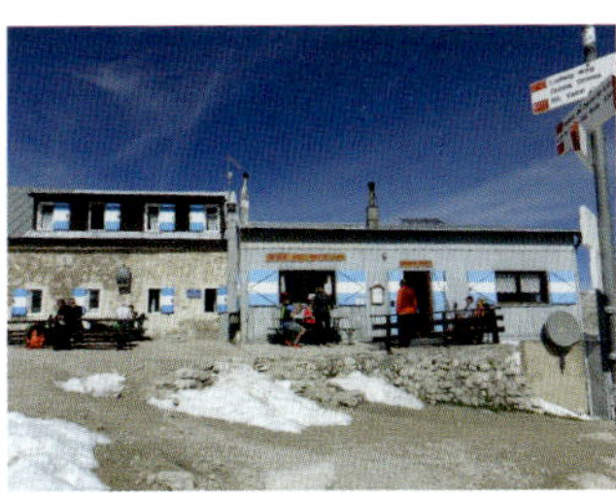

Die 2.873 m hohe Boèhütte liegt in einer einzigartigen Landschaft

BOÈHÜTTE – PORDOIJOCH

Dolomiten Höhenweg Nr. 2

   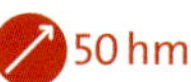  

4,4 km | 1:45 h | 50 hm | 630 hm | 672

START | Boèhütte, 2.873 m
[GPS: N46.514517° E11.823583°]
CHARAKTER | Der technisch einfache Pfad befindet sich im hochalpinen Gelände. Der Abstieg führt durch heikle Geröllfelder und Wiesenhänge. Startpunkt: Die Boèhütte ist nur zu Fuß erreichbar und befindet sich am Ende der Etappe 28. Endpunkt/Abbruch/Einstieg: Das Pordoijoch ist mit dem Pkw, mit dem Bus und zu Fuß erreichbar und befindet sich am Anfang der Etappe 30. Zusatzausrüstung: keine. Einkehr: Rifugio Forcella Pordoi. Übernachtung: Hotel Pordoijoch: www.coldilana.it/de/.

Es erwartet uns eine faszinierende Wanderung durch den gewaltigen Bergstock des Sellamassivs und im Speziellen die Boègruppe mit seinen markanten Türmen. Rund um die Sellagruppe befinden sich vier Gebirgspässe: Das 2.121 m hohe Grödner Joch, der 1.875 m hohe Campolongopass, das 2.244 m hohe Sellajoch und unser heutiges Ziel, das 2.239 m hohe Pordoijoch. Im Winter kann man den Bergstock entlang dieser Gebirgspässe auf Skiern umrunden. Die 40 km lange Sellaronda ist ein Muss für alle Wintersportler!

▶ Die alte und neue **Boèhütte** 01 (2.873 m) verlassen wir in südöst-

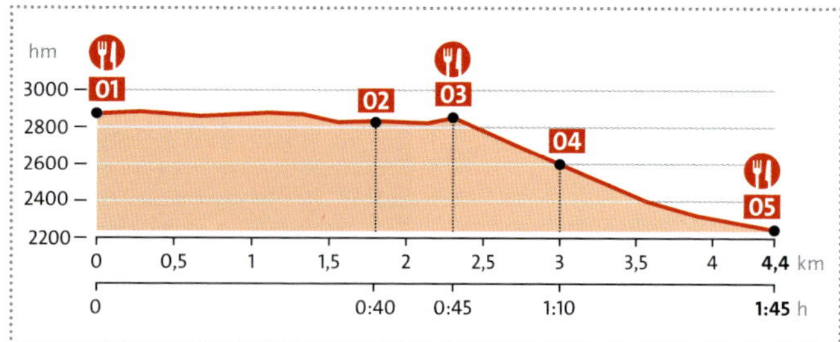

01 Boèhütte, 2.873 m; 02 Wegeinmündung Etappe 29.1, 2.821 m; 03 Rifugio Forcella Pordoi, 2.848 m; 04 Wanderweg 626, 2.596 m; 05 Pordoijoch, 2.239 m

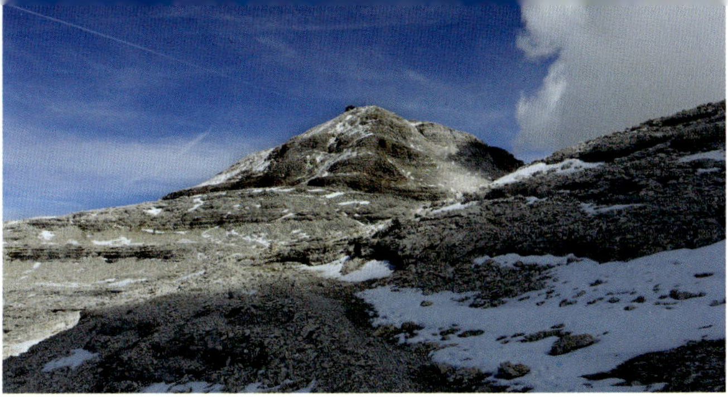

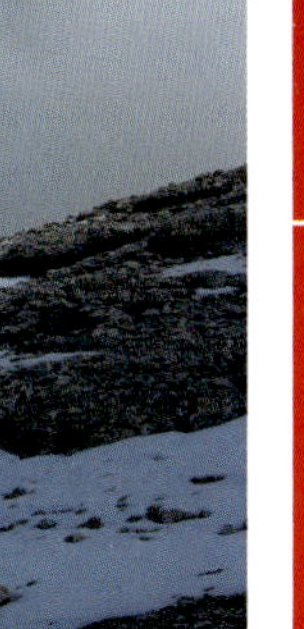

Der 3.152 m hohe Gipfel des Piz Boès

licher Richtung. Bei der folgenden Weggabelung gehen wir nicht geradeaus auf dem Wanderweg 638 auf den Piz Boè, sondern halb rechts auf dem Wanderweg 627, Richtung der großen von Menschenhand gebauten Steinpyramide – die man in der Ferne sieht. Über das Hochplateau des Sellastocks geht es ohne größere Höhenunterschiede in südliche Richtung, durch eine faszinierende Mondlandschaft.

Nach einem kurzen Abstieg gelangen wir zur **Wegeinmündung der Etappe 29.1** 02 (2.821 m) vom 3.152 m hohen Gipfel des Piz Boès.

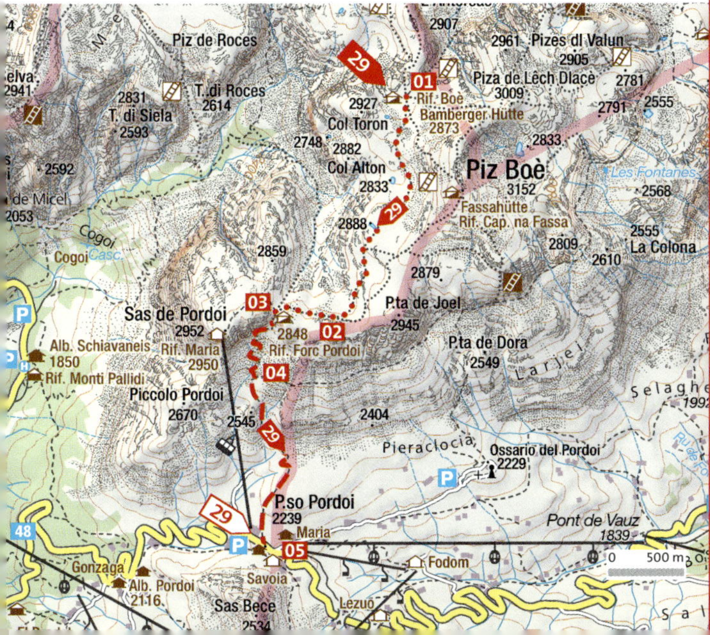

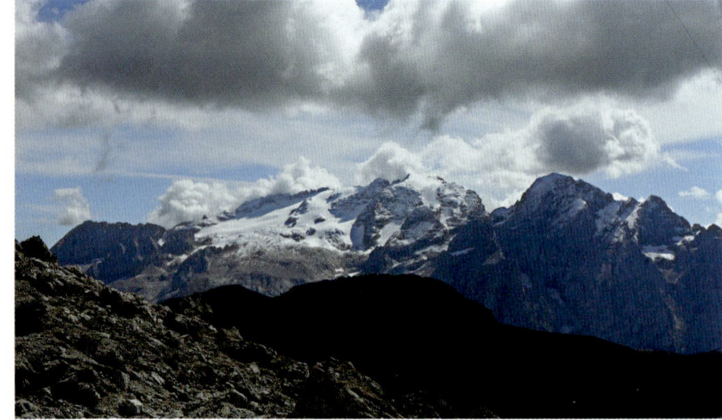

Die Marmolada von der Pordoi-Scharte aus gesehen

Ab hier muss man bei schönem Wetter mit sehr vielen Wanderern rechnen, denn die Seilbahnstation auf den Sass Pordoi ist nicht mehr weit entfernt. Auf dem breiten Weg erreichen wir das **Rifugio Forcella Pordoi** 03 (2.848 m). Die Hütte liegt imposant zwischen Felstürmen oberhalb der Podoi-Scharte – bei guten Schneeverhältnissen im Winter eine faszinierende Variantenabfahrt.

Auf einem der vielen Pfade beginnen wir über die Geröllhalde abzusteigen. Nach ca. 600 Entfernungsmetern ignorieren wir den nach links abzweigenden **Wanderweg 626** 04 (2.596 m).

Über die mit Gras bewachsenen Hänge erreichen wir dann das **Pordoijoch** 05 (2.239 m), einer von vier Pässen, die von der Dolomitenstraße durchquert werden. Diese wurde Anfang des 19. Jahrhunderts gebaut, um Bozen und Cortina miteinander zu verbinden und somit den Tourismus zu fördern. Auch war das Pordoijoch Schauplatz während des Ersten Weltkriegs, eine **Gedächtnisstätte** mit deutschem Soldatenfriedhof gedenkt an diese Geschehnisse.

Varianten

1. Bei gutem Wetter kann man die Variante (Etappe 29.1) über **Piz Boè** wählen. Man benötigt ca. 1 Stunde länger und hat weitere 270 m Aufstieg und Abstieg.

2. Vom **Rifugio Forcella Pordoi** erreicht man nach 600 Entfernungsmeter und 90 Höhenmetern bergauf die Bergstation der **Sass-Pordoi-Seilbahn** und kann mit dieser zum Pordoijoch hinunter fahren. So spart man ca. 615 m Höhenmeter im Abstieg.

BOÈHÜTTE – PIZ BOÈ – WEGEINMÜNDUNG WANDERWEG 626

Dolomiten Höhenweg Nr. 2

 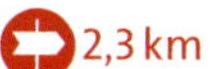 2,3 km  1:10 h 285 hm  335 hm 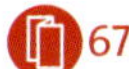 672

START | Boèhütte, 2.873 m
[GPS: N46.514517° E11.823583°]
CHARAKTER | Die Piz Boè gilt als leichtester Dreitausender der Dolomiten. Trotzdem ist alpine Erfahrung sowie Trittsicherheit und Schwindelfreiheit auf dem kurzen Klettersteig gefordert, für den man kein Klettersteigset benötigt. Nach Schneefällen kann der Aufstieg von der Boèhütte sehr eisig sein. Startpunkt: Die Boèhütte ist nur zu Fuß erreichbar und befindet sich am Ende der Etappe 28. Endpunkt/Abbruch/Einstieg: Das Pordoijoch ist mit dem Pkw, mit dem Bus und zu Fuß erreichbar und befindet sich am Anfang der Etappe 30. Zusatzausrüstung: nach Schneefällen leichte Steigeisen oder Grödel. Einkehr: Rifugio Capanna Piz Fassa und Rifugio Forcella Pordoi. Übernachtung: Hotel Pordoijoch: www.coldilana.it/de/.

Mit 3.152 m ist der Piz Boè der höchste Berg in der Sellagruppe und gilt als leichtester Dreitausender der Dolomiten. Ist das Wetter also vielversprechend, so ist diese hier beschriebene Variante bei gutem Wetter eigentlich schon fast ein Muss! Am Gipfel kommt aber ein ambivalentes Gefühl auf: Denn auf dem Gipfelplateau befindet sich das kleine Rifugio Capanna Piz Fassa, ein sehr un-

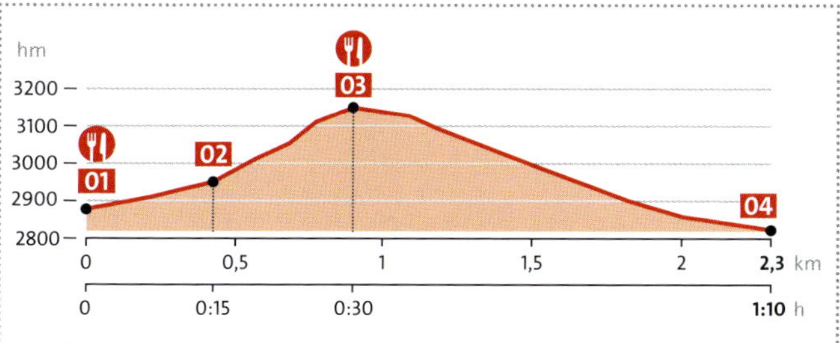

01 Boèhütte, 2.873 m; 02 Drahtseilsicherung, 2.992 m;
03 Piz Boè, 3.152 m; 04 Wegeinmündung Wanderweg 626, 2.821 m

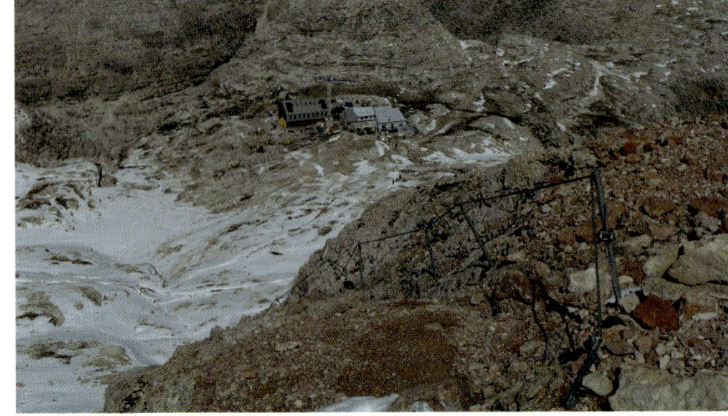

Ein kurzer Klettersteig auf dem Weg zum Piz Boè. Blick hinunter zur alten und neuen Boèhütte

schöner Telefonreflektor und bei schönem Wetter Unmengen von Turnschuhtouristen. Na ja, im Kontrast dazu steht ein unvergleichliches Panorama über die Welt der Dolomiten: Beginnend im Süden gegen den Uhrzeigersinn: Marmolada, Civetta, Monte Pelmo, Monte Averau, 5 (eigentlich sind es ja nur noch 4) Torri,

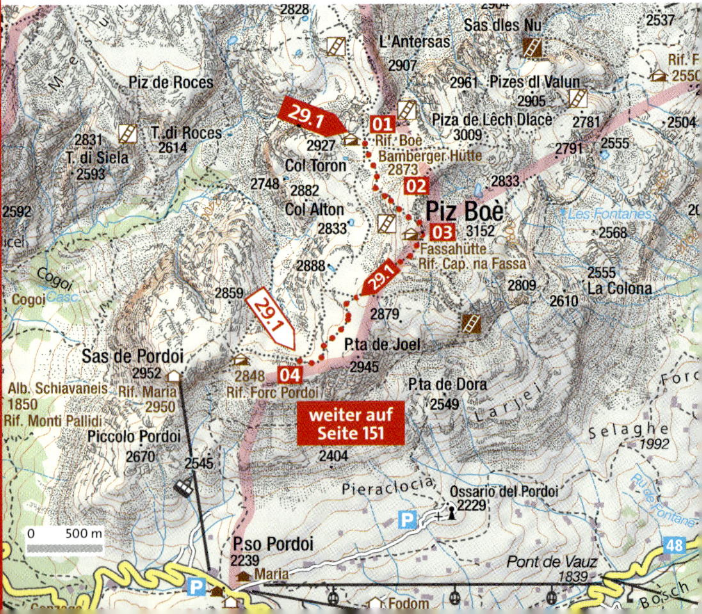

weiter auf Seite 151

Tofane-Spitzen, Conturines-Spitze, Piz Lavarella, Heiligkreuzkofelgruppe mit Neuner, Kreuzkofel und Zehner. Im Nordwesten sehen wir den Plattkofel und Langkofel und im Westen erhebt sich der Kesselkogel im Rosengarten.

Die alte und neue **Boèhütte** 01 (2.873 m) verlassen wir in südöstlicher Richtung und gehen bei der folgenden Weggabelung nicht halb rechts zu der großen Steinpyramide – die man in der Ferne sieht – sondern halb links und folgen dem ausgezeichneten Wanderweg 638 zum Piz Boè.

Nach steilem Anstieg gabelt sich der Weg vor einer kleinen Rinne, hier geht man scharf rechts, auf einem schmalen **Felsband**, das mit einem **Drahtseil** 02 (2.992 m) **gesichert** ist. In einem Halbkreis wird so ein Fels umlaufen, um dann auf dem nachfolgenden Schotterfeld weiter steil anzusteigen.

Wir erreichen den Gipfelgrat und folgen diesem halb rechts bis zum Gipfel des **Piz Boè** 03 (3.152 m). An schönen Wochenendtagen ist das Menschengewimmel um das **Refugio Capanna Piz Fassa** und dem Gipfel schon erschreckend! Geht man hinter dem Gipfelkreuz einige Meter weiter bis zum Hubschrauberlandeplatz, dann genießt man eine wunderschöne Aussicht auf die Marmolada, stellt aber auch mit Erschrecken fest, das sich von der Sass-Pordoi-Seilbahn eine Menschenschlange Richtung Gipfel quält.

Diese Menschenschlange markiert sehr beeindruckend unsere weitere Route. So erfolgt der steile Abstieg über den Südwestgrat des Piz Boè, wir erreichen das flache Hochplateau mit riesigen Steinhaufen und schlussendlich die **Wegeinmündung in den Wanderweg 626** 04 (2.821 m).

Ab hier folgen wir der Wegbeschreibung der **Etappe 29**, Wegpunkt **Wegeinmündung der Etappe 29.1** 02 (2.821 m) bis zum **Pordoijoch** (siehe Seite 151).

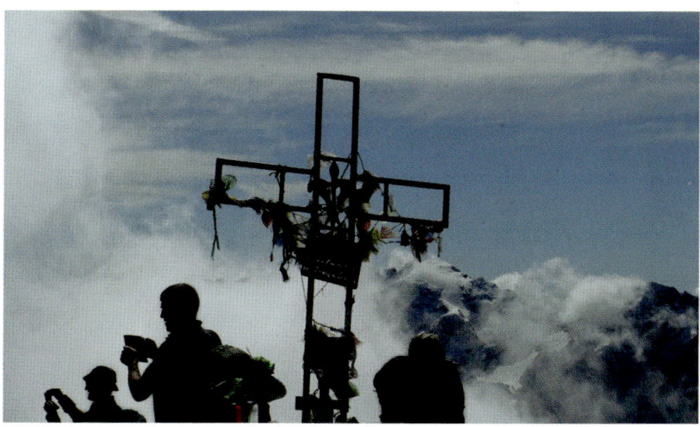

Mit 3.152 m ist diePiz Boè der höchste und einzige Dreitausender in der Sellagruppe

PORDOIJOCH – LAGO DI FEDAIA

Dolomiten Höhenweg Nr. 2

  6,7 km  2:45 h 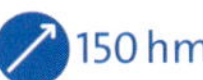 150 hm  330 hm  672

START | Pordoijoch, 2.239 m
[GPS: N46.487400° E11.812950°]
CHARAKTER | Einfache Wanderung mit geringem Höhenunterschied auf gut angelegten Pfaden. Startpunkt/Abbruch/Einstieg: Das Pordoijoch ist mit dem Pkw, mit dem Bus und zu Fuß erreichbar und befindet sich am Ende der Etappen 29 und 29.1. Endpunkt/Abbruch/Einstieg: Das Rifugio Castiglioni Marmolada, am Lago di Fedaia, ist mit dem Pkw, mit dem Bus und zu Fuß erreichbar und befindet sich am Anfang der Etappen 31 und 31.1. Zusatzausrüstung: keine. Einkehr: Rifugio Sass Becé, Rifugio Baita Fredarola und Rifugio Viel dal Pan. Übernachtung: Rifugio Castiglioni Marmolada: www.rifugiomarmolada.it oder Rifugio Dolomia: www.hotelrifugiodolomia.it.

Heute heißt es entspannen und die prachtvolle Aussicht auf die Marmolada genießen. Wir wandern auf dem sogenannten Bindelweg, vom Pordoijoch zum Lago di Fedaia. Dieser war schon in der Vergangenheit ein wichtiger Verbindungsweg und wurde von Mehlhändlern aus der Provinz Belluno genutzt. Dadurch war es möglich regen Handel zu betreiben, Mehl wurde gegen handge-

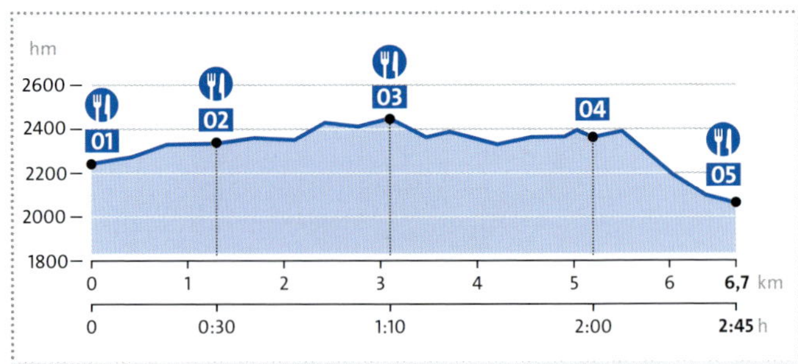

01 Pordoijoch, 2.239 m; 02 Rifugio Baita Fredarola, 2.370 m; 03 Rifugio Viel dal Pan, 2.432 m; 04 Porta Vescovo, 2.379 m; 05 Lago di Fedaia, 2.053 m

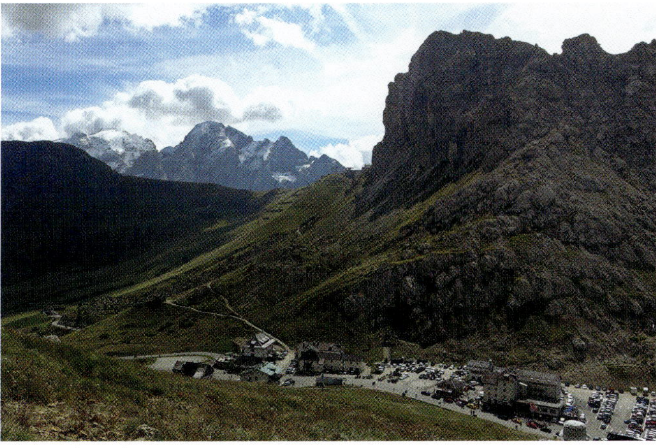
Das Pordoijoch an einem Sonntag im Sommer

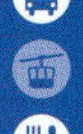

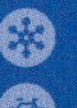

fertigte Produkte aus der Provinz Trentino getauscht. Auch erhielt die Hütte am Wegpunkt 03 den Namen „Weg des Brotes", d. h. übersetzt ins italienische Viel dal Pan. Wieder entdeckt wurde der Weg von dem deutschen Dr. Karl Bindel, deswegen heißt er auch Bindelweg.

▶ Vom **Pordoijoch** 01 (2.239 m) gehen wir nur einige Meter auf der Straße Richtung Arabba talwärts, um aber vor dem Hotel Savoia rechts in die Stichstraße zu biegen und auf dem Wanderweg 6 nach Porta Vescovo und Rifugio Castiglioni die Wanderung zu beginnen. Nach einigen Me-

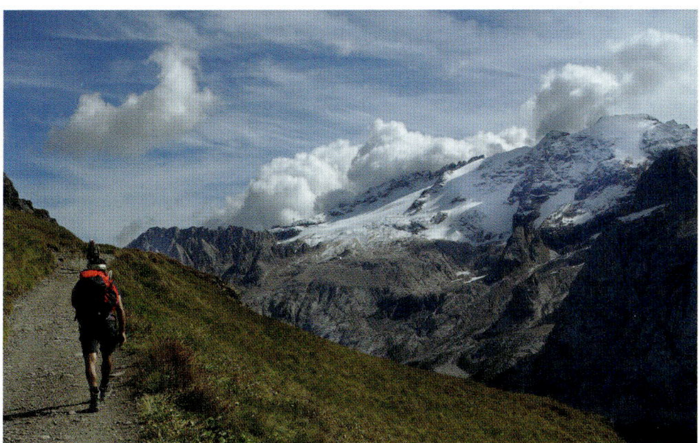
Der Bindelweg vom Pordoijoch zum Lago di Fedaia

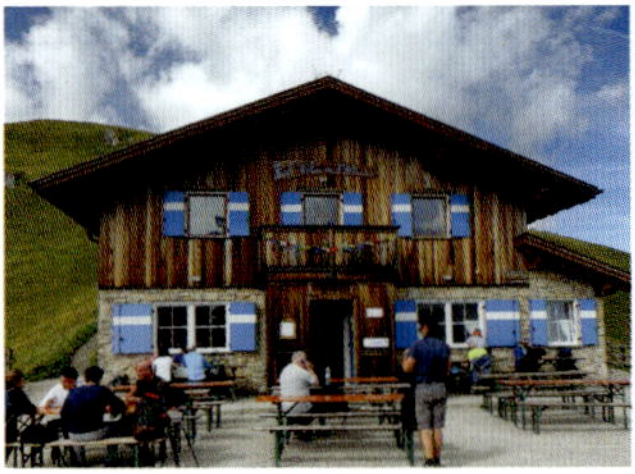

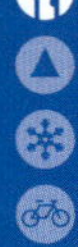

Die Hütte „Weg des Brotes“, das heißt übersetzt ins italienische Rifugio Viel dal Pan

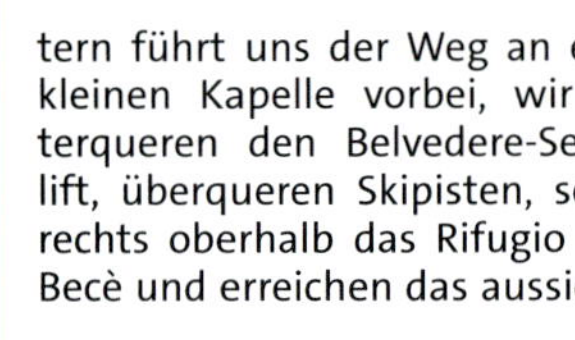

tern führt uns der Weg an einer kleinen Kapelle vorbei, wir unterqueren den Belvedere-Sessellift, überqueren Skipisten, sehen rechts oberhalb das Rifugio Sass Becè und erreichen das aussichts-

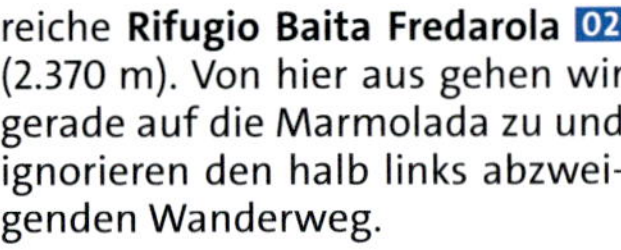

reiche **Rifugio Baita Fredarola** 02 (2.370 m). Von hier aus gehen wir gerade auf die Marmolada zu und ignorieren den halb links abzweigenden Wanderweg.

Es folgt ein aussichtsreicher Höhenweg, mit faszinierender Fernsicht auf das Bergmassiv der Marmolada. Auf halber Strecke der heutigen Etappe erreichen wir die nächste Hütte, das **Rifugio Viel dal Pan** 03 (2.432 m).

Weiter geht es auf dem Höhenweg bis zu einer Weggabelung, halb links führt der Wanderweg zur Seilbahn am **Porta Vescovo** 04 (2.379 m), wir gehen halb rechts und folgen weiterhin der Ausschilderung zum Lago di Fedaia.

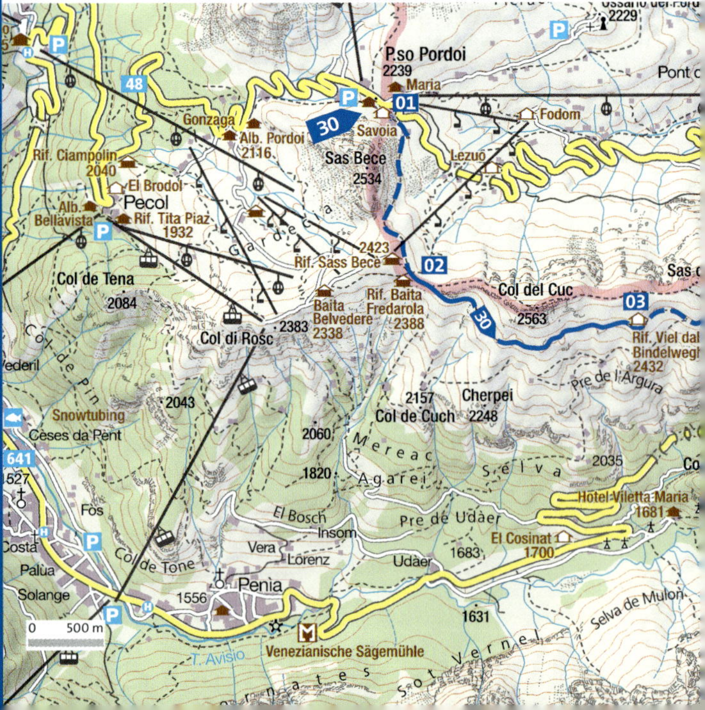

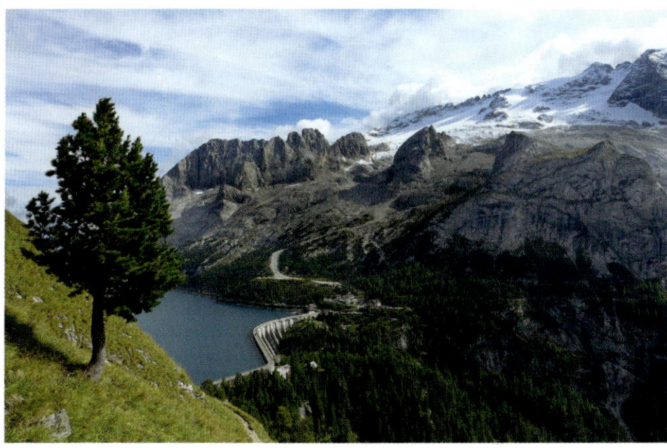

Der Lago di Fedaia unterhalb der Marmolada

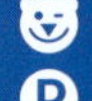

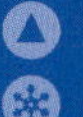

Über grasbewachsene Hänge geht es steil in Kehren bergab bis zur Straße am **Lago di Fedaia** 05 (2.053 m). Diese überqueren wir und erreichen das **Rifugio Castiglioni Marmolada**. Hat man eine Übernachtung im **Rifugio Dolomia S.A.S** gebucht, so muss man noch den Staudamm überqueren.

Hier befindet sich auch das **Museo della Grande Guerra**.

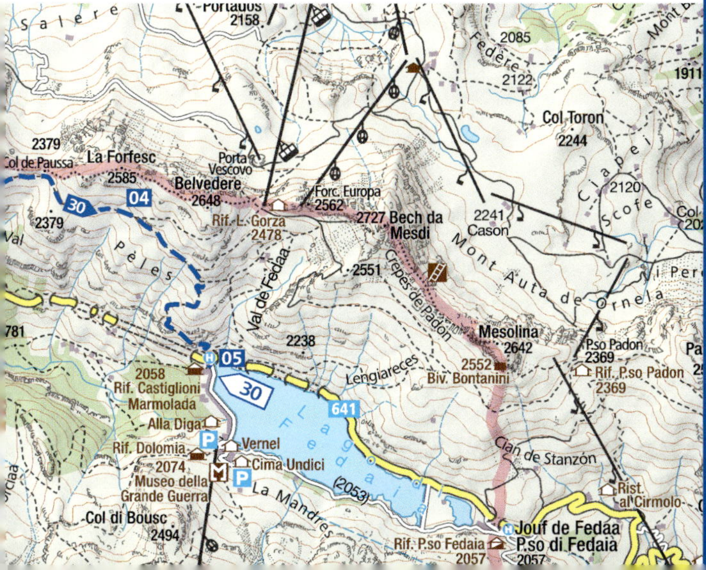

LAGO DI FEDAIA – RIFUGIO CONTRIN

Dolomiten Höhenweg Nr. 2

 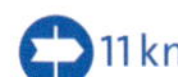  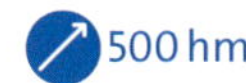 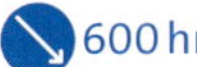 

START | Lago di Fedaia, 2.053 m
[GPS: N46.463417° E11.862183°]
CHARAKTER | Leichte Wanderung auf Forstwegen und Pfaden. Erhöhter Navigationsaufwand aufgrund vieler Abzweige. Startpunkt/Abbruch/Einstieg: Das Rifugio Castiglioni Marmolada am Lago di Fedaia ist mit dem Pkw, mit dem Bus und zu Fuß erreichbar und befindet sich am Ende der Etappe 30. Endpunkt: Das Rifugio Contrin ist nur zu Fuß erreichbar und befindet sich am Anfang der Etappe 32. Zusatzausrüstung: keine. Einkehr: Hotel Viletta Maria, Baita Locia Contrin und Rifugio Baita Cianci. Übernachtung: Rifugio Contrin: www.rifugiocontrin.it.

Schwierigkeitsgrad Blau (diese Etappe) oder Schwarz (Etappe 31.1), das ist hier die Frage! Bereits bei oder zu erwartenden schlechten Wetter oder wer keine Klettersteig-Erfahrung hat, der entscheidet sich gegen die Etappe 31.1 – über die 2.896 m hohe Marmolada-Scharte – und wählt diese leichte Etappe 31. Sie führt durch eine sich ständig verändernde Landschaft und zwei traumhaft gelegene Täler. Dabei eröffnen sich immer wieder umwerfende Blicke auf die omnipräsente Marmolada mit ihren

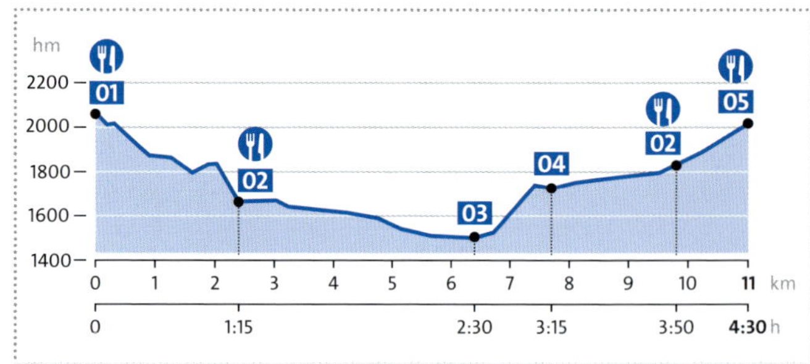

01 Lago di Fedaia, 2.053 m; 02 Hotel Viletta Maria, 1.681 m; 03 Sentiero per Contrin, 1.500 m; 04 Bachlauf, 1.733 m; 05 Rifugio Baita Cianci, 1.827 m; 06 Rifugio Contrin, 2.016 m

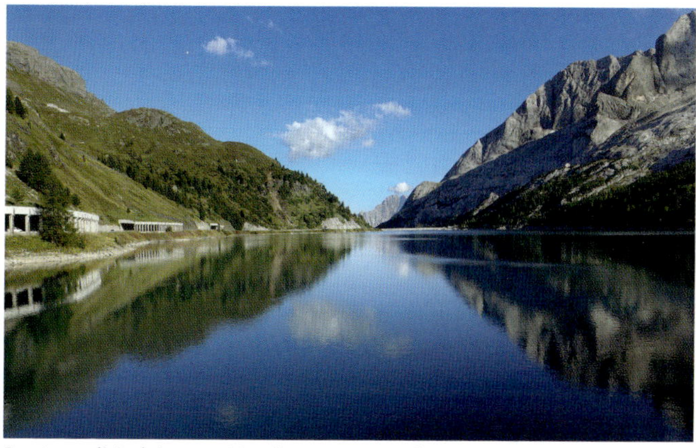

Der Lago di Fedaia vom Staudamm aus gesehen

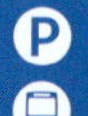
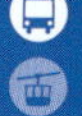

steilen Wänden und mächtigen Bergspitzen.

▶ Vom **Rifugio Castiglioni Marmolada**, gelegen hinter der Staumauer des **Lago di Fedaia** 01 (2.053 m), rechts – unterhalb der Staumauer! – auf dem Wanderweg 605, auch ausgeschildert Richtung Penia. Nach wenigen

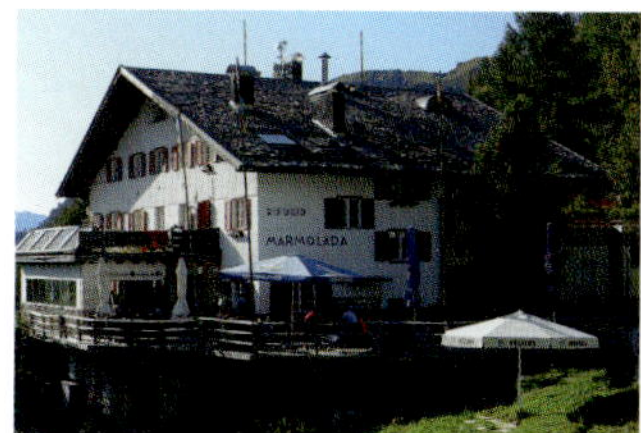

Das Rifugio Castiglioni Marmolada am Lago di Fedaia

Metern führt der Pfad scharf rechts durch den Wald.

Wir befinden uns jetzt auf einem alten Maultierpfad, der seit Mitte des 18. Jahrhunderts genutzt wurde, um die Touristen dichter an die Marmolada zu bringen. Den rechten Abzweig hinter einer Hütte ignorieren wir. Nach mehreren Heiligenschreinen mündet der Pfad in eine asphaltierte Zufahrtsstraße, wir erreichen das **Hotel Viletta Maria** 02 (1.681 m). Hinter der nächsten Brücke verlassen wir die Straße bereits wieder nach links, auf dem Forstweg geht es weiter bergab.

An der nachfolgenden Straße halten wir uns am Stoppschild links, um nach 50 m die Straßenseite zu wechseln und den beginnenden Pfad Richtung Penia zu folgen. Abermals endet der Pfad an der Straße, diesmal gehen wir aber links noch durch die Kehre der Straße, um 50 m hinter der Brücke rechts auf den Pfad abzuzweigen. Bei einer Weggabelung folgen wir nicht den halb rechts abzweigenden Pfad durch das Bachbett, sondern gehen weiter auf dem Wanderweg 605. Wir erreichen eine weitere Brücke, die

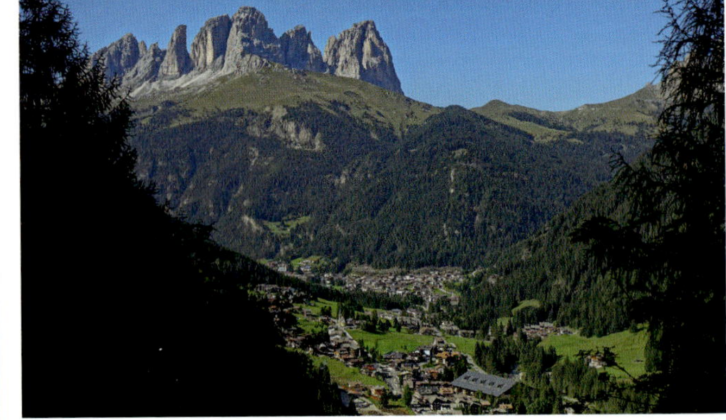

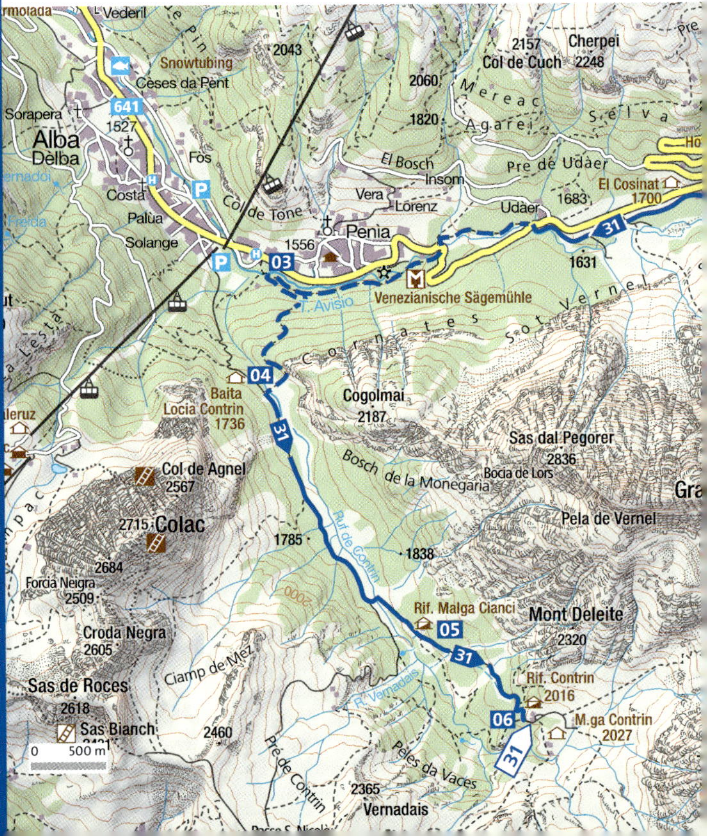

Die Orte Alba di Canazei und Canazei vor der Kulisse des Langkofels und Plattkofels

rechts über den Bachlauf führt. An dieser Stelle gehen wir nun links und folgen nur 10 m dem ausgezeichneten Wanderweg 602A Richtung Rifugio Contrin. Dort gehen wir scharf links in die Schotterpiste – hier befinden sich keine Wegweiser. Nach wenigen Metern geht die Schotterpiste in einem Pfad über, wir befinden uns nun auf dem **Sentiero per Contrin** 03 (1.500 m).

Dort wo sich der Sentiero in drei Äste aufteilt, gehen wir ganz rechts, nun steil bergauf. Nach einem längeren Aufstieg erreichen wir ein Bachdelta mit einer kleinen Staustufe. Hier gehen wir scharf rechts, überqueren den **Bachlauf** 04 (1.733 m) und erreichen die von rechts kommende Forststraße aus Alba di Canazei, der Wanderweg 602.

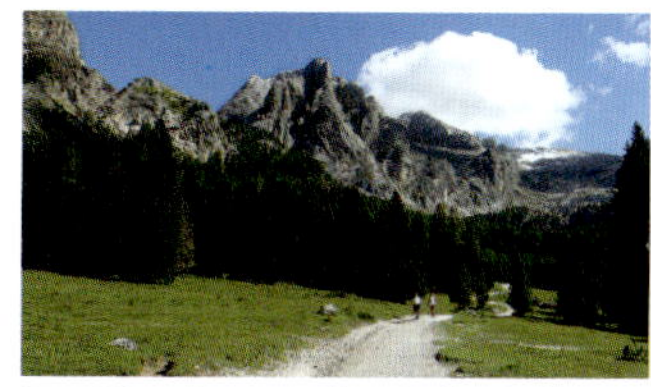

Der Wanderweg durch das Val Contrin zum gleichnamigen Rifugio

Auf dieser gehen wir nun durch das wunderschön gelegene Val Contrin taleinwärts. Vorbei geht es an Kühen, Pferden, Schafen und Eseln, die sich auf den weiten Weideflächen sichtlich wohl fühlen. Wir kommen am **Rifugio Baita Cianci** 05 (1.827 m) vorbei, eine nette Einkehrmöglichkeit. Nach ca. 40 Minuten erreichen wir das heutige Etappenziel, das **Rifugio Contrin** 06 (2.016 m).

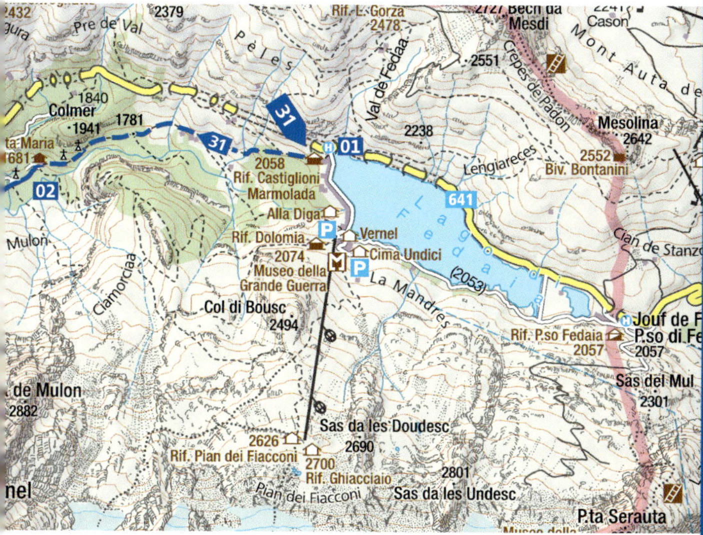

LAGO DI FEDAIA – FORCELLA DELLA MARMOLADA – RIFUGIO CONTRIN

Dolomiten Höhenweg Nr. 2

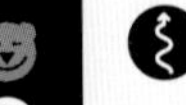 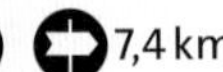 7,4 km  5:15 h 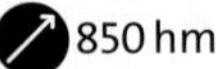 850 hm 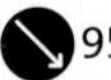 950 hm 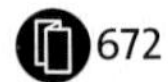 672

START | Lago di Fedaia, 2.053 m
[GPS: N46.463417° E11.862183°]
CHARAKTER | Man benötigt etwas Trittsicherheit und elementares Orientierungsvermögen auf dieser Variante mit einem durchgehendem Wegverlauf. Startpunkt/Abbruch/Einstieg: Der Lago di Fedaia ist mit dem Pkw, mit dem Bus und zu Fuß erreichbar und befindet sich am Ende der Etappe 30. Endpunkt: Das Rifugio Contrin ist nur zu Fuß erreichbar und befindet sich am Anfang der Etappe 32. Zusatzausrüstung: Leichte Steigeisen oder Grödel, Klettersteigset. Einkehr: unterwegs keine. Übernachtung: Rifugio Contrin: www.rifugiocontrin.it.

Ein nachhaltiger emotionaler Höhepunkt ist die Überschreitung der eisgekrönten Königin der Dolomiten, der Marmolada. Aber aufgepasst, die Route über die 2.896 m hohe Forcella della Marmolada gehört zu den technisch anspruchsvollsten Teiletappen des Dolomiten Höhenwegs Nr. 2! Warum? Es wird ein spaltenloser Gletscher gequert und es geht über einen mäßig schweren Klet-

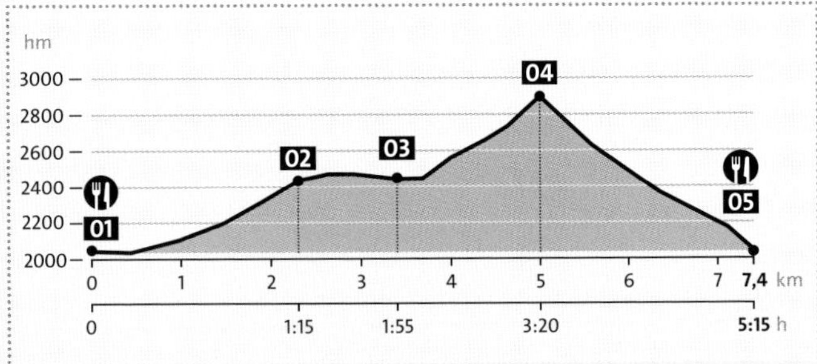

01 Lago di Fedaia, 2.053 m; 02 Forcella Col di Bousc, 2.436 m; 03 Marmolada-Canyon, 2.445 m; 04 Forcella della Marmolada, 2.896 m; 05 Rifugio Contrin, 2.016 m

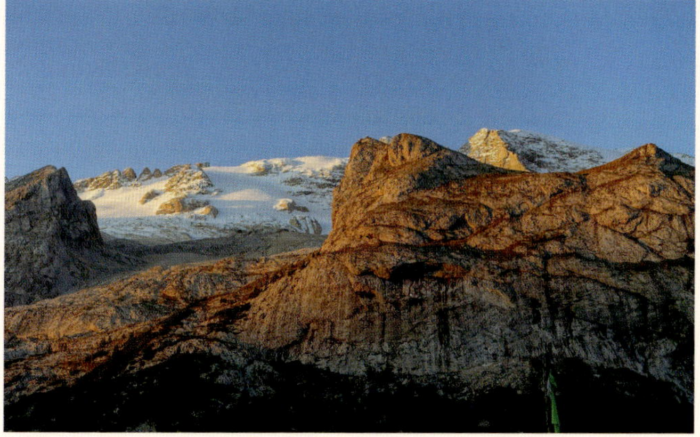

Die eisgekrönte Königin der Dolomiten – die Marmolada

tersteig, durch den Ostwestgrat der 3.342 m hohen Marmolada. Wahrhaft ein Abenteuer für Abenteurer.

▶ Haben wir im **Rifugio Castiglioni Marmolada** übernachtet, so gehen wir über die Staumauer des **Lago di Fedaia** **01** (2.053 m) bis zum **Rifugio Dolomia**. Von dort gehen wir auf der Straße weiter bergauf, vorbei am Lift und erreichen den obersten Parkplatz am Fedaiasee. Hier beginnt der ausgezeichnete Wanderweg 606 Richtung Forcella della Marmolada, zunächst noch durch Latschenkiefern. Auf den nachfolgenden plattgeschliffenen Felsen ist der Pfad dann nicht immer einfach zu erkennen, wenige weiß-rote Markierungen helfen bei der Orientierung.

Wir unterqueren den Lift und steigen unterhalb der Ostwand des Col di Bousc bis zur **Forcella Col di Bousc** **02** (2.436 m) auf, wo sich die Ruine einer österreichischen Stellung aus dem Ersten Weltkrieg befindet. An dieser Wegekreuzung führt halb links durch felsiges Gelände der markierte Wanderweg 606 zur Pian dei Fiacconi-Hütte.

Variante

Fährt man mit dem Lift vom Lago di Fedaia zum Rifugio Pian dei Fiacconi (2.626 m) spart man ca. 430 m im Aufstieg. Die Betriebszeiten der Bahn sind in der Regel von Mitte Juni bis Mitte September. Aktuelle Informationen erhält man auf der Webseite: www.fassa.com/DE/Betriebszeiten-und-Preise-der-Liftanlagen/. Vom Pian dei Fiacconi führt der Wanderweg 606 Richtung Forcella della Marmolada.

Halb rechts führt ein Pfad ins Tal, wir folgen dem nicht markierten Pfad in der Mitte. Der Pfad ist nur schwach ausgeprägt! Durch Geröll und Periglazialfelsen queren wir die Marmolada Nordwestflanke. Hinweis: Auf dem Wegstück befinden sich keine rot-weißen Markierungen, nur Steinmännchen.

Wir treffen auf den Pfad von der Pian dei Fiacconi-Hütte, ab hier helfen weiß-rote Markierungen bei der Orientierung. Wir steigen in eine Senke ab und 80 m hinter einem Bachbett empfiehlt sich der Abstecher zum sogenannten **Marmolada-Canyon** **03** (2.445 m). Um dorthin zu gelangen gehen wir nun weglos in nordwestliche Richtung und erreichen nach ca. 150 m einen ca. 350 m langen und bis zu 25 m tiefen Canyon, geformt vom Schmelzwasser des Gletschers. Im Winter und bei genügend Schnee kann man diesen Canyon mit Skiern durchfahren.

Wir kehren zum Hauptweg zurück und setzen unsere eingeschlagene Richtung fort. Nach einem mühsamen Aufstieg durch Geröll geht es über den spaltenfreien Gletscher Ghiacciaio del Vernel (Vernelglet-

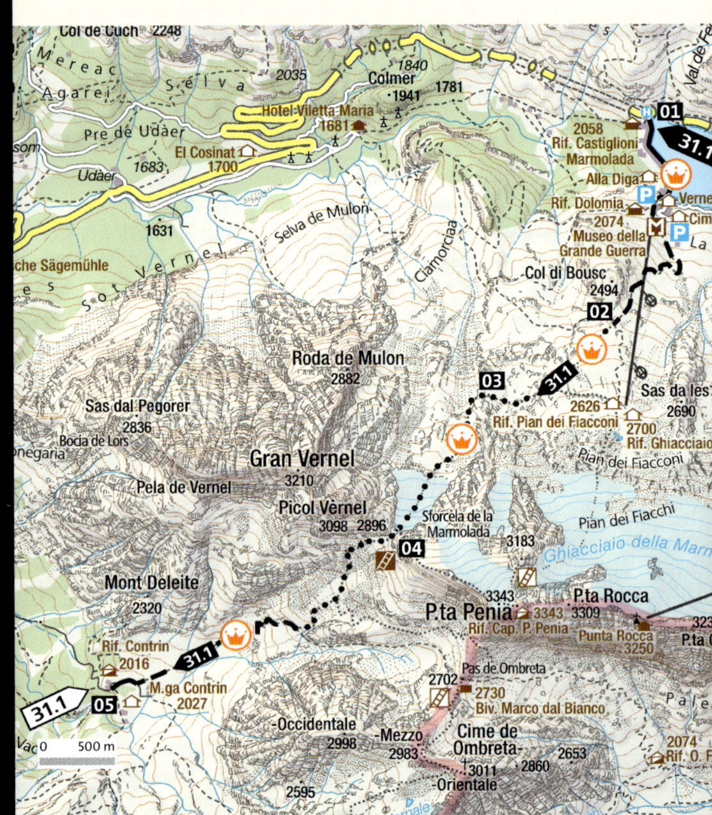

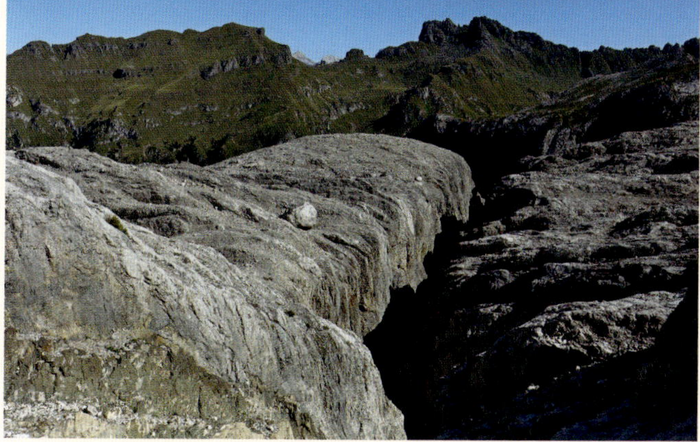

Der ca. 350 m lange und bis zu 25 m tiefe Marmolada-Canyon

scher), ein Ausläufer des Marmolada Gletschers. Achtung! Nach Neuschnee oder Temperaturen

Klettersteig durch den Ostwestgrat der Marmolada

um den Gefrierpunkt benötigt man Steigeisen oder Grödel. Auf ca. 2.830 m Höhe beginnt dann der Klettersteig, dessen Einstieg nach rechts an die Wand versetzt wurde. Von Beginn an sehr gut gesichert geht es nach Süden hinauf, in die **Forcella della Marmolada** **04** (2.896 m). Von dort geht es links bergauf auf den Hauptgipfel der Marmolada, wir steigen aber über den Klettersteig 606 ab. Es sind nur 60–70 Höhenmeter, die durch die senkrechte Wand unterhalb des Ostwestgrats der Marmolada führen.

Danach folgt ein langer Abstieg durch Schutthalden. Einen linken Abzweig, die Wegnummer 610, zum 2.702 m hohen Pas de Ombreta, ignorieren wir. Von den nachfolgenden grasbewachsenen Berghängen kann man bereits unterhalb das **Rifugio Contrin** **05** (2.016 m) ausmachen.

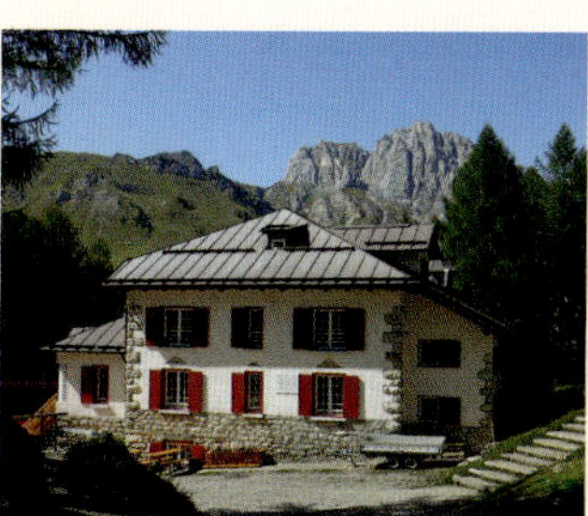

Das Rifugio Contrin

RIFUGIO CONTRIN – PASSO DI SAN PELLEGRINO

Dolomiten Höhenweg Nr. 2

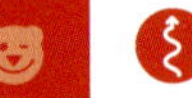  10,3 km 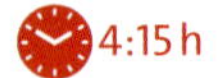 4:15 h 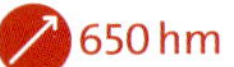 650 hm 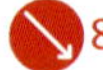 800 hm  672

START | Rifugio Contrin, 2.016 m
[GPS: N46.429683° E11.815833°]
CHARAKTER | Etwas Trittsicherheit und elementares Orientierungsvermögen sind nötig. Bei einem Wettersturz kann ein Rückzug schwierig werden. Achtung! Das lange Schotterstück hinter dem Pas de le Cirèle entpuppt sich an einigen Stellen als üble Rutschbahn, da der Schotter nicht tief genug ist. Startpunkt: Das Rifugio Contrin ist nur zu Fuß erreichbar und befindet sich am Ende der Etappe 31 und 31.1. Endpunkt/Abbruch/Einstieg: Das Berghotel Costabella am Passo San Pellegrino ist mit dem Pkw, mit dem Bus und zu Fuß erreichbar und befindet sich am Anfang der Etappe 33. Zusatzausrüstung: keine. Einkehr: Malga Contrin, Rifugio Fuciade und Albergo Miralago. Übernachtung: Hotel Costabella: www.costabella.it/en/.

Die Wanderung beginnt am Rifugio Contrin, gelegen am Fuße des höchsten Berges der Dolomiten, der Marmolada. Bei guter Sicht ergibt sich ein gigantischer Blick auf den westöstlich verlaufenden Gra-

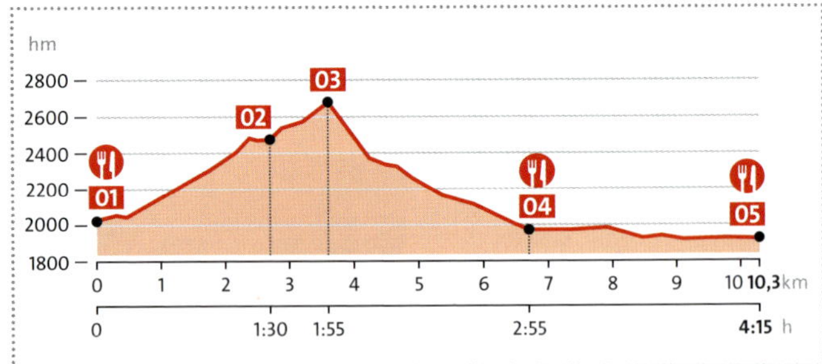

01 Rifugio Contrin, 2.016 m; 02 Abzweig, 2.486 m;
03 Pas de le Cirèle, 2.683 m; 04 Rifugio Fuciade, 1.982 m;
05 Passo di San Pellegrino, 1.918 m

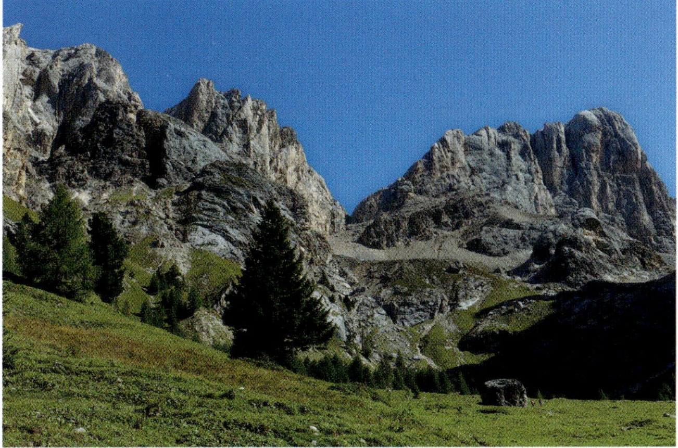

Blick auf den westöstlich verlaufenden Gratrücken der Marmolada

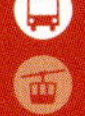

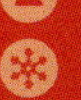

trücken der Marmolada: Von der 3.343 m hohen Punta Penia, über die 3.309 m hohe Punta Rocca, die 3.230 m hohe Punta Ombretta, zum 3.035 m hohen Pizzo Serauta und zum 3.069 m hohen Monte Serauta. Nicht minder spektakulär ist die Überschreitung des Pas de le Ciréle, wir erreichen das Costabellagebirge mit der 3.010 m hohen Cima dell'Uomo. Und dann erwartet uns noch eine einmalige Schotterreiße und ein absoluter kulinarischer Höhepunkt, das Restaurant des Rifugio Fuciade. Eine der faszinierendsten Wanderungen auf dem Dolomiten Höhenweg Nr. 2 verknüpft kulinarische und landschaftliche Höhepunkte.

▶ Wir verlassen das **Rifugio Contrin** 01 (2.016 m) in nördliche Richtung auf der breiten Schotterpiste und ignorieren die links bergauf führenden Wegweiser zur Forcella della Marmolada (siehe Etappe 31.1). Von nun an folgen wir dem Wanderweg 607, Richtung Passo di San Pellegrino. An der Weggabelung, wo es halb rechts zum **Malga Contrin** geht, gehen wir halb links und queren das Bachbett. Dort wo sich der Weg abermals gabelt gehen wir halb links weiter Richtung Rifugio Fuciade.

Auf einem fast weglosen Abschnitt im felsigen Gelände helfen rot-weiße Markierungen auf den Steinen bei der Orientierung. Wir erreichen einen **Abzweig** 02 (2.486 m), links bergauf geht es zum 3.058 m hohen **Sasso Vernale**.

Wir gehen aber halb rechts, weiterhin auf dem Wanderweg 607. Bei einem Hochtal, das an einen Vulkankrater erinnert, gehen wir an der Pfadgabelung halb rechts um diesen Krater herum. Durch eine Landschaft, wie man sie auf dem Mond erwarten würde, erreichen wir den **Pas de le Cirèle** 03 (2.683 m).

Des einen Leid des anderen Freud, in langen Serpentinen oder in der Falllinie, es folgt eine Schotterrei-

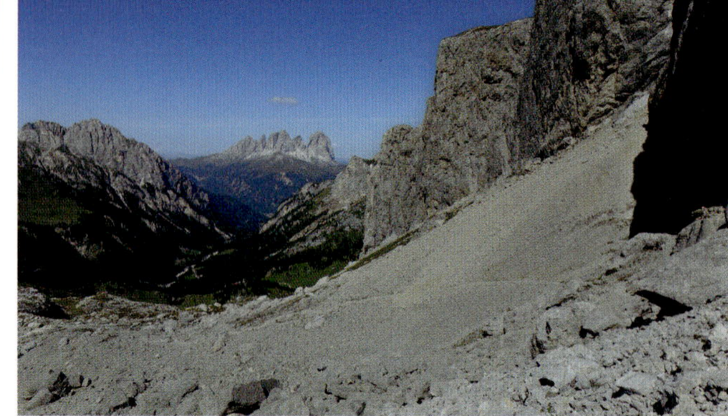

Von der Marmoladagruppe schaut man über das Fassa-Tal zur Platt- und Langkofelgruppe

ße – der Traum jedes erfahrenen Bergsteigers. Mühelos und knieschonend vernichten wir Höhenmeter im Tiefflug. Aber Vorsicht! Manches Schotterstück entpuppt sich als üble Rutschbahn. Bei einer Sitzbank werden dann erst mal die Kieselsteine aus den Schuhen entfernt. Hinter der nachfolgenden Einsattelung geht es dann in langen Kehren über steiles Wiesengelände bergab. An der nachfolgenden Pfadgabelung ist es egal, für welchen der beiden Arme man sich entscheidet, auf beiden gelangt man zum **Rifugio Fuciade** 04 (1982 m).

Von nun an geht es auf einer breiten Schotterpiste, umgeben von der Costabellagruppe, mit einem atemberaubenden Blick

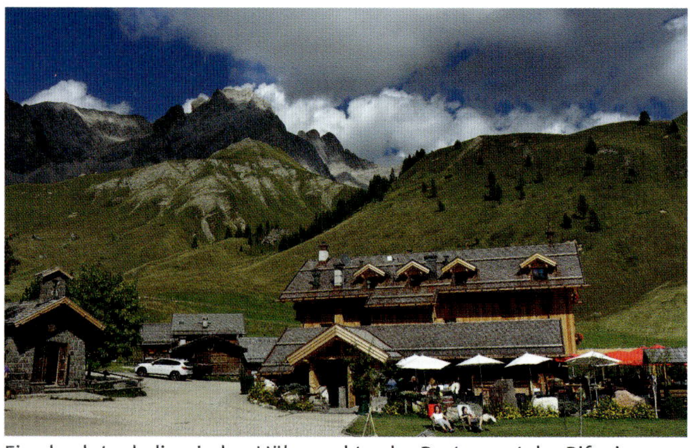

Ein absoluter kulinarischer Höhepunkt – das Restaurant des Rifugio Fuciade

auf die Pale di San Martino und dem Col Margherita auf einer breiten Schotterpiste durch das Val Fuciade talwärts. Entlang von Almwiesen und historischen Hütten erreichen wir das idyllisch an einem See gelegene **Albergo Miralago**. Von dort aus sind es dann nur noch 800 m bis zum **Passo di San Pellegrino** 05 (1.918 m).

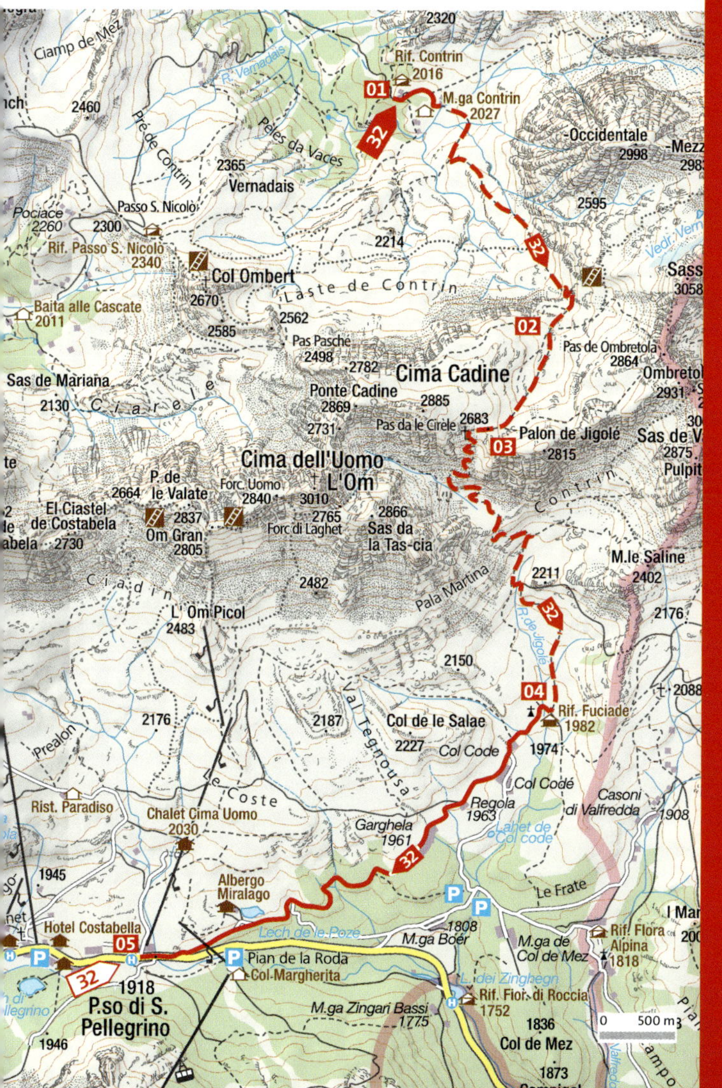

33

PASSO DI SAN PELLEGRINO – PASSO DI VALLÈS

Dolomiten Höhenweg Nr. 2

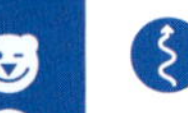  6,2 km  2:30 h 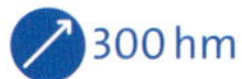 300 hm  200 hm  672

START | Passo di San Pellegrino, 1.918 m
[GPS: N46.378250° E11.793433°]
CHARAKTER | Der Wegverlauf ist nicht unbedingt durchgehend sichtbar aufgrund der neu angelegten Skipisten. Es gibt keine exponierten Stellen auf der leichten Wanderung mit nur wenigen Höhenmetern. Startpunkt/Abbruch/Einstieg: Der Passo di San Pellegrino ist mit dem Pkw, mit dem Bus und zu Fuß erreichbar und befindet sich am Ende der Etappe 32. Endpunkt/Abbruch/ Einstieg: Der Passo di Vallès mit dem gleichnamigen Rifugio ist mit dem Pkw, mit dem Bus und zu Fuß erreichbar und befindet sich am Anfang der Etappe 34 und 34.1. Zusatzausrüstung: keine. Einkehr: keine unterwegs. Übernachtung: Rifugio Capanna Passo Vallès: www.passovalles.com.

Diese aussichtsreiche Wanderung beginnt am Passo di San Pellegrino. Hinter diesem erhebt sich in nördliche Richtung das Costabellagebirge, mit der 3.010 m hohen Cima dell'Uomo. Sie gehört definitiv zu den schönsten Gipfeln der Dolomiten mit ihrer massiven Dreieckspyramide, die durch die Isolation von den anderen

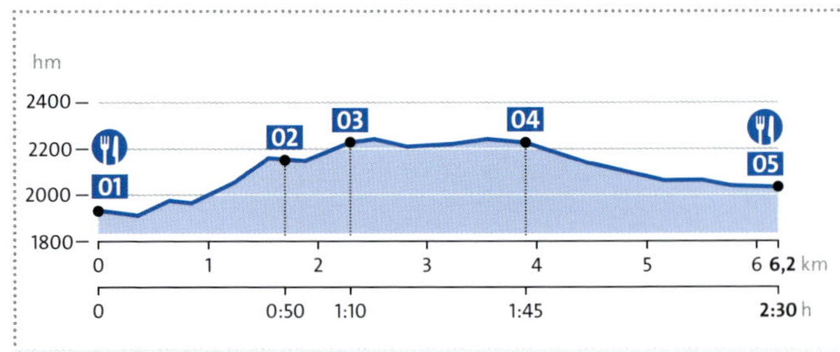

01 Passo di San Pellegrino, 1.918m; 02 Skipiste, 2.143 m; 03 Pale di Gargul, 2.218 mm; 04 Forcella di Pradazzo, 2.220 m; 05 Passo di Vallès, 2.032 m

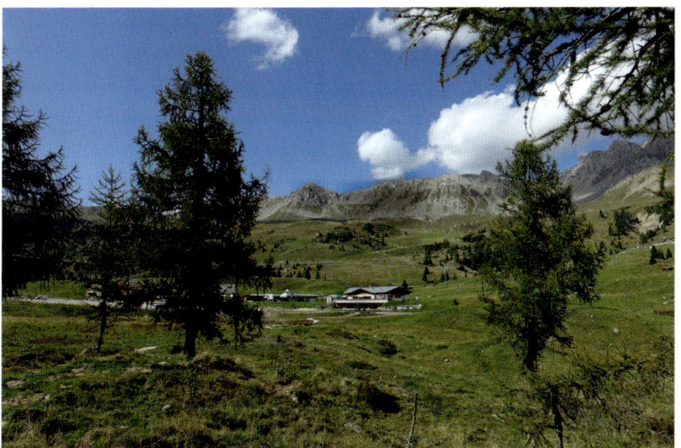

Der Passo di San Pellegrino und dahinter erhebt sich das Costabellagebirge

Gipfeln und durch das sichtbare Gipfelkreuz gut zu erkennen ist. Der nachfolgende Wanderweg ist dann nicht ganz so schön, denn er führt entlang von Aufstiegshilfen und Skipisten. Oberhalb der Baumgrenze angekommen blickt man dann bis zur felsigen Südwand der Marmolada, den Monte Pelmo und die Civetta. Sobald der Wanderweg dann in südliche Richtung führt, schauen wir gebannt auf die mächtige Palagruppe, während wir im Wechsel zwischen sattgrünen Wiesen und platt erodierten Felsen marschieren.

Rinder sind soziale Lebewesen, die den Kontakt zu ihren Artgenossen in der gegenseitigen Körperpflege suchen

▶ Vom großen Parkplatz, der sich südlich der Straße am **Passo di San Pellegrino** 01 (1.918 m) befindet, gehen wir in südöstlicher Richtung – Wanderweg 658 Passo Valles – auf einem Pfad, dieser führt quer über eine sumpfige Bergwiese. Bei einem großen Stein, auf dem eine große „2“ geschrieben ist, gehen wir nur wenige Meter auf einem Schotterpfad, um diesen dann nach halb rechts, auf einem Pfad, zu verlassen. Ein kurzes Stück führt über Holzbretter aufgrund des sumpfigen Untergrunds.

Wir unterqueren die Tragseile der Seilbahn, gehen über das Gesteinsmaterial eines Murgangs und erreichen das erste Mal eine Skipiste. Auf einem angelegten Pfad gehen wir im Zickzack auf der Skipiste bergauf. Am linken Pistenrand angekommen geht es durch den Wald. Eine Schotterpiste wird überquert und wir steigen nun wieder parallel zu einer Skipiste auf. Nach einem kurzen Waldstück überqueren wir das zweite Mal eine **Skipiste** 02 (2.143 m), hierbei gehen wir einige Meter bergab. Nicht einfach zu finden ist der Wegweiser mit der Nummer 658, Richtung Passo di Vallès.

Nach ca. 600 m überqueren wir nach halb rechts abermals eine

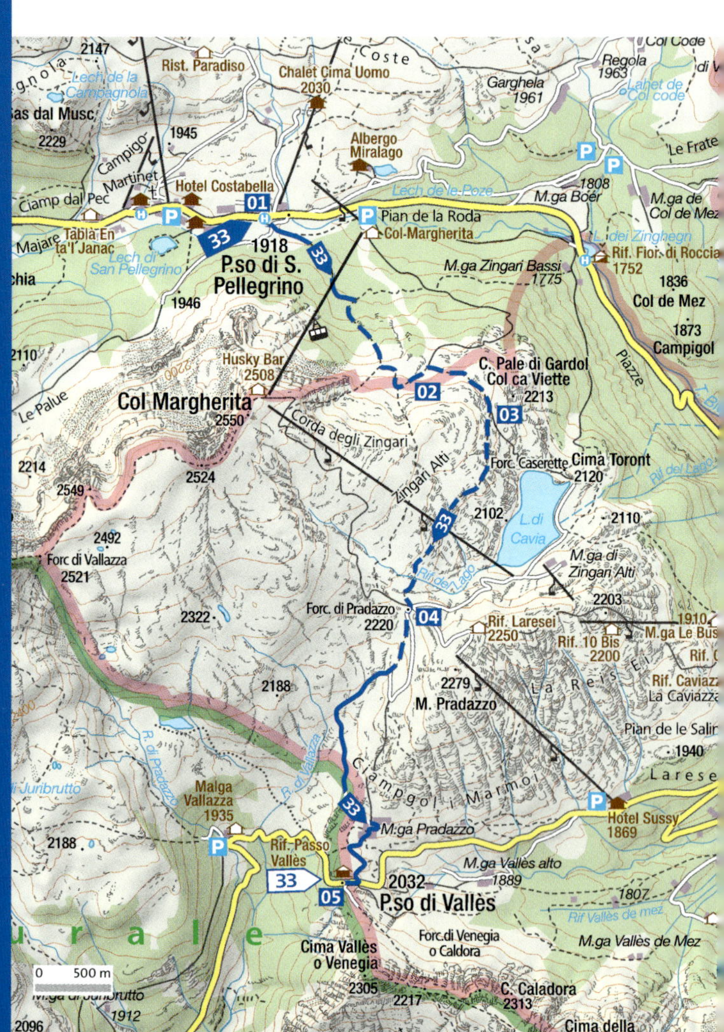

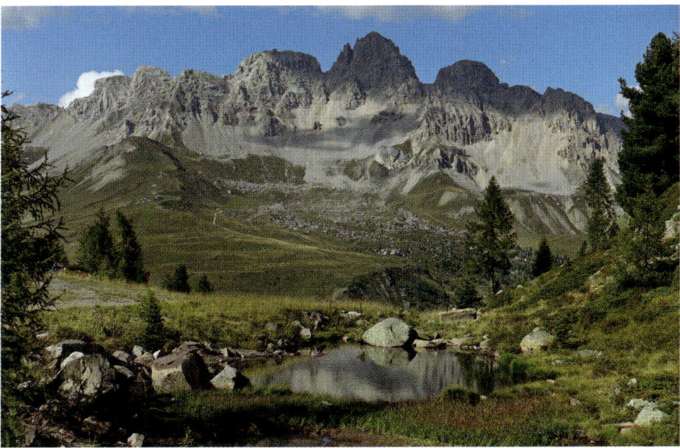

Die 3.010 m hohe Cima dell'Uomo gehört definitiv zu den schönsten Gipfeln der Dolomiten

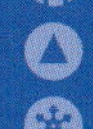
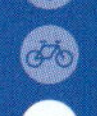

Skipiste, um bei der Weggabelung **Pale di Gargul** 03 (2.218 m) schon wieder halb rechts zu gehen. Wir wandern weiterhin auf dem Wanderweg 658, Richtung Passo di Vallès.

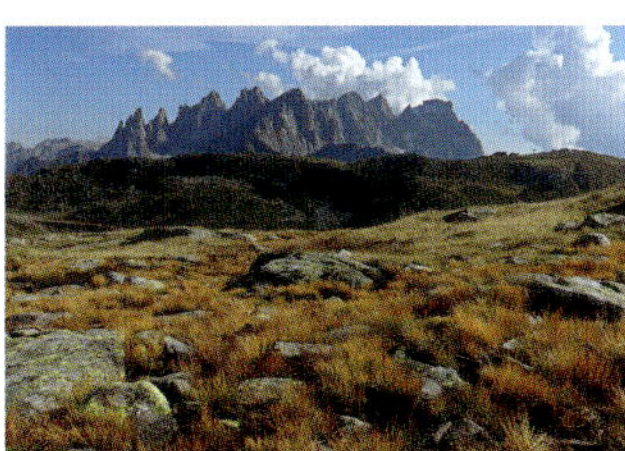

Die Palagruppe, in der wir die nächsten Wandertage verbringen werden

In südöstlicher Richtung erhebt sich die Palagruppe, in der wir die nächsten Wandertage verbringen werden. Wir unterqueren einen weiteren Skilift und erreichen die Einsattelung **Forcella di Pradazzo** 04 (2.220 m). Hinter der Einsattelung gehen wir dann auf einer breiten Schotterpiste in südliche Richtung bergab.

Möchte man nicht den gezogenen Kehren der Pisten folgen, so kann man auf Pfaden abseits der Schotterpiste abkürzen. Nachdem wir an einem Brunnen und den wenigen Häusern einer Casera vorbeigegangen sind, erreichen wir den **Passo di Vallès** 05 (2.032 m) mit der heutigen Übernachtungsmöglichkeit, dem **Rifugio Capanna Passo Vallès**.

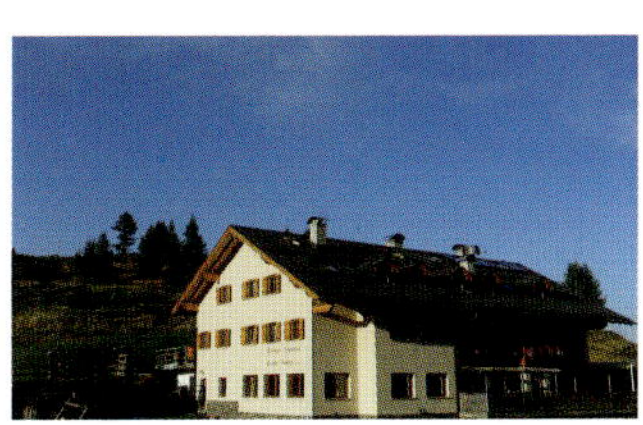

Am Passo di Vallès befindet sich das Rifugio Capanna Passo Vallès

PASSO DI VALLÈS – RIFUGIO VOLPI AL MULAZ

Dolomiten Höhenweg Nr. 2

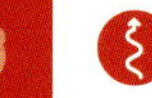  6,3 km  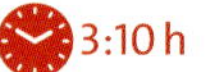 3:10 h 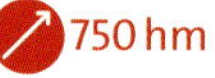 750 hm 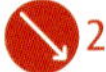 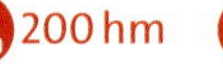 200 hm  672

START | Passo di Vallès, 2.032 m
[GPS: N46.338667 ° E11.800250°]
CHARAKTER | Es werden benötigt etwas Trittsicherheit und elementares Orientierungsvermögen benötigt auf dieser Etappe mit einem durchgehenden Wegverlauf. Startpunkt/Abbruch/Einstieg: Das Rifugio Capanna am Passo di Vallès ist mit dem Pkw, mit dem Bus und zu Fuß erreichbar und befindet sich am Ende der Etappe 33. Endpunkt: Das Rifugio Volpi al Mulaz ist nur zu Fuß erreichbar und befindet sich am Anfang der Etappe 35. Zusatzausrüstung: keine. Einkehr: keine unterwegs. Übernachtung: Rifugio Volpi al Mulaz: www.caiveneto.it/rifugio/volpi-al-mulaz.

Am Passo di Vallès, einsam gelegen zwischen dem Ort San Martino di Castrozza und Passo San di Pellegrino, beginnt diese Etappe. In diesem Grenzgebiet der Provinzen Belluno und Trient erobern wir den Gebirgsstock der Palagruppe – was ins Italienische übersetzt heißt: Pale di San Martino oder Gruppo delle Pale. Gleich drei Spitzen sind höher als 3.000 m: Die 3.192 m hohe Cima di Vezzana, der 3.184 m hohe Cimon della Pala und die 3.130 m hohe Cima dei Bureloni.

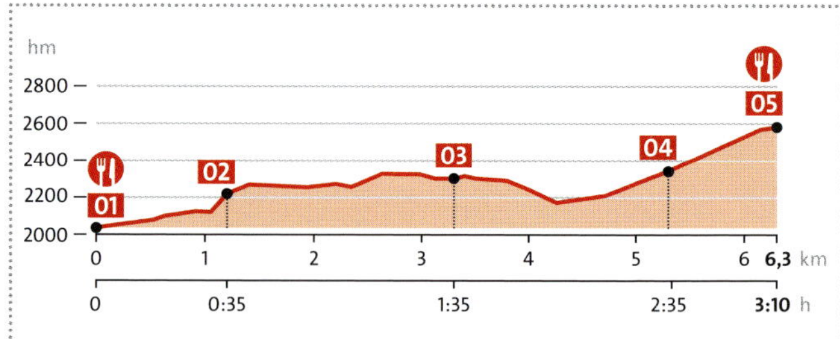

01 Passo di Vallès, 2.032 m; 02 Forcella di Venegia, 2.217 m; 03 Passo di Venegiota, 2.303 m; 04 Wegverzweigung, 2.330 m; 05 Rifugio Volpi al Mulaz, 2.571 m

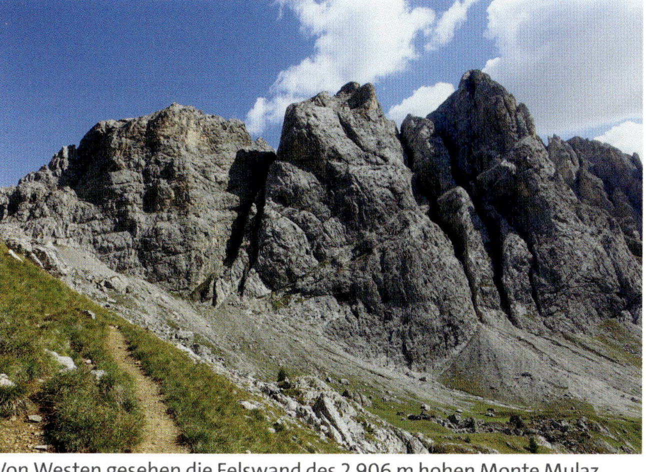

Von Westen gesehen die Felswand des 2.906 m hohen Monte Mulaz

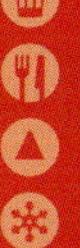

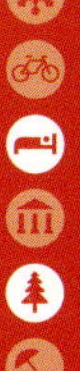

Die Besonderheit dieser Etappe: Hat man den Passo di Venegiota hinter sich gelassen, so ergibt sich eine faszinierende Fernsicht auf die Crème de la Crème der Dolomiten. Von links nach rechts sieht man: die steilen Felswände der Marmolda, die Tofana di Rozes, der Monte Cristallo, den Monte Pelmo, den Monte Antelao und die Civetta.

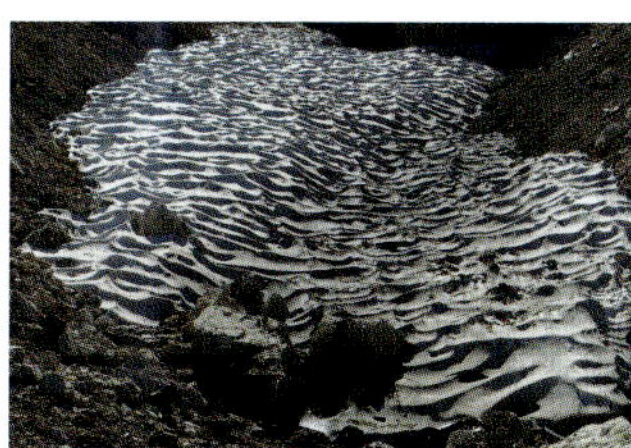

Restschneefelder selbst noch im September

Wir verlassen den **Passo di Vallès** 01 (2.032 m) in südöstliche Richtung und lassen die kleine Holzkapelle auf der rechten Seite liegen. Wir folgen der Ausschilderung des Wanderwegs 751, Richtung Passo di Venegiota und Rifugio Volpi al Mulaz.

Nach kurzem Aufstieg gabelt sich der Pfad in zwei Arme, beide Wege sind zielführend. Wir erreichen die **Forcella di Venegia** 02 (2.217 m) mit einem prachtvollen Blick auf die Palagruppe, die im Südosten vor uns liegt. An dieser Weggabelung, mit einem Wegweiser, folgen wir weiter dem Wanderweg 751 Richtung Passo di Venegiota und gehen nicht über die Einsattelung auf dem Wanderweg 749 (siehe Etappe 34.1) Richtung Pain della Vezzana.

Gemächlich geht es über einen Bergrücken auf seinen südlich ausgerichteten Hängen bergauf,. Wir passieren einen kleinen See und marschieren direkt auf die steile Westwand des 2.906 m hohen Monte Mulaz zu. Wir errei-

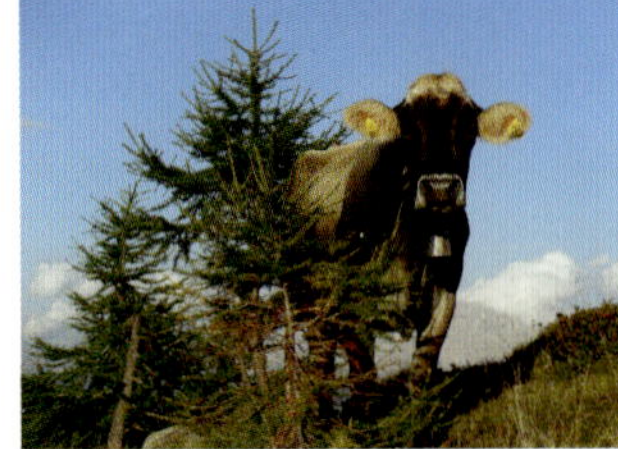

Eine Kuh beäugt unseren Aufstieg

chen den **Passo di Venegiota** 03 (2.303 m), folgen weiterhin dem Wanderweg 751 und gehen nicht rechts talwärts. Fortan gehen wir auf den nördlich ausgerichteten Berghängen des Monte Mulaz zu. Im steilen aber nicht ausgesetztem Gelände befinden sich Sicherungsketten. Einen Abzweig nach links, die Wegnummer 753 zur Casera Focobon, ignorieren wir.

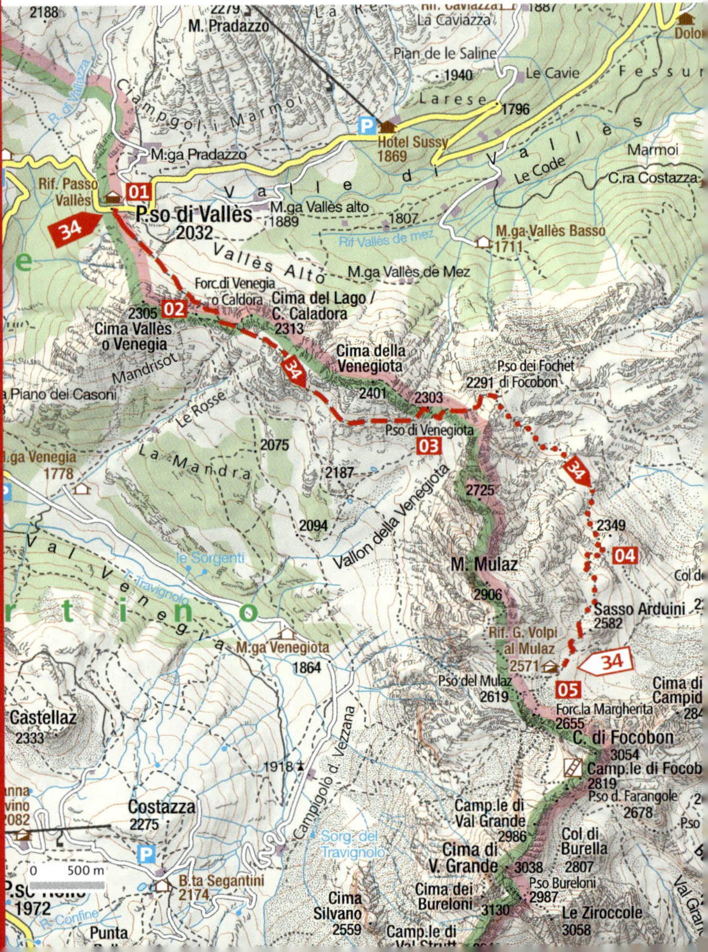

M. Pradazzo
La Caviazza
Pian de le Saline
1940
Le Cavie
Larese
1796
Hotel Sussy 1869
Marmoi
C.ra Costazza
Le Code
Valle di Vallès
M.ga Pradazzo
Rif. Passo Vallès
01
P.so di Vallès 2032
M.ga Vallès alto 1889
1807
Rif Vallès de mez
M.ga Vallès Basso 1711
Vallès Alto
M.ga Vallès de Mez
Forc.di Venegia o Caldora
Cima del Lago / C. Caladora 2313
2305
02
Cima Vallès o Venegia
Mandrisot
Cima della Venegiota
2401
2303
P.so dei Fochet di Focobon 2291
Le Rosse
P.so di Venegiota
03
2075
M.ga Venegia 1778
La Mandra
2187
2725
2349
04
2094
Vallon della Venegiota
M. Mulaz
Sasso Arduini 2582
2906
Val Venegia
Le Sorgenti
T. Travignolo
Trentino
M.ga Venegiota 1864
Rif. G. Volpi al Mulaz 2571
P.so del Mulaz 2619
05
Forc.la Margherita 2655
C. di Focobon 3054
Camp.le di Focobon 2819
P.so d. Farangole 2678
Castellaz 2333
1918
Campigolo d. Vezzana
Costazza 2275
Camp.le di Val Grande 2986
Cima di V. Grande 3038
Col di Burella 2807
P.so Bureloni 2987
Sorg. del Travignolo
Cima dei Bureloni 3130
Cima Silvano 2559
Le Ziroccole 3058
B.ta Segantini 2174
0 500 m
1972
Punta

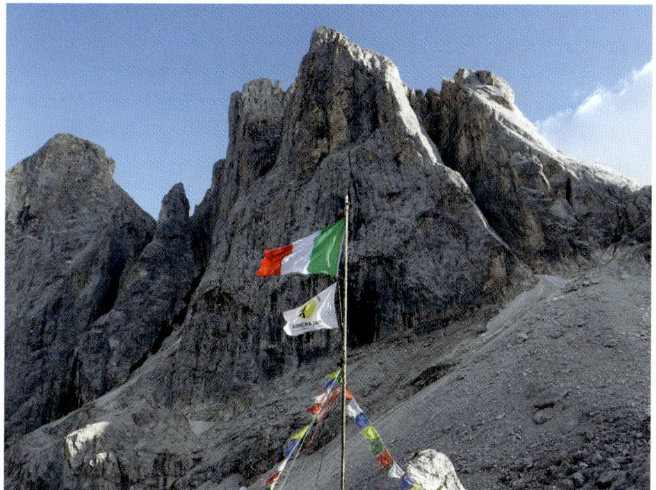

Die 3.054 m hohe Cima di Focobon und die 3.001 m hohe Cima di Campido vom Rifugio Mulaz aus gesehen

Durch ein mächtiges Schotterfeld steigen wir noch einmal ab, um eine unpassierbare Felswand zu umgehen. Nach weiteren Sicherungsketten beginnt dann der steile Aufstieg durch felsiges Gelände. Vor einer Rinne, hier befindet sich teilweise noch bis in den September ein Restschneefeld, gabelt sich der Weg und wir gehen links über den Bachlauf, um dann an Sicherungsketten durch diese Rinne aufzusteigen. An wenigen Stellen muss man die Hände zu Hilfe nehmen. Auf einem Plateau angekommen gehen wir bei der **Wegverzweigung** 04 (2.330 m) halb rechts weiter bergauf.

Das nachfolgende Wegstück führt extrem steil durch felsiges Gelände bergauf – auch befindet sich hier eine weitere Sicherungskette. Nur aufgrund der vielen weiß-roten Markierungen ist die Aufstiegsroute auszumachen. Sobald wir links oberhalb ein Kreuz auf einem vorgelagerten Berg sehen,

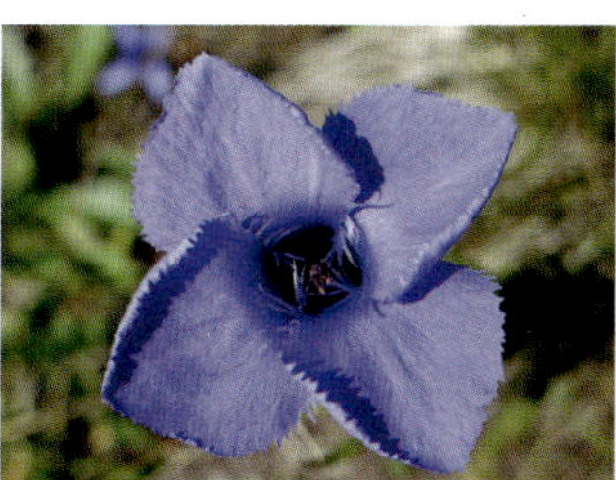

Almwiesen und ihre Blütenpracht

sind es nur noch einige Meter bis zu einer Einsattelung, von hier steigen wir ab Richtung **Rifugio Volpi al Mulaz** 05 (2.571 m), das unterhalb der 3.054 m hohen Cima di Focobon wie ein Miniaturhaus aussieht.

34.1 PASSO DI VALLÈS – PASSO DEL MULAZ – RIFUGIO VOLPI AL MULAZ

Dolomiten Höhenweg Nr. 2

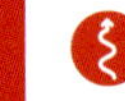  7,3 km  3:45 h 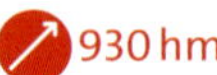 930 hm  400 hm  672

START | Passo di Vallès, 2.032 m
[GPS: N46.338667° E11.800250°]
CHARAKTER | Benötigt werden etwas Trittsicherheit und elementares Orientierungsvermögen auf dieser Variante mit einem durchgehendem Wegverlauf. Startpunkt/Abbruch/Einstieg: Das Rifugio Capanna am Passo di Vallès ist mit dem Pkw, mit dem Bus und zu Fuß erreichbar und befindet sich am Ende der Etappe 33. Endpunkt: Das Rifugio Volpi al Mulaz ist nur zu Fuß erreichbar und befindet sich am Anfang der Etappe 35. Zusatzausrüstung: keine. Einkehr: unterwegs keine. Übernachtung: Rifugio Volpi al Mulaz: www.caiveneto.it/rifugio/volpi-al-mulaz.

Die Besonderheit dieser Variante 34.1: Wir steigen unterhalb der bizarren Felstürme der Pale di San Martino über den 2.619 m hohen Passo del Mulaz bis zum Rifugio Volpi al Mulaz auf. Die Strecke ist ca. 35 Minuten, 1 km, 180 Höhenmeter bergauf und 200 Höhenmeter bergauf länger.

▶ Wir verlassen den **Passo di Vallès** 01 (2.032 m) in südöstliche

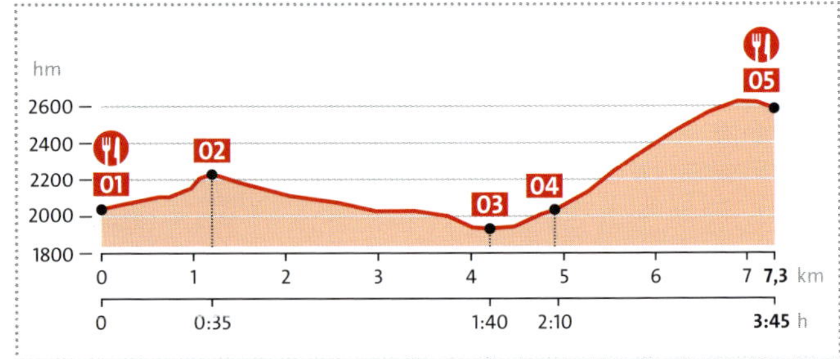

01 Passo di Vallès, 2.032 m; 02 Forcella di Venegia, 2.217 m; 03 Lastenseilbahn, 1.922 m; 04 Pfad, 2.039 m; 05 Rifugio Volpi al Mulaz, 2.571 m

Richtung und lassen die kleine Holzkapelle auf der rechten Seite liegen. Wir folgen der Ausschilderung des Wanderwegs 751 Richtung Forcella Venegia und Rifugio Mulaz.

Nach kurzem Aufstieg gabelt der Pfad in zwei Arme, beide Wege sind zielführend. Wir erreichen die **Forcella di Venegia** 02 (2.217 m) mit einem prachtvollen Blick auf die Palagruppe. An dieser Weggabelung mit einem Wegweiser, gibt es die Möglichkeit, diese schöne Variante zu gehen. Anstatt dem Wanderweg 751 weiter zu folgen überqueren wir die Forcella di Venegia und gehen auf dem Wanderweg 749 durch Wiesen bergab, Richtung Pain della Vezzana. Den nachfolgenden rechten Abzweig zur Malga Venegia ignorieren wir und bleiben auf dem Hauptweg.

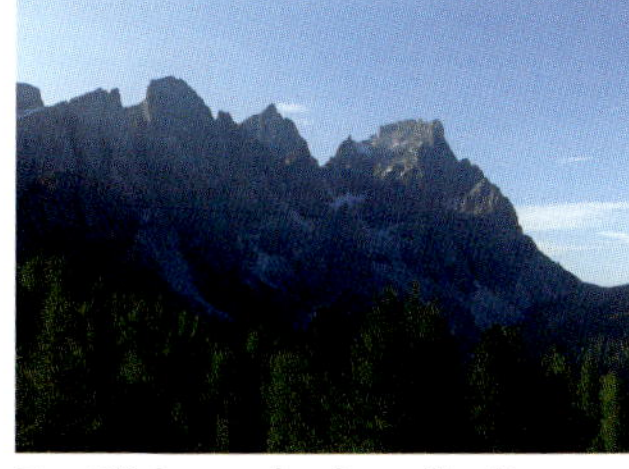

Der Blick von der Forcella di Venegia auf die Palagruppe

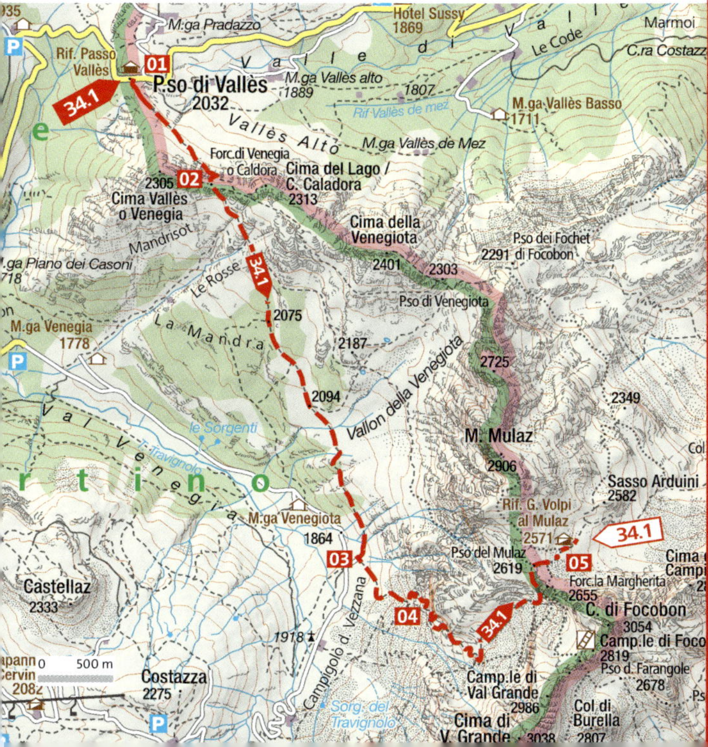

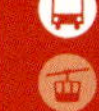
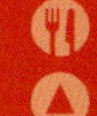
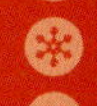
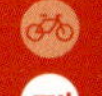
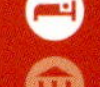

Dort wo die Wegnummer 749 auf einen Stein gemalt ist, gabelt sich der Weg, wir gehen auf dem halbrechten, bergabführenden Arm weiter. Es folgt ein weiterer nach rechts abzweigender Pfad zur Malga Venegia, diesen ignorieren wir auch. Auch einen ausgeschilderten linken Abzweig zum Rifugio Mulaz lassen wir aus. Hinter einem Bachbett geht es dann gemächlich bergab, bis wir dann die **Lastenseilbahn** 03 (1.922 m) zum Rifugio Mulaz unterqueren. Nach wenigen Metern zweigen wir links auf dem ausgezeichneten Wanderweg 710 zum Rifugio Mulaz ab.

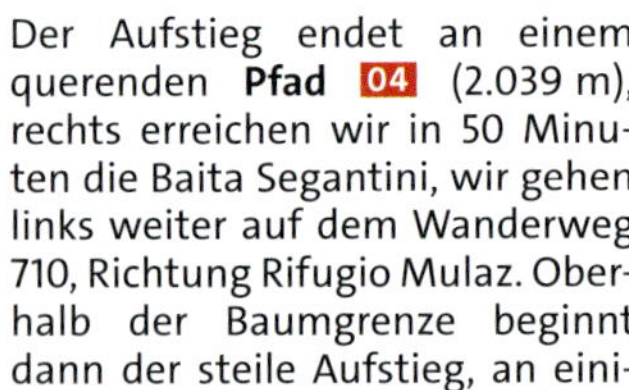

Der Aufstieg endet an einem querenden **Pfad** 04 (2.039 m), rechts erreichen wir in 50 Minuten die Baita Segantini, wir gehen links weiter auf dem Wanderweg 710, Richtung Rifugio Mulaz. Oberhalb der Baumgrenze beginnt dann der steile Aufstieg, an einigen Stellen befinden sich Drahtseilsicherungen.

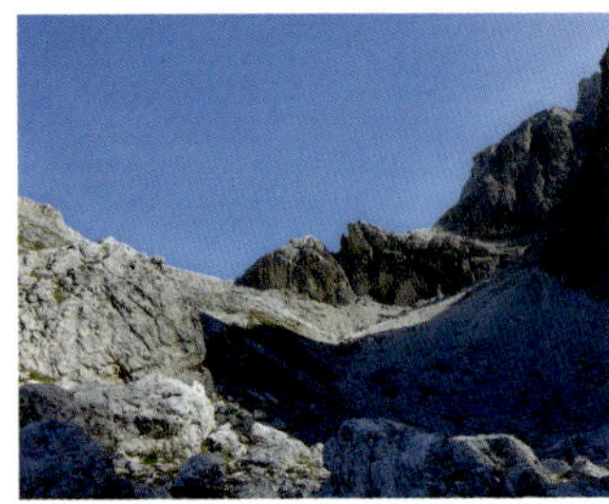

Die Aufstiegsroute zum Passo del Mulaz

Unter den mächtigen Gipfeln Pale di San Martino steigen wir dann durch ein breites Tal zum 2.619 m hohen **Passo del Mulaz** auf, bei guter Sicht sieht man bereits unterhalb unsere heutige Unterkunft. Nach wenigen Metern Abstieg erreichen wir das **Rifugio Volpi al Mulaz** 05 (2.571 m).

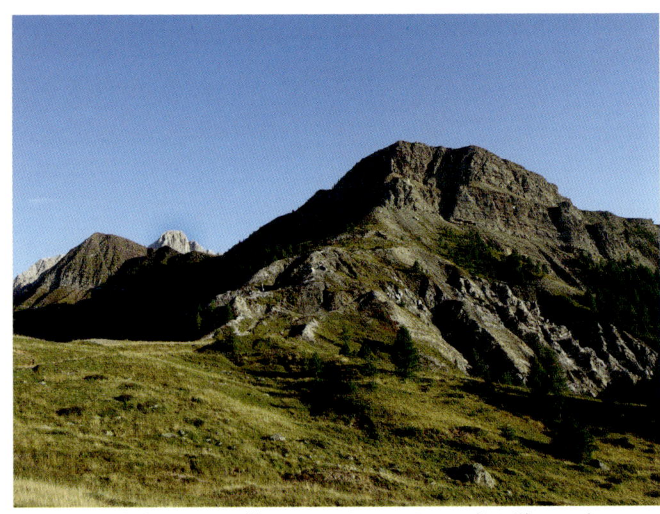

Die 2.305 m hohe Cima Vallès o Venegia vom Passo di Vallès gesehen

RIFUGIO VOLPI AL MULAZ – RIFUGIO ROSETTA

Dolomiten Höhenweg Nr. 2

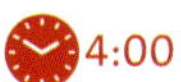

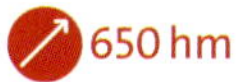

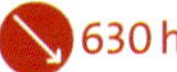

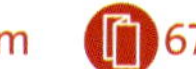

START | Rifugio Volpi al Mulaz, 2.571 m [GPS: N46.311367° E11.838250°]
CHARAKTER | Benötigt werden alpine Erfahrung, absolute Trittsicherheit und Schwindelfreiheit. Trotz der drahtseilgesicherten Teilstücke ist ein Klettersteigset nicht unbedingt notwendig. Die Seilsicherung ist meist ausschließlich für das Gleichgewicht notwendig. Bei Felsstufen kann aber auch schon mal ein kurzer Armkrafteinsatz notwendig sein. Bei einem Wettersturz ist ein Rückzug sehr schwierig. Bei Schnee oder Eis sind Wegabschnitte extrem gefährlich und dem erfahrenen Bergsteiger vorbehalten! Die Orientierung stellt aufgrund von Wegweisern und weiß-roten Markierungen kein Problem dar. Startpunkt: Das Rifugio Volpi al Mulaz ist nur zu Fuß erreichbar und befindet sich am Ende der Etappen 34 und 34.1. Endpunkt/Abbruch/Einstieg: Das Rifugio Rosetta ist mit der Seilbahn und zu Fuß erreichbar und befindet sich am Anfang der Etappen 36 und 36.1. Zusatzausrüstung: eventuell Klettersteigset. Einkehr: unterwegs keine. Übernachtung: Rifugio Rosetta: rifugiorosetta.it/deu/index.html.

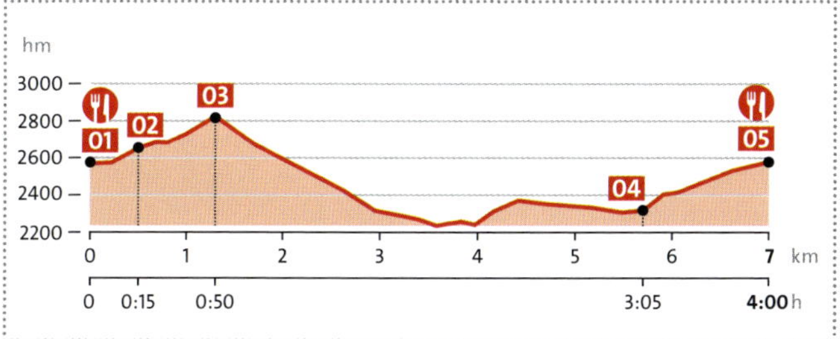

01 Rifugio Volpi al Mulaz, 2.571 m; 02 Forcella Margherita, 2.655 m; 03 Passo delle Farangole, 2.814 m; 04 Wegkreuzung, 2.314 m; 05 Rifugio Rosetta, 2.581 m

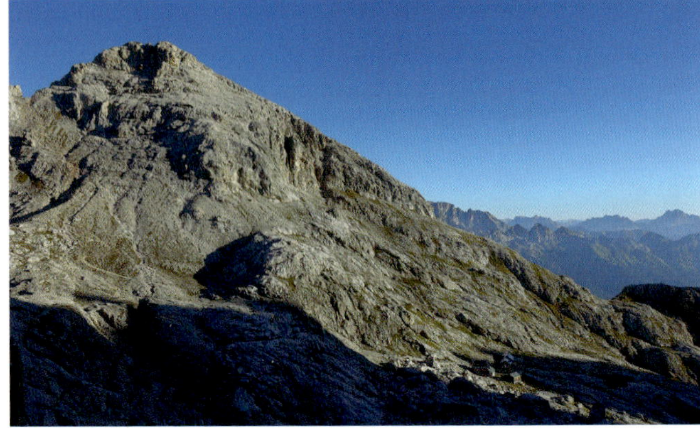

Das Rifugio Volpi al Mulaz unterhalb des 2.906 m hohen Monte Mulaz

Eine der abgelegensten und einsamsten Wanderungen in dem Gebirgsmassiv Pale di San Martino führt durch eine grandiose 10 × 5 km große Karstlandschaft – eine nachhaltige Resonanzerfahrung in der Natur. Nur 7 km Streckenlänge und 650 m im Aufstieg stellen eigentlich keine große Herausforderung dar, trotzdem sollte man diese Wanderung nicht unterschätzen, denn man wandert kontinuierlich zwischen 2.240 m und 2.800 m Höhe. Auch gibt es mehrere drahtseilgesicherte Wegstücke, die der trittsichere und schwindelfreie Wanderer ohne Klettersteigset geht.

▶ Vom **Rifugio Volpi al Mulaz** 01 (2.571 m) folgen wir dem Wanderweg 703 in südwestliche Richtung bergauf. Bereits nach wenigen Metern gabelt sich der Weg, wir folgen den linken Arm unter der Lastenseilbahn.

Wir sehen bereits im gegenüberliegenden Hang, wie der weitere Pfad steil in Kehren zur **Forcella Margherita** 02 (2.655 m) aufsteigt. Dort angekommen gehen wir halb links und queren auf ca. 500 m Länge das nachfolgende Kar.

Dann beginnt der extrem steile Aufstieg bis zu einem Klettersteig, auf dem wir über felsiges Gelände aufsteigen. Auch hier gilt, wer nicht trittsicher und schwindelfrei ist, legt das Klettersteigset an. Wir erreichen den **Passo delle Farangole** 03 (2.814 m). Wer frühmorgens aufgebrochen ist, kann sich am Pass bei schönen Wetter erst einmal an der Sonne erwärmen – natürlich bei prachtvoller

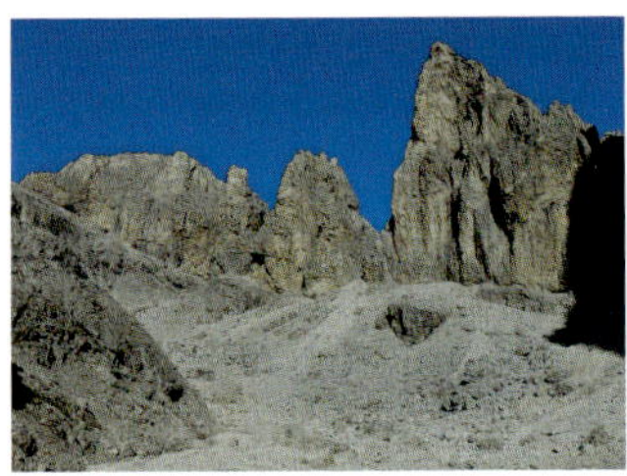

Der 2.814 m hohe Passo delle Farangole

Fernsicht. Im Talgrund sieht man einen großen Felsen, der in einem Bachbett liegt. Um dort hinzu gelangen gehen wir links unterhalb der senkrecht aufsteigenden Felswände, auf einem rutschigen und steilen Schuttband. Sobald das Gelände flacher wird, sodass man nicht Gefahr läuft abzurutschen, steigen wir in den Talgrund ab.
Durch ein fantastisches Hochtal erfolgt der Abstieg. Wir kommen an einer markanten alleinstehenden Felsspitze vorbei, der sogenannte Torcia di Val Grande. Dahinter erstreckt sich ein Steinplateau, man erkennt auch den größten Gletscher der Palagruppe unterhalb der 2.939 m hohen Cima di Fradusta. Bei 2.240 m Höhe haben wir den niedrigsten Punkt der heutigen Tour erreicht, von nun an steigen wir wieder kontinuierlich auf. Es folgt ein

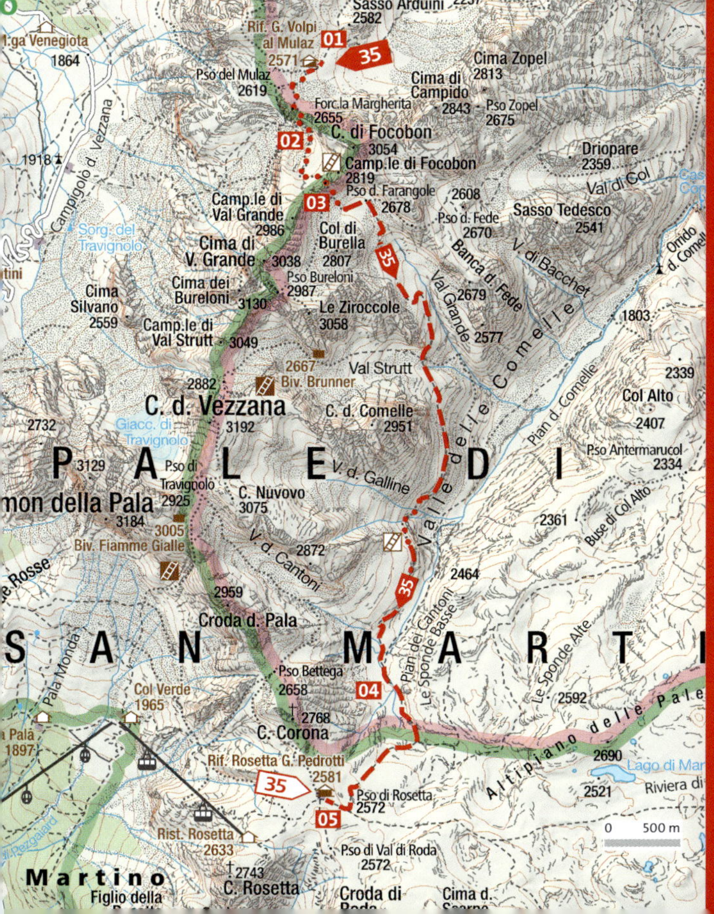

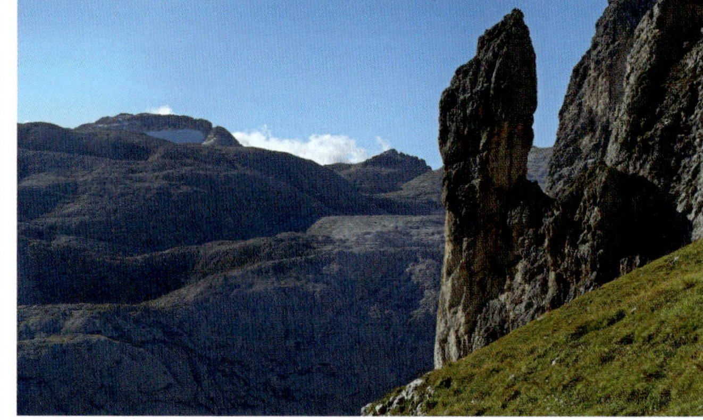

Der Torcia di Val Grande und im Hintergrund die Cima di Fradusta mit dem größten Gletscher der Palagruppe

sehr ausgesetzter Wegabschnitt, denn steil brechen die Berghänge in das Valle delle Comelle ab. Trittsicherheit und Schwindelfreiheit sind erforderlich, auch befinden sich an wenigen Stellen Drahtseil-

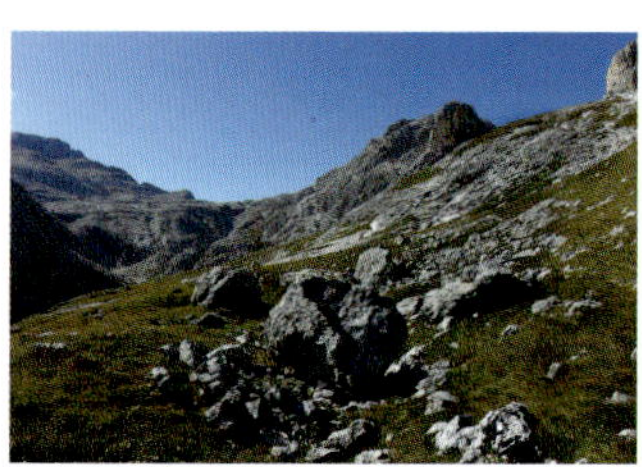

Ein Wegabschnitt über Hochwiesen

sicherungen. Nachdem wir uns durch einen drahtseilgesicherten Felsspalt gedrängt haben, folgt nur noch ein gesicherter Wegabschnitt, dann geht es über Hochwiesen nicht mehr so ausgesetzt weiter. Wir steigen in ein weiteres Hochtal ab und gelangen an eine **Wegkreuzung** 04 (2.314 m), scharf links führt der Wanderweg 7 durch das Valle delle Comelle nach Gares talwärts.

Wir gehen geradeaus weiter, überqueren das vor uns liegende Bachbett und beginnen am gegenüberliegenden Hang auf dem breiten Pfad wieder aufzusteigen. Nach ca. 200 m gabelt sich der Weg, wir gehen halb rechts und folgen nun den weiß-roten Farbmarkierungen, über das felsige Gelände. Wir erreichen einen breiten Weg, auf dem wir halb rechts bergauf bis zum weithin (natürlich nur bei guter Sicht) sichtbaren **Rifugio Rosetta** 05 (2.581 m) marschieren.

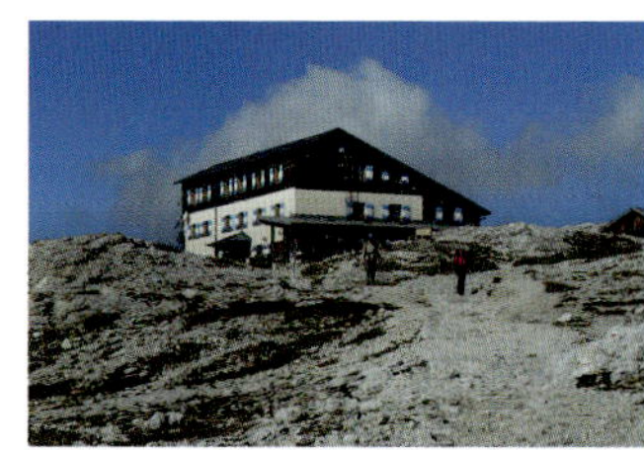

Das Rifugio Rosetta

RIFUGIO ROSETTA – RIFUGIO PRADIDALI

Dolomiten Höhenweg Nr. 2

 4,8 km  2:30 h 270 hm 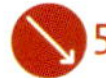 500 hm  672

START | Rifugio Rosetta, 2.58+1 m
[GPS: N46.267367° E11.839133°]
CHARAKTER | Alpine Erfahrung sowie absolute Trittsicherheit und Schwindelfreiheit werden benötigt. Auf den drahtseilgesicherten Teilstücken benötigt man nicht unbedingt ein Klettersteigset. Die Seilsicherung ist hilfreich, um das Gleichgewicht zu halten. An wenigen Stellen kann aber auch schon mal ein kurzer Armkrafteinsatz notwendig sein. Bei einem Wettersturz ist ein Rückzug sehr schwierig. Bei winterlichen Bedingungen ist es extrem gefährlich den Pfad zu begehen, dann ist er nur dem erfahrenen Bergsteiger vorbehalten! Die weiß-roten Markierungen erleichtern die ohnehin einfache Orientierung. Startpunkt/Abbruch/Einstieg: Das Rifugio Rosetta ist mit der Seilbahn und zu Fuß erreichbar und befindet sich am Ende der Etappe 35. Endpunkt: Das Rifugio Pradidali ist nur zu Fuß erreichbar und befindet sich am Anfang der Etappe 37. Zusatzausrüstung: eventuell Klettersteigset. Einkehr: unterwegs keine. Übernachtung: Rifugio Pradidali: www.rifugiopradidali.com.

Majestätisch, prachtvoll und einmalig ragen die Berge aus Korallen auf dieser Wanderung in die Höhe. Die einst (na ja, es war vor

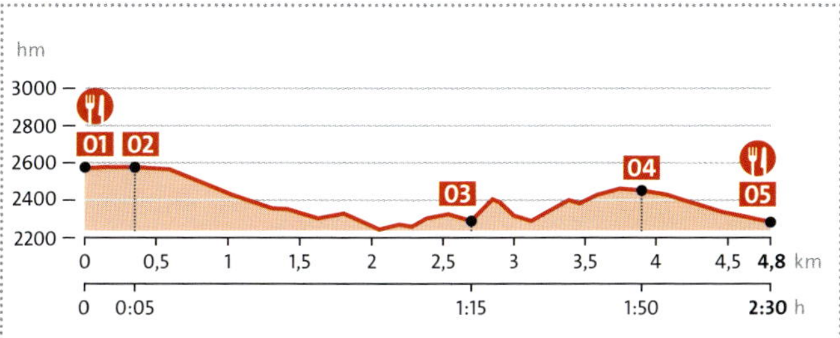

01 Rifugio Rosetta, 2.581 m; 02 Passo di Val di Roda, 2.572 m;
03 Abzweig, 2.285 m; 04 Passo di Ball, 2.443 m;
05 Rifugio Pradidali, 2.278 m

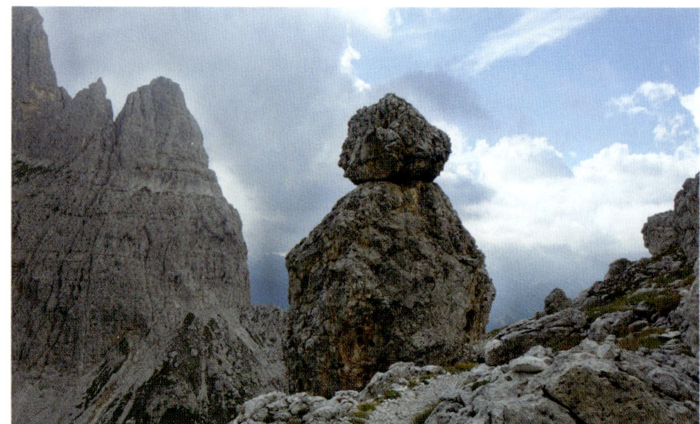

Ein riesiger Steinmann markiert den Weg

25 Millionen Jahren) bunt schimmernden Korallen des heutigen Gebirgsmassivs Pale di San Martino haben ihre Farbenpracht verloren. Nur in der Blauen Stunde erröten Sie immer mal wieder, ein Phänomen, das jeder Wanderer kennt, aber immer wieder in Staunen versetzt – Enrosadira oder auch bekannt unter dem Be-

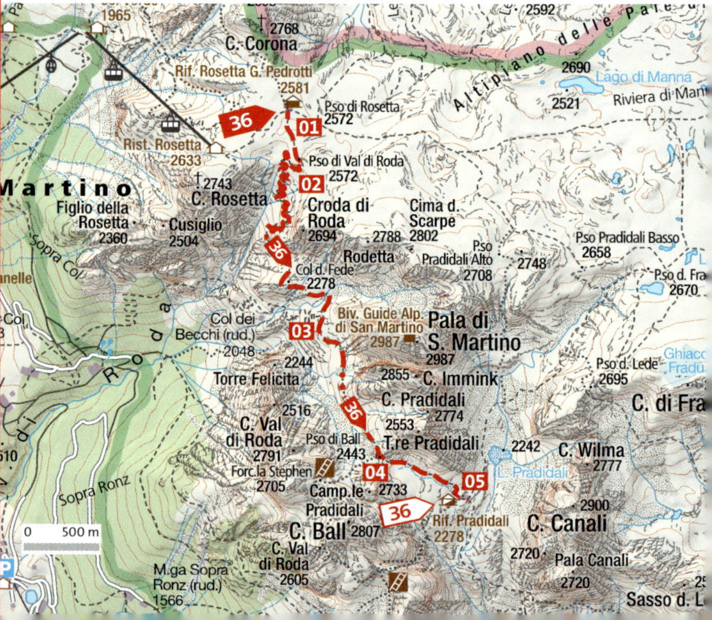

griff Alpenglühen. Die Emotionen überwältigen jeden in dieser Welt atemberaubender Schönheit und tiefer Mystik.

▶ Vom **Rifugio Rosetta** 01 (2.581 m) folgen wir den leicht bergabführenden Pfad in südliche Richtung. Dieser ist auch zum Passo di Ball und Rifugio Pradidali ausgeschildert (Wegnummer AV 2 und 702).

Nach dem **Passo di Val di Roda** 02 (2.572 m) beginnt dann ein bestens angelegter und nicht endenwollender Abstieg. Im Zickzack geht es hinab in das Valle de Roda.

Sobald die steilen Felswände links von uns in ein Felsband – teils Schuttband – übergehen, führt der Pfad durch dieses nun in östliche Richtung. Wir erreichen einen rechten **Abzweig** 03 (2.258 m), der Abstieg mit der Wegnummer 702 nach San Martino di Castrozza. Wir gehen aber geradeaus weiter, nun auf dem Wanderweg 715. Auf einem kleinen Plateau queren wir Wiesenflächen, bis wir dann an einen ca. 200 m langen und mit Stahlseilen gesicherten Wegabschnitt erreichen. Dieser führt größtenteils entlang eines schmalen Felsbands, der nicht schwindelfreie und trittsichere Wanderer legt nun das Klettersteigset an.

Hinter diesem leichten Klettersteig folgt noch einmal ein steiler Aufstieg zum **Passo di Ball** 04 (2.443 m). Rechts vom Pass erhebt sich der 2.733 m hohe und turmartige Felsgipfel Campanile Pradidali. Links vom Pass befindet sich die 2.774 m hohe Cima Pradidali. Wir übersteigen den Pass und folgen weiterhin dem Wanderweg 715, nun durch eine kesselförmige Eintiefung. Bei guter Sicht kann man dann bereits das Rifugio Pradidali ausmachen, umgeben von den wohl schönsten Bergspitzen der Pale di San Martino.

Noch kurz vor dem **Rifugio Pradidali** 05 (2.278 m) kommen wir an der Materialseilbahn der Hütte vorbei.

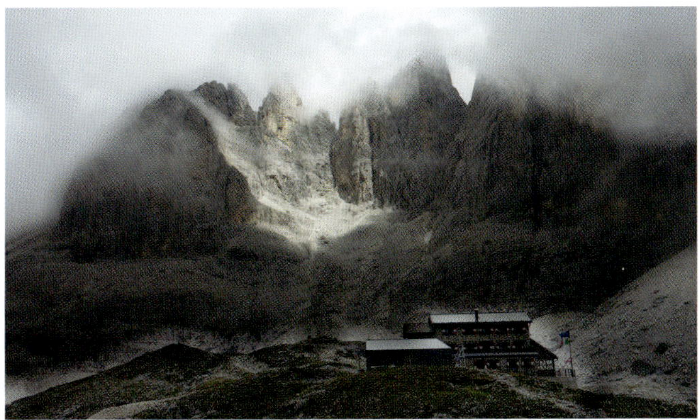

Das Rifugio Pradidali

36.1 RIFUGIO ROSETTA – PASSO PRADIDALI BASSO – WEGEINMÜNDUNG ETAPPE 37

Dolomiten Höhenweg Nr. 2

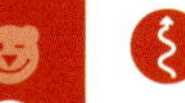  3,5 km  1:30 h 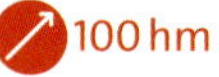 100 hm  200 hm  672

START | Rifugio Rosetta, 2.581 m
[GPS: N46.267367° E11.839133°]
CHARAKTER | Absolute Trittsicherheit und Schwindelfreiheit sind auf dieser Tour ein Muss. Karabinerhaken, ein Hüft- oder Klettergurt werden für die Passage mit der Seilsicherung nicht benötigt. Im felsigen Gelände benötigt man die Hände, um das Gleichgewicht zu halten. Plötzlich aufkommendes Schlechtwetter ist man schutzlos ausgesetzt. Nur der sehr erfahrene und ortskundige Wanderer sollten dieses Teilstück bei winterlichen Verhältnissen begehen. Wegweiser und weiß-rote Markierungen gestalten die Wegfindung einfach. Startpunkt/Abbruch/Einstieg: Das Rifugio Rosetta ist mit der Seilbahn und zu Fuß erreichbar und befindet sich am Ende der Etappe 35. Endpunkt: Das Rifugio Treviso ist nur zu Fuß erreichbar und befindet sich am Anfang der Etappe 38. Zusatzausrüstung: eventuell Klettersteigset. Einkehr: unterwegs keine. Übernachtung: Rifugio Treviso: www.caitreviso.it/rifugi/rifugio-treviso/.

Anstatt vom Rifugio Rosetta zum Rifugio Pradidali (Etappe 36) abzusteigen und danach vom Rifugio Pradidali zum Rifugio Treviso

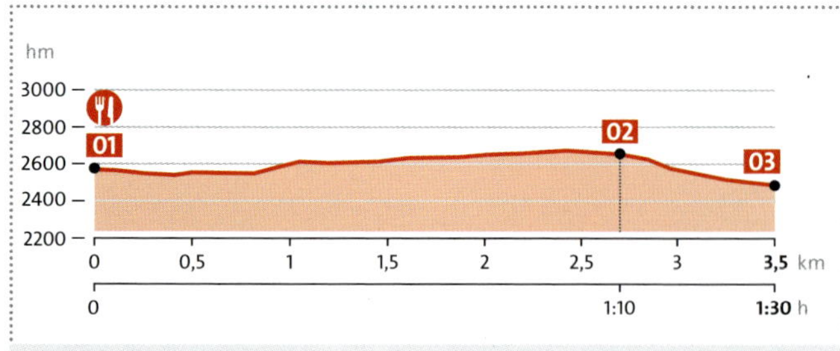

01 Rifugio Rosetta, 2.581 m; 02 Passo Pradidali Basso, 2658 m;
03 Wegeinmündung Etappe 37, 2.477 m

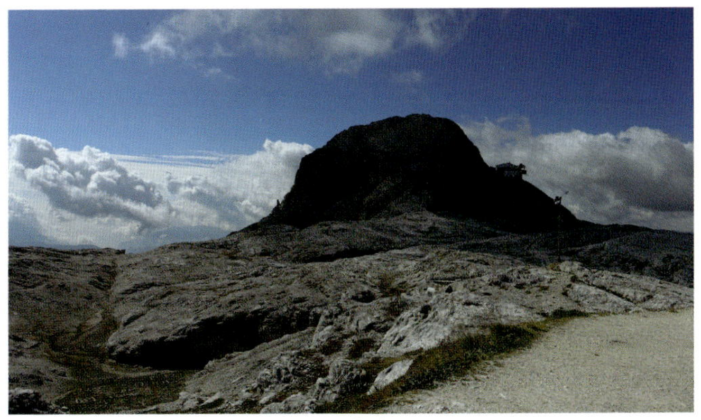

Der Blick vom Rifugio Rosetta zur Seilbahn

(Etappe 37) weiterzumarschieren kann man diese nachfolgend beschriebene Variante gehen. Hier wandert man über ein Steinplateau – 50 Quadratkilometer nacktes Felsgestein – bis dann die Tour in die Etappe 37 mündet. Die beiden Etappen 36 und 37 ergeben insgesamt: 11,2 km, 5:45 Stunden, 910 m bergauf und 1.730 m ber-

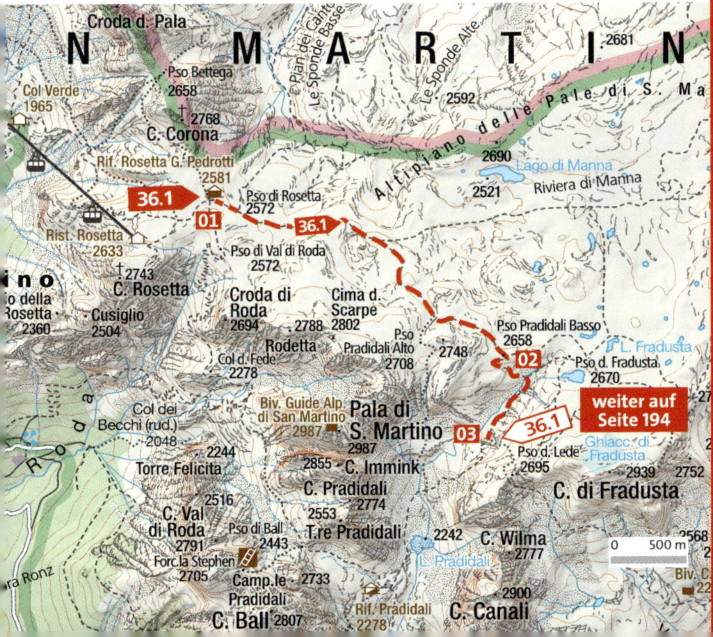

weiter auf Seite 194

gab. Geht man die Variante 36.1 kombiniert mit der Etappe 37, so ergeben sich 8,8 km, 4:05 Stunden, 440 m bergauf und 1.460 m bergab. Man spart sich einen Wandertag, verpasst aber die landschaftlich einmalige und außergewöhnliche Route vom Rifugio Rosetta zum Rifugio Pradidali!

▶ Vom **Rifugio Rosetta** 01 (2.581 m) entfernen wir uns in östliche Richtung, auf dem breiten Wanderweg. Den sofort folgenden linken Abzweig zum Rifugio Volpi al Mulaz (siehe Tour 35) ignorieren wir und bei den nachfolgenden Wegweisern folgen wir halb rechts dem abzweigenden Wanderweg 709 zum Passo Pradidali Basso. Ein Pfad ist nur schwer auszumachen auf der karstigen Palahochfläche. Steinmännchen und weiß-rote Markierungen helfen bei der Orientierung, die bei schlechter Sicht umso schwieriger wird.

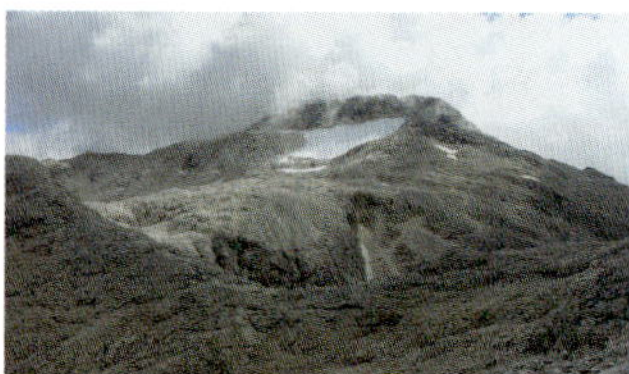

Die 2.939 m hohe Cima di Fradusta mit einem verbliebenen Gletscherfeld

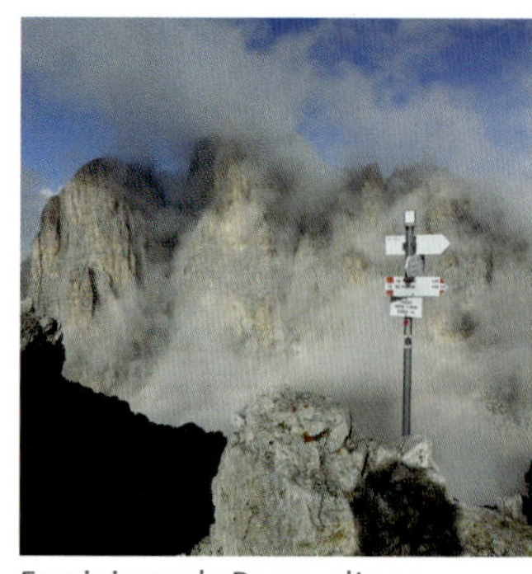

Faszinierende Bergwelten am Passo delle Lede

Nach kurzem Abstieg erreichen wir den **Passo Pradidali Basso** 02 (2.658 m). Hier befindet sich auch ein Wegweiser. Wir steigen in südwestliche Richtung auf dem Wanderweg 709 Richtung Rifugio Pradidali ab. Es geht in ein spektakulär geformtes Kar, rechts und links steigen steil die Dolomitenwände in die Höhe.

Verborgen hinter einem riesigen Felsen befindet sich der Wegweiser des Wanderwegs 711, gleichzeitig die **Wegeinmündung mit der Etappe 37** 03 (2.477 m).

Ab hier folgen wir der Wegbeschreibung der **Etappe 37**, Wegpunkt **Wegeinmündung der Etappe 36.1** 02 (2.477 m) bis zum **Rifugio Treviso** (siehe Seite 195).

Variante

Am Wegpunkt 03 (2.477 m) kann man die Tour abbrechen und nach 30 Minuten, 1,3 km und 210 m Abstieg erreicht man das Rifugio Pradidali, wo man übernachten kann. Am nächsten Tag setzt man den Dolomiten Höhenweg Nr. 2 mit der Etappe 37 fort.

RIFUGIO PRADIDALI – RIFUGIO TREVISO

Dolomiten Höhenweg Nr. 2

  6,4 km 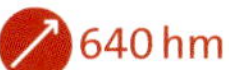 3:15 h  640 hm  1230 hm 672

START | Rifugio Pradidali, 2.278 m
[GPS: N46.267367° E11.839133°]
CHARAKTER | Alpine Erfahrung sowie absolute Trittsicherheit und Schwindelfreiheit sind erforderlich. Auf den drahtseilgesicherten Teilstücken benötigt man nicht unbedingt ein Klettersteigset. Die Seilsicherung ist hilfreich, um das Gleichgewicht zu halten. An wenigen Stellen kann aber auch schon mal kurzer Armkrafteinsatz notwendig sein. Bei einer plötzlichen Wetterverschlechterung gibt es keine Rückzugsorte. Bei winterlichen Bedingungen ist es extrem gefährlich den Pfad zu begehen, dann ist er nur dem erfahrenen Bergsteiger vorbehalten! Die weiß-roten Markierungen erleichtern die ohnehin einfache Orientierung. Startpunkt: Das Rifugio Pradidali ist nur zu Fuß erreichbar und befindet sich am Ende der Etappe 36. Endpunkt: Das Rifugio Treviso ist nur zu Fuß erreichbar und befindet sich am Anfang der Etappe 38. Zusatzausrüstung: eventuell Klettersteigset. Einkehr: unterwegs keine. Notunterkunft: Bivacco Carlo Minazio. Übernachtung: Rifugio Treviso: www.caitreviso.it/rifugi/rifugio-treviso.

Die geologische Entstehungsgeschichte der Dolomiten begann vor ca. 250 Millionen mit der Bildung von riesigen Korallenriffen.

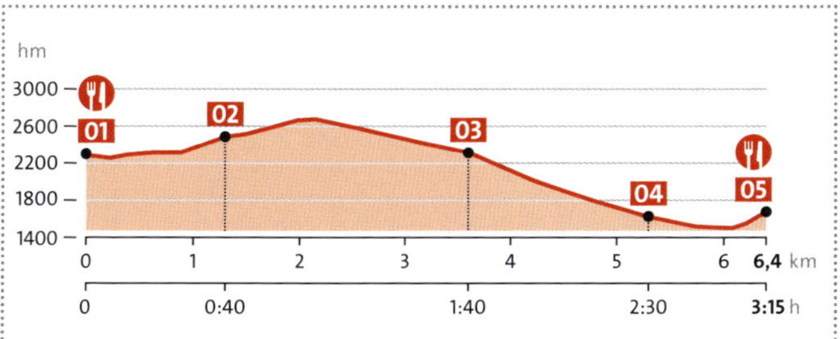

01 Rifugio Pradidali, 2.278 m; 02 Wegeinmündung Etappe 36.1, 2.477 m; 03 Bivacco Carlo Minazio, 2.294 m; 04 Vallon delle Lede, 1.610 m; 05 Rifugio Treviso, 1.631m

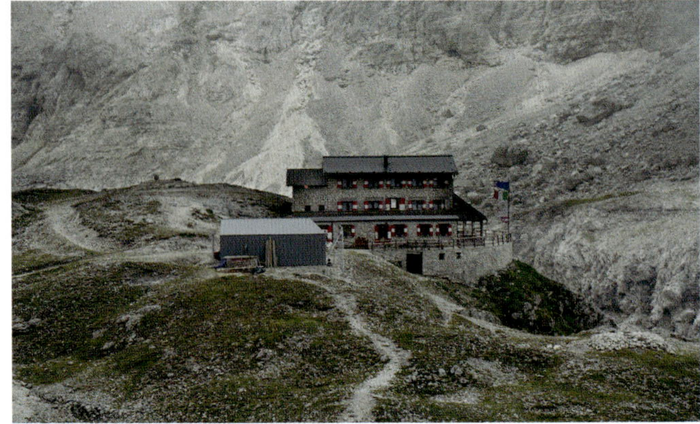

Eingebettet in die Felslandschaft liegt das Rifugio Pradidali

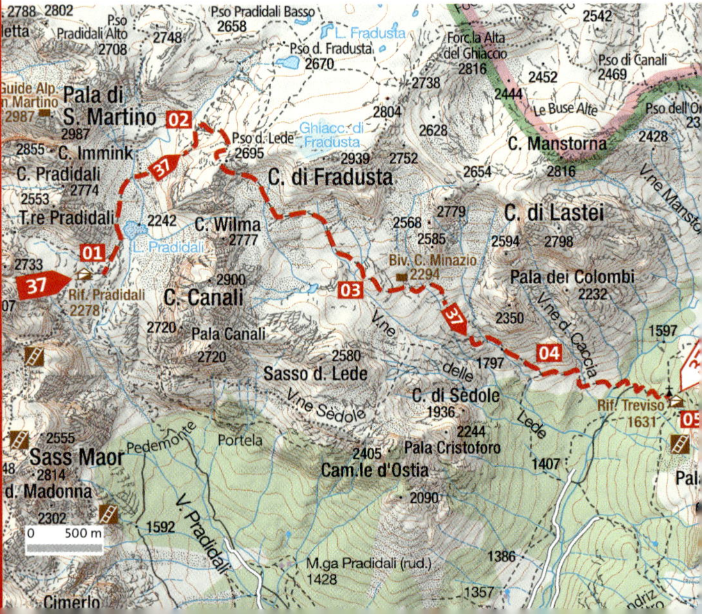

Als vor 25 Millionen Jahren die Kontinente Afrika und Europa aufeinanderprallten, erhoben sich diese riesigen Korallenkolonien aus dem Meer. Witterungseinflüsse modellierten das Gebirge, die ihr heutiges Aussehen prägen. Bei der Gesteinszusammensetzung (Kalzium- und Magnesiumkarbonat) in der Pale di San Martino handelt es sich genau um das Dolomia dello Sciliar, das der Franzose Déodat de Dolomieu 1788 während seiner Reise entdeckte. Die Tour führt durch dieses faszinierende Naturschauspiel. Aufgrund des Klettersteigs ist die Tour aber dem erfahrenen Alpinisten vorbehalten.

▶ Vom **Rifugio Pradidali** 01 (2.278 m) gehen wir auf dem Wanderweg 709 in nordöstlicher Richtung in dem weiten Hochtal bergauf. Der Pfad führt im weiteren Verlauf oberhalb eines kleinen Sees entlang.

Nach ca. 40 Minuten oder 1,3 km Gesamtstrecke mit 210 m Abstieg erreichen wir die **Wegeinmündung der Etappe 36.1** 02 (2.477 m). Geht man an dieser Stelle geradeaus weiter, so gelangt man zum Passo Pradidali Basso (siehe Etappe 36.1). Wir gehen aber rechts bergauf und orientieren uns an der Ausschilderung Richtung Bivacco Carlo Minazio und Rifugio Treviso, der Wanderweg 711.

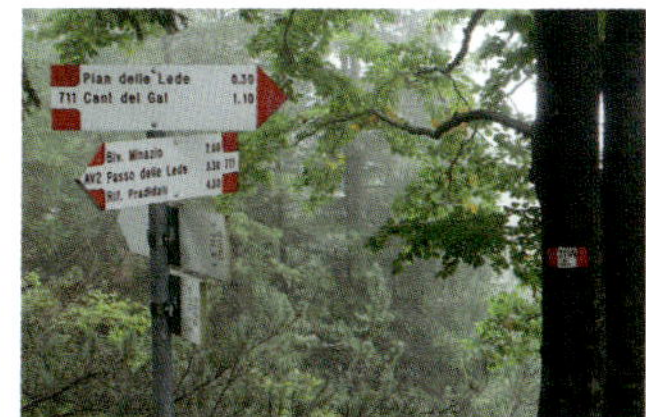

Wegweiser sind keine Mangelware

Da kaum noch ein Pfad zu erkennen ist helfen rot-weiße Markierungen und Steinmännchen bei der Orientierung. Es folgt ein leichter Klettersteig, wer sich unsicher im Fels fühlt, sollte an dieser Stelle das Klettersteigset anlegen. Danach gelangen wir zu einem kleinen Plateau mit zwei in den Fels geschlagenen Metalltritten. Der weitere Aufstieg bleibt anspruchsvoll, teilweise müssen die Hände zu Hilfe genommen werden. Wir erreichen einen gigantischen Aussichtspunkt, den 2.695 m hohen Passo delle Lede. Durch eine schmale Rinne steigen wir nun in das ursprüngliche

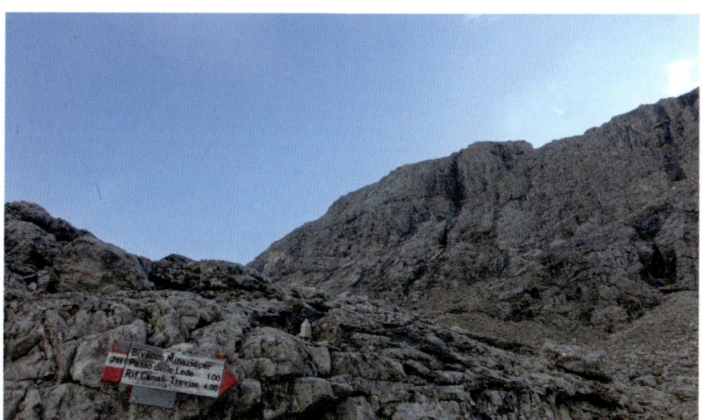

Ein Wegweiser versteckt hinter einem Felsen

Valón de le Léde ab. Rechts von uns erheben sich imposant die 2.777 m hohe Cima Wilma und die 2.900 m hohe Cima Canali. Noch heute kann man auf dem Wegstück bis zum Bivacco die verbliebenen Wrackteile eines Flugzeugabsturzes entdecken. Am 19. Juli 1957 stürzte in 2.650 m Höhe eine Lockheed P-2V6 Neptune der U.S. Navy an der Südwand der 2.939 m hohen Cima di Fradusta ab. Auf diesem Höhenweg durch eine einmalige Dolomitenlandschaft erreichen wir dann das **Bivacco Carlo Minazio** **03** (2.250 m).

Weiterhin folgen wir dem Wanderweg 711 Richtung Rifugio Treviso oder auch Canali-Hütte. Die Orientierung ist einfach und eindeutig. Nach sehr steilem Abstieg ignorieren wir den rechten Abzweig, die Wegnummer 709, Richtung Pian delle Lede. Wir erreichen den Wegpunkt **Vallon delle Lede** **04** (1.610 m) und folgen nicht dem rechts bergabführenden Wanderweg 711 Richtung Pian

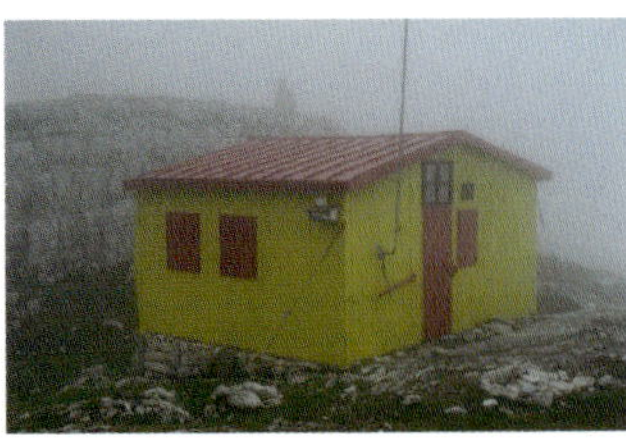

Das Bivacco Carlo Minazio

delle Lede, sondern folgen dem Wanderweg 711A, weiterhin zum Rifugio Treviso.

Nach den groben Schotterwegen ist der nachfolgende Pfad über den federnden Waldboden eine Wohltat. Wir erreichen einen Bachlauf, an dem wir zunächst links bergauf gehen, um dann aber über Holzbretter diesen und einen weiteren Bachlauf überqueren. An der Wegekreuzung gehen wir nun auf dem steinigen Wanderweg 707 links im Zickzack bergauf und erreichen das **Rifugio Treviso** **05** (1.631 m).

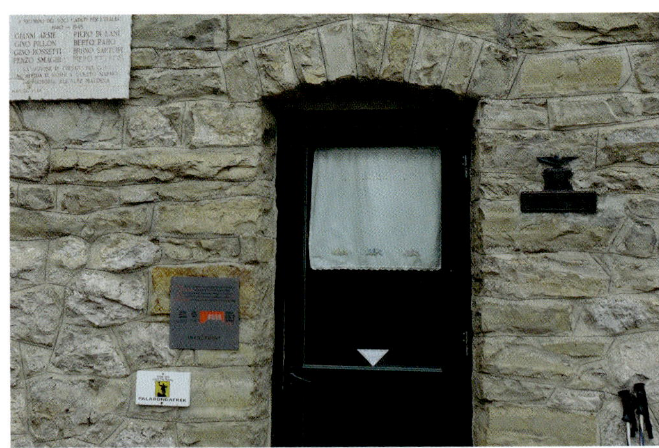

Der Eingang des Rifugio Treviso

RIFUGIO TREVISO – PASSO CEREDA

Dolomiten Höhenweg Nr. 2

 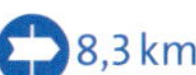  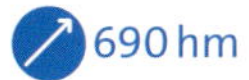 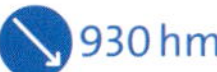 

8,3 km | 3:15 h | 690 hm | 930 hm | 672

START | Rifugio Treviso, 1.631 m
[GPS: N46.236733° E11.902733°]
CHARAKTER | Schon fast eine Genusswanderung. Ca. 700 m bergauf und 900 m bergab in größtenteils einfachen Gelände – nur wenige steile Geröllfelder – und einfache Orientierung. Startpunkt: Das Rifugio Treviso ist nur zu Fuß erreichbar und befindet sich am Ende der Etappen 36.1 und 37. Endpunkt/Abbruch/ Einstieg: Der Passo Cereda ist mit dem Pkw und mit dem Bus erreichbar. Es befindet sich am Anfang der Etappe 39. Zusatzausrüstung: keine. Einkehr: keine unterwegs. Übernachtung: Rifugio Cereda: www.rifugiocereda.com/de/.

Auf dieser Etappe lassen wir den touristisch erschlossenen Gebirgsstock der Pale di San Martino hinter uns. Nach den gigantischen Dolomitenlandschaften der letzten Tage ist dieser Teilabschnitt nicht mehr ganz so eindrucksvoll, dafür sind aber die Wege ursprünglicher und nahezu unberührt. In dieser verborgenen Welt ist man oft allein unterwegs. Nur der Anstieg zur Forcella d'Oltro ist abschnittsweise schwierig. Anschließend folgt die einfache und landschaftlich eindrucksvolle Höhenwanderung zum Passo Ce-

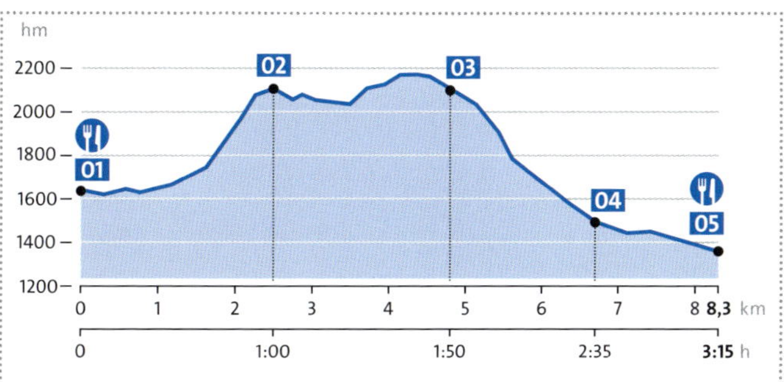

01 Rifugios Treviso, 1.631 m; 02 Forcella d'Oltro, 2.094 m; 03 Passo Regàde, 2.085 m; 04 Pfad, 1.484 m; 05 Passo Cereda, 1.361 m

reda. Oberhalb der Baumgrenze ergeben sich immer wieder herrliche Ausblicke zum Sass de Mura in den Feltriner Dolomiten.

▶ Sobald man aus der Tür des **Rifugio Treviso** **01** (1.631 m) tritt geht man links um das Haus herum und folgt dem Wanderweg 718, ausgeschildert Richtung Passo Cereda und Forcella d´Oltro. Nur kurz später gabelt sich der Weg und wir gehen links auf dem gemächlich ansteigenden Pfad, über den federnden Waldboden. Kurz nachdem wir ein Bachbett überquert haben gehen wir an der darauffolgenden Weggabelung links bergauf, weiterhin auf dem Wanderweg 718. An einer weiteren ausgeschilderten Weggabelung führt rechts eine Variante

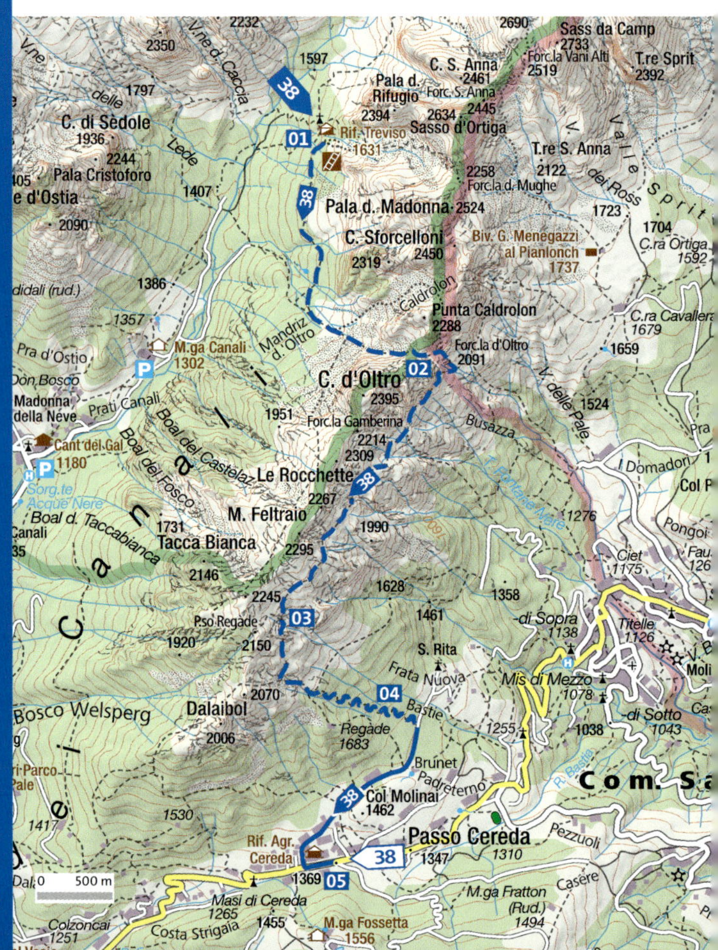

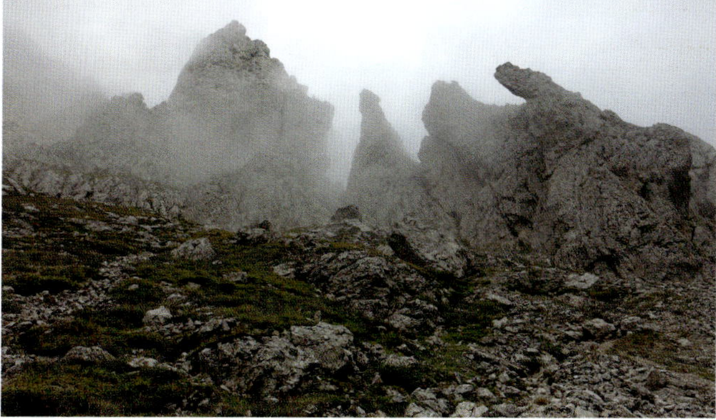
Bizarre Felsspitzen an der Forcella d'Oltro

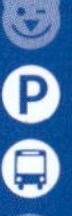
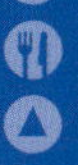

über den Passo Regàde zum Passo Cereda, wir gehen halb links, auf dem landschaftlich schöneren und dem klassischen Dolomiten Höhenwanderweg Nr. 2.

Ein längeres Wegstück gehen wir an der rechten Seite eines Trockenbachbetts, bis wir dieses dann nach links queren und nachfolgend im Zickzack durch eine steile Rinne, Richtung der bizarren Felsspitzen an der **Forcella d'Oltro** 02 (2.091 m), aufsteigen. Es folgt ein steiler Abstieg und nachfolgend geht es im kontinuierlichen Bergauf und Bergab unterhalb der 2.395 m hohen Cima d'Oltro, dem 2.309 m hohen Le Rochette und dem 2.295 m hohen Monte Feltraio auf einem faszinierenden Höhenweg weiter.

Bei markanten Felsspitzen unterhalb des Wanderweges mündet von rechts die Abstiegsroute vom **Passo Regàde** 03 (2.085 m) in unseren Pfad. Bei einer weiteren markanten Felsspitze, die aus dem mit Gras bewachsenen Berghang aufsteigt, ist der Wegabschnitt stark erodiert und teilweise abgerutscht – **Vorsicht an dieser Stelle!**

Durch ein Waldstück folgt ein längerer Abstieg. Sobald wir dieses verlassen sehen wir auf der linken Seite einen großen Sendemast. An dieser Stelle verlassen wir den **Pfad** 04 (1.484 m) und gehen weglos über Wiesen zur unterhalb liegenden asphaltierten Straße, direkt dahinter steht ein einzelnes Haus.

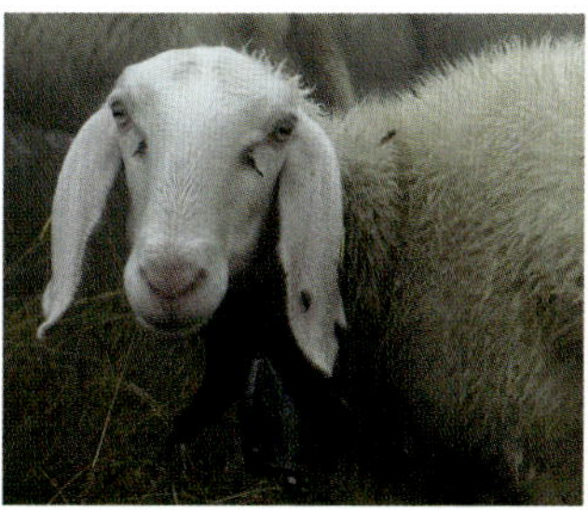
Schafe begrüßen uns am Passo Cereda

Auf der Straße angekommen gehen wir rechts talauswärts, bis diese an der Hauptstraße endet, wo wir links bergauf die verbleibenden Meter bis zum **Passo Cereda** 05 (1.369 m) vorgehen.

39

PASSO CEREDA – BIVACCO FELTRE BODO

Dolomiten Höhenweg Nr. 2

 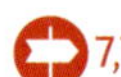 7,7km  3:30 h 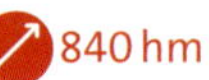 840 hm  330 hm  672

START | Passo Cereda, 1.369 m
[GPS: N46.193017° E11.904883°]
CHARAKTER | Es werden alpine Erfahrung, absolute Trittsicherheit und Schwindelfreiheit benötigt. Trotz der drahtseilgesicherten Teilstücke ist ein Klettersteigset nicht notwendig. Bei einer Wetterverschlechterung ist ein Rückzug sehr schwierig. Bei Schnee oder Eis sind Wegabschnitte extrem gefährlich und dem erfahrenen Bergsteiger vorbehalten! Wegweiser und weiß-rote Markierungen erleichtern die ohnehin einfache Wegfindung. Startpunkt/Abbruch/Einstieg: Der Passo Cereda ist mit dem Pkw und mit dem Bus erreichbar. Er befindet sich am Ende der Etappe 38. Endpunkt: Die Selbstversorgerhütte Bivacco Feltre Bodo befindet sich am Anfang der Etappe 40 und ist nur zu Fuß erreichbar. Zusatzausrüstung: keine. Einkehr: unterwegs keine, am Bivacco Feltre gibt es eine Quelle. Übernachtung: Selbstversorgerhütte Bivacco Feltre Bodo: www.caifeltre.it/rifugi-e-bivacchi/.

Die Wanderung befindet in der Cimonegagruppe, ein Gebirgsmassiv der Feltriner Dolomiten. Der 6,8 km lange und extrem steile Aufstieg – abschnittsweise Drahtseilsicherungen an einem Schuttband (teils Felsband) – bis zum 2.067 m hohen Passo

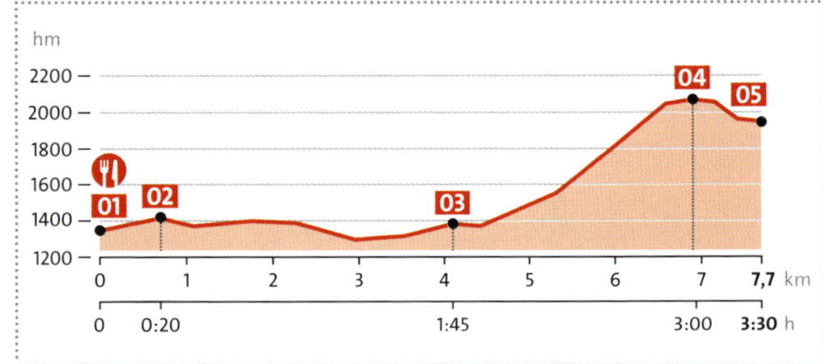

01 Passo Cereda, 1.369 m; 02 Abzweig, 1.412 m; 03 Abzweig, 1.379 m; 04 Passo del Comedon, 2.067 m; 05 Bivacco Feltre Bodo, 1.930 m

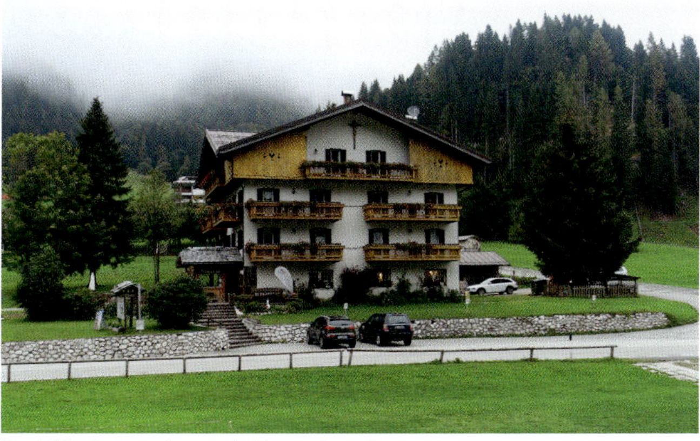

Das Rifugio Cereda am gleichnamigen Pass

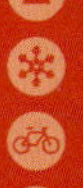

del Comedon zählt mit zu den schwierigsten Etappen des Dolomiten Höhenwegs Nr. 2. Dort angekommen ergibt sich dann eine fantastische Fernsicht auf die umliegende Bergwelt. Im Südosten ragt einsam die 2.325 m hohe Punta di Comdeon in den Himmel. Richtung Norden erheben sich majestätisch die südlichen Ausläufer der Pale di San Martino. Im Südwesten erhebt sich der höchste Berg der Cimonegagruppe, der 2.547 m hohe Sass de Mura. Diese Höhentour ist ein Naturspektakel mit atemberaubenden Eindrücken und fantastischen Tiefblicken.

▶ Von der Unterkunft am **Passo Cereda** 01 (1.369 m) gehen wir 50 m in westliche Richtung auf der Hauptstraße, um dort scharf links auf die Straße abzuzweigen. Dort beginnt der Wanderweg 8 zum Passo del Comedon.

Wir ignorieren den abzweigenden Wanderweg 729. An der nachfolgenden Straßengabelung nehmen wir den halb links bergabführenden Arm und lassen den rechten **Abzweig** 02 (1.412 m) zur Malga Fossetta aus. Einen weiteren rechten Abzweig zu einem Haus lassen wir unbeachetet und gehen geradeaus weiter, hier ist der Weg auch ausgeschildert Richtung Bivacco Feltre. Bei der darauf folgenden Holzhütte gehen wir nicht links, sondern geradeaus

Tipp

Kombiniert man die Etappen 39 und 40, ergeben sich 12,9 km Streckenlänge, 5:45 Stunden Gehzeit, 1.090 m im Anstieg und 770 m im Abstieg. Dann entfällt die Übernachtung in der Selbstversorgerhütte Bivacco Feltre Bodo.

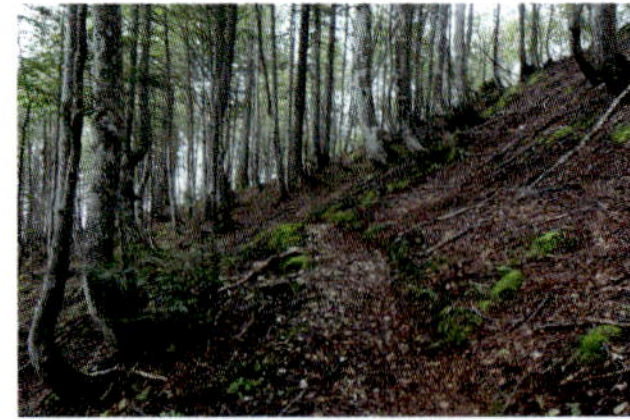

Ein schöner Waldweg bevor es ans Eingemachte geht

weiter, nun auf einem schmalen Pfad. Nach kurzem Abstieg endet der Pfad und wir gehen rechts auf einer Piste weiter.

Nach ca. 3,4 km verlassen wir die Piste auf einen nach halb rechts abzweigenden Pfad. Es folgt ein schöner Waldweg, mehrere Bachbetten werden gequert bis wir den **Wegpunkt Colaz** erreichen. An dieser Stelle ignorieren den linken Weg Richtung Unterstand Rifugio Forestale, nehmen den **Abzweig 03** (1.379 m) nach rechts und wandern weiter auf dem markierten Wanderweg 801.

Es folgt ein langer Aufstieg durch fast baumloses Gelände. Rechts von uns erheben sich die majestätischen Spitzen des 2.226 m hohen Sasso Largo und des 2.310 m hohen Sasso delle Undici. Auf einem gerölligen Pfad steigen wir kontinuierlich auf und erreichen in den Fels geschlagene

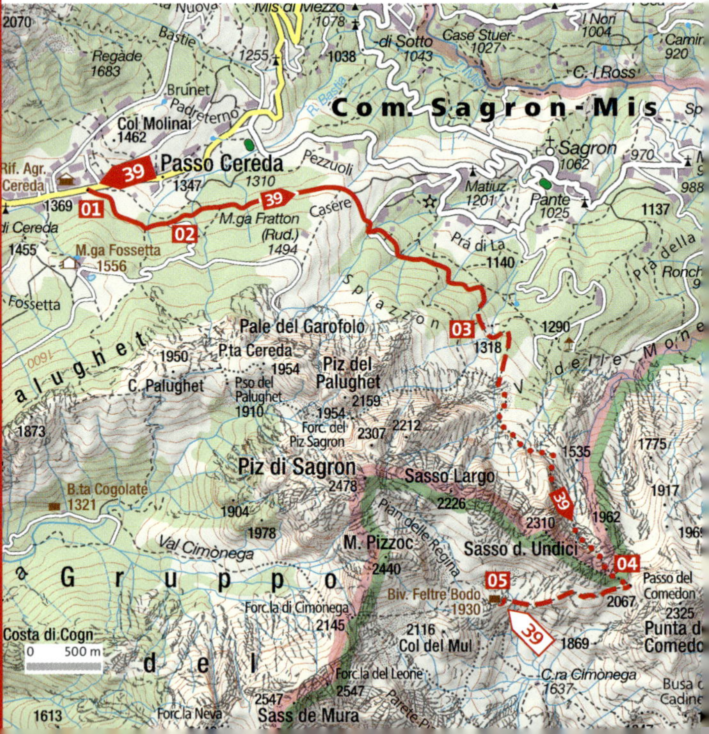

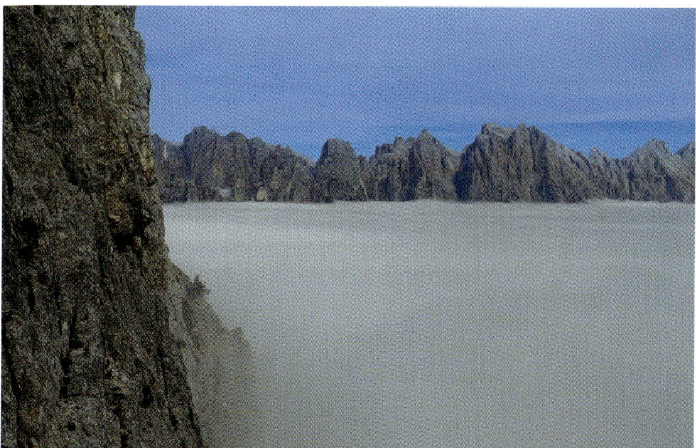

Richtung Norden erheben sich majestätisch die südlichen Ausläufer der Pale di San Martino

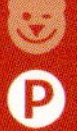

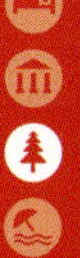

Metalltritte und abschnittsweise Drahtseilsicherungen an einem Schuttband (teils Felsband). Nochmals wird das Gelände steiler. Von nun an ist der Untergrund so fest komprimiert, das es schwierig ist, einen sicheren Tritt zu finden. Bei schlechtem Wetter, insbesondere Schnee oder Eis, ist dieser Wegabschnitt extrem gefährlich und dem erfahrenen Bergsteiger vorbehalten! Mühsam geht es in engen Kehren bergauf, bis wir in einem weiteren Schotterfeld auf die Überreste von Holzbohlen, zur Befestigung des alten Weges gelangen. Aufgrund von mehreren Felsabbrüchen und Steinschlaggefahr wurde der Pfad aus Sicherheitsgründen verlegt. An dieser Stelle gehen wir nicht rechts bergauf, sondern geradeaus weiter. Wir erreichen den **Passo del Comedon** 04 (2.067 m). Eines der schwersten Teilstücke des Dolomiten Höhenwegs Nr. 2 ist geschafft!

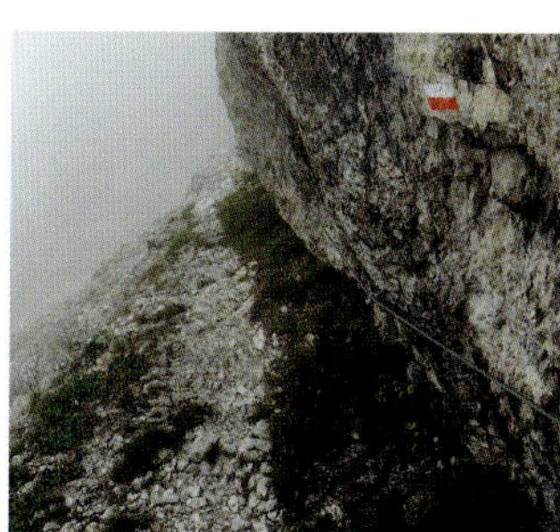

Drahtseilsicherungen an einem Schuttband (teils Felsband)

Der weitere aussichtsreiche Höhenweg führt zunächst in südwestliche Richtung, bis wir dann durch eine schmale Scharte im Zickzack bis zu mit Gras bewachsenen Hängen absteigen. Nachdem wir mehrere Bachbetten und eine alpine Hochwiese gequert haben, erreichen wir das idyllisch gelegene **Bivacco Feltre Bodo** 05 (1.930 m).

40

BIVACCO FELTRE BODO – RIFUGIO BRUNO BOZ

Dolomiten Höhenweg Nr. 2

  5,2 km  2:15 h 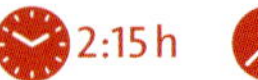 250 hm 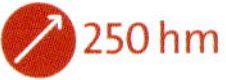 440 hm 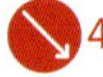 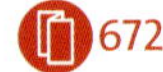 672

START | Bivacco Feltre Bodo, 1.930 m [GPS: N46.193017° E11.904883°]
CHARAKTER | Auf kurzen Abschnitten Vertrautheit mit exponiertem Gelände. Eine drahtseilgesicherte und eine ungesicherte Stelle erfordern Trittsicherheit und Schwindelfreiheit. Startpunkt: Das Bivacco Feltre Bodo ist nur zu Fuß erreichbar und befindet sich am Ende der Etappe 39. Endpunkt: Das Rifugio Bruno Boz ist am Anfang der Etappe 41 und ist nur zu Fuß erreichbar. Zusatzausrüstung: keine. Einkehr: unterwegs keine, am Bivacco Feltre gibt es eine Quelle. Übernachtung: Rifugio Bruno Boz: www.rifugioboz.it.

Diese atemberaubende Wanderung führt von dem Bivacco Feltre Bodo durch die unbekannte Hochregion der Cimonega-Gruppe, die zu den Feltriner Alpen/Dolomiten gehört. Der höchste Gipfel der Region ist der 2.547 m hohe Sass de Mura, er befindet sich etwas nördlich des Zentrums der Berggruppe. Landschaftsprägend sind mächtige Felswände und weite Schotterfluren am Fuße der Felsen. Wie erleben noch fast unberührte Bergwelten mit allen Sinnen.

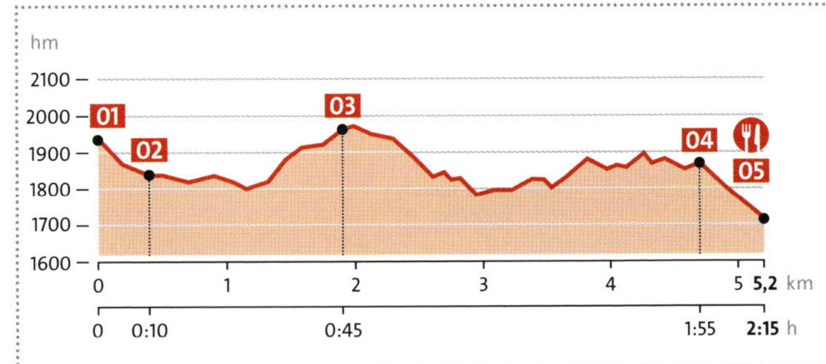

01 Bivacco Feltre Bodo, 1.930 m; 02 unterhalb Col del Mul, 1.840 m; 03 Col dei Bech, 1.960 m; 04 Passo di Mura, 1.867 m; 05 Rifugio Bruno Boz, 1.718 m

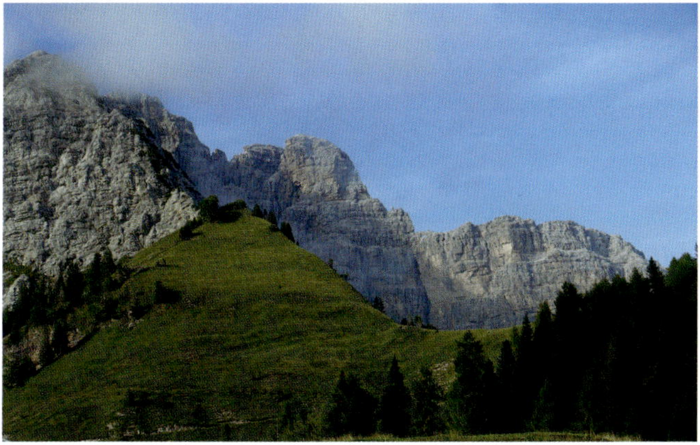

Der Sass de Mura ist der höchste Gipfel der Cimonega-Gruppe

▶ Vom **Bivacco Feltre Bodo** 01 (1.930 m) folgen wir dem ausgeschilderten Wanderweg 8 in südliche Richtung zum Rifugio Bruno Boz. Der Pfad führt zunächst bergab und wir queren eine kleine Schlucht mit einem Wasserfall.

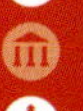

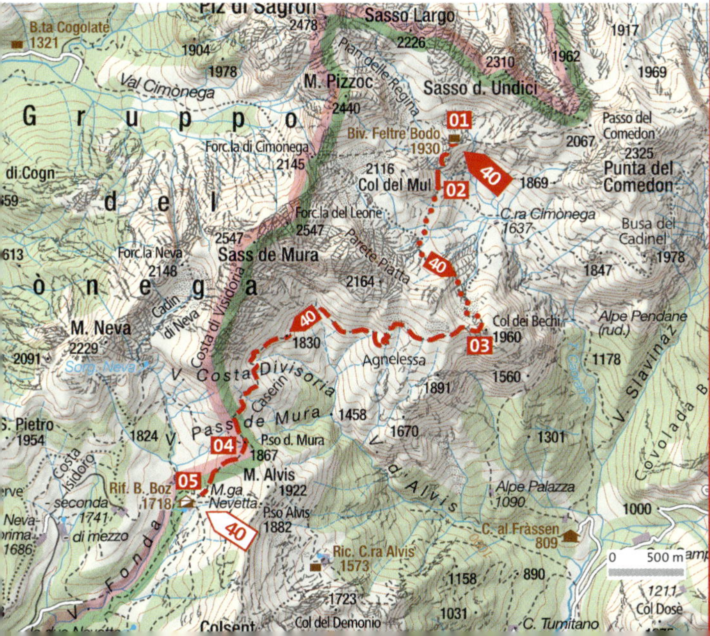

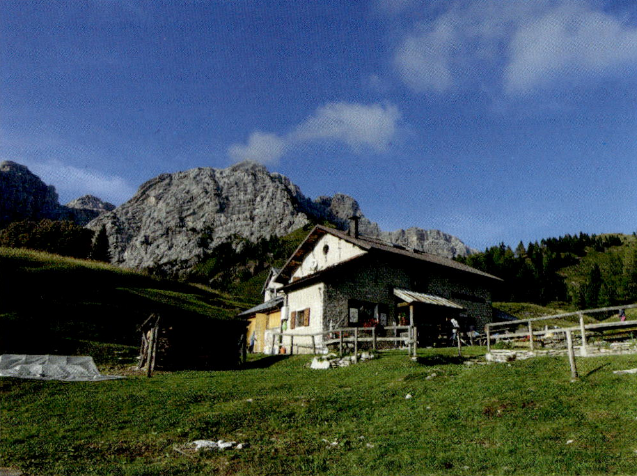

Das idyllisch gelegene Rifugio Bruno Boz

Unterhalb des **Col del Mul** 02 (1.840 m) ignorieren wir den linken Abzweig Richtung Casera Cimònega und gehen geradeaus weiter. Wir marschieren ein langes Wegstück durch Latschenkiefern. Auch den darauffolgenden abzweigenden Pfad ignorieren wir, den Weg 806 Richtung Val Canzoi.

Nach einem Zickzack Anstieg erreichen wir den **Col dei Bech** 03 (1.960 m). Ab hier beginnt der Troi dei Caserìn (Troi = enger Pfad), der Richtung Westen weiterführt, unter den mächtigen Felswänden des 2.547 m hohen Sass de Mura. Auf einigen Wegstücken ist der nachfolgende Pfad durch Wiesengelände und steinerne Rinnen ausgesetzt. Zur sicheren Überquerung eines rutschigen Bachlaufs wurden Drahtseilsicherungen angebracht. Danach folgt die schwierigste Stelle, diesmal ohne Drahtseilsicherungen, man muss einige Meter zu einem Bachbett ab- und aufsteigen, über sehr rutschigen Untergrund.

Wir erreichen die mit Gras bewachsenen Hochflächen am **Passo di Mura** 04 (1.867 m).

An dieser Wegekreuzung gehen wir geradeaus und erreichen nach einem kurzen Abstieg das idyllisch gelegene **Rifugio Bruno Boz** 05 (1.718 m).

Col
dei Bech
1960 m

Wegweiser sind im Nebel sehr hilfreich

RIFUGIO BRUNO BOZ – RIFUGIO G. DAL PIÀZ

Dolomiten Höhenweg Nr. 2

  13,2 km 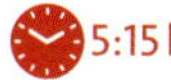 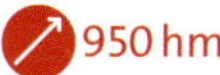  700 hm 

START | Rifugio Bruno Boz, 1.718 m
[GPS: N46.146567° E11.916500°]
CHARAKTER | Vertrautheit im exponiertem Gelände, also Trittsicherheit und Schwindelfreiheit, sind auf dem schmalen und konditionell fordernden Pfad essenziell. Bei einem Wettersturz kann ein Rückzug schwierig werden. Startpunkt: Das Rifugio Bruno Boz ist nur zu Fuß erreichbar und befindet sich am Ende der Etappe 40. Endpunkt: Das Rifugio G. Dal Piàz befindet sich am Anfang der Etappe 42. Zusatzausrüstung: keine. Einkehr: unterwegs keine. Übernachtung: Rifugio G. Dal Piàz: www.rifugiodalpiaz.com.

Diese Etappe durch die Belluneser Dolomiten ist ein landschaftliches Schmankerl, ein Weg, den man auf keinen Fall verpassen sollte. Aber aufgrund der Länge und der Höhenmeter sowie den ausgesetzten Wegstücken wird die Konzentration und Kondition gefordert. Auf den verschiedenen Wegabschnitten ergeben sich immer prachtvolle Fernsichten Richtung Norden mit der Pale di San Martino, wahrhaft majestätisch und gebieterisch ragen die Dolomiten an dieser Stelle in die Höhe. Zwei einmalige und wunderschö-

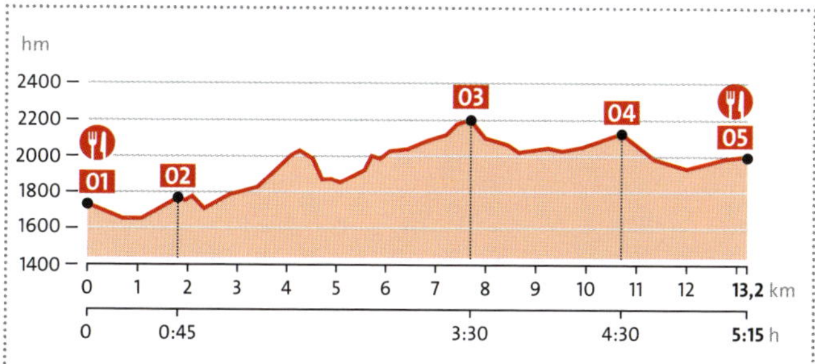

01 Rifugio Bruno Boz, 1.718 m; 02 Passo di Finestra, 1.766 m;
03 Anhöhe, 2.204 m; 04 Passo di Piètena, 2.111 m;
05 Rifugio G. Dal Piàz, 1.993 m

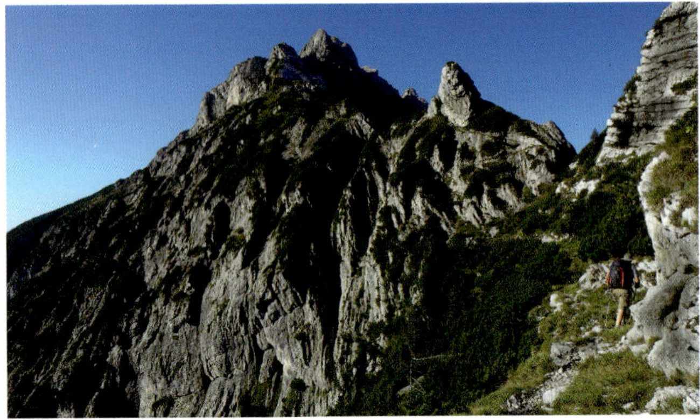

Eng an die Felswand geschmiegt führt der Pfad in Richtung des 2.226 m hohen Sasso Scarnia

ne Hochtäler werden gequert, mit Bergweiden und nur einigen Wirtschaftshäusern. Auf einer alten Militärstraße marschieren wir dann zur nächsten Hütte. Auf dieser Tour lohnt es sich immer wieder innezuhalten und sich von der Natur verzaubern zu lassen.

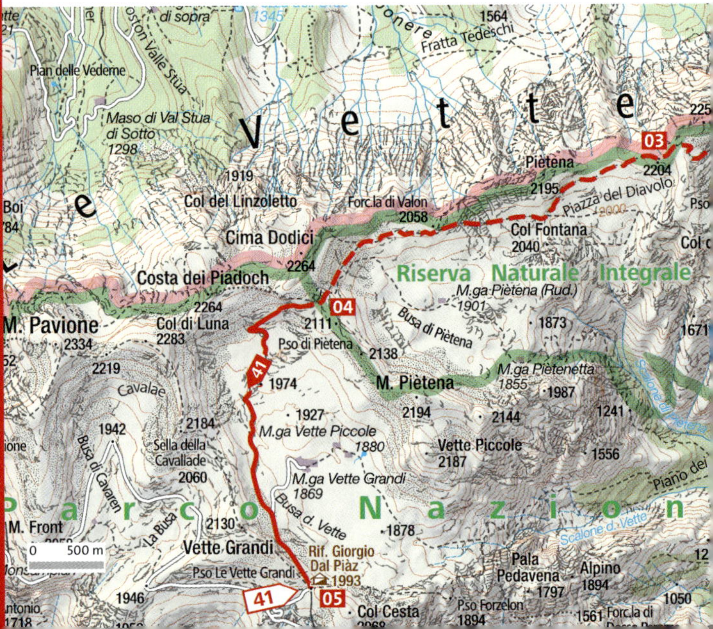

Vom **Rifugio Bruno Boz** 01 (1.718 m) folgen wir dem ausgezeichneten Wanderweg 8 Richtung Rifugio G. Dal Piàz. Bereits nach wenigen Metern gabelt sich der Pfad, wir nehmen den halbrechten Arm. Im nachfolgenden Wiesengelände ignorieren wir den scharf linken Abzweig.

Nach kurzem Anstieg erreichen wir den **Passo di Finestra** 02 (1.766 m). Wir überschreiten den Pass und gehen auf einem schmalen und ausgesetzten Pfad Richtung des 2.226 m hohen Sasso di Scarnia. Den sofort darauf links abzweigenden Weg 805 nach Canzoi sowie den rechts abzweigenden Pfad ignorieren wir. Nach einem kurzen Stück bergab versperren Steine den weiterführenden Pfad. Genau an dieser Stelle gehen wir scharf rechts, nun wieder bergauf. Der nachfolgende Aufstieg gestaltet sich sehr steil, dabei wird ein nur 1 m breiter, ca. 5 m langer und sehr ausgesetzter Grat überschritten. An den Nordosthängen des **Sasso**

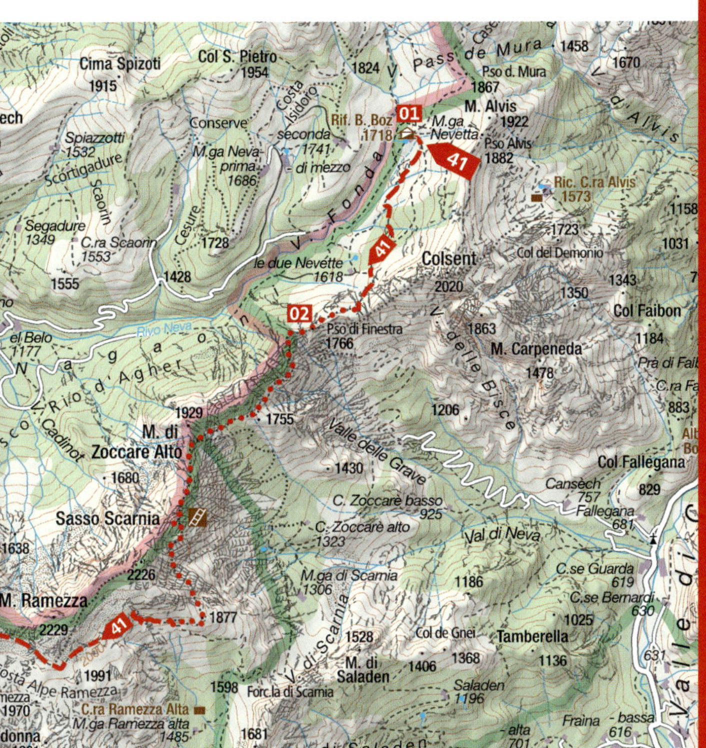

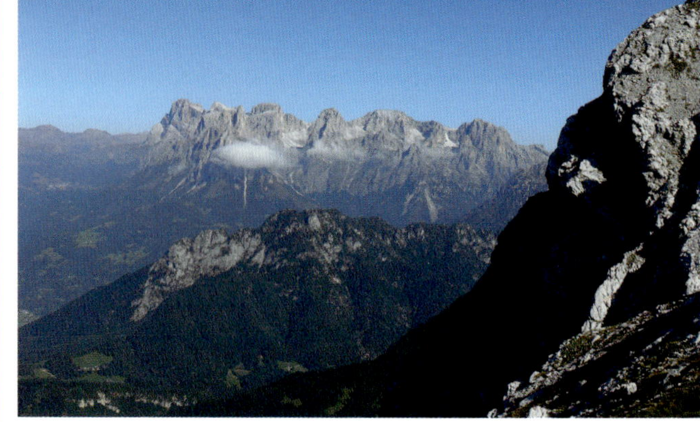
Die Pale di San Martino, die wahrhaft majestätisch und gebieterisch emporragen

di Scarnia steigen weiter extrem steil auf, auch sind Treppen in den Fels geschlagen. Es folgt ein kurzes **drahtseilgesichertes Wegstück** und ein weiterer schmaler und ausgesetzter Grat. Nun bereits unterhalb der Ostwand des Sasso Scarnia beginnen wir mit dem Abstieg, dieser führt zunächst im Slalom durch riesige Felsen.

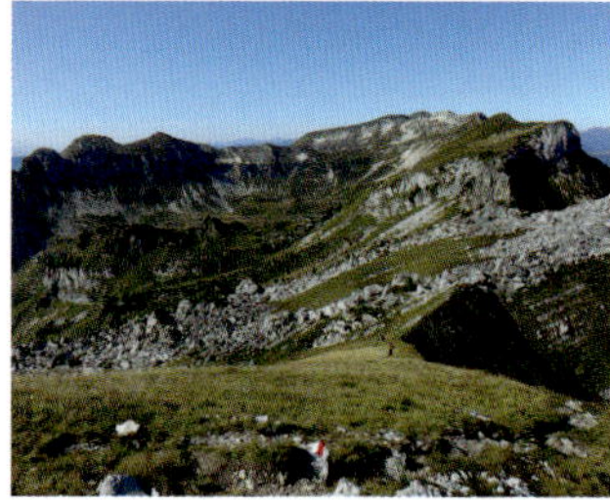
Diese Etappe führt entlang wunderschöner Hochgebirgstäler

Nachdem wir bereits unterhalb der südlichen Flanken des Sasso Scarnia angekommen sind, erreichen wir den **Wegpunkt Scarnion** (1.805 m). Hier gehen wir nicht links bergab, sondern folgen weiterhin dem Wanderweg 801 Richtung Rifugio Dal Piàz. Es folgt ein wunderschöner Höhenweg unterhalb der Berghänge des 2.250 m Monte Ramezza. Nach einem weiteren Aufstieg überschreiten wir eine **Anhöhe** 03 (2.204 m). An dieser Stelle ergibt sich ein atemberaubender Blick in die Pale di San Martino.

Es folgt ein Abstieg über Hochwiesen, rechts von uns liegt der 2.158 m hohen Cima del Diavolo, links unterhalb liegt ein weites und grünes Hochtal. Den rechts abzweigenden Weg 735 ignorieren wir und überqueren im weiteren Verlauf den **Passo di Piètena** 04 (2.111 m).

Dahinter blicken wir in ein weiteres wunderschönes Hochtal, weit kann man den weiteren Wanderweg nachverfolgen, bis zum 1.994 m hohen Passo delle Vette Grandi. Sobald wir diesen überschritten haben, erreichen wir das **Rifugio G. Dal Piàz** 05 (1.993 m).

RIFUGIO G. DAL PIÀZ – PASSO CROCE D'AUNE

Dolomiten Höhenweg Nr. 2

  5,2 km 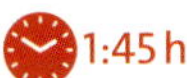 1:45 h  10 hm 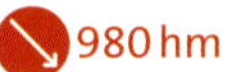 980 hm 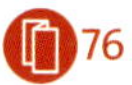 76

START | Rifugio G. Dal Piàz, 1.993 m
[GPS: N46.089133° E11.842283°]
CHARAKTER | Einfacher Abstieg auf Forstwegen und Pfaden bei eindeutiger Orientierung. Aufgrund der 980 Höhenmeter Abstieg ist die Tour mit dem Schwierigkeitsgrad rot klassifiziert. Startpunkt: Das Rifugio G. Dal Piàz ist nur zu Fuß zu erreichen und und befindet sich am Ende der Etappe 41. Endpunkt/Einstieg/Abbruch: Der Passo Croce d'Aune ist mit dem PKW, Bus und zu Fuß zu erreichen und befindet sich am Anfang der Etappen 43 und 43.1. Zusatzausrüstung: keine. Einkehr: unterwegs keine. Übernachtung: Albergo Ristorante Croce d'Aune: www.albergocrocedaune.it.

Vom 1.993 m hoch gelegenen Rifugio G. Dal Piàz beginnt der Abstieg durch den Nationalpark Belluneser Dolomiten. Der Park liegt in der nördlichen Provinz der Region Venetien und ist einer von 24 italienischen Nationalparks. Auf der Wanderung ergeben sich immer wieder faszinierende Fernblicke. Richtung Norden erheben sich die Felsspitzen der Belluneser Dolomiten. Richtung Süden blickt

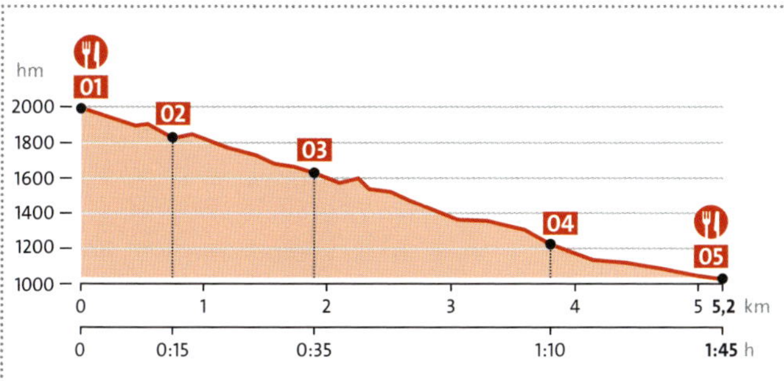

01 Rifugio G. Dal Piàz, 1.993 m; 02 Aussichtspunkt, 1.819 m; 03 Abzweig, 1.617 m; 04 Schlüsselstelle, 1.226 m; 05 Passo Croce d'Aune, 1.011 m

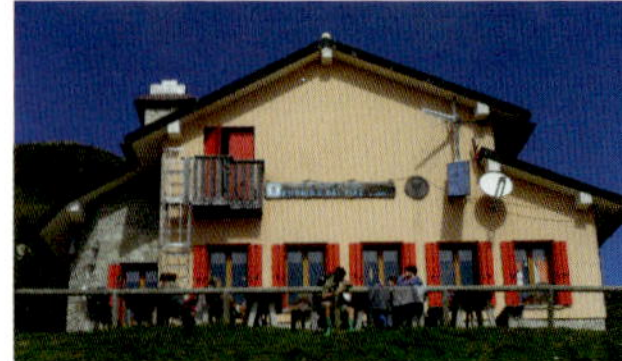

Das Rifugio Dal Piaz thront auf 1.993 m

man über die hügeligen Belluneser Voralpen, bei guter Sicht bis zur nur 100 km entfernten Adriaküste bei Venedig. Die herrlichen Landschaften binden unsere Aufmerksamkeit und senken den Stresslevel!

▶ Gleich mehrere bergabführende Pfade beginnen beim **Rifugio G. Dal Piàz** 01 (1.993 m). Alle sind zielführend und laufen zusammen bei einer unterhalb liegenden Schotterpiste, der Wanderweg 801. Möchte man nicht durch die langen Kehren der Straße gehen, so verlässt man die Piste bereits nach ca. 40 m auf den rechts bergabführenden Pfad mit einer weißroten Markierung.

Nach einigen Metern erreicht man einen wunderschönen **Aussichtspunkt** 02 (1.819 m). Bei guter Sicht schaut man über das 50 km breite Val Belluna, es teilt die Belluneser Dolomiten von den Belluneser Voralpen. Aufgrund der milden klimatischen Bedingungen ist es das am dichtesten besiedelte Gebiet der Provinz.

Die einzige Herausforderung auf dieser Wanderung ist nicht den

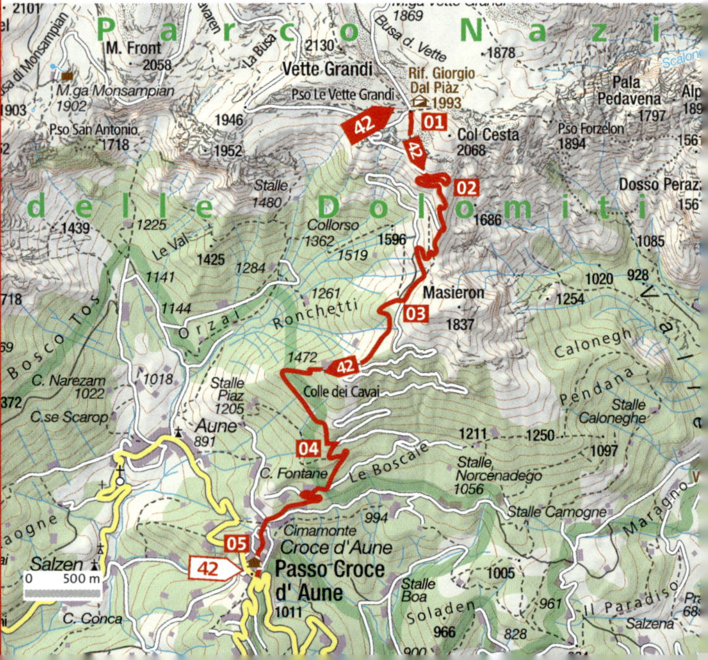

Der Nationalpark Belluneser Dolomiten präsentiert sich von seiner schönsten Seite

Abzweig 03 (1.617 m) von der Schotterpiste auf den Wanderpfad zu verpassen. So auch der Abzweig bei Kilometer 1,85, hier verlassen wir die Piste nach scharf rechts.

Der nachfolgende Abstieg bedarf keiner weiteren Erklärung.

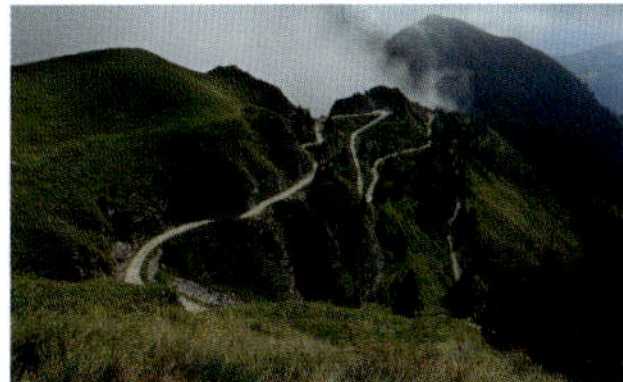

Eine Schotterpiste schlängelt sich parallel zum Wanderweg talwärts

Nur bei einer Weggabelung im Wald gehen wir nicht halb rechts, sondern halb links auf dem breiteren Pfad. Nach einem sehr langen Abschnitt durch Waldgebiet mündet der Pfad wieder in die Piste. An dieser **Schlüsselstelle 04** (1.226 m) geht man nicht auf der Piste weiter, sondern geht rechts über den Wanderweg, am Rand einer Lichtung entlang.

Bei einem Heiligenschrein mündet der Pfad dann wieder in die Piste, die wir bereits nach ca. 70 m wieder nach rechts verlassen, nun wieder auf einem Pfad. Dieser mündet in eine asphaltierte Straße, auf der wir gemächlich bergab bis zum **Passo Croce d'Aune 05** (1.011 m) gehen.

Busverbindung Passo Croce d'Aune – Feltre

Der Busbetreiber Dolomiti Bus S.p.A. (www.dolomitibus.it/it/linee-extraurbane-invernali) fährt zweimal täglich (im Sommerfahrplan auch viermal täglich) mit der Linie 16/29 von der Haltestelle Croce d'Aune in 31 Minuten nach Feltre. An Sonntagen fahren keine Busse.

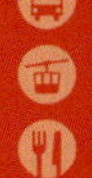
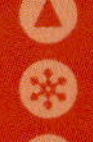

PASSO CROCE D'AUNE – PEDAVENA – FELTRE

Dolomiten Höhenweg Nr. 2

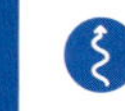  13 km  3:45 h 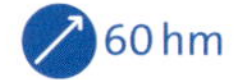 60 hm 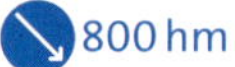 800 hm 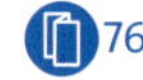 76

START | Passo Croce d'Aune, 1.011 m
[GPS: N46.062233° E11.830050°]
CHARAKTER | Einfacher Abstieg ohne große Höhenunterschiede auf einer asphaltierten Straße und Schotterpisten. Startpunkt/ Einstieg/Abbruch: Der Passo Croce d'Aune befindet sich am Ende der Etappe 42 und ist zu Fuß, mit dem Bus oder Pkw erreichbar. Endpunkt: Die Bahnstation Feltre FS. Zusatzausrüstung: keine. Einkehr: Fabbrica di Pedavena und zahlreiche Restaurants in Feltre. Übernachtung: z. B. B & B Villa Tina: www.villatinafeltre.it/de/.

Wer eine Bergtour macht und nicht den Gipfel besteigt, handelt ähnlich, als wenn man einen Fernwanderweg geht und die letzte Etappe mit dem Bus zurücklegt. Daher an dieser Stelle ein eindeutiges Plädoyer des Autors, seinen persönlichen Erfolg über die Bewältigung des Dolomiten Höhenwegs Nr. 2 zu feiern und mit erhobenen Hauptes nach Feltre einzulaufen, eine der schönsten befestigten Städte Venetiens. Auf dem Weg besichtigen wir noch folgende Sehenswürdigkeiten: Die Villa Pasole Berton (sie wurde in

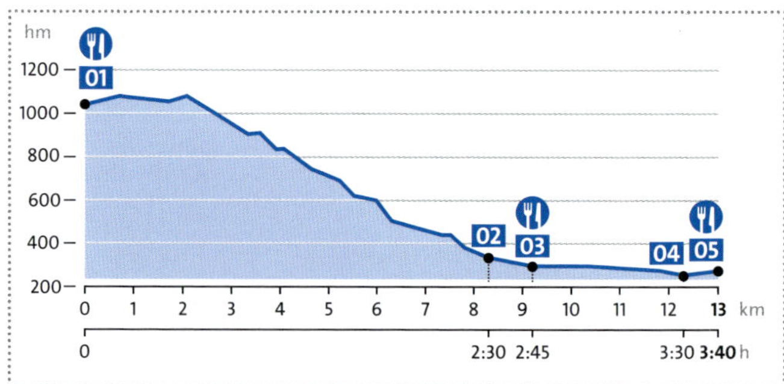

01 Passo Croce d'Aune, 1.011 m; 02 Villa Pasole Berton, 324 m; 03 Fabbrica di Pedavena, 291 m; 04 Chiesa di San Giacomo Feltre, 237 m; 05 Feltre Bahnstation, 266 m

der zweiten Hälfte des 18. Jahrhunderts erbaut), die 1897 von den Brüdern Luciani in Pedavena gegründete Brauerei „Fabbrica di Paverna" und die zwischen dem 5. und 6. Jahrhundert nach Christi erbaute Kathedrale von Feltre. Ein ehrwürdiger Abschluss für diese Königstour, sie verbindet kulturelle und sportliche Momente.

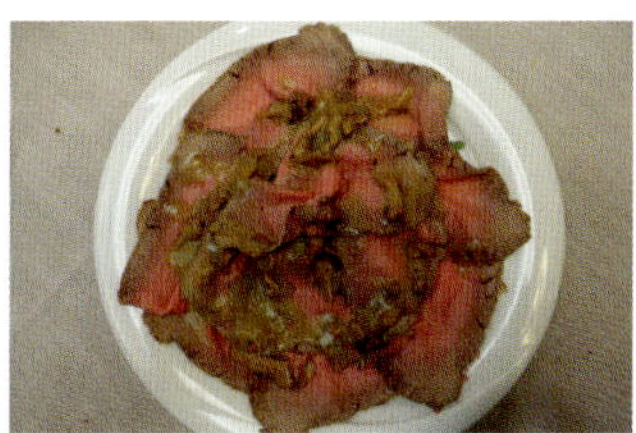
Kulinarium im Albergo und Ristorante Passo Croce d'Aune

▶ Die Hauptstraße am **Passo Croce d'Aune** 01 (1.011 m) verlassen wir in die Stichstraße links neben dem **Albergo Ristorante Croce d'Aune**. Nach wenigen Metern kommen wir an dem Albergo Ristorante Al Camoscio vorbei. Dort wo die Straße endet, gehen wir scharf rechts. Bei dem nachfolgenden Heiligenschrein verzweigt sich die Straße in drei Arme, wir gehen ganz rechts, auf einem Schotterweg unterhalb von Häusern. Eine scharf rechts abzweigende Piste ignorieren wir. Dort wo der Wald lichter wird, verlassen wir den Schotterweg nach halb rechts, nun auf einer Piste, die nach Pedavena-Feltre ausgewiesen ist, der Wanderweg 801. Wir gelangen an eine weitere Weggabelung und gehen abermals auf dem ausgeschilderten Wanderweg Richtung Pedavena Feltre. Dort wo der Wanderweg endet, gehen wir 30 m links, um dann auf Höhe einer links von uns liegenden Ruine, rechts auf den Pfad durch den Wald weiter abzusteigen. Im Weiteren überqueren wir einen anderen Wanderweg. Sobald wir zwischen zwei Steingebäuden hindurchgegangen sind, endet der Pfad und wir gehen scharf rechts auf der weiterführenden Schotterpiste.

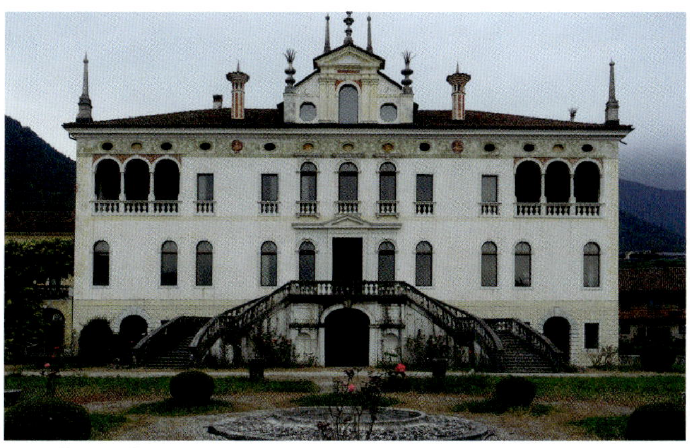
Die Villa Pasole Berton

Bei einer Leitplanke ignorieren wir die scharf nach links abzweigende Piste. Aber bei einem Strommast gehen wir dann scharf links und nicht geradeaus weiter. Es folgt ein langer Wegabschnitt auf ei-

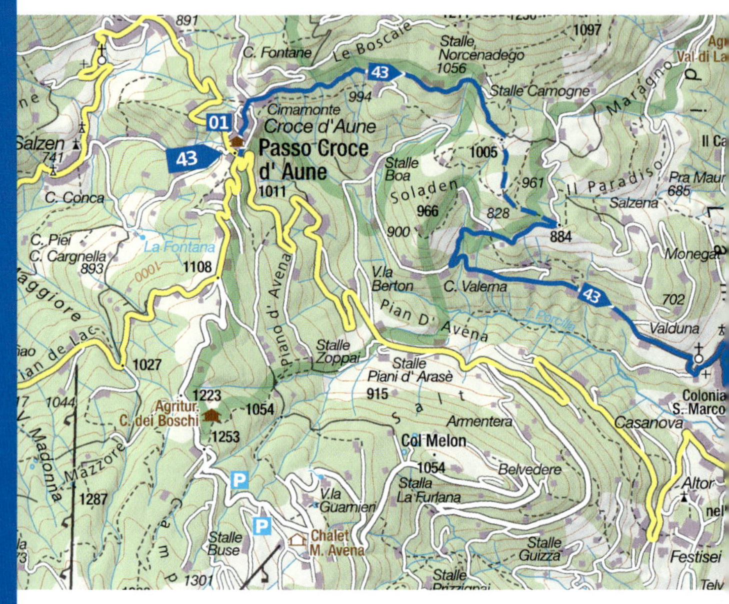

ner asphaltierten Straße, die an einer wunderschön gelegenen Kapelle vorbeiführt. In einer lang gezogenen Rechtskurve wandern wir durch ein Dorf. Kurz hinter der Pizzeria Alpina 1954 - genau bei dem gelben Haus der Casa Alpina San Marco – verlassen wir die Straße auf dem nach links abzweigenden Pfad. Nach ca. 110 m gehen wir dann scharf rechts auf der Asphaltstraße, die kurz später in eine größere Straße mündet, auf der wir links bergab gehen. Bei dem Stoppschild gehen wir dann geradeaus weiter, auf dem Fußweg der Via Trento. Dort wo sich die Straße dann gabelt, gehen wir rechts an den beiden großen Thujen vorbei und gelangen zum 3-stöckigen Gebäude der **Villa Pasole Berton** **02** (324 m), die auf den Resten einer Festung, nördlich von Feltre erbaut wurde. Das Eingangstor ist in ein venezianisches Fenster eingebaut in der großen und wichtigen breiten Zangentreppe, die zum Obergeschoss führt.

Von der Villa gehen wir bis zur Straßengabelung zurück und biegen rechts in die Einbahnstraße. Bei der nächsten Möglichkeit gehen wir links über die Brücke und dann sofort wieder rechts, um zunächst auf einer Straße und kurz später auf einem Weg entlang des Bachlaufes zu marschieren. Bei einer grünen Brücke angekommen queren wir den Bachlauf und können nun die **Fabbrica di Pedavena** 03 (291 m) besichtigen. Ein sehr empfehlenswerter Besuch, auf der Führung werden Informationen über die Geschichte der Fabrik und der Produktionstechniken vermittelt. Am Ende kann man ein gutes Glas Bier genießen oder im Restaurant essen.

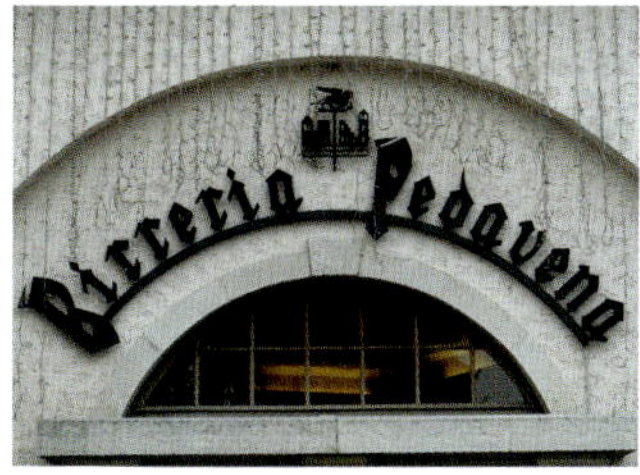

Die 1897 in Pedavena gegründete Brauerei Fabbrica di Pedavena

Auf dem Fußweg entlang der Hauptverkehrsstraße – die Zivilisation hat uns spätestens hier wieder eingeholt – gehen wir nun Richtung Ortszentrum. Weitere schöne Villen befinden sich rechts und links der Straße. An einer wei-

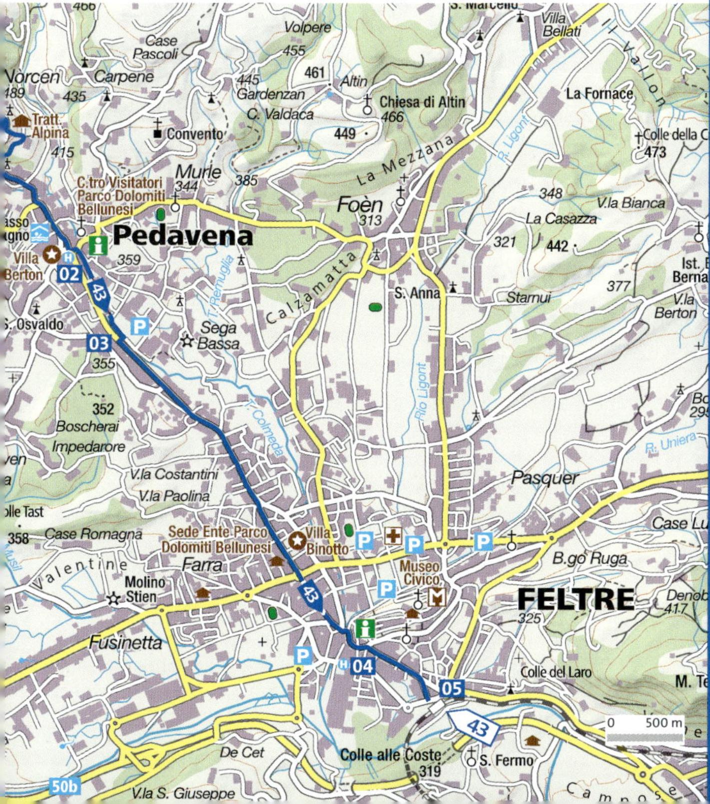

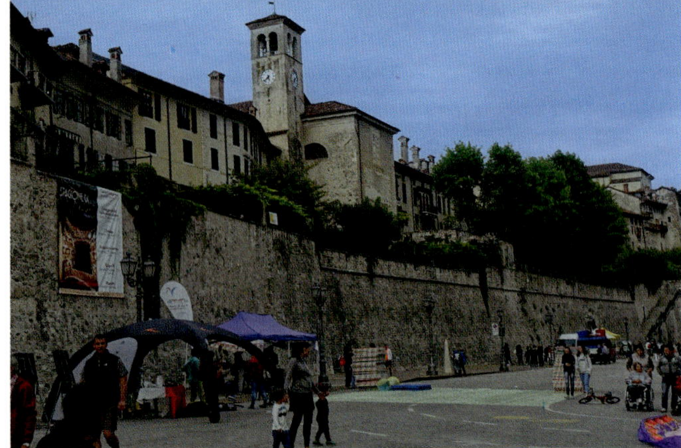

Oberhalb der Stadtmauer von Feltre liegt die Chiesa di San Giacomo

teren Kirche gabelt sich die Straße, wir gehen geradeaus weiter, auf der Viala Farra. Hinter der ehemaligen Kaserne gehen wir direkt in die Einbahnstraße. Nachdem wir den Bachlauf überquert haben spazieren wir unterhalb der Stadtmauern halb rechts durch eine Einkaufsstraße. Bei einer weiteren Straßengabelung blickt man halb links entlang der Stadtmauer aus dem 16. Jahrhundert bis zu der **Chiesa di San Giacomo** 04 (237 m).

Wir gehen weiter geradeaus auf der Via Giuseppe Garibaldi und kommen an der Villa Tina Via Giuseppe und dem Hotel Doriguzzi vorbei. In ca. 150 m Entfernung befindet sich links unterhalb der Stadtmauern von Feltre die Kathedrale von St. Peter/Cattedrale di San Pietro. Sie ist eine Kultstätte mit großem künstlerischem Wert und absolut sehenswert. Seit 1986 ist diese Kirche, die viele Jahrhunderte Geschichte gesehen hat, Konkathedrale der Diözese. Vor der Tankstelle geht man dann halb rechts und gelangt so zum gelben Gebäude der **Feltre Bahnstation** 05 (266 m).

Rückreise nach Brixen

1. Mit dem Pkw fährt man 132 km bis zum Ausgangspunkt zurück.
2. Der Autobus 401 (www.trentinotrasporti.it) fährt einmal täglich um 7.15 Uhr von der Bahnstation Feltre FS nach Trento (Stazione FS). Die Fahrzeit beträgt 1:38 Stunden. Regionalzüge und Eurocityzüge fahren im Halbstundentakt von Trento-Bahnhof nach Brixen-Bahnhof und benötigen 1:09 Stunden Fahrzeit. Der Autobus 321 fährt von Brixen-Bahnhof nach St. Andrä (Brixen), Plose Gondellift.

PASSO CROCE D'AUNE – BUSHALTESTELLE LAMEN

43.1

Dolomiten Höhenweg Nr. 2

 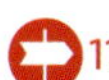 11,2 km 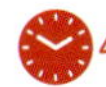 4:00 h 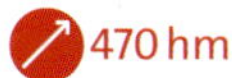 470 hm 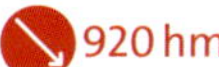 920 hm  672

START | Passo Croce d'Aune, 1.011 m [GPS: N46.062233° E11.830050°]
CHARAKTER | Der Aufstieg zu den archäologischen Stätten ist sehr steil und auf einem kurzen Abschnitt durch Drahtseile gesichert. Ein Klettersteigset ist nicht notwendig, trotzdem sollte man schwindelfrei und trittsicher sein. Die Orientierung ist bis auf eine Schlüsselstelle eindeutig. Startpunkt/Einstieg/Abbruch: Der Passo Croce d'Aune befindet sich am Ende der Etappe 42 und ist zu Fuß, mit dem Bus oder Pkw erreichbar. Endpunkt/Abbruch: Bushaltestelle in Lamen (Buslinie 14 fährt wochentags nach Feltre-Stazione: dolomitibus.it/it/linee-extraurbane-invernali). Zusatzausrüstung: keine. Einkehr in Lamen: La Caliera Ristorante Pizzeria. Übernachtung: B & B Il Gufo: www.visitfeltre.info/dovedormire/bb-il-gufo/.

Zur klassischen Abstiegsroute des Dolomiten Höhenwegs Nr. 2 gibt es die Varianten 43.1 und 43.2. Auf Pfaden, weitab vom Tourismus, wandert man im Nationalpark Dolomiti Bellunesi zu archäolo-

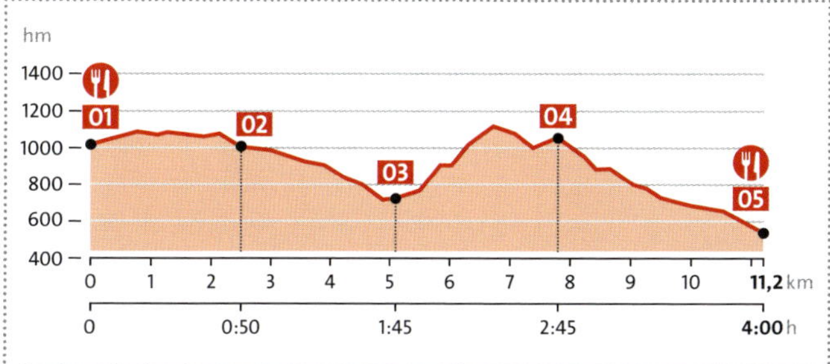

01 Passo Croce d'Aune, 1.011 m; 02 Abzweig, 1.005 m; 03 Valle di Lamen, 723 m; 04 Monte Pafagai, 1.047 m; 05 Bushaltestelle Lamen, 532 m

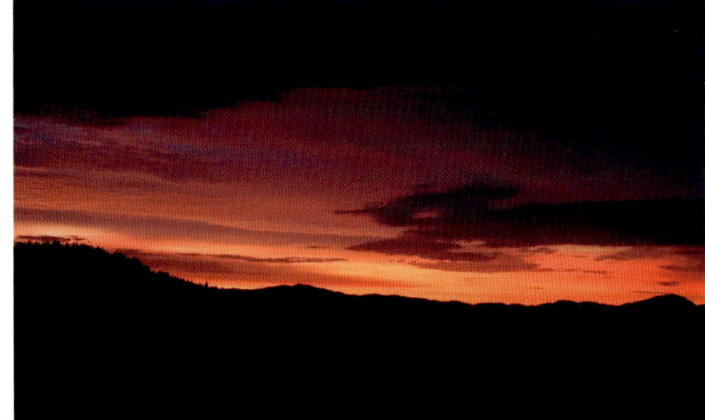

Sonnenaufgang am Passo Croce d'Aune

gischen Stätten und gelangt im Weiteren zu einem unbekannten Gipfel. Dort ergibt sich eine faszinierende Aussicht. Richtung Süden schaut man bis nach Feltre, Richtung Norden erheben sich die Belluneser Dolomiten. In dem Dorf Lamen angekommen kann man mit dem Bus nach Feltre fahren oder wandern auf der Etappe 43.2 bis nach Feltre, dem Zielort des Dolomiten Höhenwegs Nr. 2.

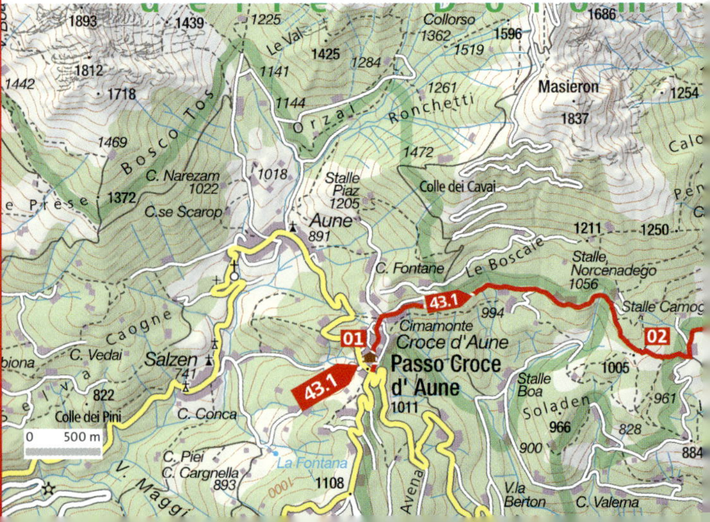

▶ Die Hauptstraße am **Passo Croce d'Aune** 01 (1.011 m) verlassen wir in die Stichstraße links neben dem **Albergo Ristorante Croce d'Aune**. Nach wenigen Metern kommen wir am **Albergo Ristorante Al Camoscio** vorbei. Dort wo die Straße endet gehen wir scharf rechts. Bei dem nachfolgenden Heiligenschrein verzweigt sich die Straße in drei Arme, wir gehen ganz rechts, auf einem Schotterweg unterhalb von Häusern. Eine scharf rechts abzweigende Piste ignorieren wir. Dort wo der Wald lichter wird, verlassen wir den Schotterweg nach halb rechts, nun auf einer Piste, die nach Pedavena-Feltre ausgewiesen ist, der Wanderweg 801.

Wir gelangen an eine Weggabelung. Halb rechts führt der Wanderweg 801 (siehe auch Etappe 43) nach Pedavena-Feltre, wir gehen bei diesem **Abzweig** **02** (1.005 m) halb links und befinden uns nun auf der Variante 43.1. Dieser Wegabschnitt ist nicht ausgeschildert. Wir erreichen eine Wegkreuzung, auf dem linken Arm befindet sich in 20 m Entfernung eine Ruine, wir gehen geradeaus weiter. Nach einigen Metern mündet von rechts ein Weg in den unsrigen, wir gehen wieder geradeaus weiter, bis wir dann den halb links abzweigenden und gelbrot markierten Pfad Sentiero Tematico folgen. Dieser kreuzt im weiteren Verlauf eine Piste.

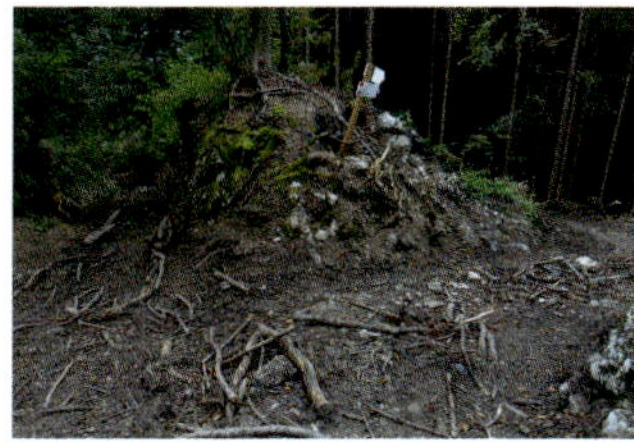
Eine Weggabelung im Wald

Dort wo sich der Pfad gabelt orientieren wir uns auf dem halb rechts weiterführenden Pfad – rechts unterhalb befindet sich an dieser Stelle eine Schlucht. Bei einer romantisch gelegenen Casa, auf einer Waldlichtung gelegen,

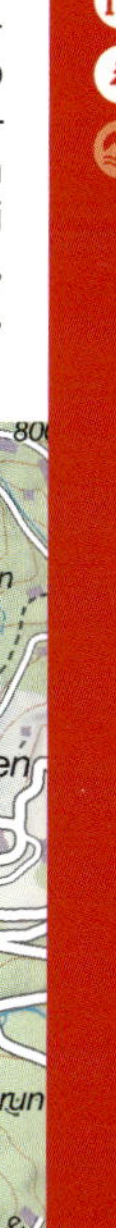

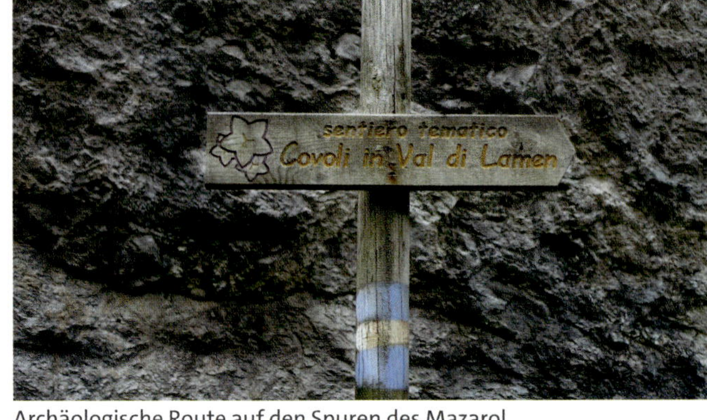

Archäologische Route auf den Spuren des Mazarol

endet der Pfad und wir gehen auf der nachfolgenden Piste bergab. Von rechts mündet ein Weg in den unsrigen und nach wenigen Metern überqueren wir einen Bachlauf. Unsere Piste mündet in eine weitere Piste, auf der wir geradeaus weitergehen und abermals ein Bachbett queren. Bei einem Picknickplatz und Informationstafeln haben wir das **Valle di Lamen** 03 (723 m) erreicht. Wer des Wanderns müde ist, entscheidet sich für die Variante 1 (siehe Kasten rechts) und geht rechts bergab auf der Straße.

Der archäologisch Interessierte kann an dieser Stelle eine kleine Extrarunde drehen und felsinnere Unterschlüpfe, von der Jungsteinzeit bis zum Mittelalter besichti-

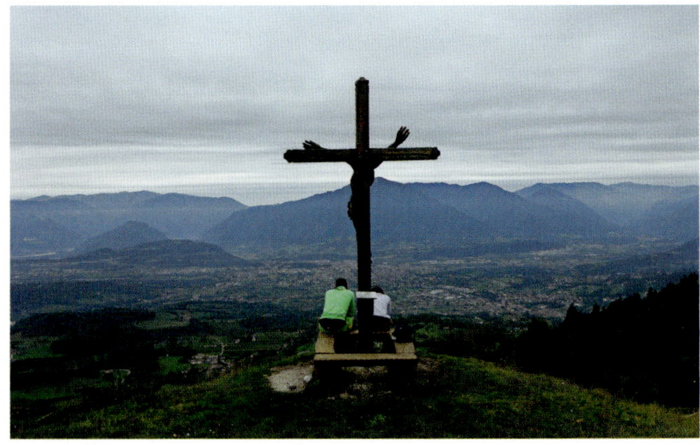
Das Gipfelkreuz am Monte Pafagai

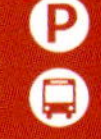

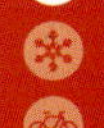
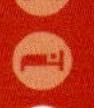

gen, die von den prähistorischen Gemeinschaften genutzt wurden. Dazu überqueren wir den Bachlauf und gehen links bergauf auf der asphaltierten Straße bis zur 1. Rechtskehre, wo wir dann geradeaus auf der Piste weitergehen. Eine weitere rechts abzweigende Piste zu einem Haus ignorieren wir und gehen nun auf dem Pfad geradeaus. Am Bachlauf angekommen quert man diesen nach links, es folgt ein sehr steiler Aufstieg, bis der Pfad bei einem querenden Pfad endet. An dieser Stelle gehen wir rechts, queren ein weiteres Bachbett und wandern nun unterhalb einer Felswand. An einer unscheinbaren Pfadgabelung gehen wir nun links durch eine kleine Schlucht und beginnen mit einem sehr steilen Aufstieg entlang eines Drahtseils. Der weitere schmale Wanderpfad ist nun eindeutig vorgegeben und führt bis zu den archäologischen Stätten. Nach einem längeren Wegstück und einem weiteren Aufstieg erreichen wir den Gipfel des **Monte Pafagai** **04** (1.047 m).

Auf dem in südwestliche Richtung (rechts) bergabführenden Pfad verlassen wir den Gipfelbereich. Bei der 1. Gabelung entscheiden wir uns für den halb rechts abzweigenden Pfad, der an einer Piste endet. Der Piste folgen wir rechts entlang bis zur Straße, wo wir links an schönen Bauernhäusern und einer Kapelle vorbeikommen. Im Dorf Lamen gehen wir noch an der Kirche vorbei und erreichen dann die **Bushaltestelle Lamen** **05** (532 m).

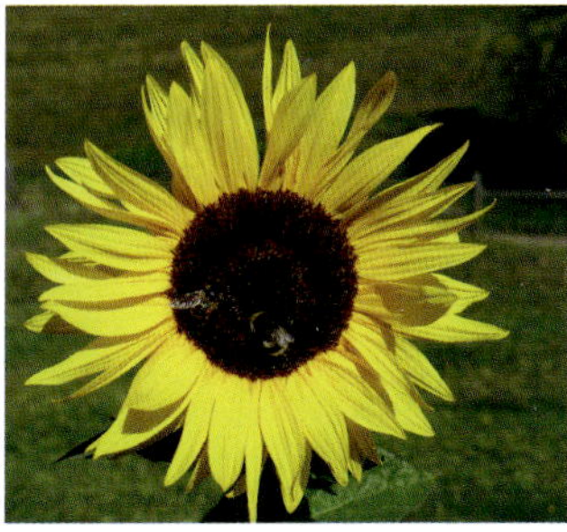
Eine prächtige Sonnenblume in den Gärten an der Bushaltestelle in Lamen

Von hier aus nimmt man entweder den Bus Nr. 14 nach **Feltre-Stazione** (nur wochentags, Fahrplan unter www.dolomitibus.it/it/linee-extraurbane-invernali) oder man geht weiter zum **B & B Il Gufo** (siehe Etappe 43.2, Seite 225).

Die Rückreise nach Brixen ist auf Seite 218 beschrieben.

Varianten

1. Geht man vom Wegpunkt **03** auf der Straße bergab und lässt die Runde über die archäologischen Stätten aus, so verkürzt sich die Strecke auf 7,5 km, 100 m im Anstieg und 550 m im Abstieg.
2. Kombiniert man die Etappe 43.1 mit der Etappe 43.2, so entfällt die Übernachtung im B & B Il Gufo. Es ergibt sich eine Streckenlänge von 21,4 km, 7:00 Stunden Gehzeit, 480 m im Anstieg und 1.250 m im Abstieg.

43.2 BUSHALTESTELLE LAMEN – FELTRE

Dolomiten Höhenweg Nr. 2

  10,2 km  3:00 h  10 hm  330 hm  672

START | Bushaltestelle Lamen, 532 m
[GPS: N46.057883° E11.888300°]
CHARAKTER | Einfacher Abstieg ohne große Höhenunterschiede auf einer asphaltierten Straße und Schotterpisten. Startpunkt/Einstieg/Abbruch: Die Bushaltestelle Lamen befindet sich am Ende der Etappe 43.1 und ist zu Fuß, mit dem Bus oder Pkw erreichbar. Endpunkt: Die Bahnstation Feltre FS. Zusatzausrüstung: keine. Einkehr: La Caliera Ristorante Pizzeria und zahlreiche Restaurants in Feltre. Übernachtung: z. B. B & B Villa TIna: www.villatinafeltre.it/de/.

Es folgt ein weiterer emotionaler Höhepunkt des Dolomitenhöhenwegs Nr. 2, zu Fuß erreichen wir das Ziel, die Stadt Feltre. Sie liegt am Fuße der Belluneser Dolomiten, ein Zentrum von großer historischer Bedeutung mit zahlreichen Sehenswürdigkeiten für Liebhaber von kulturellen Schönheiten. Zuvor schlendern wir gemütlich an alten Bauernhäusern, Obstbäumen, Feigenbäumen, Maronenbäumen, Maisfeldern und Weinbaugebieten vorbei. Die Piazza Maggiore krönt den Gipfel des Colle delle Capre (Ziegenberg),

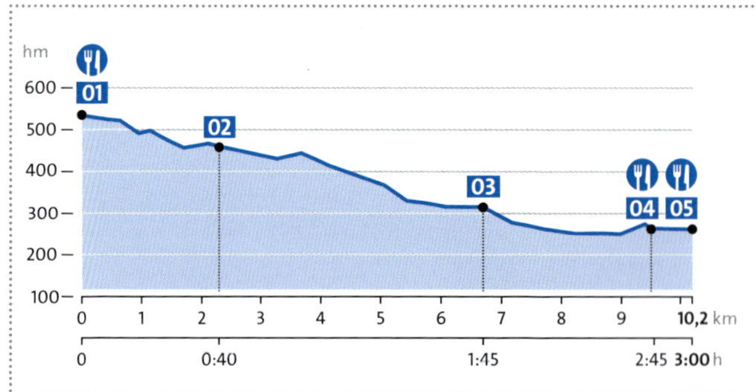

01 Bushaltestelle Lamen, 532 m; 02 B & B Il Gufo, 460 m;
03 Via Rive Alte, 313 m; 04 Piazza Maggiore, 266 m;
05 Bahnstation Feltre, 266 m

sie vollendet den heutigen Wandertag – einen Hügel, auf dem im Laufe der Jahrhunderte Feltre errichtet wurde.

▶ Im Dorf Lamen gehen wir von der **Bushaltestelle Lamen** 01 (532 m) in östliche Richtung auf der gering befahrenen Straße an der Pizzeria La Caliera vorbei. In der nachfolgenden Ortschaft Pren folgen wir nicht rechts bergab der Ausschilderung nach Pedavena, sondern wandern halb links, weiter durch die Ortschaft Pren. Auf Höhe des links von uns liegenden Friedhofs sehen wir in der Ferne einen Kirchturm auf einem Hügel. Nachdem wir ein kleines Waldstück verlassen sehen wir abermals den Kirchturm, an dieser Stelle zweigt rechts die Via Don ab.

Plant man im **B & B Il Gufo** 02 (460 m) zu übernachten, so geht man an dieser Stelle geradeaus weiter und biegt links in die Via Costa Solana. Bei der darauffolgenden Weggabelung geht man halb rechts in die Via Palughe und bei dem rosa Fahrrad biegen wir links in die Straße, die zu dem B&B führt. Möchte man nicht noch einmal übernachten, so biegen wir nach dem kleinen Waldstück – so wie bereits unter Wegpunkt 1 erläutert – rechts in die Via Don ab. Bei dem sofort darauffolgenden Heiligenschrein biegen wir dann halb rechts ab. Bei der nachfolgenden Straßengabelung gehen wir halb rechts, nun auf einer Schotterpiste. Den nach halb rechts abzweigenden Pfad, in dem nachfolgenden Waldstück, ignorieren wir.

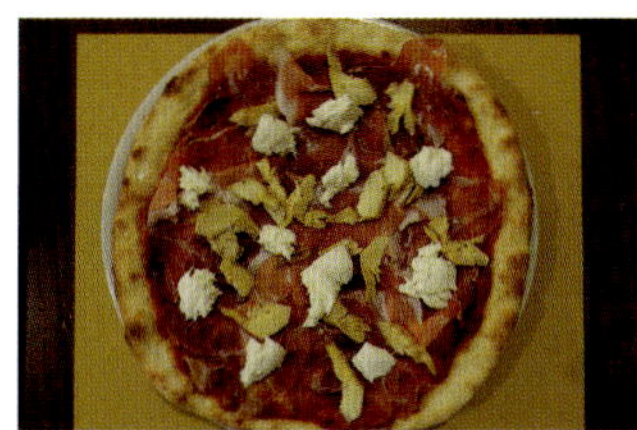
Pizzafreude im La Caliera Ristorante Pizzeria

Wir kommen an den Ruinen der rechts von uns liegenden Villa Guarnieri vorbei. Bei der sofort

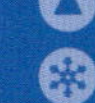

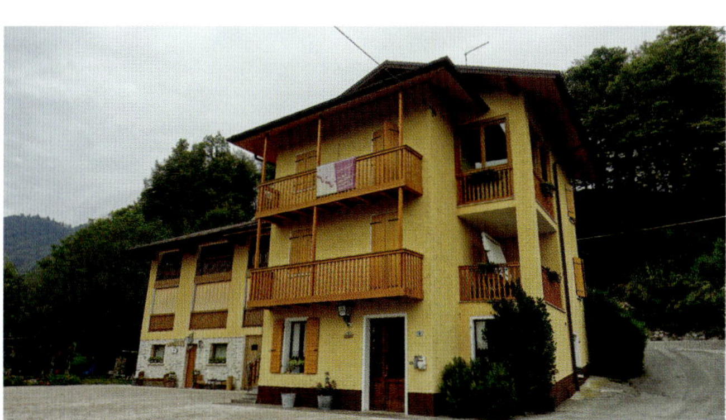
Die versteckt gelegene Übernachtungsmöglichkeit B & B Il Gufo

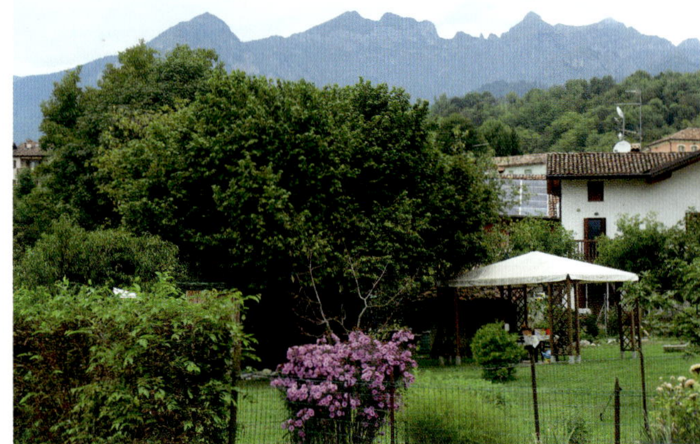
Auf der Via Rive Alte mit den Gipfeln des Nationalparks der Belluneser Dolomiten

darauffolgenden Weggabelung gehen wir halb rechts, sodass wir rechts an der Kirche vorbeiwandern – auf der ein Engel mit einer Trompete thront. Vor der Casa Rosse macht die asphaltierte Straße, auf der wir inzwischen gehen, eine scharfe Linkskehre, bis sie dann an der Hauptstraße an dem Stoppschild endet. Wir folgen dem Verlauf der Hauptstraße nach links, um diese nach ca. 500 m, links in die die Einbahnstraße zu verlassen. Vor einem Friseurladen in **Foèn** endet die Straße, wir gehen rechts, und bei der nächsten Möglichkeit sofort wieder rechts. Abermals gabelt sich dann die Straße, wir gehen nun halb links, wieder in eine Einbahnstraße, die **Via Rive Alte 03** (313 m).

Die nachfolgende Hauptstraße überqueren wir und gelangen so in die Sackgasse. Dort wo die Straße eine Rechtskehre macht, gehen wir geradeaus auf der nachfolgenden Piste weiter. Kurz später endet die Piste an einer Straße, die wir nach halb links überqueren, um auf der Via Vespucci weiter Richtung Feltre gehen. Die Straße endet vor dem Krankenhaus von Feltre, wo wir links auf der Straße weitergehen. Wir folgen deren Verlauf bis zur Hauptdurchgangsstraße, die wir über den Zebrastreifen überqueren und so geradeaus in die Einbahnstraße Via Ligot gelangen. Wir passieren zwei Stoppschilder, um dann bei dem 3. Stoppschild rechts in die

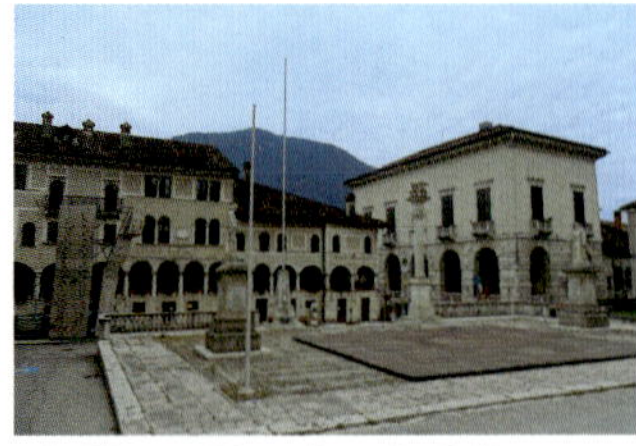
Die Piazza Maggiore in Feltre

Via Lorenzo Luzzo abzubiegen. Durch das Porta Oria lassen wir die Schutzmauern aus dem fünfzehnten Jahrhundert hinter uns und gelangen im Weiteren zur **Piazza Maggiore** 04 (266 m).

Blickt man direkt auf das berühmte Sena-Theater, so führt links ein äußerst faszinierender Laubengang direkt durch die Stadtmauern hindurch. Die nachfolgende Straße wird überquert und an dem Kino geht man halb links bis zum **Bahnhof Feltre** 05 (266 m) vor.

Die Rückreise nach Brixen ist auf Seite 218 beschrieben.

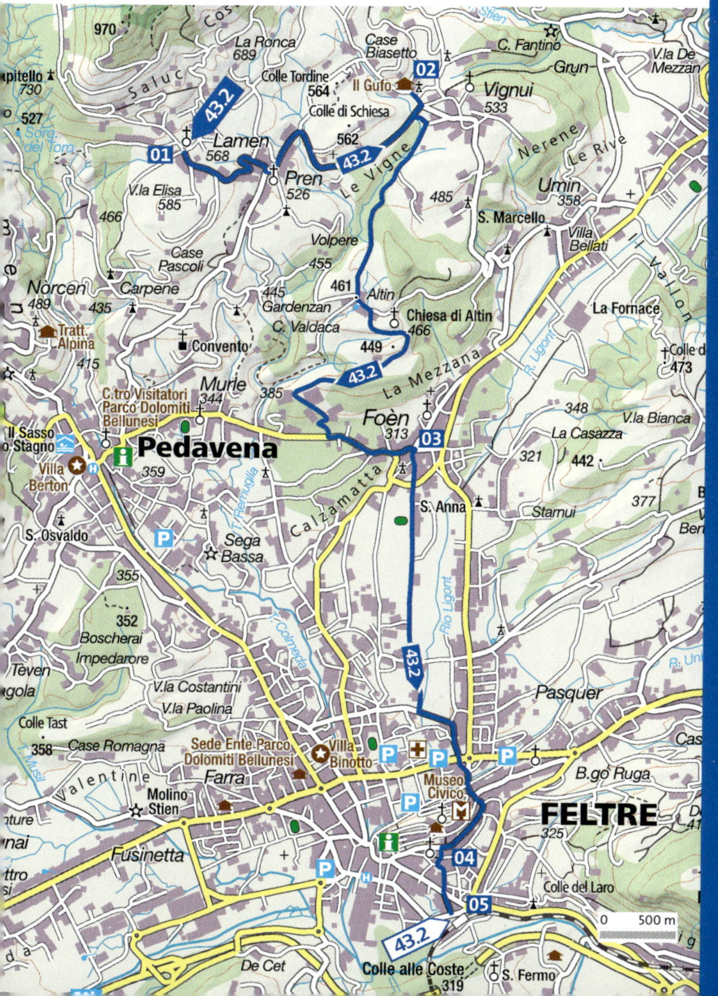

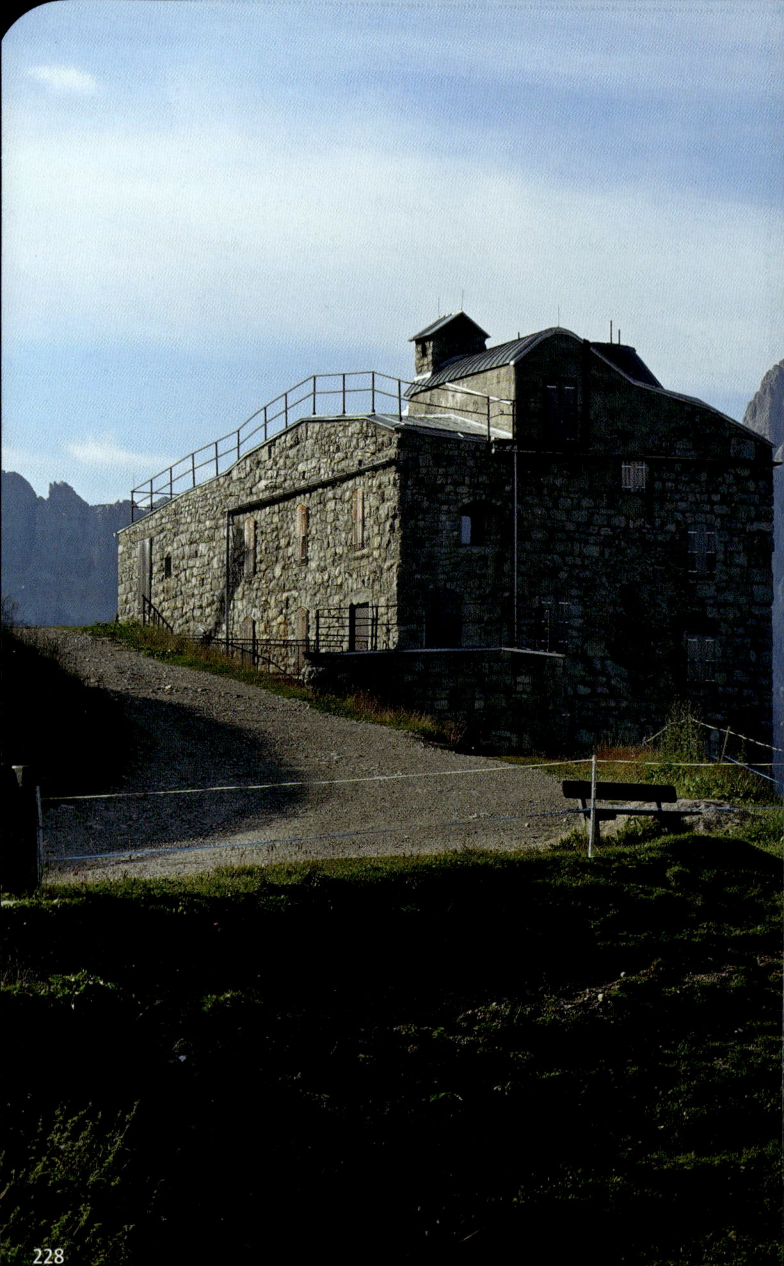

Dolomiten Höhenweg Nr. 3

Toblach – Longarone

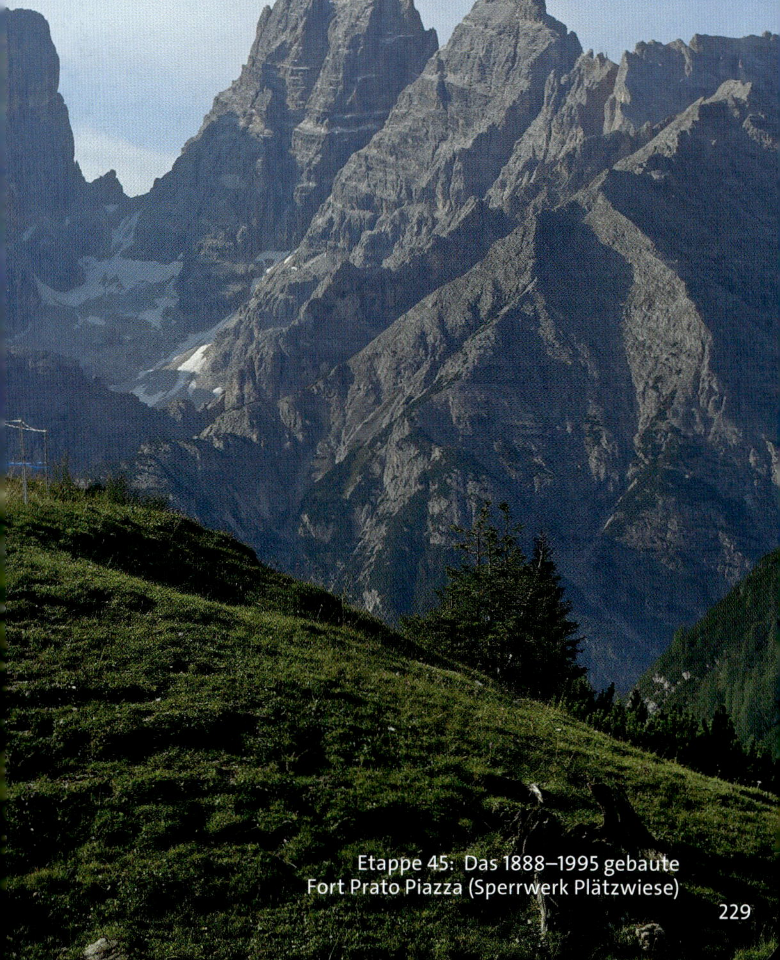

Etappe 45: Das 1888–1995 gebaute
Fort Prato Piazza (Sperrwerk Plätzwiese)

BAHNHOF TOBLACH – BERGGASTHOF PLÄTZWIESE

Dolomiten Höhenweg Nr. 3

 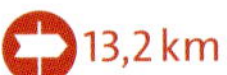 13,2 km  5:30 h 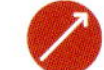 1250 hm  470 hm  672

START | Bahnhof Toblach, 1.214 m
[GPS: N46.724600° E12.225367°]
CHARAKTER | 1.250 Hohenmeter erfordern eine gute Kondition. Die Etappe ist technisch einfach. Aufgrund der zahlreichen Pfade und Wege benötigt man einen guten Orientierungssinn. Startpunkt: An der Hauptroute der Bahnstrecke von Deutschland über Österreich nach Italien befindet sich die Bahnstation Franzensfeste, von wo man mit der lokalen Südtiroler Bahnlinie nach Dobbiaco/Toblach fahren kann. Dieses ist einer der zwei möglichen Ausgangspunkte für den Dolomiten Höhenweg Nr. 3. Endpunkt/Einstieg/Abbruch: Ca. 300 m entfernt vom Parkplatz für Pkw und Wendeplatz für Busse befindet sich der Berggasthof Plätzwiese. Die Unterkunft befindet sich am Anfang der Etappen 45 und 45.1. Zusatzausrüstung: keine. Einkehr: keine unterwegs. Übernachtung: Berggasthof Plätzwiese: www.plaetzwiese.com/de/.

Seit der ersten urkundlichen Erwähnung im Jahr 827 hat sich Toblach zu einem sehr beliebten, aber auch überfüllten und teu-

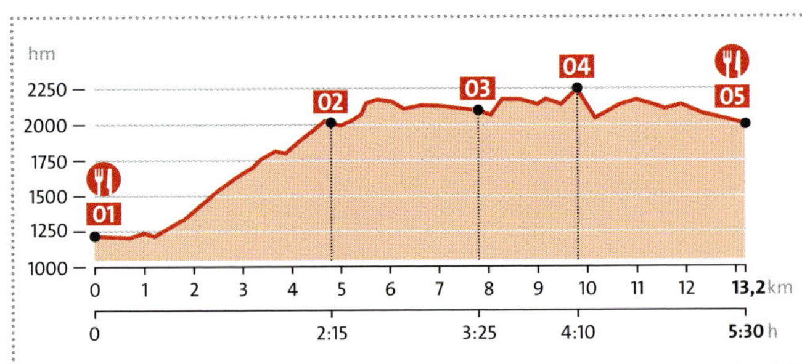

01 Bahnhof Tobalch, 1.214 m; 02 Passo Suis, 2.013 m; 03 Passo Serla, 2.099 m; 04 Forcella di Chiesa, 2.243 m; 05 Berggasthof Plätzwiese, 2.000 m

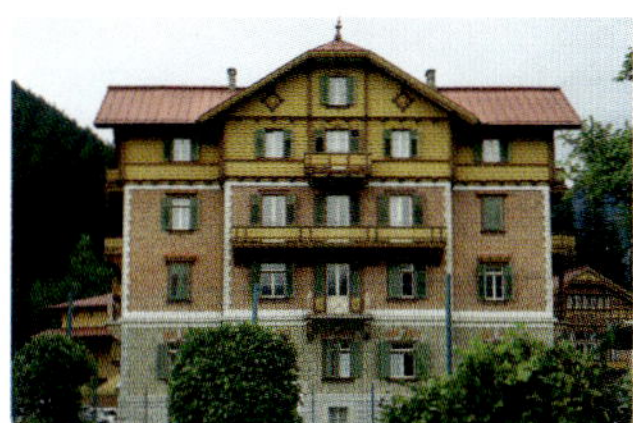

Toblach ist ein sehr beliebter Touristenort

ren Touristenort gemausert. Von dort steigen wir in die Höhen der Pragser Dolomiten, weit oberhalb des Höhlensteintals. Unterhalb erstrahlt der Lago di Dobbiaco (Toblacher See) mit seinem türkisfarbenen Wasser und dahinter erheben sich die Sextner Dolomiten, die nordöstlichste Gebirgsgruppe der Dolomiten. Auf den vielen Bergweiden, die wir immer wieder queren, schwelgen wir im Gesang der Kuhglocken. Der weitere Wegverlauf führt dann spektakulär unterhalb der bis zu 600 m senkrecht aufragenden Felswände des 2.824 m hohen Picco di Vallandro (Dürrenstein). Beim Abstieg zum Berggasthof Plätzwiese durch den schönen Naturpark Fanes-Sennes-Prags erfreuen wir uns über einen faszinierenden Panoramablick auf die 3.146 m hohe Nordostflanke der Hohen Gaisl.

▶ Vom **Bahnhof Toblach (Stazione Dobbiaco)** **01** (1.214 m) marschieren wir auf der Zubringerstraße zum Bahnhof in westliche Richtung, überqueren die nachfolgende Hauptstraße, lassen das Hotel Union auf der rechten Sei-

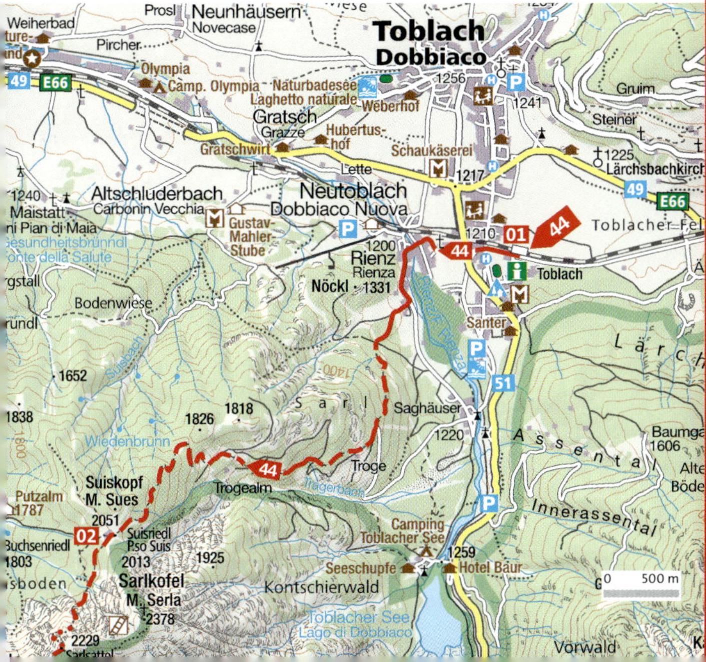

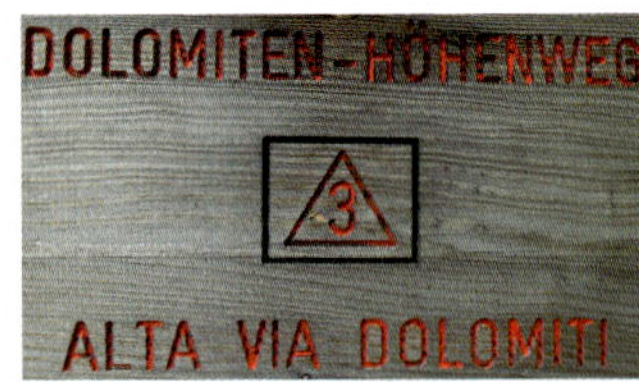

Nomen est omen

te liegen und unterqueren die Bundesstraße SS 51. Bei der nachfolgenden Kreuzung gehen wir geradeaus über die Brücke und folgen der Ausschilderung des Wanderwegs 16, zum Sarlkofel. Bei der sofort darauffolgenden Kreuzung gehen wir halb links, rechts von uns befindet sich eine

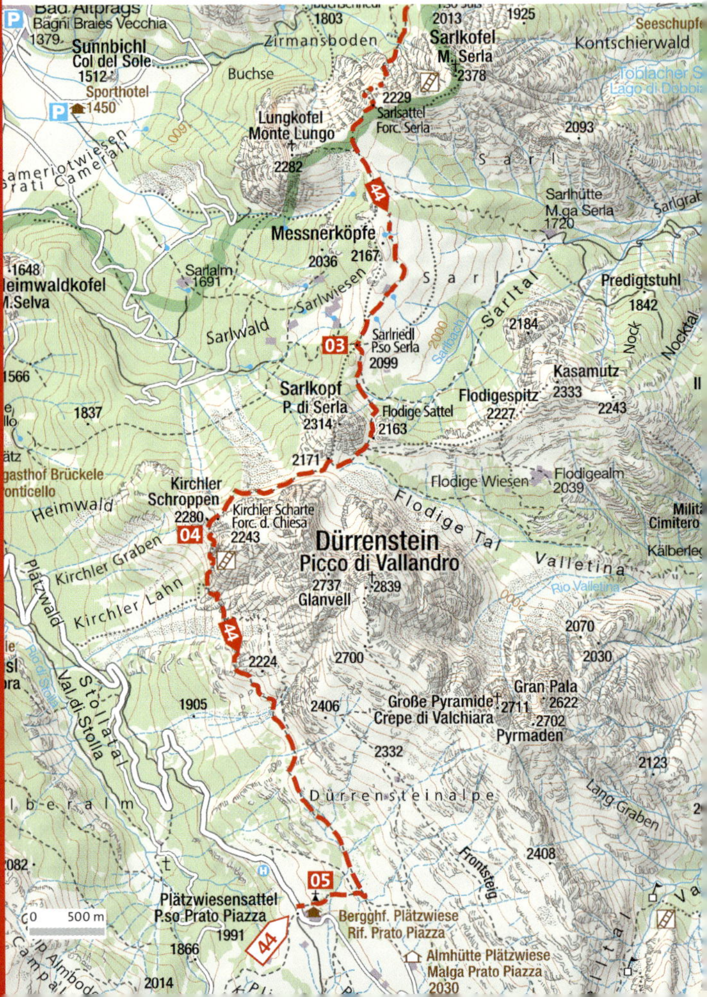

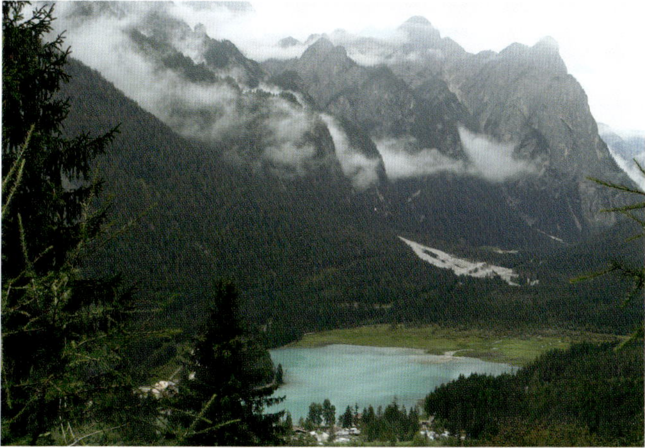

Unterhalb liegt der Lago di Dobbiaco (Toblacher See) mit seinem türkisfarbenen Wasser

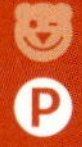

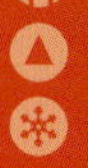
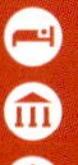

Ruine. Nach ca. 375 m hinter der Ruine, links am Straßenrand, befindet sich eine kleine Parkbucht, bei der gehen wir rechts bergauf. Schon nach ca. 125 m wandern wir halb links, auf dem Pfad durch den Wald. Nach einem längeren Wegstück mündet der Wanderweg in die Linkskehre einer Piste, der wir weiter bergauf folgen.

Ca. 50 m vor einer Holzhütte verlassen wir die Piste auf den halb rechts abzweigenden Wanderweg 16. Im weiteren Verlauf überqueren wir eine Piste und hinter einer Lichtung folgen wir dem halb rechts weiterführenden Pfad. Abermals überqueren wir eine Schotterpiste, bis dann der Pfad in eine bergaufführende Piste mündet, die wir aber bereits bei der Tränke nach halb rechts verlassen. Unterhalb der Felswände der 2.378 m hohen Monte Serla (Sarlkofel) steigen wir bis zum **Passo Suis** 02 (2.013 m) auf. Von den zwei weiterführenden Pfaden gehen wir auf dem halblinken Ast, der den nachfolgenden Berghang quert.

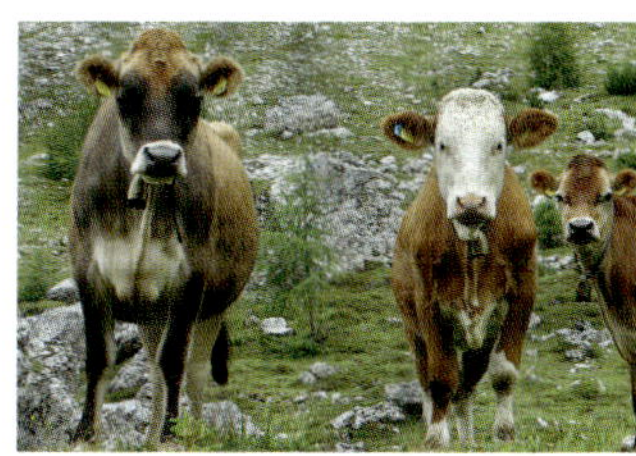

Frei nach Kaya Yanar – Was guckst du?

Vor einer riesigen Erosionsrinne ignorieren wir den talwärtsführenden Pfad. An der nachfolgenden Einsattelung, dem 2.229 m hohen **Sarlsattel (Forcella Serla)**, gehen wir nun rechts und folgen dem Wanderweg 33, Richtung Sarlriedl. Wir kommen an einer Quel-

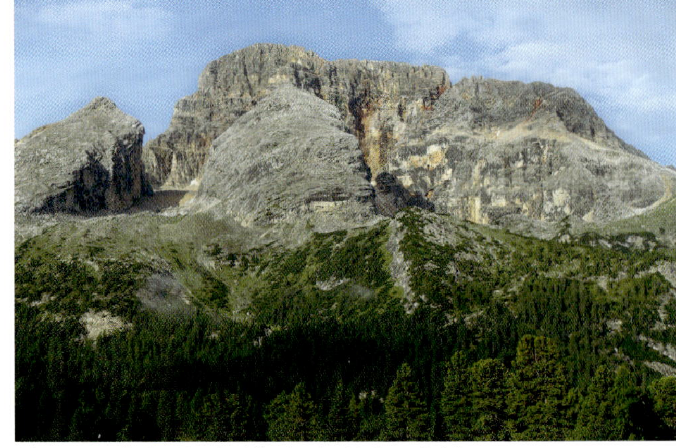

Die 3.146 m hohe Nordostflanke der Hohen Gaisl

le vorbei. Achtung, es folgt eine **Schlüsselstelle**! Dort wo eine neu angelegte Piste halb rechts den Hügel weiterführt, gehen wir aber halb links auf dem unscheinbaren Pfad weiter! Nach ca. 50 m gehen wir durch die Öffnung eines Holzzauns, kommen auf dem nachfolgenden Pfad zu einem einzeln stehenden Haus und erreichen den **Passo Serla** 03 (2.099 m).

Auch hier ist der weiterführende Wanderweg 33 Richtung Flodigsattel ausgeschildert. Am gegenüberliegenden Hang sieht man bereits den weiterführenden Pfad, über den man auf den 2.163 m hohen **Flodige Sattel** gelangt. Nach kurzem Abstieg vom Sattel gabelt sich der Weg, wir gehen rechts auf dem Wanderweg 40A, Richtung Plätzwiese. Wir kommen an einem Heiligenschrein vorbei und steigen steil unterhalb der senkrechten Westflanke des 2.824 m hohen Picco di Vallandro (Dürrenstein) auf. Durch mehrere Erosionsrinnen, an denen man trittsicher und schwindelfrei sein sollte, erreichen wir **Forcella di Chiesa** 04 (2.243 m).

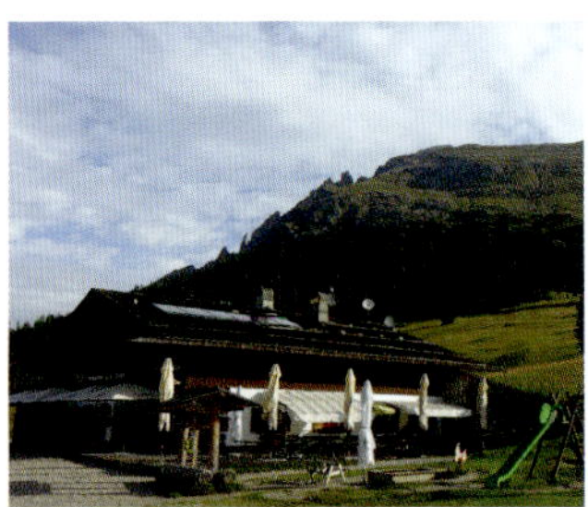

Der Berggasthof Plätzwiese

Der nachfolgende Abstieg ist mit **Treppen und Stahlseilen** gesichert. Bei der Querung einer breiten Erosionsrinne helfen Steinmännchen bei der Wegfindung. Hinter einem Holzgatter wandern wir dann gemächlich über Almwiesen bis zu einer **Wegverzweigung**, wo wir die letzten Meter rechts bis zum **Berggasthof Plätzwiese** 05 (2.000 m) absteigen.

BAHNHOF NIEDERDORF-PRAGS – BERGGASTHOF PLÄTZWIESE

Dolomiten Höhenweg Nr. 3

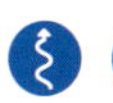

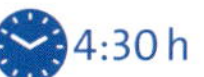

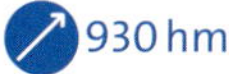

START | Bahnhof Niederdorf-Prags, 1.156 m
[GPS: N46.736567° E12.167100°]
CHARAKTER | Das Gelände ist sehr einfach und kann ohne spezifische Kenntnis von jedem absolviert werden. Startpunkt: Der Bahnhof Niederdorf-Prags (Villabassa-Braies) kann mit der lokalen Südtiroler Bahnlinie erreicht werden. Dieses ist einer der zwei möglichen Ausgangspunkte für den Dolomiten Höhenweg Nr. 3. Endpunkt/Einstieg/Abbruch: Ca. 300 m entfernt vom Parkplatz für Pkw und Wendeplatz für Busse befindet sich der Berggasthof Plätzwiese. Die Unterkunft befindet sich am Anfang der Etappen 45 und 45.1. Zusatzausrüstung: keine. Einkehr: Alpengasthof Brückele. Übernachtung: Berggasthof Plätzwiese: www.plaetzwiese.com/de/.

Anstatt mit dem Dolomiten Höhenweg Nr. 3 am Bahnhof in Toblach zu beginnen, kann man auch am Bahnhof in Niederdorf anfangen. Im Vergleich zur Etappe 44 ist diese Variante technisch einfacher und erfordert weniger Konditionen. In Zahlen bedeutet

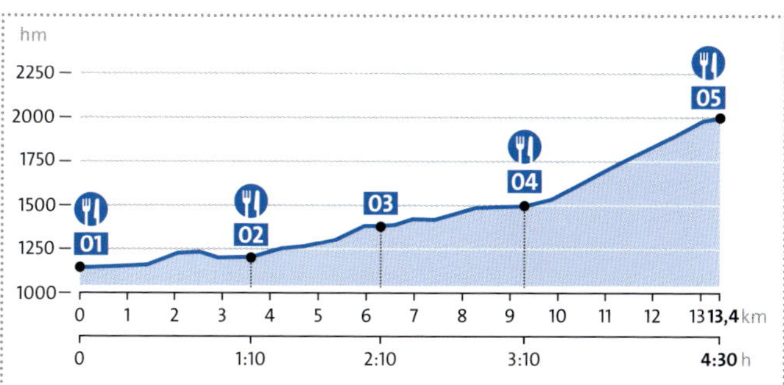

01 Bahnhof Niederdorf-Prags, 1.156 m; 02 Bushaltestelle Säge, 1.200 m; 03 Quellenweg, 1.374 m; 04 Bushaltestelle Brückle, 1.493 m; 05 Berggasthof Plätzwiese, 2.000 m

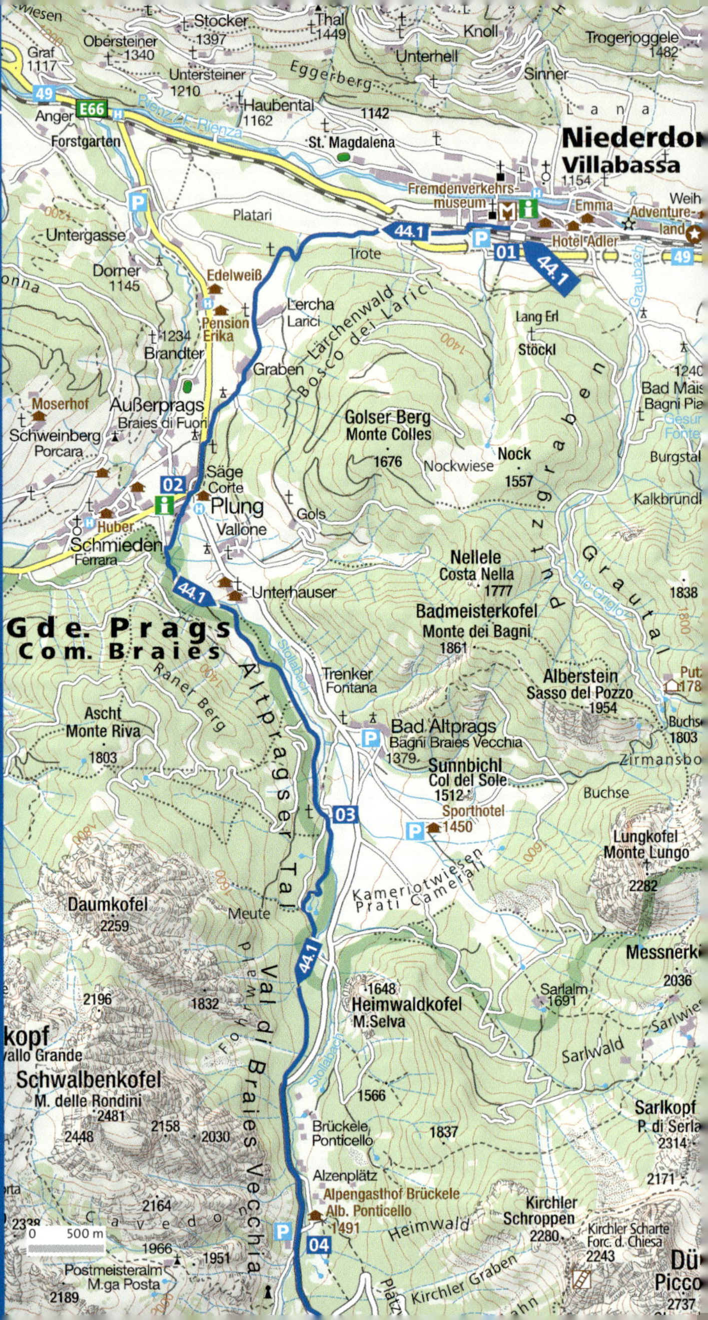

Wiesen
Stocker 1397
Thal 1449
Knoll
Trogerjoggele 1482
Graf 1117
Obersteiner 1340
Untersteiner 1210
Unterhell
Eggerberg
Sinner
49
E66
Anger
Rienz/F. Rienza
Haubental 1162
1142
Lana
Forstgarten
St. Magdalena
Niederdorf
Villabassa
1154
Fremdenverkehrsmuseum
Emma
Weih
Adventure-land
Platari
Untergasse
44.1
01
Hotel Adler
Trote
Dorner 1145
Edelweiß
Lercha
Larici
Lärchenwald
Bosco dei Larici
Lang Erl
Stöckl
Graubach
Pension Erika
1234
Brandter
Graben
1400
1240
Bad Maistatt
Bagni Pianedo
Moserhof
Außerprags
Braies di Fuori
Golser Berg
Monte Colles
1676
Schweinberg
Porcara
Nock
1557
Nockwiese
Burgstall
Säge
Corte
Plung
Vallone
02
Gols
Kalkbründl
Huber
Schmieden
Ferrara
Nellele
Costa Nella
1777
44.1
Unterhauser
1838
Gde. Prags
Com. Braies
Badmeisterkofel
Monte dei Bagni
1861
Graut al
Rio Griglio
Raner Berg
Altprags er Tal
Stollabach
Trenker
Fontana
Alberstein
Sasso del Pozzo
1954
Ascht
Monte Riva
1803
Bad Altprags
Bagni Braies Vecchia
1379
Sunnbichl
Col del Sole
1512
Buchse 1803
Zirmansboden
Buchse
03
Sporthotel 1450
Lungkofel
Monte Lungo
2282
Daumkofel
2259
Meute
Kameriotwiesen
Prati Camerali
Messnerkofel
2036
1648
Heimwaldkofel
M.Selva
44.1
2196
1832
Val di Braies Vecchia
Sarlalm 1691
Sarlwiesen
Sarlwald
kopf
vallo Grande
Schwalbenkofel
M. delle Rondini
2481
1566
Sarlkopf
P. di Serla
2314
2448
2158
2030
Brückele
Ponticello
1837
Alzenplätz
2171
Alpengasthof Brückele
Alb. Ponticello
1491
Heimwald
Kirchler Schroppen
2280
Kirchler Scharte
Forc. d. Chiesa
2243
2164
2338
0 500 m
1966
1951
04
Postmeisteralm
M.ga Posta
2189
Kirchler Graben
Dürrenstein
Picco
2737

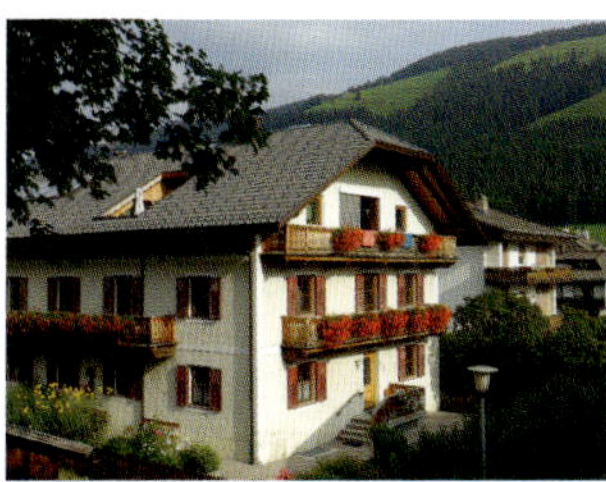

Am Bahnhof Niederdorf-Prags/ Stazione Villabassa-Braies

das: ungefähr die gleichen Entfernungskilometer, 1:00 Stunde weniger Wanderzeit, 320 Höhenmeter Aufstieg weniger und 380 Höhenmeter Abstieg weniger. Beide Touren sind ein Erlebnis für Naturliebhaber.

▶ Vom **Bahnhof Niederdorf-Prags (Stazione Villabassa-Braies)** 01 (1.156 m) gehen wir auf der Straße parallel zur Bahnstrecke Richtung Westen. Bei dem nachfolgenden Stoppschild gehen wir links durch die Bahnunterführung und verlassen bei dem Wegweiser Richtung Pragser Wildsee die Straße nach halb links. Auf der asphaltierten Straße kommen wir an einsam gelegenen Höfen vorbei und erreichen eine Straße.

Am linken Straßenrand gehen wir bis zum Kreisverkehr vor, um dort rechts noch einige Meter Richtung Pragser Wildsee zu wandern. Bereits an der **Bushaltestelle Säge (Fermata Säge)** 02 (1.200 m) zwei-

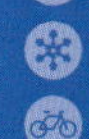

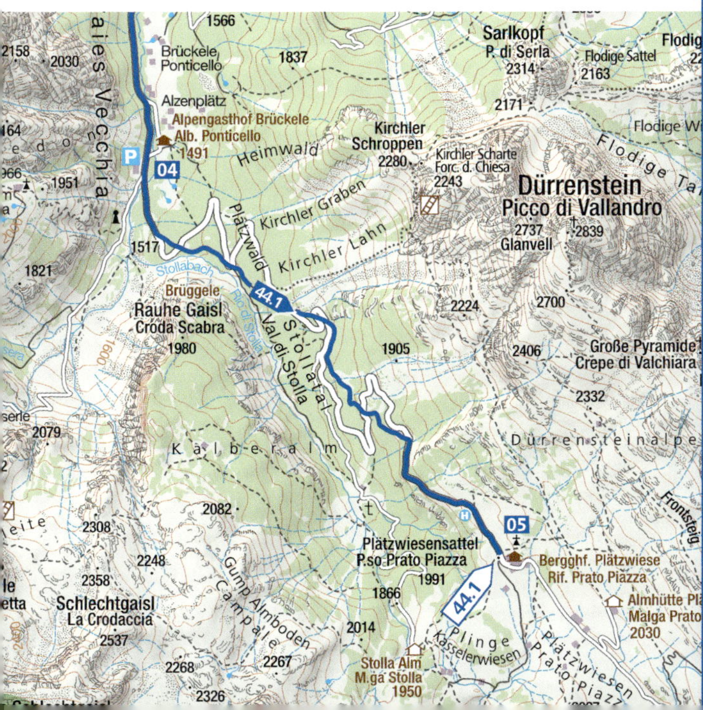

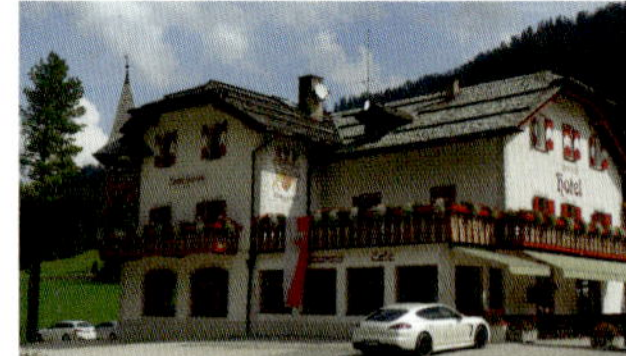

Der Alpengasthof Brückele

gen wir links in den Wanderweg 37. Nachdem wir ein kurzes Stück am Bachlauf entlanggegangen sind, biegen wir vor dem großen Parkplatz rechts über eine Brücke ab und marschieren danach sofort links. Die zunächst asphaltierte Straße geht kurz später in eine Schotterpiste über. Dort wo die Hauptpiste eine scharfe Rechtskehre (nach ca. 5,6 km Gesamtstrecke) durchläuft, gehen wir aber geradeaus auf der Piste weiter.

Wir wandern oberhalb des Bachlaufs und kommen an einer Holzhütte vorbei. Kurz später mündet diese Piste in einen breiteren Weg. Wir kommen an einer Brücke vorbei und gehen bei der Weggabelung halb links auf dem **Quellenweg** 03 (1.374 m). Ein 1,5 km langer Lehrpfad mit Informationstafeln zu den nachfolgenden Quellaustritten. Wir gehen durch ein faszinierendes Biotop mit kleinen Bächen und wenigen Tümpeln.

Blütenpracht nahe der Bushaltestelle Säge

Danach mündet der Lehrpfad wieder in eine Schotterpiste und kurz vor der Straße folgen wir den halb rechts weiterführenden Wanderweg 37. Dieser bringt uns zur **Bushaltestelle Brückele (Fermata Ponticello)** 04 (1.493 m) mit einem großen Parkplatz und dem dahinter liegenden **Alpengasthof Brückele**.

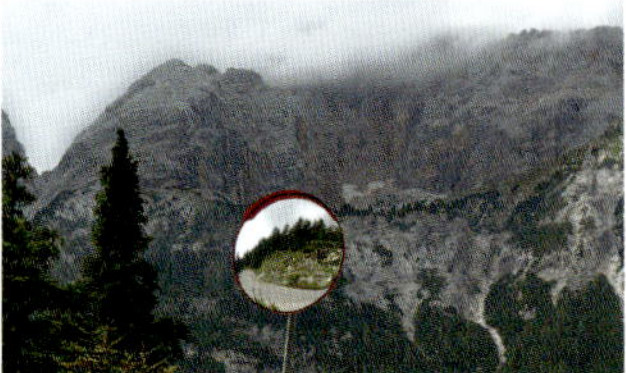
Die Nordostwand der 3.146 m hohen Hohen Gaisl

Kehren wir nicht ein, so gehen wir an der Straßenschranke vorbei, über die nachfolgende Brücke und verlassen danach die Straße, nach halb rechts, auf dem Wanderweg 37.

Im Verlauf des nachfolgenden Aufstiegs überqueren wir die Anfahrtsstraße zur Plätzwiese mehrmals. Besteht Zweifel über den weiterführenden Weg, so orientieren wir uns an der rot-weißen Markierung. Den nach rechts abzweigenden Wanderweg 18 zur Stolla Alm ignorieren wir. Bei Km 11,5 kommen wir an einer Quelle vorbei und bei einem Heiligenschrein überqueren wir ein letztes Mal die Straße, bis wir dann auf dieser bis zum Wendeplatz für die Busse und dem Parkplatz für Pkw gelangen. Von hier aus sind es ca. 300 m bis zum **Berggasthof Plätzwiese** 05 (2.000 m).

BERGGASTHOF PLÄTZWIESE – RIFUGIO MAGGIORE ANGELO BOSI

Dolomiten Höhenweg Nr. 3

 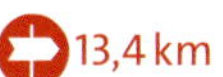 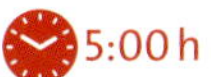  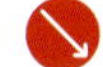 

13,4 km | 5:00 h | 1150 hm | 950 hm | 672

START | Berggasthof Plätzwiese, 2.000 m [GPS: N46.653717° E12.179117°]
CHARAKTER | Anstrengende Tour mit vielen Höhenmetern. Aufgrund vieler Pfade ist die Wegfindung – besonders bei schlechter Sicht – am Monte Piana und Monte Piano schwierig. Startpunkt/Einstieg/Abbruch: Der Berggasthof Plätzwiese ist von der 300 m entfernten Bushaltestelle Plätzwiese (Fermata Prato Piazza) einfach zu erreichen. Zu Fuß erreicht man den Startpunkt am Ende der Etappen 44 oder 44.1. Endpunkt/Einstieg/Abbruch: Das Rifugio Maggiore Angelo Bosi ist mit dem Hütten-Taxi über eine Zubringerstraße oder zu Fuß erreichbar und befindet sich am Anfang der Etappe 46. Zusatzausrüstung: keine. Einkehr: Dürrensteinhütte, Hotel Drei Zinnenblick. Übernachtung: Rifugio Maggiore Angelo Bosi-Monte Piana: www.montepiana.com/rifugiobosiger.htm.

Bei guter Fernsicht ergibt sich bereits vom Berggasthof Plätzwiese eine faszinierende Aussicht auf die 3.146 m hohe Nordostflanke der Hohen Gaisl, die die Italiener aufgrund des auffälligen roten

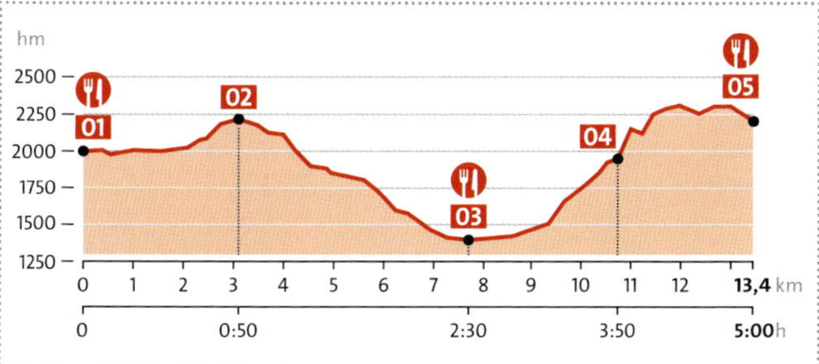

01 Berggasthof Plätzwiese, 2.000 m; 02 Strudelkopfsattel, 2.200 m; 03 Aussichtspunkt Drei-Zinnen-Blick, 1.406 m; 04 Campana dell'Amicizia, 1.972 m; 05 Rifugio Maggiore Angelo Bosi, 2.205 m

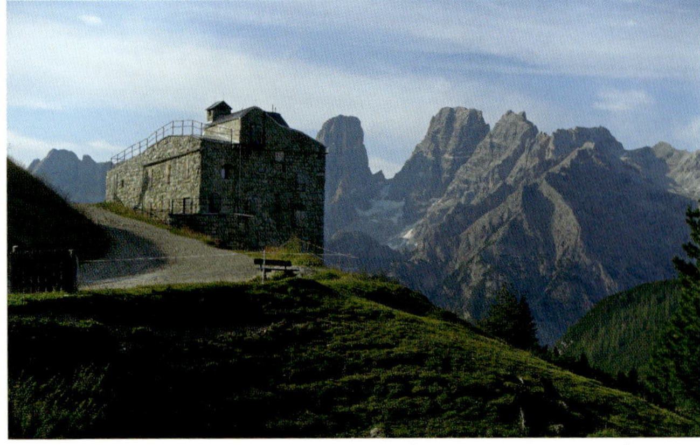

Das 1888–1995 gebaute Fort Prato Piazza (Sperrwerk Plätzwiese)

Gesteins „Croda Rossa d'Ampezzo" nennen. Vom Fuße dieses höchsten Gipfels der Pragser Dolomiten steigen wir ins Höhlensteintal hinunter, ab hier steigen wir dann im Reich der Sextner Dolomiten auf das Hochplateau zwischen dem Monte Piana und Monte Piano. Während des Gebirgskrieges (1915–1917), auch oft Dolomitenkrieg genannt, zwischen Österreich-Ungarn und Italien, war es ein viel umkämpftes Gebiet. Ca. 14.000 Soldaten, Österreicher und Italiener ließen ihr Leben an diesem Berg. Am Nord-

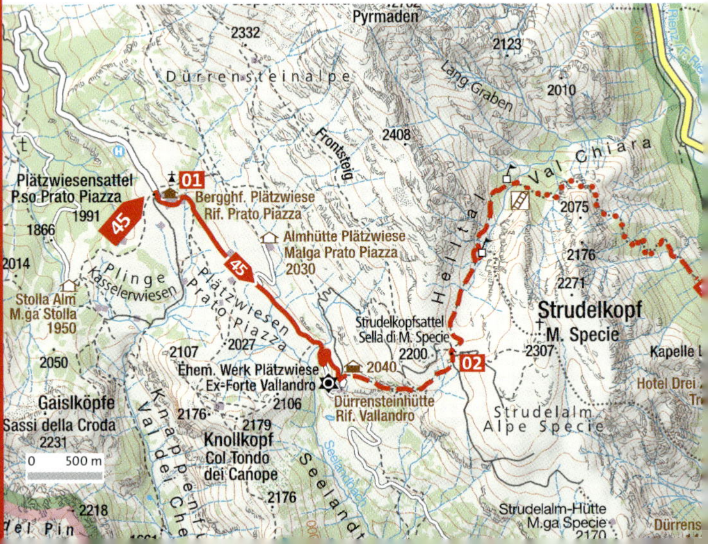

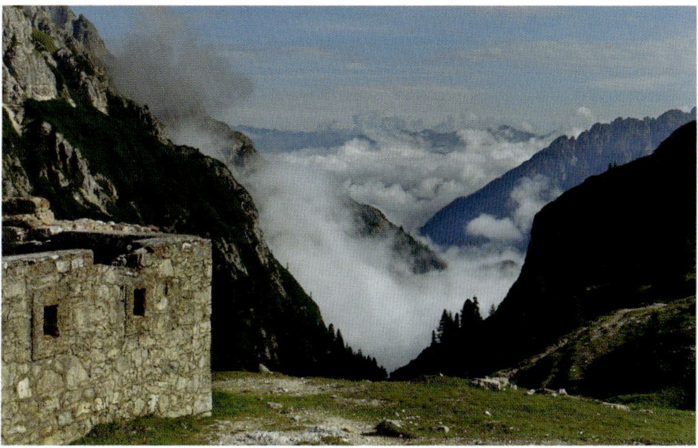

Vom Strudelkopfsattel steigen wir durch das Helltal ab

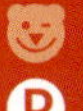

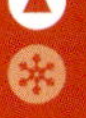
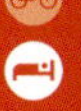

gipfel (Monte Piano) hatten die Österreicher ihre Stellungen, am Südgipfel (Monte Piana) die Italiener. Zur Verteidigung wurden Tunnel, Stollen und Schützengräben errichtet, die heutzutage im Freilichtmuseum Monte Piana besucht werden können. Weitere Fundstücke können in der kleinen Sammlung des Rifugio Maggiore betrachtet werden. Auf dem verbliebenen Wegstück schauen wir direkt auf die Westflanke des meist fotografierten Berges und Wahrzeichen der Dolomiten, die Drei Zinnen (Tre Cime di Lavaredo).

Auf dem Wanderweg 37 gehen wir vom **Berggasthof Plätzwiese** 01 (2.000 m) in südöstliche Richtung am Berghotel Hohe Gaisl vorbei. Den linken bergaufführenden Abzweig zur Almhütte Plätzwiese – hier gibt es keine Übernachtungsmöglichkeiten – lassen wir aus. Hinter einer Brücke gehen wir an der Weggabelung halb links bergauf. Vor uns liegt das 1888–1995 gebaute Fort Prato Piazza (Sperrwerk Plätzwiese), es gehörte zu den österreichischen Befestigungsanlagen an der italienischen Grenze.

Kurz vor der Dürrensteinhütte (Rifugio di Vallandro) gehen wir links und bergauf durch den Berghang hinter der Hütte. Der Wanderweg 34 zum Strudelkopf führt zunächst Richtung Osten, bis er dann Richtung Nordosten über Bergwiesen bis zum **Strudelkopfsattel (Sella di Monte Specie)** 02 (2.200 m) ansteigt. Direkt hinter einer Ruine gehen wir dann links, auf dem Wanderweg 34 Richtung Landro (Höhlenstein). Es folgt ein landschaftlich reizvoller Abstieg, durch das Helltal. Trittsicherheit und Schwindelfreiheit werden benötigt auf dem Steig aus dem Ersten Weltkrieg, abschnittsweise ist er mit Drahtseilsicherungen versichert und führt auch durch einen kurzen Tunnel.

Nach langem Abstieg erreichen wir das Höhlensteintal und gehen zunächst entlang des Bachlaufes. An

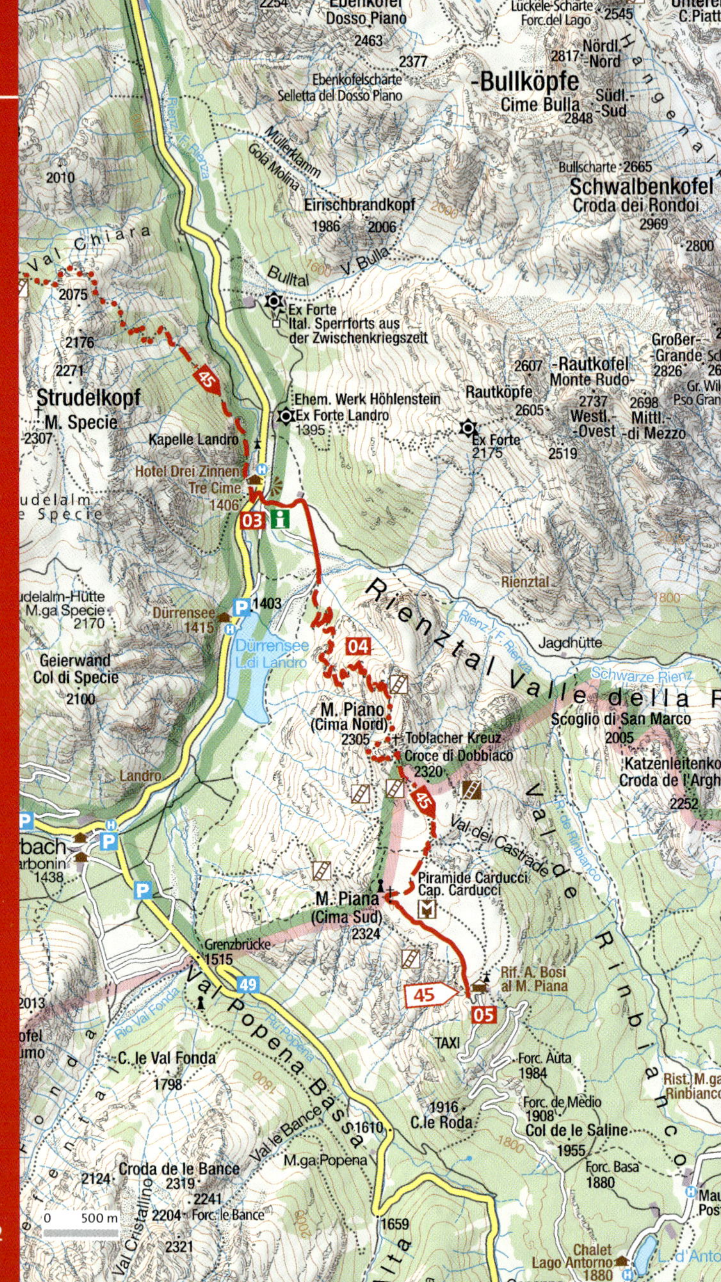
Ebenkofel
Dosso Piano
Bullköpfe
Cime Bulla
Schwalbenkofel
Croda dei Rondoi
Val Chiara
Bulltal
V. Bulla
Müllerklamm
Gola Molina
Eirischbrandkopf
Ex Forte
Ital. Sperrforts aus der Zwischenkriegszeit
Ehem. Werk Höhlenstein
Ex Forte Landro
Rautkofel
Monte Rudo
Rautköpfe
Strudelkopf
M. Specie
Kapelle Landro
Hotel Drei Zinnen
Tre Cime
Dürrensee
L. di Landro
Rienztal
Valle della R
M. Piano
(Cima Nord)
Toblacher Kreuz
Croce di Dobbiaco
Scoglio di San Marco
Piramide Carducci
Cap. Carducci
M. Piana
(Cima Sud)
Rif. A. Bosi
al M. Piana
Val de Rinbianco
Val Popena Bassa
Grenzbrücke
Croda de le Bance
Col de le Saline
Chalet
Lago Antorno
45
03
04
05
49
0 500 m

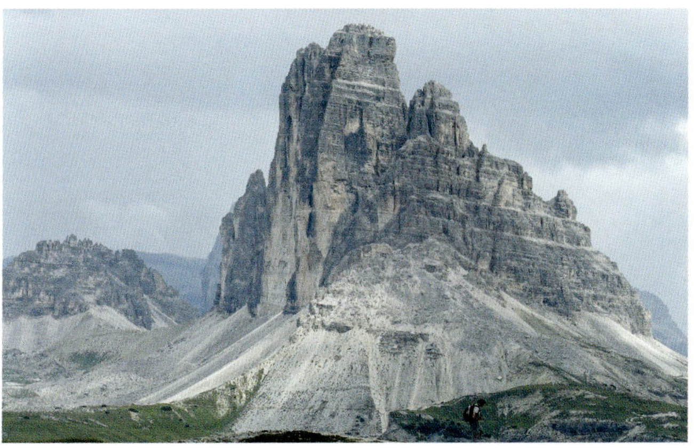

Tre Cime di Lavaredo – die Drei Zinnen von Westen gesehen

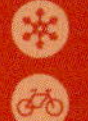
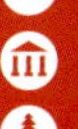
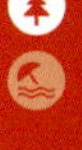

der Hauptstraße gehen wir links über die Brücke, hinter der Brücke rechts, dann am Parkplatz vorbei bis zum **Aussichtspunkt Drei-Zinnen-Blick** 03 (1.406 m). Wer bei der Brücke weiter geradeaus der Hauptstraße folgt, gelangt zum **Hotel Drei Zinnenblick** und zu einer Bushaltestelle. Vom Aussichtspunkt folgen wir dem Wanderweg 6 Richtung Osten, auch ausgeschildert zum Monte Piano. Nach ca. 250 m gehen wir an der Weggabelung halb rechts und überqueren nach einem längeren Stück eine Brücke. An der sofort darauffolgenden Gabelung gehen wir halb links auf dem bergaufführenden Pfad. Nach sehr steilem Aufstieg, teilweise durch Metallketten versichert, erreichen wir einen Soldatenfriedhof, gelegen auf einem schmalen Bergrücken.

Dort wo der Klettersteig beginnt gehen wir rechts auf einen schmalen und exponierten Geröll-Felsband, bis wir dann über Treppen an Stellungen aus dem Ersten Weltkrieg vorbeigehen. Wir erreichen das Hochplateau unterhalb des 2.305 m hohen **Monte Piano** und folgen dem Wanderweg 6A. Auf dem Weg zur 2.201 m hohen **Forcellla dei Castrati** kommen wir an der Glocke der Freundschaft und Eintracht (um den Frieden zwischen den Völkern dauerhaft zu wahren) der **Campana dell'Amicizia** 04 (1.972 m) vorbei. Das gesamte Hochplateau ist von Schützengräben durchzogen, die zum **„Freilichtmuseum des Dolomitenkrieges“** (www.montepiana.com/indexger.htm, siehe auch Seite 299) gehören, jedoch die Wegfindung erschweren.

Vor einem weiteren Gedenkstein, für die Opfer des Ersten Weltkrieges ignorieren wir den rechten Abzweig und gehen geradeaus weiter, nun Richtung des 2.324 m hohen **Südgipfels Monte Piana**. 50 m vor einem weiteren Denkmal gehen wir links um eine Holzhütte herum, nun auf dem breiten Wanderweg 122 bis zum **Rifugio Maggiore Angelo Bosi** 05 (2.205 m).

BERGGASTHOF PLÄTZWIESE – PASSO TRE CROCI

Dolomiten Höhenweg Nr. 3

  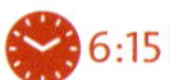 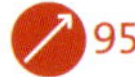 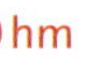 750 hm 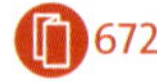

START | Berggasthof Plätzwiese, 2.000m
[GPS: N46.653717° E12.179117°]
CHARAKTER | Anstrengende Tour aufgrund der Länge und der Höhenmeter. Trittsicherheit und Schwindelfreiheit werden für den Aufstieg zum Rifugio Vandelli benötigt. Erhöhter Navigationsaufwand aufgrund der vielen Abzweige. Startpunkt/Einstieg/Abbruch: Der Berggasthof Plätzwiese ist von einer nur 300 m entfernten Bushaltestelle Plätzwiese (Prato Piazza) einfach zu erreichen. Zu Fuß erreicht man den Startpunkt am Ende der Etappen 44 und 44.1. Endpunkt: Das Rifugio Vandelli ist nur zu Fuß erreichbar und befindet sich am Anfang der Etappe 47. Zusatzausrüstung: keine. Einkehr: Ristorante Chalet Passo Cimabanche, Rifugio Ospitale, Rifugio Son Forca und Restaurante Son Zuogo. Übernachtung: Rifugio Vandelli: www.rifugiopisciadu.it.

Die Etappen 45 und 46 ergeben addiert eine Länge von 29,6 km, 10:30 Stunden Gehzeit, 2.100 m Anstieg und 2.100 m Abstieg. Entscheidet man sich für die Variante 45.1, so verkürzt man die Wanderung um einen Wandertag sowie 4,6 km, 2:15 Stunden, 1.020 Hö-

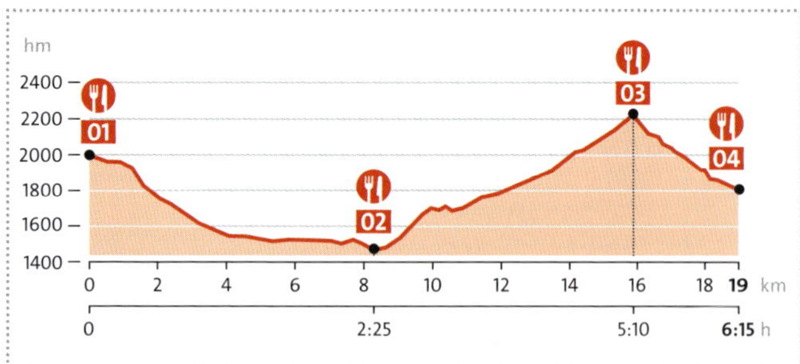

01 Berggasthof Plätzwiese, 2.000 m; 02 Ospitale d'Ampezzo, 1.484 m; 03 Rifugio Son Forca, 2.215m; 04 Passo Tre Croci, 1.805 m

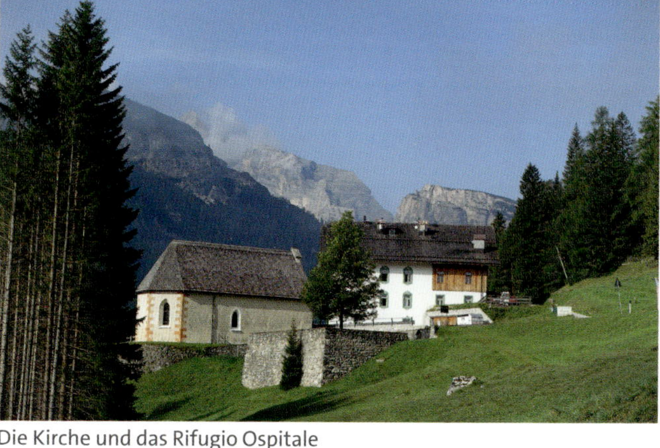

Die Kirche und das Rifugio Ospitale

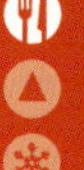

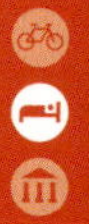

henmeter Anstieg und 1.000 Höhenmeter im Abstieg. Die Variante 45.1 führt in einem großen Halbrund um die wunderschöne Cristallogruppe mit den bekannten Größen Cima di Mezzo, dem 3.221 m hohen Monte Cristallo und Piz Popena. Aufgrund der Länge ist die Strecke körperlich anstrengend! Auch ist zu beachten, dass man am darauffolgenden Tag die Etappe 47 vor sich hat, die schwerste Etappe des Dolomiten Höhenwegs Nr. 3!

▶ Vom **Berggasthof Plätzwiese** 01 (2.000 m) folgen wir in südliche Richtung dem Wanderweg 18, es geht über Almwiesen Richtung Im Gemärk. Halb rechts von uns erhebt sich die 3.146 m Hohe Gaisl (Croda Rossa). Hinter einer alleinstehenden Hütte gabelt sich der Weg und wir nehmen weiterhin den Wanderweg 18, es geht über eine kleine Brücke und auf einem Pfad weiter. Wir steigen durch das Knappenfußtal ab und gehen bei der Weggabelung auf der Wegnummer 18 A Richtung Autobus. Als Nächstes queren wir ein weiteres Trockenflussbett nach halb rechts, um auf der gegenüberliegenden Uferseite auf den weiterführenden Pfad zu gelangen.

Kurz vor der Straße kommen wir an einer Quelle vorbei. Auf der gegenüberliegenden Straßenseite am 1.530 m hohen **Passo di Cimabanche (Im Gemärk)** befindet sich das kleine **Restaurant Cimabanche** und auch eine **Bushaltestelle**. Für die nächsten 3,8 km gehen wir auf dem Fahrradweg an der linken Straßenseite bis nach **Ospitale d'Ampezzo** 02 (1.484 m). Dort wo rechts ein Pfad zum **Restaurant und Rifugio Ospitale** abzweigt gehen wir auf dem Wanderweg 203 links hinunter zum Bachlauf. Wir überqueren die Brücke und folgen dem steil bergaufführenden Forstweg durch die Rechtskehre.

Einen linken Abzweig zum Via Ferrata Dibona und den darauffolgenden rechts abzweigenden Forstweg über die Brücke ignorieren wir. In einem wunderschön gelegenen Hochtal, unterhalb der Gipfelwelt der mächtigen Spitzen der Cristallogruppe, marschieren wir an einer **Ruine** und einem **Heiligenschrein**

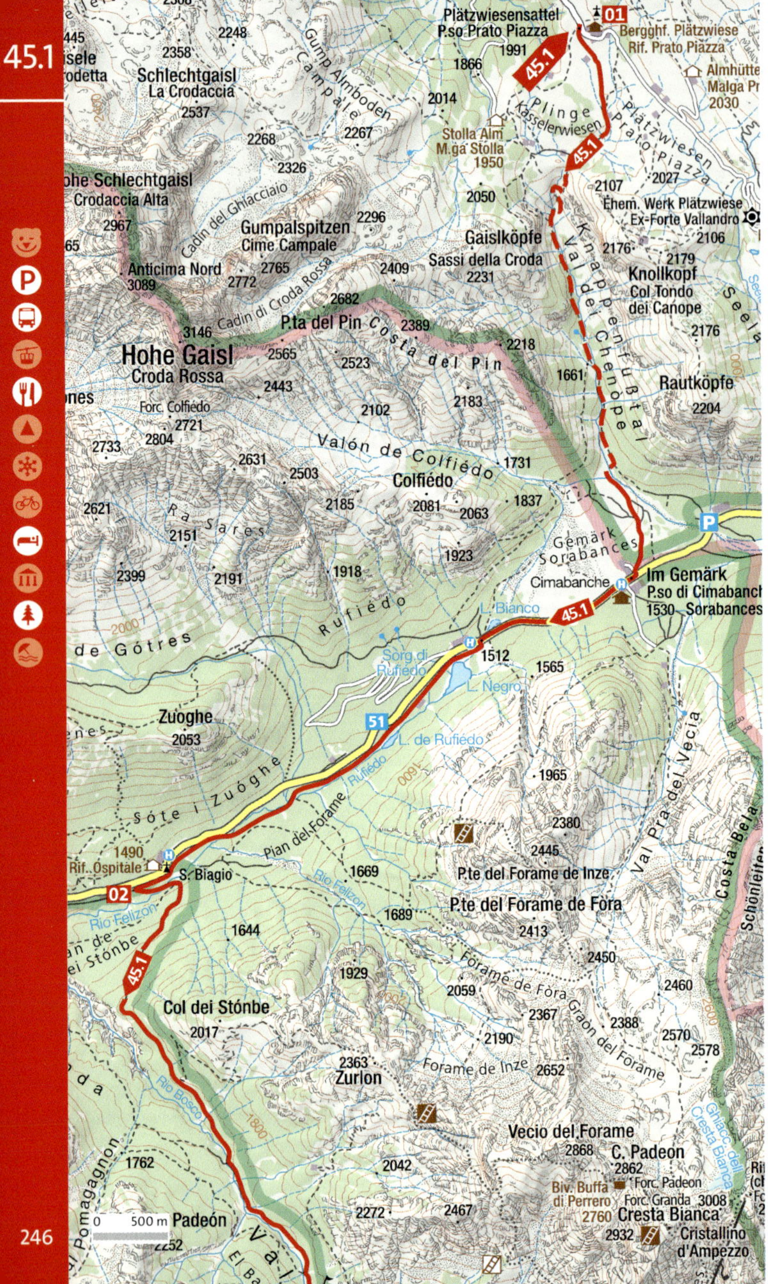
Plätzwiesensattel
P.so Prato Piazza
Bergghf. Plätzwiese
Rif. Prato Piazza
Almhütte
Stolla Alm
M.ga Stolla
Hohe Schlechtgaisl
Crodaccia Alta
Schlechtgaisl
La Crodaccia
Gumpalspitzen
Cime Campale
Gaislköpfe
Sassi della Croda
Ehem. Werk Plätzwiese
Ex-Forte Vallandro
Knollkopf
Col Tondo
dei Canope
Hohe Gaisl
Croda Rossa
P.ta del Pin
Costa del Pin
Rautköpfe
Forc. Colfiédo
Valón de Colfiédo
Colfiédo
Gemärk
Sorabances
Cimabanche
Im Gemärk
P.so di Cimabanche
Sorabances
L. Bianco
L. Negro
Sorg. di Rufiédo
L. de Rufiédo
Rufiédo
Zuoghe
Sóte i Zuóghe
Rif. Ospitale
S. Biagio
Pian del Forame
Rio Felizon
P.te del Forame de Inze
P.te del Forame de Fora
Val Pra del Vecia
Col dei Stónbe
Zurlon
Forame de Fora
Graon del Forame
Forame de Inze
Vecio del Forame
C. Padeon
Biv. Buffa di Perrero
Forc. Padeon
Forc. Granda
Cresta Bianca
Cristallino d'Ampezzo
Padeón
Rio Bosco
Pomagagnon
0 500 m

vorbei. Wir ignorieren weitere abzweigende Pfade, queren ein Bachbett und unterqueren den Skilift Padeon. Auf einem Fahrweg geht es links neben der Skipiste bergauf, dann queren wir die Skipiste nach halb rechts und kommen an einem künstlich angelegten See vorbei. Wir ignorieren abzweigende Pfade und gehen bis zum Passo Son Forca. Von dort kann man direkt mit dem Abstieg beginnen. Ein lohnenswerter Abstecher ist das oberhalb liegende **Rifugio Son Forca** 03 (2.235 m). Auf dem Weg dorthin blickt man direkt auf die faszinierende **Cristallo-Scharte**, gelegen zwischen der Piz Popena und dem Monte Cristallo.

Vom **Passo Son Forca** marschieren wir auf dem Wanderweg 203 neben der Skipiste talwärts. Hinter einer kleinen Schlucht gabelt sich der Weg, wir gehen halb rechts und

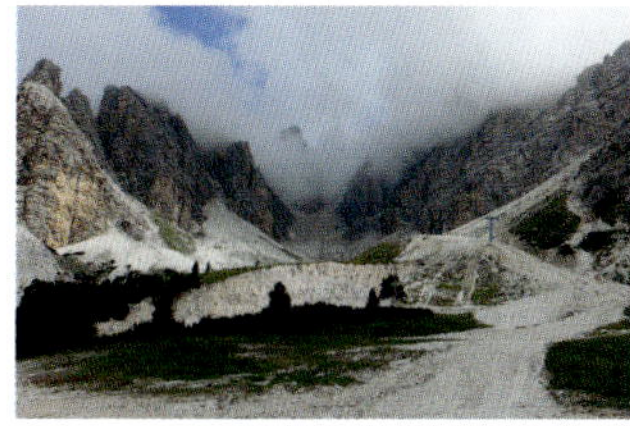

Die Cristallo-Scharte

folgen der Ausschilderung Richtung **Passo Tre Croci** 04 (1.805 m), wo sich eine Bushaltestelle befindet. Geht man rechts auf der Straße, leicht bergab, so erreicht man das **Restaurante Son Zuogo**. Wir gehen nach links und kommen zu einer **Wegabzweigung**.

Ab hier folgen wir der Etappe 46, Wegpunkt **Senterio 215** 04 (1.763 m) bis zum **Rifugio Vandelli** (siehe Seite 252).

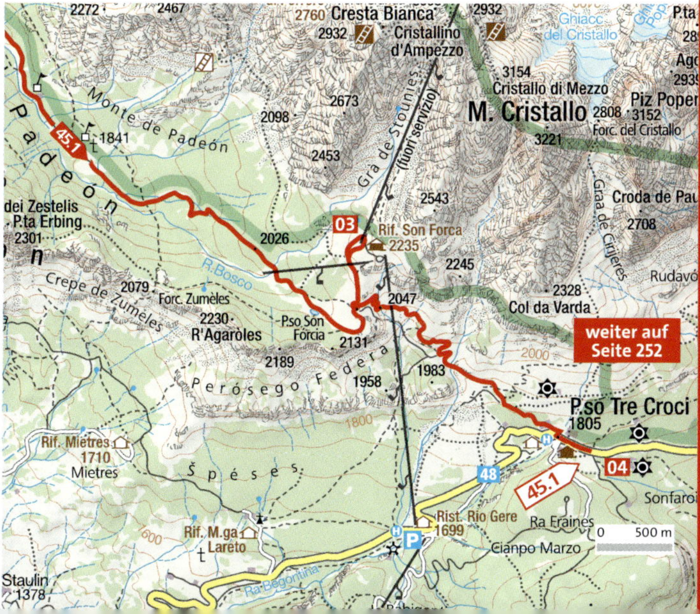

weiter auf Seite 252

RIFUGIO MAGGIORE ANGELO BOSI – RIFUGIO VANDELLI

Dolomiten Höhenweg Nr. 3

   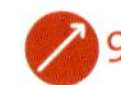 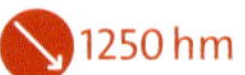 

START | Rifugio Maggiore Angelo Bosi, 2.205 m [GPS: N46.610767° E12.251267°]
CHARAKTER | Anstrengende Tour aufgrund der Länge und der Höhenmeter. Die Wegfindung ist aufgrund fehlender Wegmarkierungen schwierig und erfordert intuitives Gehen. Trittsicherheit und Schwindelfreiheit werden für den Aufstieg zum Rifugio Vandelli benötigt. Startpunkt/Einstieg/Abbruch: Das Rifugio Maggiore Angelo Bosi ist mit einem Taxi über eine Zubringerstraße erreichbar oder zu Fuß über die Etappe 45. Einstieg/Abbruch: Bei km 11 erreicht man den Passo Tre Croci und eine Bushaltestelle. Endpunkt: Das Rifugio Vandelli ist nur zu Fuß erreichbar und befindet sich am Anfang der Etappe 47. Zusatzausrüstung: Wanderstöcke. Einkehr: keine unterwegs. Übernachtung: Rifugio Vandelli: www.rifugiovandelli.it.

Bis auf die zwei kurzen Teilstücke entlang einer Straße erwartet uns eine landschaftlich faszinierende Etappe. Den Auftakt bildet die wunderschöne Aussicht vom Rifugio Maggiore Angelo Bosi:

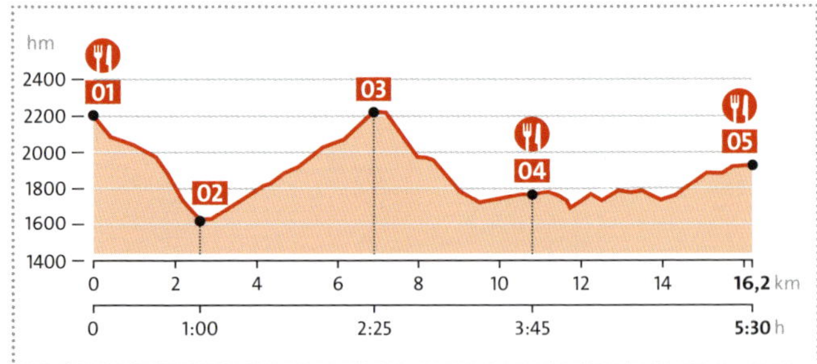

01 Rifugio Maggiore Angelo Bosi, 2.205 m; 02 Strada SP49, 1.610 m; 03 Forcella de Popena, 2.214 m; 04 Senterio 215, 1.763 m; 05 Rifugio Vandelli, 1.926 m

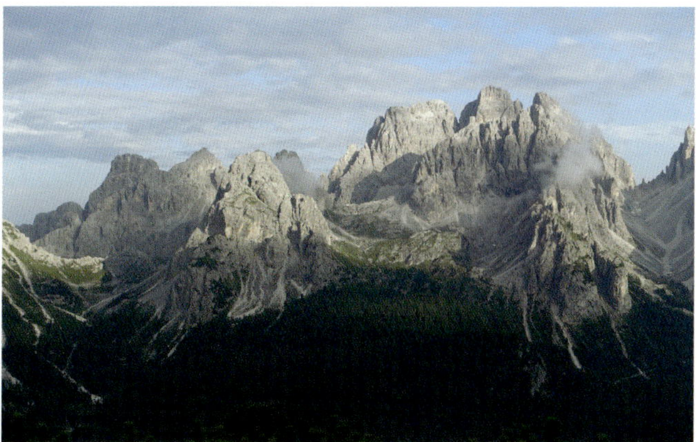

Die höchsten Gipfel der Cadinigruppe

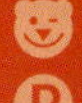

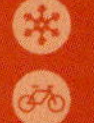

Richtung Osten die Drei Zinnen und in südöstlicher Richtung die höchsten Gipfel der Cadinigruppe mit der 2.820 m hohen Cima Eötvös und der 2.839 m hohe Cima Cadin di San Lucano. Sie bilden den südlichen Abschluss der Sextener

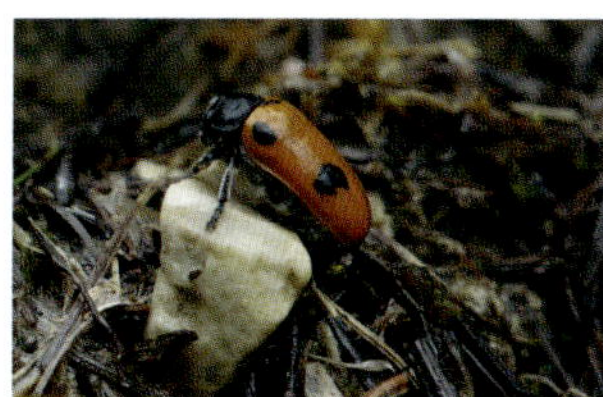

Ein „länglicher" Marienkäfer

Dolomiten. Der nächste Höhepunkt ist das abgelegene Valle di Popena, benannt nach der 3.152 m hohen Piz Popena. Neben dem Monte Cristallo und der Cima di Mezzo ist er einer der drei Cristallino di Misurina. Der Aufstieg zum Rifugio Vandelli führt an einem kleinen Wasserfall vorbei. Oberhalb der Baumgrenze schaut man dann über das Val Sorapiss, bis zu den Sextener Dolomiten, nun von Süden. Hinter dem Rifugio Vandelli liegt der malerische Lago del Sorapis mit der Felsnadel Dito di Dio. Auf dieser Etappe lohnt es immer wieder innezuhalten und sich von der Natur verzaubern zu lassen.

▶ Direkt vor dem **Rifugio Maggiore Angelo Bosi** 01 (2.205 m) beginnt der steil bergabführende Pfad. Wir queren ein erstes Mal die Zufahrtsstraße zum Rifugio, sobald wir das zweite Mal an die Straße gelangen, folgen wir dieser bergab. Nach der ersten 180°-Kehre der Straße nehmen wir sofort den scharf nach rechts abzweigenden Pfad und gelangen auf eine weitere Straße, auf der wir zunächst talwärts gehen.

Nach wenigen Metern versperren riesige, auf die Straße gelegte, Felsen das Weiterkommen mit einem Pkw. Aufgepasst: Direkt nach weiteren vier Haarnadelkurven – hinter den Felsen auf der Straße – zweigen wir rechts in den

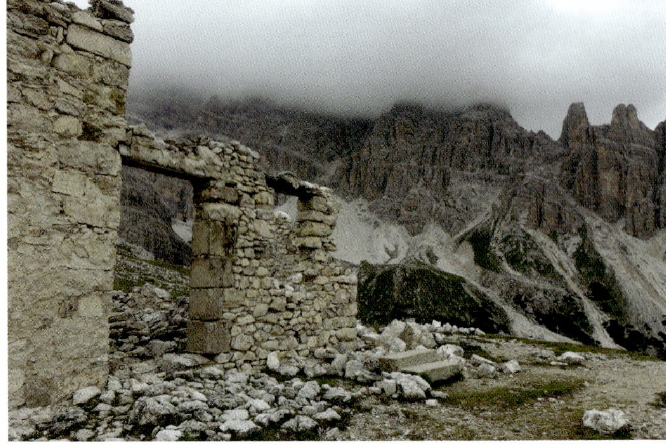
Eine Ruine an der Forcella de Popena

Wald ab. An dieser Stelle befinden sich keine Wegweiser, leicht geht man gerade aus weiter. Nicht auf allen Teilstücken ist dieser selten begangene Pfad eindeutig zu erkennen. Hören wir bereits Fahrgeräusche von der Straße, kommen wir an Strommasten vorbei, der Pfad wird zum Weg und wir erreichen die **Strada SP49** 02 (1.610 m). Auf dieser gehen wir links, kommen an der im Jahre 2019 eröffneten Malga Maraia, wo es leckeren Kuchen und Espresso gibt, auch frisches Trinkwasser an einer Quelle, aber leider keinen Mittagstisch für hungrige Wanderer. Auch kann man dort nicht übernachten.

Wir setzen unseren Weg entlang der Straße fort. Dort wo sie dann links über eine Brücke weiterführt, gehen wir aber geradeaus auf dem Wanderweg 222 **Richtung Val Popena Alta**. Mal am Ufer eines Trockenflussbetts, mal im Flussbett, marschieren wir auf einem nicht immer eindeutigen Pfad gemächlich bergauf – durch das wildromantische Val Popena Alta. Bei einer Kreuzung mehrerer Pfade gehen wir durch das vor uns liegende Bachbett und folgen weiter dem Wanderweg 222 bis zu einer Ruine und der dahinter liegenden **Forcella de Popena** 03 (2.214 m). Wir lassen die Erosionsrinne rechts liegen und steigen über die verbliebenen Holztreppen ab. Am Ende der Holztreppen steigen wir dann in die Erosionsrinne und auf extrem rutschigen (Wanderstöcke sind hier sehr hilfreich) und steilen Untergrund ab. Nach mehreren Kehren gehen wir rechts (Richtung Westen), um dort eine weitere Erosionsrinne zu queren und dem Wegweiser mit der Aufschrift Torrente Rudavoi/ Wanderweg 222 zu erreichen.

Wir traversieren zunächst durch Geröllhalden unterhalb von Felsspitzen, bis der Pfad durch Latschenkiefern und Grashänge steil bergab führt. Nach längerem Abstieg ignorieren wir den

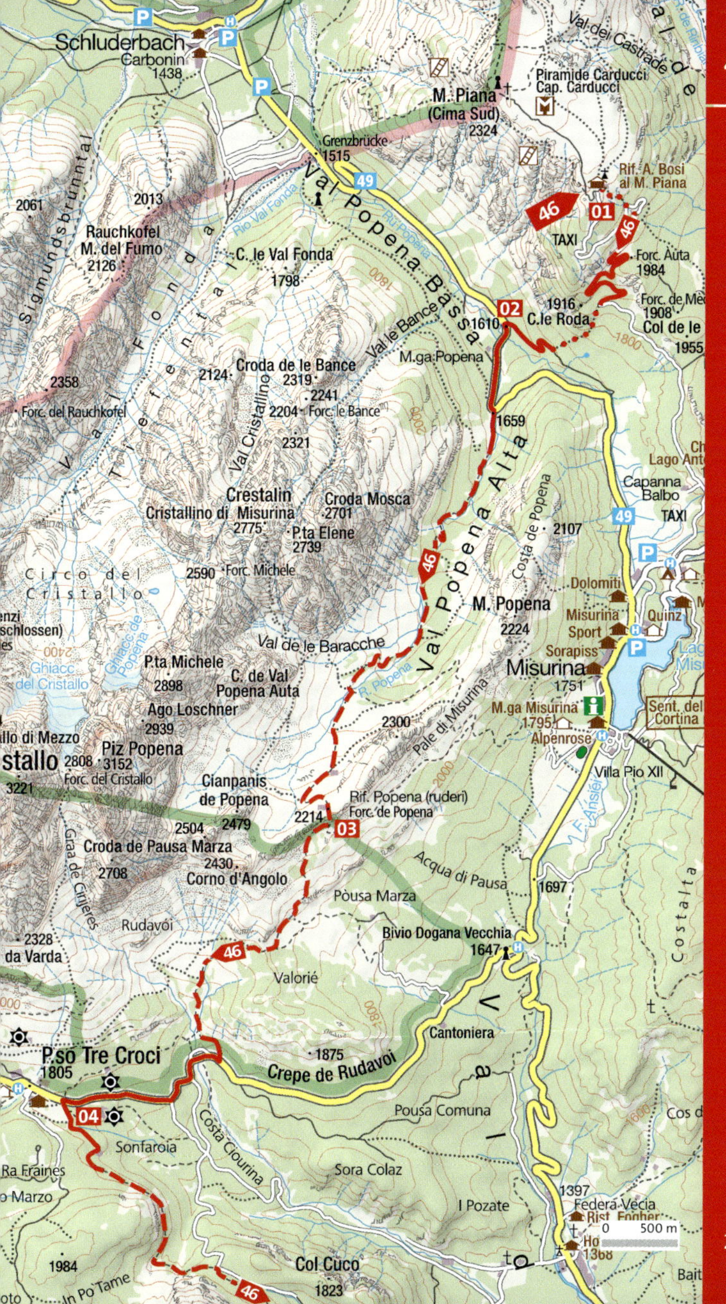
Schluderbach
Carbonin
1438
M. Piana
(Cima Sud)
2324
Piramide Carducci
Cap. Carducci
Grenzbrücke
1515
Val Popena Bassa
Rif. A. Bosi
al M. Piana
TAXI
Forc. Aùta
1984
Forc. de Mèdo
1908
Col de le
1955
1916
C.le Roda
1610
M.ga Popena
Val le Bance
Rauchkofel
M. del Fumo
2126
C.le Val Fonda
1798
Rio Val Fonda
Sigmundsbrunntal
Val Fonda
Val Trefenta
2061
2013
2358
Forc. del Rauchkofel
Croda de le Bance
2319
2124
2241
2204
Forc. le Bance
2321
Val Cristallino
1659
Val Popena Alta
Crestalin
Cristallino di Misurina
2775
Croda Mosca
2701
P.ta Elene
2739
Costa de Popena
2107
Capanna Balbo
TAXI
Lago Antorno
Circo del Cristallo
2590
Forc. Michele
M. Popena
2224
Dolomiti
Misurina Sport
Sorapiss
Quinz
Misurina
1751
Lago di Misurina
Val de le Baracche
R. Popena
Val Popena
Ghiacc. de Popena
Ghiacc. del Cristallo
P.ta Michele
2898
C. de Val Popena Auta
Ago Loschner
2939
M.ga Misurina
1795
Alpenrose
Sent. del Cortina
Villa Pio XII
2300
Pale di Misurina
Piz Popena
3152
2808
Forc. del Cristallo
3221
Cianpanis de Popena
2479
2504
2214
Rif. Popena (ruderi)
Forc. de Popena
Croda de Pausa Marza
2430
2708
Corno d'Angolo
Graa de Cirjeres
Acqua di Pausa
Pòusa Marza
1697
F. Ansiei
Rudavòi
Bivio Dogana Vecchia
1647
2328
da Varda
Valorié
Costalta
Cantoniera
P.so Tre Croci
1805
1875
Crepe de Rudavoi
Pousa Comuna
Sonfaroia
Costa Ciourina
Ra Fraines
Sora Colaz
1397
Federa Vecia
Rist. Fogher
I Pozate
1368
Col Cuco
1823
1984
In Po Tame
0
500 m
01
02
03
04
46
49

links bergabführenden Pfad und gehen geradeaus weiter auf dem Wanderweg 222. Der Pfad endet vor einer Straßenbrücke, die wir von links nach rechts überqueren. Entlang der Straße wandern wir bis zu einem Holzgatter, durch das wir die Straße nach links verlassen. Bei der ersten **Weggabelung** gehen wir rechts parallel zu einem Wasserkanal. Kurz später queren wir diesen Kanal nach rechts, um dann vor einem Betongebäude auf dem Pfad rechts bergaufzusteigen. Auf dem nachfolgenden Weg gehen wir parallel zur Straße, bis der Pfad am **Senterio 215** **04** (1.763 m) endet. Würde man noch ca. 200 weitere Meter auf der Straße bergaufgehen, so gelangt man zur **Bushaltestelle am Passo Tre Croci**.

Auf den Senterio 215 gehen wir links Richtung Rifugio Vandelli. Zunächst führt der Pfad gemäch-

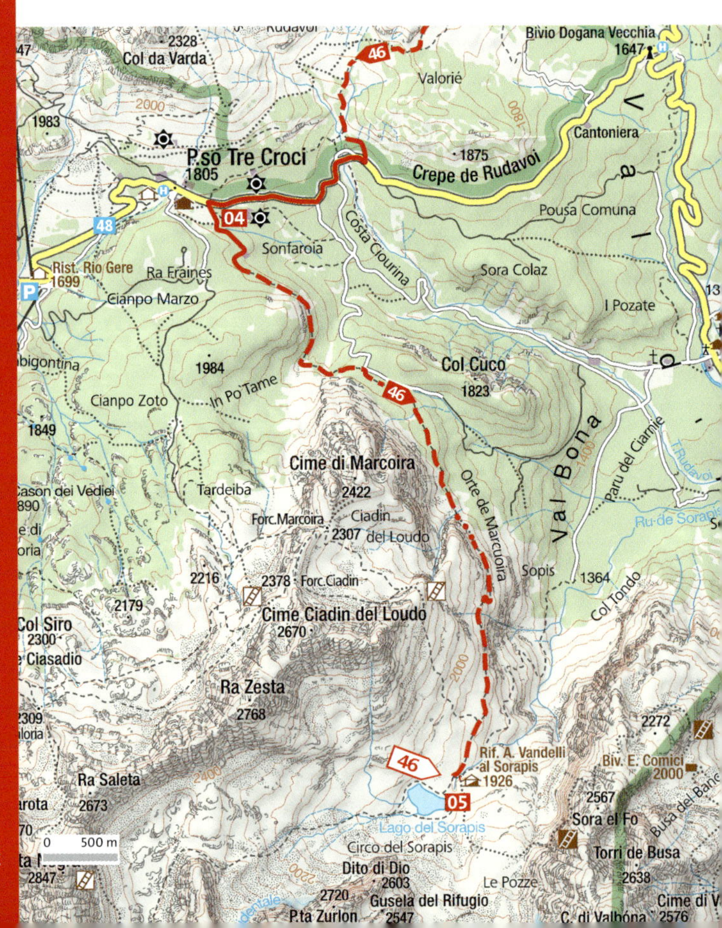

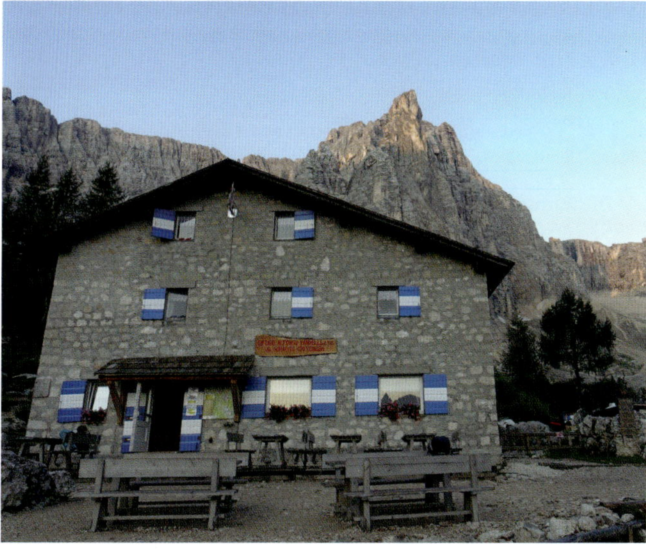

Das Rifugio Vandelli mit der Felsnadel Dito di Dio im Hintergrund

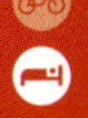

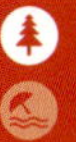

lich durch den Wald, aber hinter einem Wasserfall wird der Anstieg dann steiler. Bei der darauffolgenden Weggabelung gehen wir halb rechts, auch ausgeschildert Richtung Rifugio Vandelli. Und dann geht es über Metalltreppen und einem schmalen mit Stahlseilen gesicherten Pfad, für den Trittsicherheit und Schwindelfreiheit ein Muss sind. Der Wanderweg gabelt sich abermals, links führt der Wanderweg 243 zum **Rifugio Vandelli** 05 (1.926 m), rechts führt der Wanderweg 215 zum Lago del Sorapis.

Hinweise

1. Nach der Rechercheureise im Sommer 2019 wurde der Wanderweg 222, auf dem Teilstück zwischen der SP49 zur Forcella Popena gesperrt, weil der Abstieg über Holztreppen an der Forcella Popena abgerutscht ist. Für den erfahrenen Bergsteiger stellt der Abstieg über das Schotterfeld, anstatt über die Holztreppen, kein Problem dar. Vorsichtshalber sollte man beim Tourismusbüro in Cortina erfragen, inwieweit der Pfad begehbar ist, bevor man sich auf den Weg macht!
2. Nach starken Regenfällen können Teilstücke des Pfads durch das Bachbett im Valle di Popena unpassierbar werden!

RIFUGIO VANDELLI – BIVACCO SLATAPER

Dolomiten Höhenweg Nr. 3

 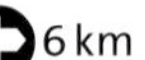 6 km  5:15 h 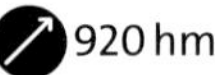 920 hm  210 hm 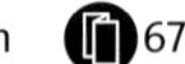 672

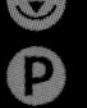
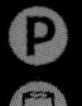
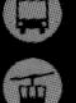

START | Rifugio Vandelli, 1.926 m
[GPS: N46.521683° E12.226700°]
CHARAKTER | Die schwerste Etappe des Dolomiten Höhenwegs Nr. 3 führt über ausgesetzte Felsbänder und einem Klettersteig. Für diese Etappe benötigt man ausgereifte Alpinerfahrung sowie sehr gute Kondition, Vertrautheit im Umgang mit einem Klettersteigset (bis C), freie Kletterstellen bis II und ausgezeichnetes Orientierungsvermögen. Startpunkt: Das Rifugio Vandelli ist nur zu Fuß erreichbar und befindet sich am Ende der Etappe 45.1 und 46. Endpunkt: Das Bivacco Slataper ist nur zu Fuß erreichbar und befindet sich am Anfang der Etappe 48. Zusatzausrüstung: Klettersteigset. Einkehr: keine. Übernachtung: Selbstversorgerhütte Bivacco Slataper: www.caitrentaottobre.it/bivacchi.

Uns erwartet eine der schönsten Etappen (na ja, wenn nicht die schönste) des Dolomiten Höhenwegs Nr. 3. Landschaftlich fasziniert der milchig-türkisfarbende Lago del Sorapis mit der dahinteraufragenden Felsnadel Dito di Dio, die Überreste eines Gletschers, durch Gletscher glatt geschliffene Felsen, ein Hochkar, das einer Mondlandschaft ähnelt und eine 1.500 m abfallende Steil-

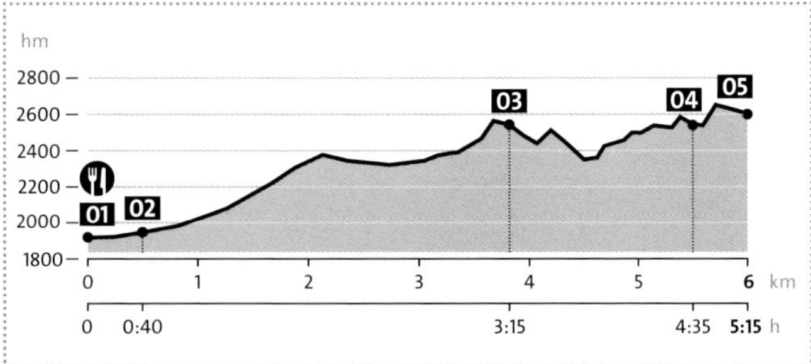

01 Rifugio Vandelli, 1.926 m; **02** Lago del Sorapis, 1.950 m; **03** Fopa di Mattia, 2.543 m; **04** Via Ferrata Berti, 2.537 m; **05** Bivacco Slataper, 2.600 m

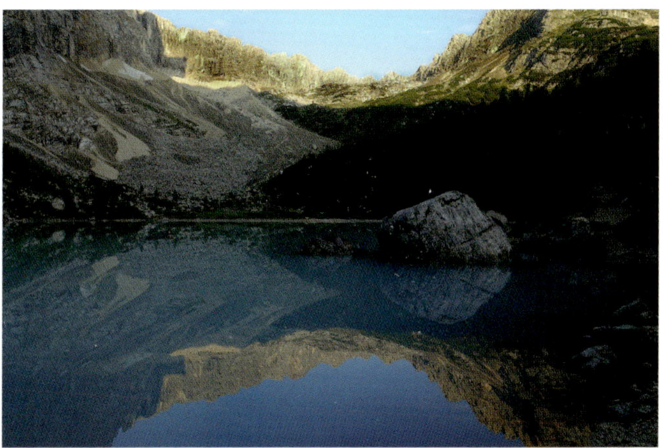

Der mystisch anmutende Lago del Sorapis

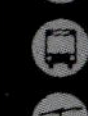
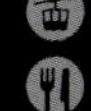

wand. Und dann ist da noch der technisch anspruchsvolle Klettersteig, bei dem es wahrhaft senkrecht nach oben geht. Immer wieder stockt der Atem, denn es ist, als würde der Aufstieg vor lauter Steilheit schlicht im Abgrund verschwinden. Am Ende des Drahtseilakts bremst sich der Puls wieder ein, die Augenlider werden zu Blei, wir haben es geschafft.

▶ „Früh mit den Hühnern zu Bette und auf mit dem Hahn um die Wette", ist ein deutsches Sprichwort und die Ansage für den heutigen Tag. An dem in einem Kessel eingeschlossenen **Rifugio Vandelli** **01** (1.926 m) marschieren wir auf dem dem Wanderweg 215 und Wanderweg 242 Richtung Via Ferrata Berti und Bivacco Slataper.

Bereits nach wenigen Minuten erreichen wir den **Lago del Sorapis**. Da Fotos vom See bei Instagram sehr viel Likes bekommen haben, ist er im Ranking sehr weit oben. Die Folge: Das Rifugio Vandelli verkauft täglich bis zu 5.000 Essen und Carabinieri patrouillieren am See, um sicherzustellen, dass die Besuchermassen keinen Müll hinterlassen oder gar im eiskalten See ein Bad nehmen. Hinter dem See erhebt sich imposant die 2.603 m hohe Felsnadel **Dito di Dio**, was ins Deutsche übersetzt heißt, Finger Gottes. Wir gehen an der rechten Seite des Sees entlang, um am Ende des **Lago del Sorapis** **02** (1.950 m) auf den Überresten einer Gletschermoräne und im oberen Abschnitt einer steilen Geröllrinne aufzusteigen. Links oberhalb (in südlicher Richtung) sehen wir die spärlichen Überreste des Sorapisgletschers (Ghiacciaio Occidental). An dieser Stelle gehen wir halb rechts um einen Felssporn, um dann über von Gletschern plattgeschliffenen Felsen in das Hochkar **Tonde de Sorapis** abzusteigen.

Am Talboden des Hochkars gehen wir bei der Weggabelung, ohne Wegweiser, halb links und traver-

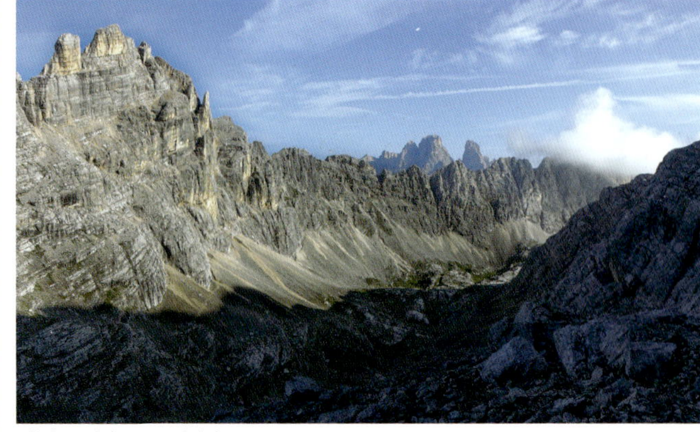

Blick auf den Gipfel der Ponta Negra

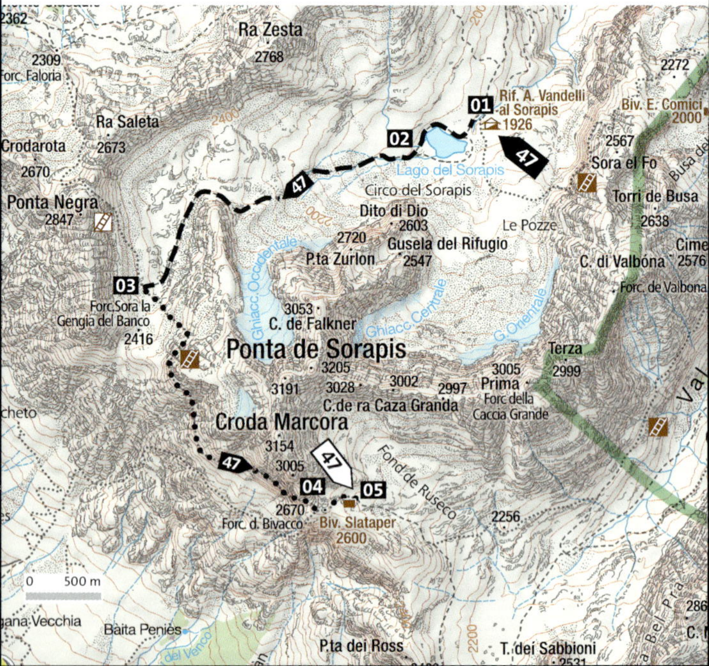

sieren durch Geröllfelder oberhalb des Hochkars. Dort wo sich viele rote Punkte auf den Steinen befinden, beginnen wir mit dem Aufstieg unter Zuhilfenahme der Hände. Der Aufstieg endet vor einer unüberwindbar hohen Felswand. Links führt ein Geröllband weiter bergauf, wir gehen aber rechts. Nach wenigen Metern bergab auf einem Schotterfeld stoßen wir auf einen Pfad. Hier sind die westlichen Ausläufern des **Fopa di Mattia** **03** (2.543 m). Um dorthin zu gelangen gehen wir links. Von nun an und bis zum Ende des nachfolgenden Klettersteigs besteht erhebliche Steinschlaggefahr!

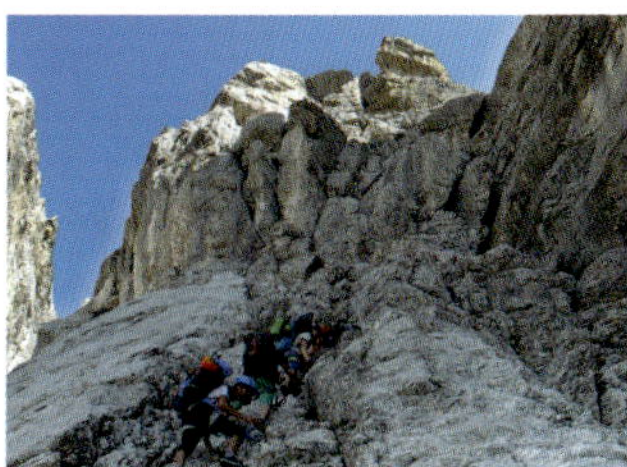
Der Klettersteig Via Ferrata Francesco Berti

Äußerst spektakulär fällt rechts die Steilwand 1.500 m in den Abgrund, unterhalb liegt das weite Valle del Boite! Der nachfolgende Pfad bedarf eigentlich keiner wei-

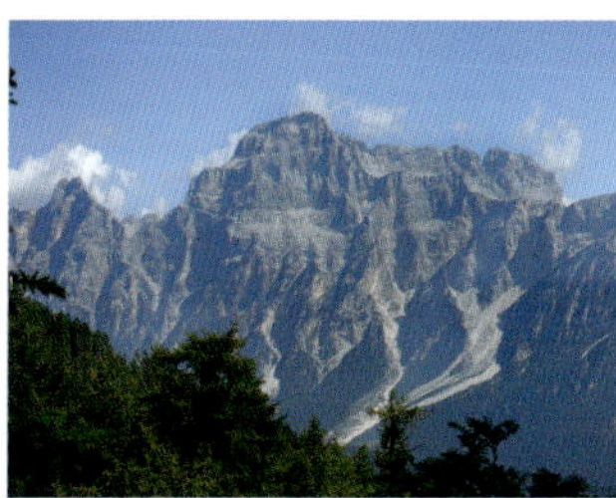
Der 3.154 m hohe Croda Marcora mit dem dahinterliegenden 3.205 m hohen Ponta de Sorapis

teren Erklärung, da er durch die sehr schmalen und ausgesetzten Felsbänder und Geröllbänder eigentlich vorgegeben ist. Zunächst geht es durch die senkrecht abfallenden Felswände des Fopa di Mattia. Nach starken Regenfällen ist der Pfad über die Geröllbänder nicht immer einfach auszumachen. Dann geht es durch die Südwestflanke der Croda Marcora bis zur Cengia del Banco, auf einem teilweise gesicherten aber sehr exponierten Felsband. Es folgt eine kurze bergabführende Stelle durch eine Rinne, bis wir dann an den eigentlichen Klettersteigabschnitt **Via Ferrata Berti** **04** (2.537 m) gelangen. Es geht wahrhaft senkrecht nach oben, über Stahlseile, Leitern und Eisenbügel, zwischen düsteren und überhängenden Wänden.

Zum krönenden Abschluss geht es dann auf einem sehr schmalen Felsband, inmitten einer senkrecht abfallenden Felswand – zum Glück an einem durchlaufenden Sicherungsseil – bis zur Forcella del Bivacco hoch, dem höchsten Punkt der heutigen Etappe. Von dort geht es auf dem Wanderweg 246 nur noch wenige Meter bergab bis zum **Bivacco Slataper** **05** (2.600 m).

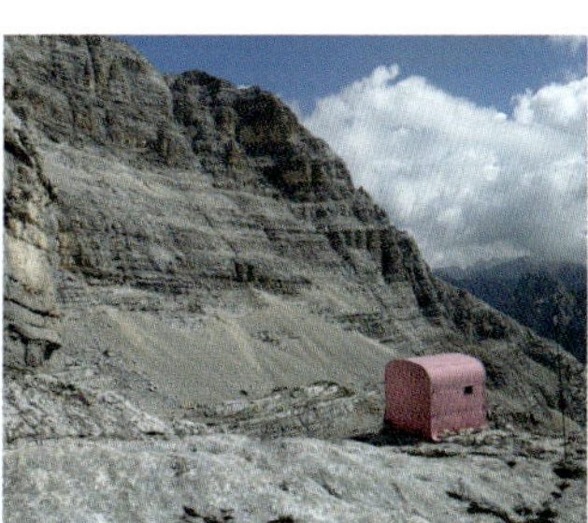
Das Bivacco Slataper

BIVACCO SLATAPER – RIFUGIO SAN MARCO

Dolomiten Höhenweg Nr. 3

 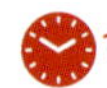 3,9 km 1:30 h 10 hm 810 hm  672

START | Bivacco Slataper, 2.600 m
[GPS: N46.500167° E12.216300°]
CHARAKTER | Gute Trittsicherheit, durchschnittliches Orientierungsvermögen und elementare alpine Erfahrung werden benötigt. Startpunkt: Das Bivacco Slataper ist nur zu Fuß erreichbar und befindet sich am Ende der Etappe 47. Endpunkt: Das Rifugio San Marco ist nur zu Fuß erreichbar und befindet sich am Anfang der Etappe 49. Zusatzausrüstung: keine. Einkehr: unterwegs keine. Übernachtung: Rifugio San Marco: www.rifugiosanmarco.com.

Nach den Strapazen der Etappe 47 folgt eine Genusswanderung und einzigartiges Naturspektakel. Vom Bivacco Slataper, dem letzten Stützpunkt vor einer Gipfelbesteigung, wandern wir bergab durch ein weites Kar – unterhalb der imposanten Wände der südlichen Sorapissgruppe. Der nächste Wegpunkt, die Forcella Grande – in dessen unmittelbarer Nähe sich der spektakuläre Torre dei Sabbioni erhebt – markiert den Übergang von der Sorapissgruppe zur Marmarole-Gebirgsgruppe. Sobald wir dann das Rifugio San Marco sehen, erhebt sich dahinter majestätisch die Antelaogruppe, mit

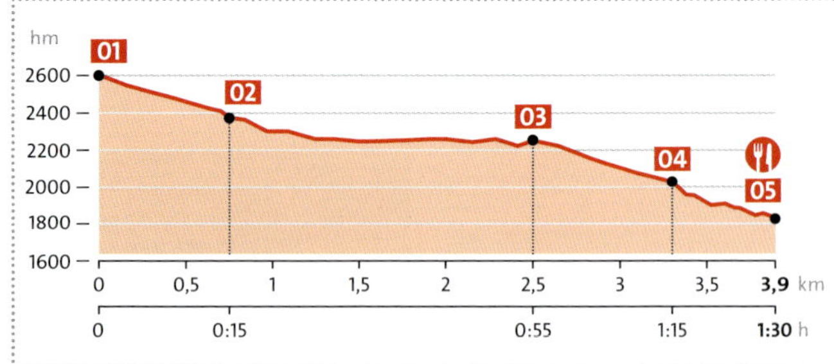

01 Bivacco Slataper, 2.600 m; 02 Weggabelung, 2.378 m; 03 Forcella Grande, 2.256 m; 04 Latschenkiefern, 2.026 m; 05 Rifugio San Marco, 1.823 m

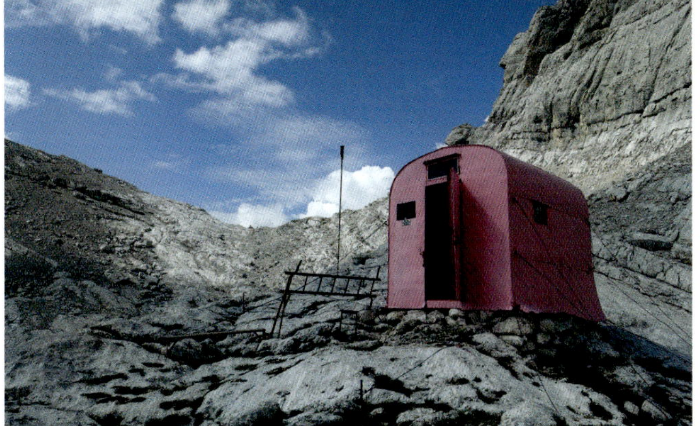

Das Bivacco Slataper

dem 3.264 m hohen Monte Antelao – nach der Marmolada die zweitgrößte Zinne der Dolomiten. Die Antelao-Marmarole-Sorapiss-Gruppe wird von keinen Straßen durchschnitten, man findet unberührte Wildnis vor, wie man sie selten in den Dolomiten antrifft.

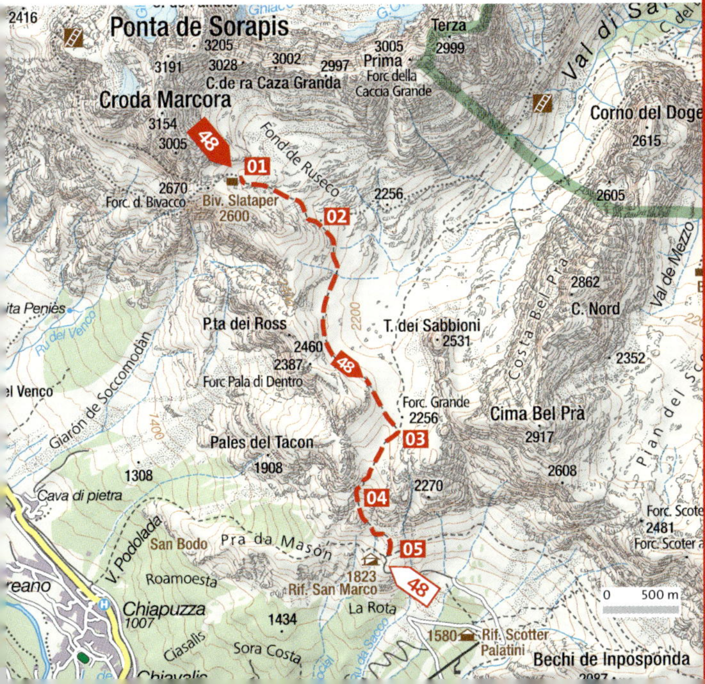

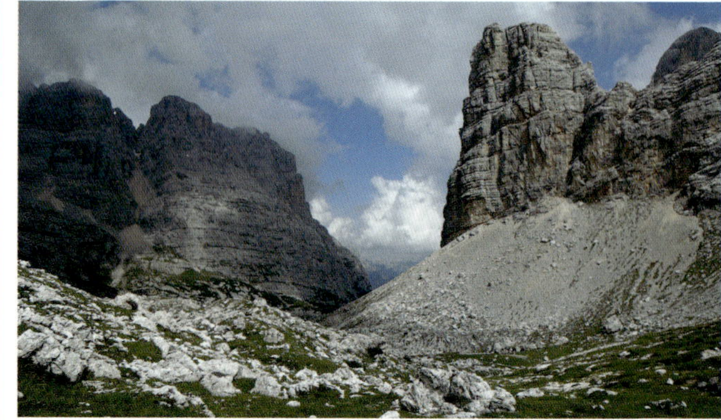
Rechts im Bild erhebt sich der 2.531 m hohe Torre dei Sabbioni

Vom **Bivacco Slataper** 01 (2.600 m) folgen wir dem bergabführenden Wanderweg 246. Er führt ein kurzes Stück in östliche Richtung in das riesige Kar zwischen dem 3.028 m hohen Monte della Caccia Grande und dem 3.005 m hohen Punte Tre Sorelle.

Nach kurzem Abstieg kommen wir zu einer **Weggabelung** 02 (2.378 m), wir gehen halb rechts, an dieser Stelle ist auf einem großen Stein, in roter Schrift, Rifugio San Marco geschrieben. Der schmale Pfad führt durch Geröllfelder und mit Gras bewachsene Berghänge. Bei dem nächsten Wegweiser gehen wir weiterhin geradeaus Richtung Forcella Grande.

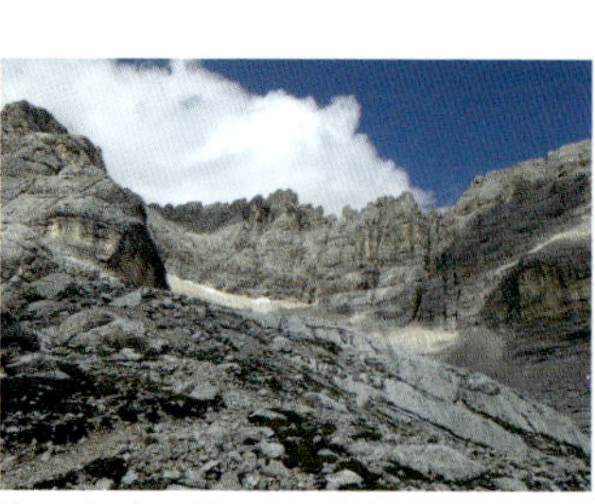
Das riesige Kar Fond de Ruseco

Wir erreichen die **Forcella Grande** 03 (2.256 m). Richtung Nordosten erhebt sich direkt vor uns der alleinstehende und 2.531 m hohe Torre dei Sabbioni. Hinter der Forcella geht es dann in südlicher Richtung auf dem bergab führenden Wanderweg 226 weiter Richtung Rifugio San Marco.

Der schmale Pfad geht in einen breiteren Pfad über und wir erreichen das Reich der **Latschenkiefern (pino mugo)** 04 (2.026 m). Unterhalb von uns kann man bereits das Rifugio San Marco sehen, dahinter erhebt sich imposant der Monte Antelao.

Über eine Folge von Gras-, Latschenhängen und durch den Wald erreichen wir kurz vor dem Ziel eine Quelle. Das **Rifugio San Marco** 05 (1.823 m) liegt romantisch und mit traumhafter Fernsicht auf dem grünen Bergrücken des 1.823 m hohen Col de Chi Os.

RIFUGIO SAN MARCO – SAN VITO DI CADORE

Dolomiten Höhenweg Nr. 3

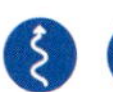  5,3 km 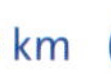 1:30 h 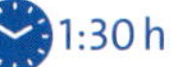 0 hm 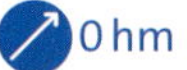 800 hm 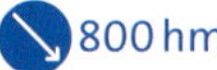 672 

START | Rifugio San Marco, 1.823 m [GPS: N46.476667° E12.228100°]
CHARAKTER | Einfacher Abstieg auf befestigten Wegen. Startpunkt: Das Rifugio San Marco ist nur zu Fuß erreichbar und befindet sich am Ende der Etappe 48. Endpunkt/Abbruch/Einstieg: Das Dorf San Vito di Cadore ist mit dem Pkw, mit dem Bus und zu Fuß erreichbar und befindet sich am Anfang der Etappe 50. Zusatzausrüstung: keine. Einkehr: Rifugio Scotter Palatini. Übernachtung: Z. B. Hotel Il Cardo: www.hotelilcardo.com.

Vom herrlich gelegenen Rifugio San Marco steigen wir unterhalb der Westhänge des isoliert stehenden und pyramidenförmigen Monte Antelao ab. Wir erreichen das Bergdorf San Vito di Cadore, es liegt in einem weiten Tal, das von üppigen dichten Tannenwäldern umgeben ist. Ab hier lassen wir die Ampezzaner Dolomiten hinter uns und begebenuns auf die nächste Etappe in die Bergwelt des kleinen Pelmostocks.

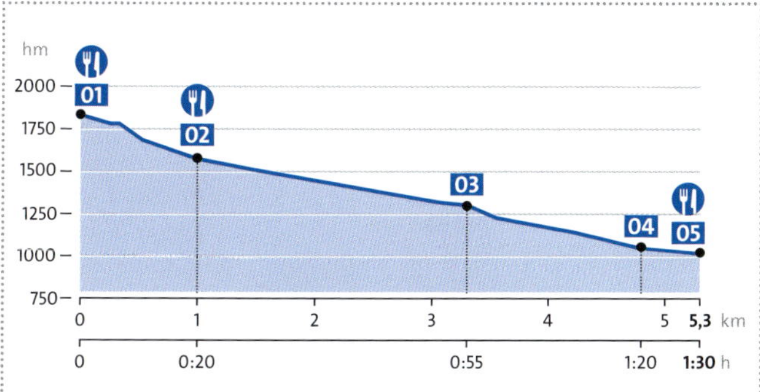

01 Rifugio San Marco, 1.823 m; 02 Rifugio Scotter Palatini, 1.580 m; 03 Rio Secco, 1.306 m; 04 Via San Marco, 1.060 m; 05 San Vito di Cadore, 1.010 m

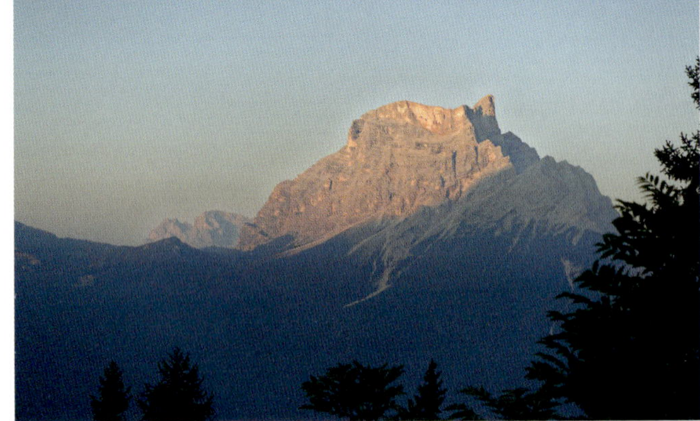

Der Monte Pelmo im Morgenlicht

In südliche Richtung verlässt der Wanderweg 228 das **Rifugio San Marco** 01 (1.823 m). Nach kurzem Abstieg, nun Richtung Osten, gehen wir an der nachfolgenden Weggabelung halb rechts.

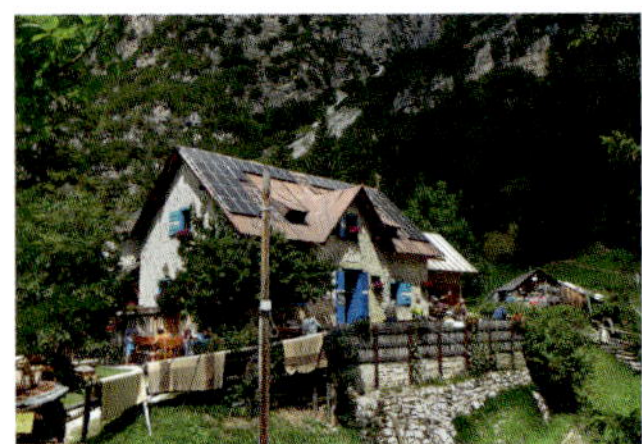

Das Rifugio San Marco liegt romantisch und hat eine traumhafte Fernsicht

Wir gehen direkt auf das **Rifugio Scotter Palatini** 02 (1.580 m) zu. Von dort gehen wir auf der Schotterpiste talwärts. Schon in der zweiten Kehre, eine Rechtskehre, gehen wir aber gerade aus weiter und nach wenigen Metern unterqueren wir den Lift. Wir gehen nun direkt auf die imposant vor uns aufragenden Felswände des 3.264 m hohe Monte Antelao zu.

Bis zu einem Holzgeländer entlang der Piste gehen wir bergab, ein mächtiger Erdrutsch hat die weiterführende Schotterpiste geschluckt. So gehen wir ca. 100 m auf einem neu angelegten Pfad am Bachlauf des **Rio Secco** 03 (1.306 m) talwärts, um dann diesen nach links zu queren. Auf der anderen Uferseite gelangen wir auf eine neu angelegte Skipiste, auf der wir weiter talwärts gehen.

Auf Höhe eines Sessellifts treffen wir auf einen Gedenkstein, Richtung Nordwesten ergibt sich

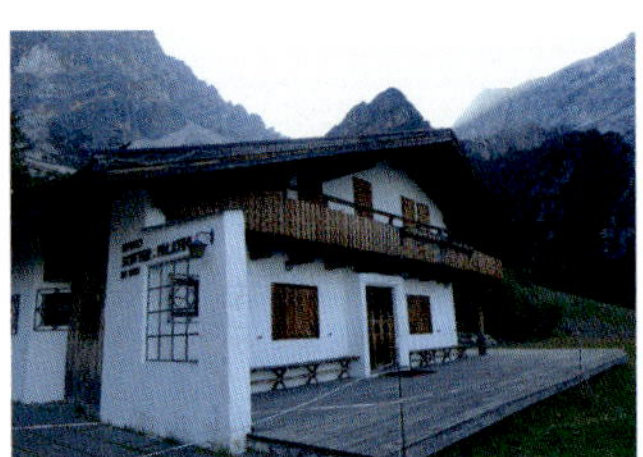

Das Rifugio Scotter Palatini

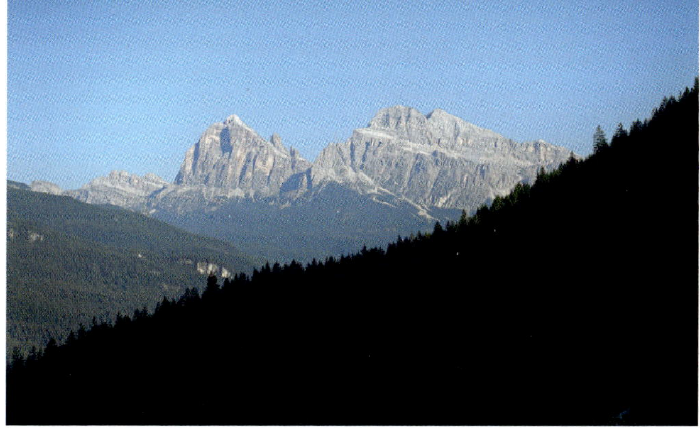

Das Dreigestirn der Tofane

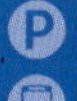

ein wunderschöner Blick auf das Dreigestirn der Tofanespitzen. Wir erreichen Häuser und hinter einer Linkskehre der Straße gehen wir an dem **Hotel Il Cardo** vorbei. Bei der nächsten Möglichkeit gehen wir dann rechts auf die bergabführende Straße. Diese mündet in eine größere Straße und hinter dem Brunnen biegen wir links in die **Via San Marco** 04 (1.060 m).

An der sofort darauffolgenden Weggabelung gehen wir halb rechts, nun direkt auf den in der Ferne sich erhebenden Monte Pelmo zu. Wir erreichen das Bergdorf **San Vito di Cadore** 05 (1.010 m).

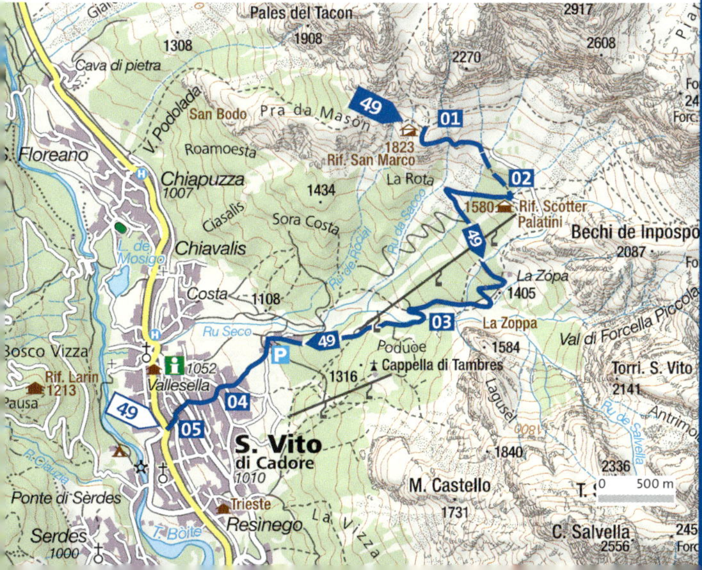

50

SAN VITO DI CADORE – RIFUGIO VENEZIA

Dolomiten Höhenweg Nr. 3

 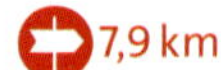 7,9 km 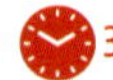 3:15 h 1140 hm 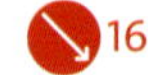 160 hm 672

START | San Vito di Cadore, 1.010 m [GPS: N46.45885° E12.205683°]
CHARAKTER | Das Gelände ist technisch einfach und die 1.140 Höhenmeter erfordern eine gute Kondition. Elementares Orientierungsvermögen wird benötigt. Startpunkt/Abbruch/Einstieg: Das Dorf San Vito di Cadore ist mit dem Pkw, mit dem Bus und zu Fuß erreichbar und befindet sich am Ende der Etappe 49. Endpunkt: Das Rifugio Venezia ist nur zu Fuß erreichbar und befindet sich am Anfang der Etappen 51, 51.1 und 51.2. Zusatzausrüstung: keine. Einkehr: keine unterwegs. Übernachtung: Rifugio Venezia: www.rifugiovenezia.it.

Aufgrund der Alleinlage und 3.168 m Höhe ist der gewaltige Felsberg Monte Pelmo omnipräsent in den zentralen Dolomiten. Unterhalb der bis zu 1.200 m hoch aufragenden Felswände des Riesens wandern wir meist im Wald, später durch Latschen und Kiefern, bis zum Rifugio Venezia. Von dort sehen wir Richtung

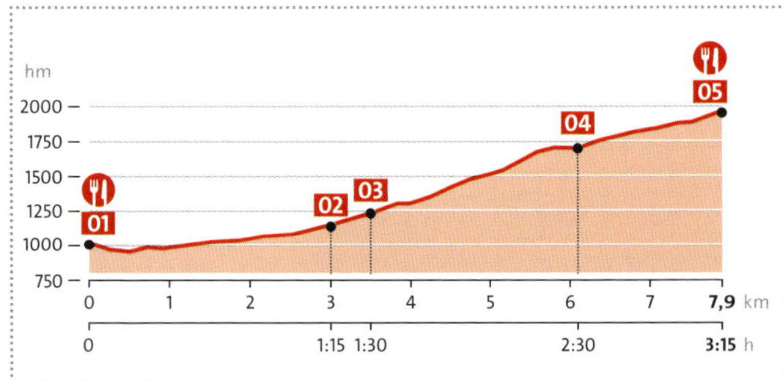

01 San Vito di Cadore, 1.010 m; 02 Waldweg, 1.147 m; 03 Weggabelung, 1.234 m; 04 Geröllhalde, 1.708 m; 05 Rifugio Venezia, 1.947 m

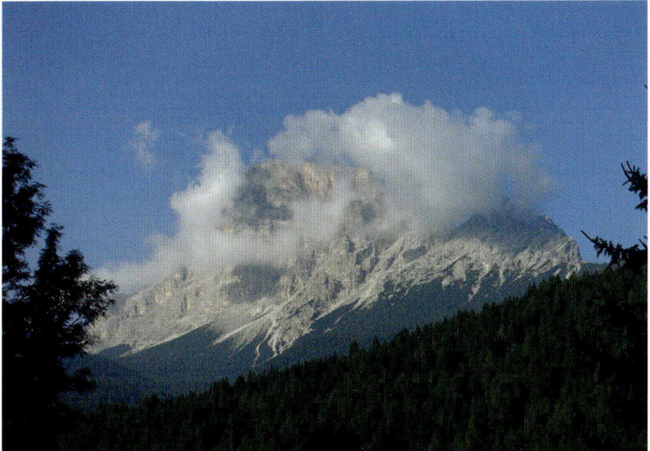

Der Monte Pelmo hüllt sich gerne in Wolken

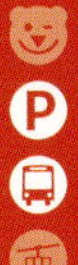
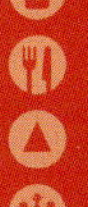

Nordosten eine weitere Größe der Bergwelt, der höchste Berg der Ampezzaner Dolomiten, der zweithöchste der Dolomiten, der 3.264 m hohe Monte Antelao. Bei diesem Gipfelspektakel überwältigen uns die Emotionen und Eindrücke!

▶ Die Hauptstraße in **San Vito di Cadore** **01** (1.010 m) verlassen wir in südliche Richtung in die Stichstraße Via Pelmo, zunächst ausgeschildert Richtung Rifugio Larin. Wir überqueren die nachfolgende Brücke nach rechts. Danach biegen wir nicht rechts zum Rifugio Larin ab, sondern bleiben auf der Hauptstraße, um hinter dem Picknickplatz halb rechts auf dem Pfad abzubiegen. Auf dem Wanderweg 470 Richtung Rifugio Venezia erreichen wir das **Dorf Serdes**. Der Pfad mündet in eine Straße und diese endet an einer weiteren Straße. Auf dieser gehen wir rechts und sofort halb rechts bei der darauffolgenden Weggabelung. Wir kommen an einer kleinen **Kapelle** und einem Brunnen vorbei, bevor der Wanderweg in einer langen Linkskehre in den Wald führt.

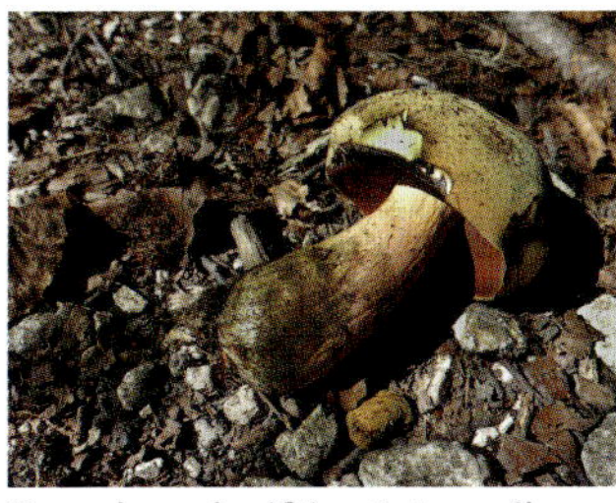

Der schwach giftige Satanspilz

Dort wo wir den Wald verlassen gehen wir an der Weggabelung halb links und kurz später auf diesem Weg an einem Picknickplatz mit Grillstelle vorbei. Wo die Piste sich in zwei Äste gabelt – hier befindet sich eine kleine Parkbucht – gehen wir halb links und ignorieren den nachfolgenden

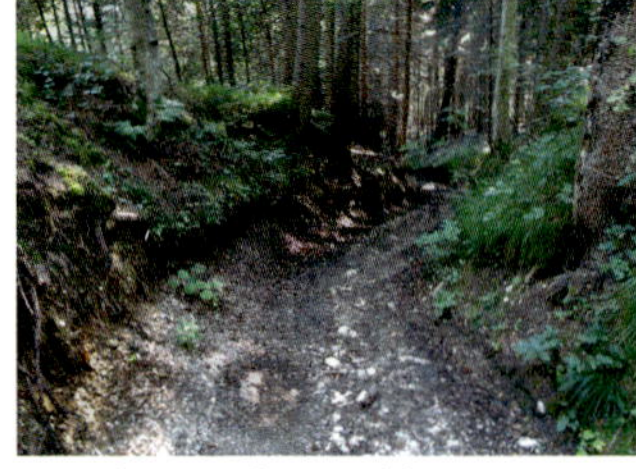

Ein schöner alter Hohlweg

halb links abzweigenden Weg. Die nachfolgende Überquerung des Flusslaufes ist etwas abenteuerlich, denn die Brücke ist niedergerissen und liegt im Bachbett. Fast am Ende eines wunderschönen **Hohlwegs** ignorieren wir einen Abzweig nach links in den Wald und den nachfolgenden links weiterführenden **Waldweg (sentiero nel bosco)** **02** (1.147 m).

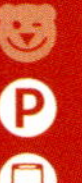

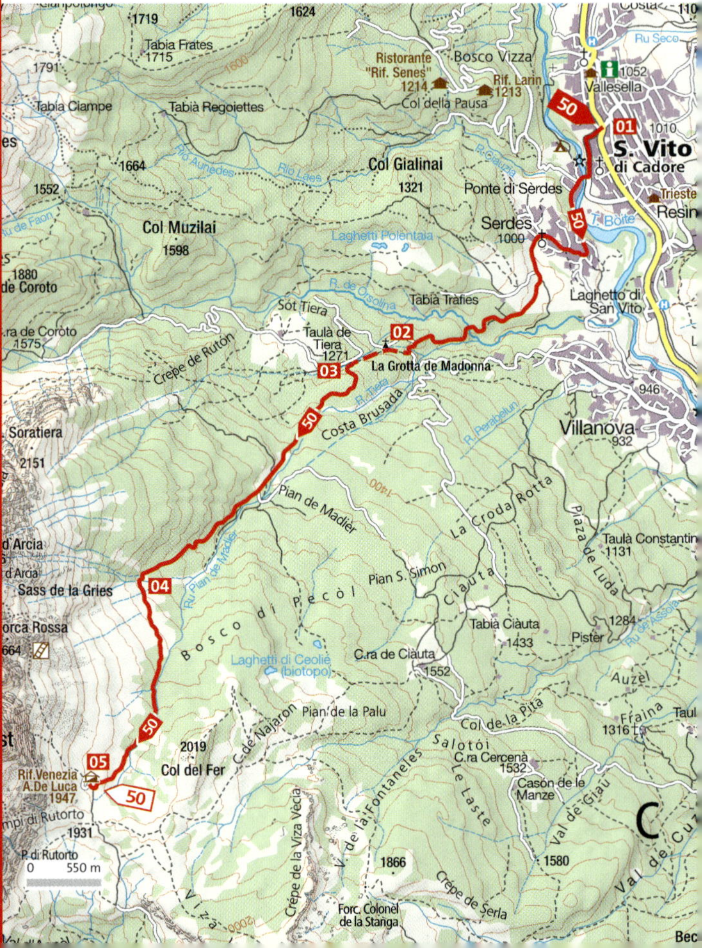

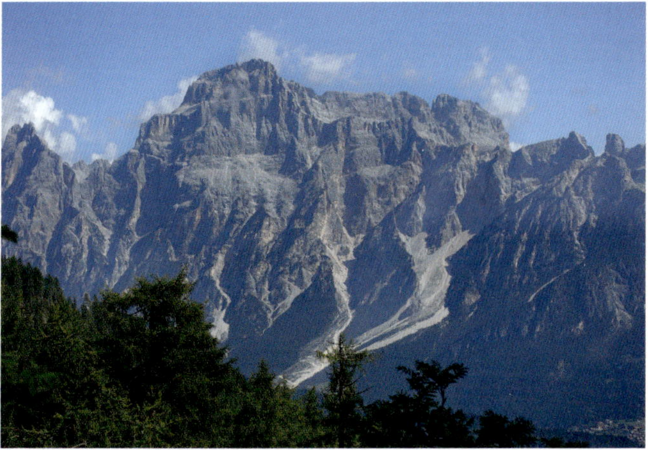

Der 3.154 m hohe Croda Marcora mit der dahinterliegenden 3.205 m hohen Ponta de Sorapis

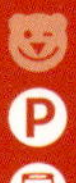
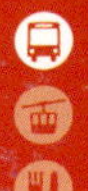
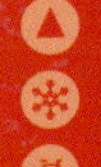
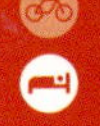

Wir gehen nur wenige Meter auf diesem Waldweg nach halb rechts, um sofort halb links auf dem Wanderweg 470 den Aufstieg fortzusetzen. Nach einem Heiligenschrein, der in einer Höhle untergebracht ist, geht es dann auf einem Pfad weiter – an einigen Stellen ist dieser sehr sumpfig. Dieser Pfad mündet in einen weiteren Waldweg, dem wir ein kurzes Stück bergauf folgen. Bei der darauffolgenden **Weggabelung** 03 (1.234 m) gehen wir halb links, Richtung Rifugio Venezia, und nicht halb rechts, auf dem anderen Sentiero.

Nach längerem Aufstieg mündet von rechts eine Piste in die unsrige. Sobald der Wald lichter wird, kann man den Monte Pelmo sehen. Hinter einer kleinen Lichtung gabelt sich der Weg wieder mal, links geht es zum Bachlauf, wir gehen halb rechts weiter bergauf. Bei Holzbänken gehen wir an der nächsten Weggabelung halb rechts. Die Piste quert eine breite **Geröllhalde (il ghiaione)** 04 (1.708 m).

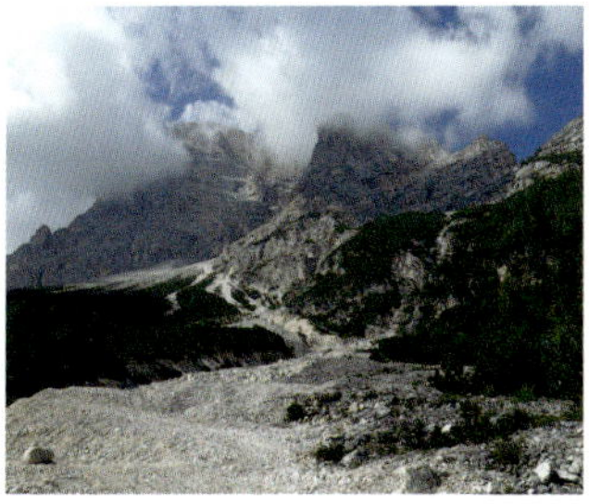

Bis zu 1.200 m erheben sich die Felswände des Monte Pelmo

Wir lassen die bewaldete Landschaft hinter uns und gelangen in das Reich der Latschenkiefern, bis wir dann vom Wanderweg rechts oberhalb das **Rifugio Venezia** 05 (1.947 m) sehen.

51

RIFUGIO VENEZIA – AV3 – RIFUGIO DOLOMITES

Dolomiten Höhenweg Nr. 3

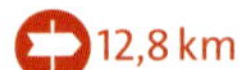

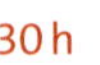

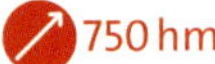

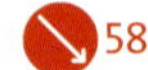

START | Rifugio Venezia, 1.947 m [GPS: N46.415467° E12.156533°]
CHARAKTER | Das Gelände ist einfach und kann ohne spezifische Kenntnis von jedem absolviert werden. Nur aufgrund der zu absolvierenden Höhenmeter hat die Wanderung den Schwierigkeitsgrad rot. Startpunkt: Das Rifugio Venezia ist nur zu Fuß erreichbar und befindet sich am Ende der Etappe 50. Endpunkt: Das Rifugio Dolomites ist nur Fuß erreichbar und befindet sich am Anfang der Etappe 52. Zusatzausrüstung: keine. Einkehr: Rifugio G. Talamini. Übernachtung: Rifugio Dolomites: www.rifugiomonterite.it.

Zu dem relativ kleinen Pelmostock zählen die Gipfel Monte Pelmo, Monte Penna und Monte Rite. Vom Fuße eines der höchsten Gipfel der Dolomiten, wir sprechen vom 3.168 m hohen Monte Pelmo, wandern wir gemütlich durch das kleine Gebirgsmassiv zum 2.187 m hohen Monte Rite. Es bleibt genügend Zeit und Ruhe, um in Verbindung mit der Natur, in unserer Mitte anzukommen.

▶ Vom **Rifugio Venezia** 01 (1.947 m) gehen wir zunächst in südliche Richtung auf dem

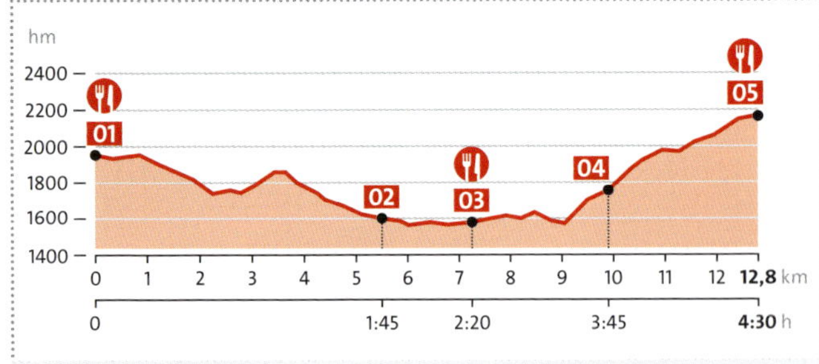

01 Rifugio Venezia, 1.947 m; 02 Weggabelung, 1.599 m; 03 Rifugio G. Talamini, 1.582 m; 04 Forcella di Val Inferna, 1.748 m; 05 Rifugio Dolomites, 2.160 m

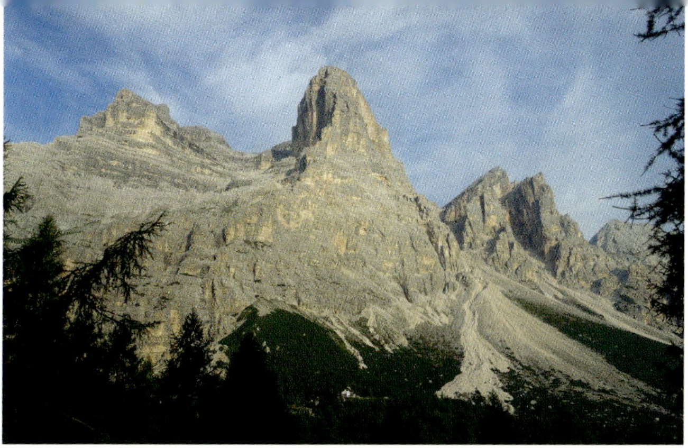

Zu dem relativ kleinen Monte Pelmostock zählen die Berge Monte Pelmo, Monte Penna und Monte Rite

Wanderweg 470 Richtung Passo Stalanza. Nach wenigen Metern erreichen wir den Passo Rutorto (1.931 m), hier ignorieren wir den geradeaus weiterführenden Wanderweg 471 Richtung Zoppe und gehen links auf dem Wanderweg 493 über einen grünen Bergrücken Richtung Rifugio Talamini. Der Pfad durchläuft eine Linkskurve, links von uns erhebt sich der Monte Pelmo und geradeaus blicken wir auf den 3.264 m hohen Monte Antelao, der höchste Berg der Ampezzaner Dolomiten und zweithöchste der Dolomiten. Ca. 300 m hinter einer Ruine, bevor der Pfad wieder in den Wald führen würde, zweigen wir rechts auf den Wanderweg 493 zum Rifugio Talamini ab.

Wir queren mehrere Bachläufe, bis dann der Pfad über eine oft sumpfige Wiese bergauf geht. Er endet bei einer Einsattelung, wo wir nicht halb rechts gehen, sondern links der Ausschilderung Richtung Rifugio Talamini folgen, nun auf dem Wanderweg 456. Nach ca. 150 m zweigen wir rechts auf den Pfad über die Wiesen ab. Wir erreichen eine Holzhütte und der weiterführende Pfad ist im Wiesengelände schwer auszumachen. Halbhohe Markierungspfeiler aus

Variante

Anstatt die Etappen 51 und 52 kann man die Variante 51.1 südlich des Monte Pena gehen (siehe Seite 272). Außerdem kann man statt zum Rifugio Dolomites zu wandern die Variante 51.2 (siehe Seite 275) zum Passo Cibiana wählen und spart sich somit die Etappe 52 vom Rifugio Dolomites zum Passo Cabiana. Kombiniert man die Etappen 51.1 und 51.2 spart man sich 3,3 km Gehweg, 1:00 Stunde Gehzeit, 480 m Abstieg und 520 m Anstieg.

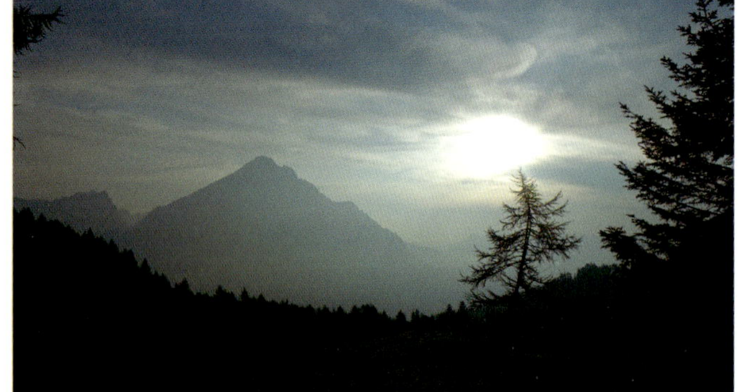

Der 3.264 m hohe Monte Antelao

Holz helfen bei der Orientierung. Hinter einem Biotop gehen wir halb rechts und erreichen bei einer Schotterstraße eine **Weggabelung** 02 (1.599 m), bei der wir auf die von rechts kommende Variante 51.1 treffen. Hier gehen wir links und folgen der Schotterstraße.

Bei der nachfolgenden Straßengabelung gehen wir halb rechts direkt am **Rifugio G. Talamini** 03

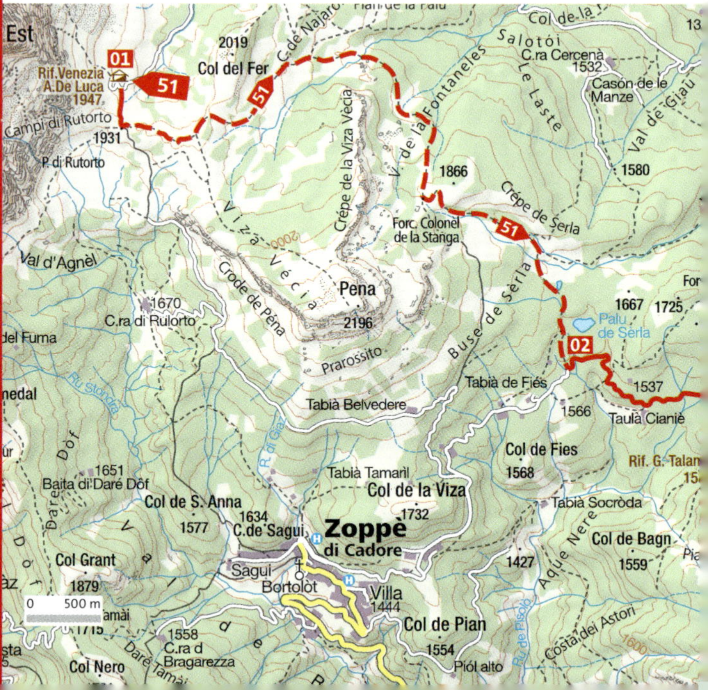

(1.582 m) vorbei. Am Parkplatz vom Rifugio gehen wir sofort links am Brunnen vorbei und über die Felder. Hier befindet sich an einem Baum die **Markierung AV 3** – wir gehen auf dem Wanderweg 494.

An der **Forcella di Val Inferna** **04** (1.748 m) angekommen gibt es die Möglichkeit, die **Variante 51.2** (siehe Seite 275) auf dem geradeaus weiterführenden Wanderweg 494 zu gehen, wir gehen aber links auf dem Wanderweg 478 Richtung Monte Rite. Im Folgenden gehen wir bei einer kleinen Einsattelung halb rechts.

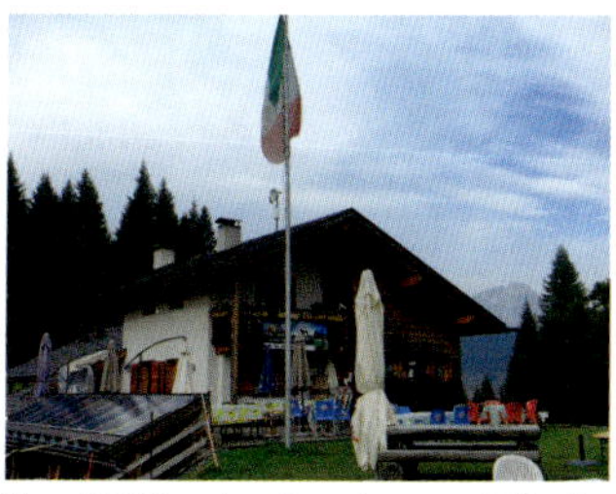

Das 1.582 m hoch gelegene Rifugio G. Talamini

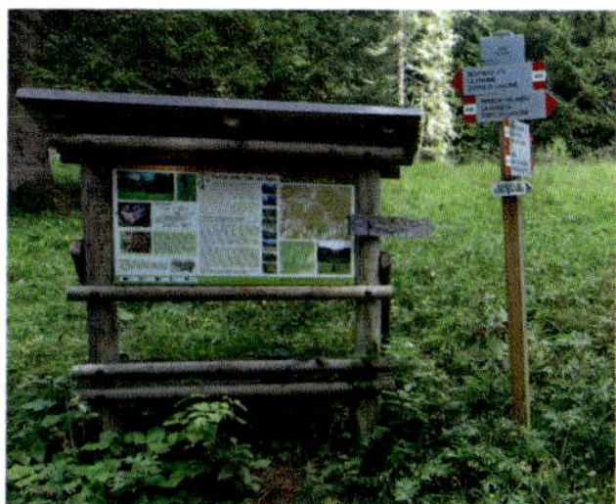

Eine Info-Tafel und Wegweiser

Von diesem Höhenweg aus können wir abermals Richtung Norden den 3.264 m hohen Monte Antelao sehen. Einen nach links abzweigenden Pfad ignorieren wir und gehen geradeaus weiter. Der Pfad endet an einer Schotterpiste, an der wir rechts bis zu einer Einsattelung bergaufgehen. Hier treffen wir auf die Schotterstraße, auf der wir links bergauf zum **Rifugio Dolomites** **05** (2.160 m) gelangen.

Unweit des Rifugios befindet sich das sehenswerte **Messner Mountain Museum Dolomites** (siehe Seite 277 und Seite 299).

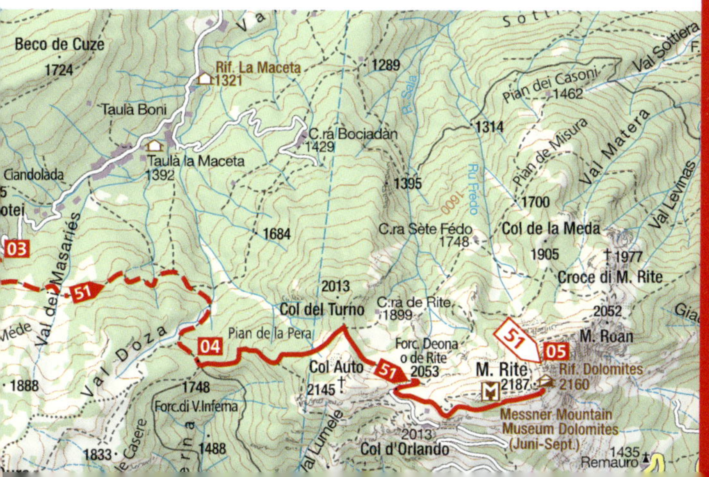

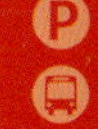

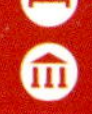

51.1

RIFUGIO VENEZIA – WEGGABELUNG (SÜDROUTE)

Dolomiten Höhenweg Nr. 3

  6,6 km  2:15 h 350 hm 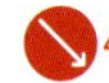 40 hm 672

START | Rifugio Venezia, 1.947 m
[GPS: N46.415467° E12.156533°]
CHARAKTER | Das Gelände ist einfach und kann ohne spezifische Kenntnis von jedem absolviert werden. Nur aufgrund der zu absolvierenden Höhenmeter hat die Wanderung den Schwierigkeitsgrad rot. Startpunkt: Das Rifugio Venezia ist nur zu Fuß erreichbar und befindet sich am Ende der Etappe 50. Endpunkt: Das Rifugio Dolomites ist nur Fuß erreichbar und befindet sich am Anfang der Etappe 52. Zusatzausrüstung: keine. Einkehr: Rifugio G. Talamini. Übernachtung: Rifugio Dolomites: rifugiomonterite.it.

Vom Rifugio Venezia beginnen die Etappe 51 und die dazugehörigen Varianten 51.1 und 51.2. Diese Variante 51.1 – im Vergleich zur Etappe 51 – verläuft nur auf einer anderen Strecke zwischen den Wegpunkten 01 und 02 (wir umrunden den Monte Pena, 2.196 m, auf südlicher Route). Man benötigt ca. 30 Minuten mehr, die Strecke ist 1,1 km länger, hat 150 Meter weniger Anstieg und 100 m weniger Abstieg. Ab dem Wegpunkt 02 verlaufen die Variante 51.1 und Etappe 51 auf derselben Route zum Rifugio Dolomites.

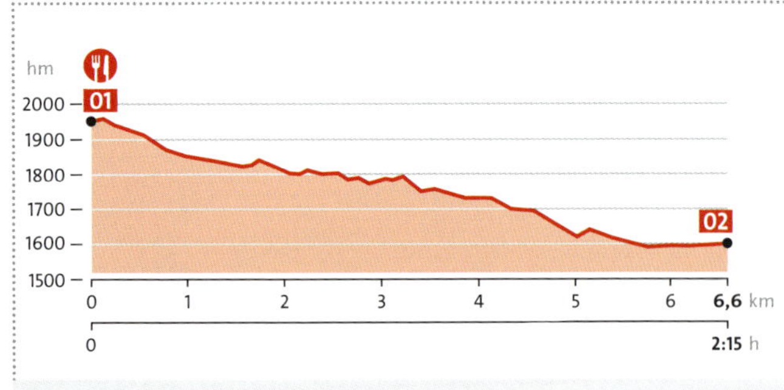

01 Rifugio Venezia, 1.947 m; 02 Weggabelung, 1.599 m

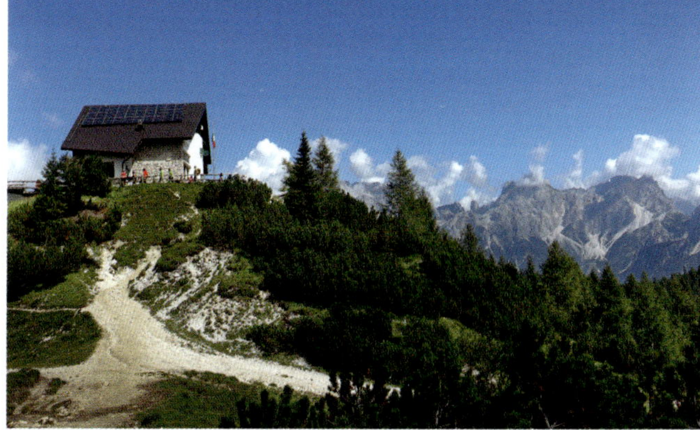

Das 1.947 m hoch gelegene Rifugio Venezia

▶ Vom **Rifugio Venezia** 01 (1.947 m) gehen wir in südliche Richtung auf dem Wanderweg 470 Richtung Passo Stalanza. Nach wenigen Metern erreichen wir die Einsattelung **Passo di Rutorto** (1.931 m), ignorieren den linken und sofort darauffolgenden

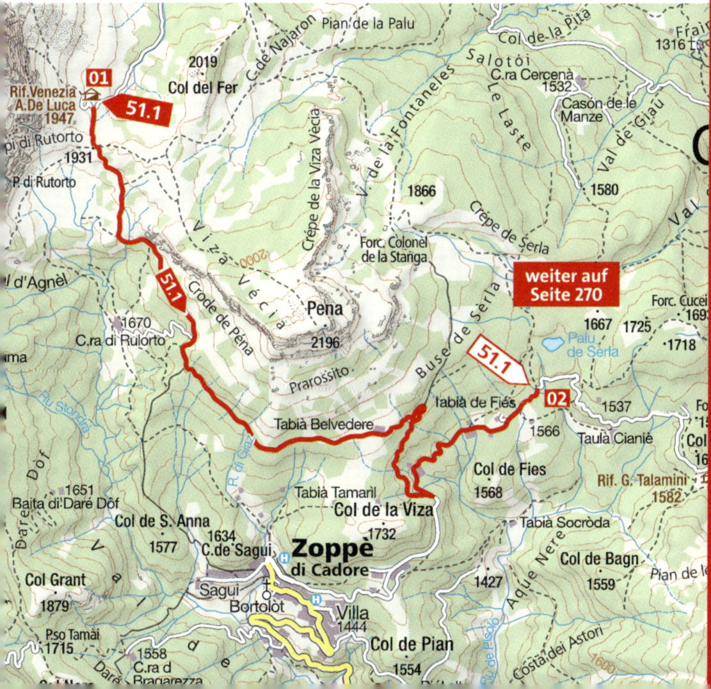

weiter auf Seite 270

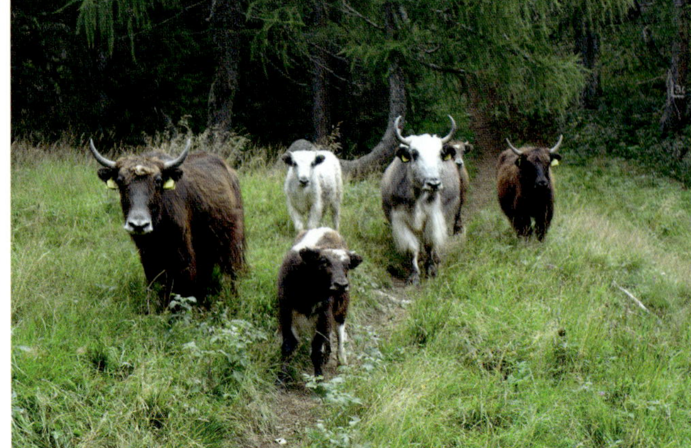
Yaks, die Reinhold Messner aus dem Himalaya hierher brachte

rechten Abzweig und gehen geradeaus weiter auf dem Wanderweg 471 Richtung Zoppe. Zunächst ist der Pfad noch sumpfig bevor es dann auf einem mit Steinen gepflasterten Weg gemächlich bergab geht. Eine scharf rechts abzweigende Piste zur Malga Rutorto ignorieren wir.

Bei einem Heiligenschrein durchläuft die Piste eine Linkskehre, rechts führt ein Pfad Richtung Zoppe di Cadore, wir gehen aber auf der Piste weiter und kommen nur kurz später an der Ruine eines Hauses und einem alten Holzhaus vorbei. Bei mehreren Wegweisern folgen wir der bergabführenden Piste durch die scharfe Rechtskehre. Wir befinden uns nun ein kurzes Stück auf dem Wanderweg 493. Wir erreichen eine Straße mit einer Parkbucht, an der wir scharf links gehen, nun auf dem Wanderweg 456 Richtung Rifugio Talamini. Ca. 1,45 km gehen wir nun auf dieser Straße, teils Piste, bis zur **Weggabelung** **02** (1.599 m).

Hier mündet von links die Etappe 51 in unseren weiteren Weg. Ab hier folgen wir der Etappe 51 (siehe Seite 270), Wegpunkt **Weggabelung** **02** (1.599 m) bis zum **Rifugio Dolomites** **05** (2.260 m) und dem sehenswerten **Messner Mountain Museum Dolomites**.

Es ist auch möglich der Etappe 51.2 zum **Passo Cibiana** zu folgen (siehe Seite 275) und somit die Etappe 52 komplett auszulassen.

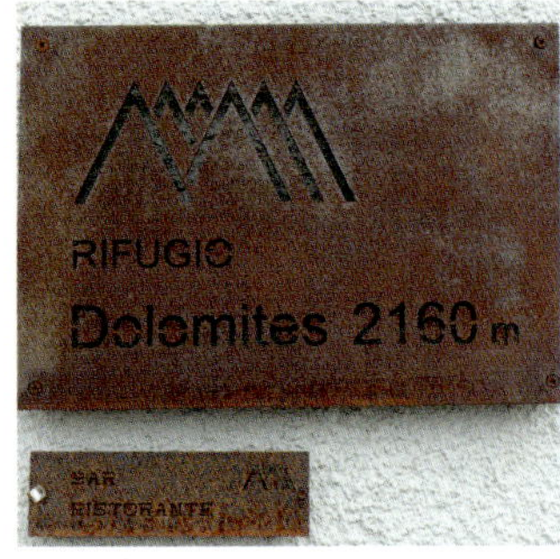

Das Rifugio Dolomites

FORCELLA DI VAL INFERNA – PASSO CIBIANA

Dolomiten Höhenweg Nr. 3

 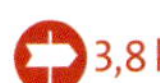 3,8 km  1:20 h 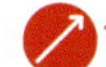 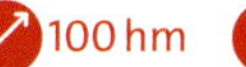 100 hm 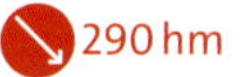 290 hm  672

START | Forcella di Val Inferna, 1.748 m [GPS: N46.385970° E12.229040°]
CHARAKTER | Es ist eine lange Tour mit eindeutiger Orientierung. Gute Trittsicherheit wird benötigt. Startpunkt: Das Rifugio Venezia ist nur zu Fuß erreichbar und befindet sich am Ende der Etappe 50. Endpunkt/Einstieg/Abbruch: Der Passo Cibiana ist mit dem Pkw, Bus und zu Fuß erreichbar und befindet sich am Anfang der Etappen 53. Zusatzausrüstung: keine. Einkehr: keine unterwegs. Übernachtung: Rifugio Remauro: www.rifugioremauro.it oder Baita Deona: www.baitadeona.it.

Die Etappe führt vom Rifugio Venezia auf der Etappe 51 oder 51.1 bis zur Forcella di Val Inferna. Dann steigen wir aber direkt zum Passo Cibiana ab (und gehen nicht zum Rifugio Dolomiti). Wir lassen die Etappe 52 aus und sparen 3,3 km Gehweg, 1:00 Stunde Gehzeit, 480 m Abstieg und 520 m Anstieg.

Vom **Rifugio Venezia** (1.947 m) folgen wir der Etappe 51 (siehe Seite 268) oder der Etappe 51.1 (siehe Seite 272) bis zur **Forcella di Val Inferna** (1.748 m).

Hier an der **Forcella di Val Inferna** 01 (1.748 m) gehen wir nicht links Richtung Monte Rite, sondern geradeaus weiter, über die

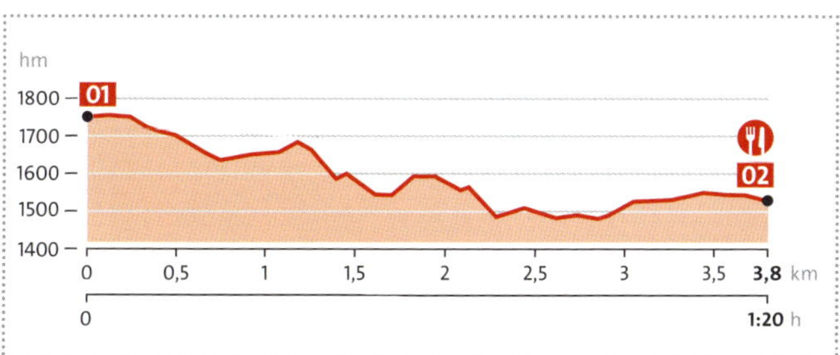

01 Forcella di Val Inferna, 1.748 m; 02 Passo Cibiana, 1.530 m

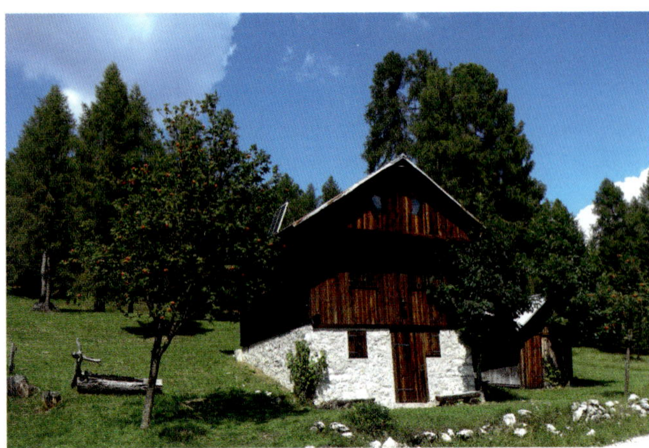

Romantische Holzhütten am Wegesrand

Einsattelung, auf dem Wanderweg 494.

In südwestlicher Richtung erhebt sich die Prampèr-Spiz di Mezzodì Gruppo. Wir steigen bis zur Straße ab und gehen an dieser links bergauf bis zum **Passo Cibiana** 02 (1.530 m) mit dem **Rifugio Remauro** und der **Baita Deona** als Übernachtungsmöglichkeit.

Weiter geht es mit der Etappe 53 auf Seite 280.

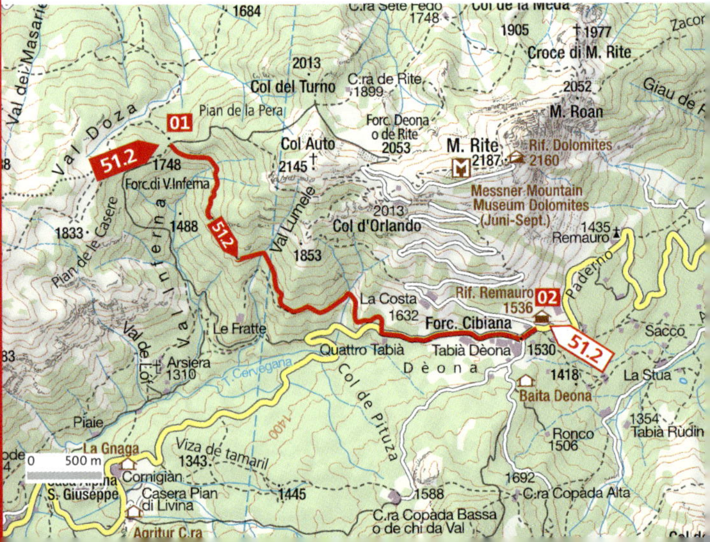

RIFUGIO DOLOMITES – PASSO CIBIANA

Dolomiten Höhenweg Nr. 3

 5,2 km 

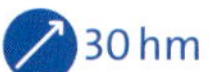

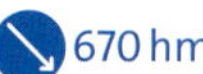

START | Rifugio Dolomites, 2.160 m
[GPS: N46.383967° E12.256350°]
CHARAKTER | Ohne Anstieg geht es auf Pfaden und Schotterstraßen nur bergab. Startpunkt: Das Rifugio Dolomites ist nur zu Fuß erreichbar und befindet sich am Ende der Etappen 51 und 51.1. Endpunkt/Einstieg/Abbruch: Der Passo Cibiana ist mit dem Pkw, Bus und zu Fuß erreichbar und befindet sich am Anfang der Etappen 53 und 53.1. Zusatzausrüstung: keine. Einkehr: keine unterwegs. Übernachtung: Rifugio Remauro: www.rifugioremauro.it oder Baita Deona: www.baitadeona.it.

Das von Reinhold Messner initiierte Konzept der Messner Mountain Museen basiert auf sechs Museen, wobei jedes der Häuser jeweils einem besonderen Thema gewidmet ist. Im Herzen der Dolomiten erhebt sich der 2.187 m hohe Monte Rite, ein faszinierender Aussichtsberg und zugleich die Heimat des sehr sehenswerten **Messner Mountain Museum Dolomites** – das sich der Erschließungsgeschichte der Dolomiten widmet. Ausgestellte Fossilien erinnern daran, dass die Dolomiten einst Korallenstöcke in einem tropischen Meer waren. Auf der Tour verknüpfen wir kul-

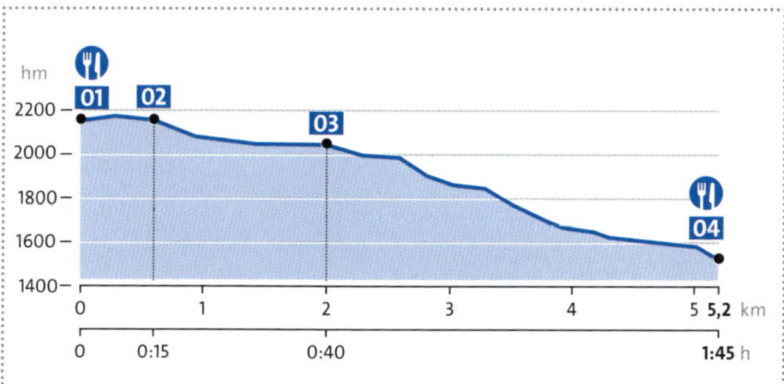

01 Rifugio Dolomites, 2.160 m; 02 MMM Dolomites, 2.164m;
03 Forcella Deona, 2.053 m; 04 Passo Cibiana/Rifugio Ramauro, 1.530 m

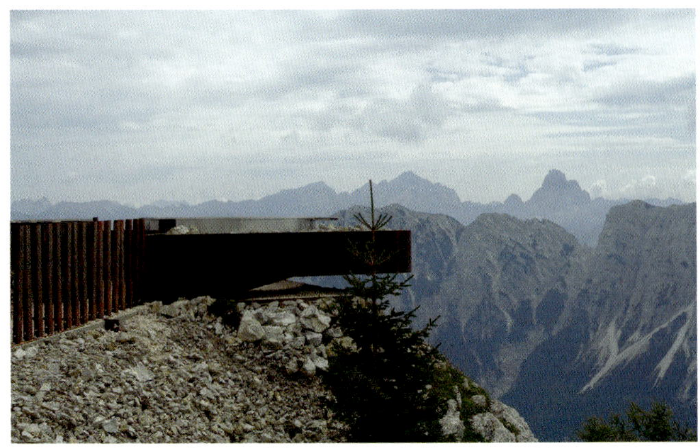

Die Aussichtsplattform auf dem 2.187 m hohen Monte Rite

turelle und landschaftliche Höhepunkte.

▶ Vom **Rifugio Dolomites** 01 (2.160 m) gehen wir auf der weiterführenden Piste in östliche Richtung an weiteren Gebäuden vorbei. Richtung Süden schaut man direkt auf die Gipfel des 2.425 m hohen Sfornioi Di Mezzo und 2.413 m hohen Sassolungo di Cibiana.

In kurzen Kehren führt die Piste zu einer Aussichtsplattform auf den **Monte Rite** (2.187 m). Von dort

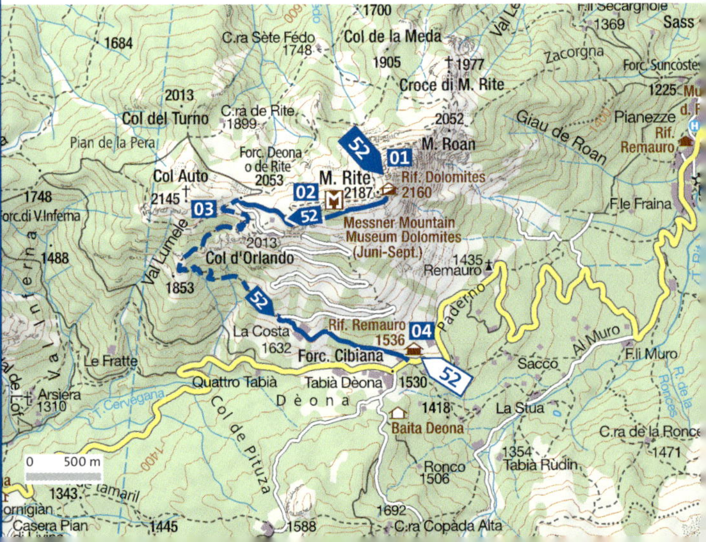

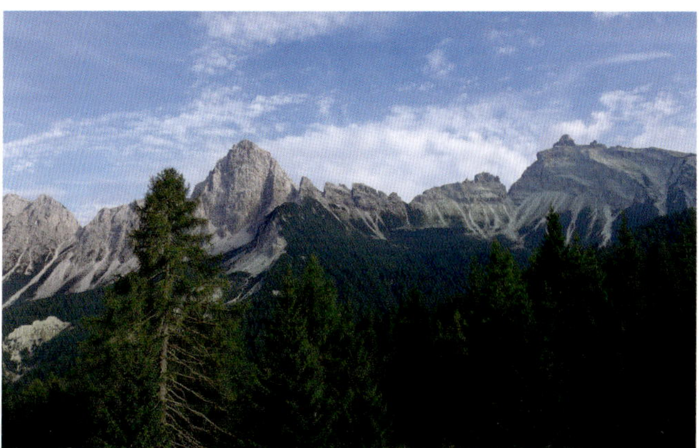

Die Gipfel des Sfornioi di Mezzo und Sassolungo di Cibiana

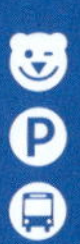

eröffnet sich ein faszinierender 360°-Rundblick! Alle spektakulären Dolomitengipfel mit Rang und Namen präsentieren sich: Monte Schiara, Monte Agnèr, Monte Civetta, Marmolada, Monte Pelmo, Tofana di Rozes, Ponta de Sorapis, Monte Antelao, Marmarole.

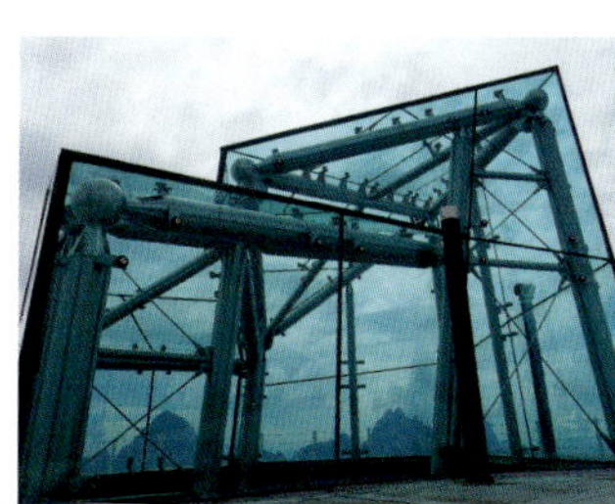

Das gläserne Dach des MMM Dolomites

Vom Gipfel aus sehen wir bereits in westlicher Richtung das gläserne Dach des **MMM Dolomites** 02 (2.164 m). Dieses Museum befindet sich in einem alten Fort, erbaut zwischen 1912–1914 und behandelt das Thema Fels – die Erschließungsgeschichte der Dolomiten. Dem Besucher erwartet eine große Galerie einmaliger Bilder aus den Dolomiten – von der Romantik bis heute. Nach dem Besuch gehen wir auf der Piste bergab und scharf rechts.

Vor der hölzernen Haltestelle des Zubringerbusses biegen wir halb rechts auf den Wanderweg 478 ab. Dieser mündet kurz später wieder in die Schotterstraße. Nach kurzem Abstieg erreichen wir die **Forcella Deona** 03 (2.053 m). In der Linkskehre der Schotterstraße zweigen wir nach rechts ab, auf dem ausgezeichneten Wanderweg 479 Richtung Passo Cibiana.

Auf dem ersten Teilstück steigen wir steil und in engen Serpentinen ab. Bei einer Wegverzweigung folgen wir dem rechten Pfad. Der Pfad mündet in eine Schotterpiste, von hier sind es nur noch einige Meter bis zum **Passo Cibiana** 04 (1.530 m) mit dem **Rifugio Remauro**.

53

PASSO CIBIANA – RIFUGIO BOSCONERO

Dolomiten Höhenweg Nr. 3

 5,8 km  2:30 h 400 hm 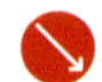 570 hm  672

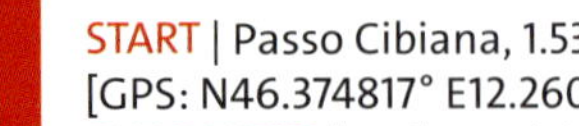

START | Passo Cibiana, 1.530 m
[GPS: N46.374817° E12.260583°]
CHARAKTER | Aufgrund der wenigen Höhenmeter und der kurzen Distanz ist diese Tour eigentlich eine leichte Wanderung. Nur der Abstieg hinter der Einsattelung Le Calades ist steil und teilweise rutschig. Startpunkt/Einstieg/Abbruch: Der Passo Cibiana ist mit dem Pkw, Bus und zu Fuß erreichbar und befindet sich am Ende der Etappen 51.2 und 52. Endpunkt: Das Rifugio Bosconero ist nur zu Fuß erreichbar und befindet sich am Anfang der Etappe 54. Zusatzausrüstung: keine. Einkehr: Baita Deona. Notunterkunft (etwas abseits vom Weg): Bivacco Baita darè Copada. Übernachtung: Rifugio Bosconero: rifugiobosconero.it.

Diese Tour beschreibt den 1. Wegabschnitt der spektakulären Querung der Bosconerogruppe, die noch weitgehend unbekannt und kaum erschlossen ist. Auf dieser sehr naturnahen Wanderung erblicken wir vor der Einsattelung Le Calades die schroffen Felsgipfel des 2.413 m hohen Sassolungo di Cibiana und des Sfornioi mit seinen drei Spitzen. Sobald wir die Einsattelung Le Calades überschritten haben ergibt sich eine fantastische Sicht auf den 2.430 m hohen Sasso di Toanella, des 2.412 m hohen Rocchetta

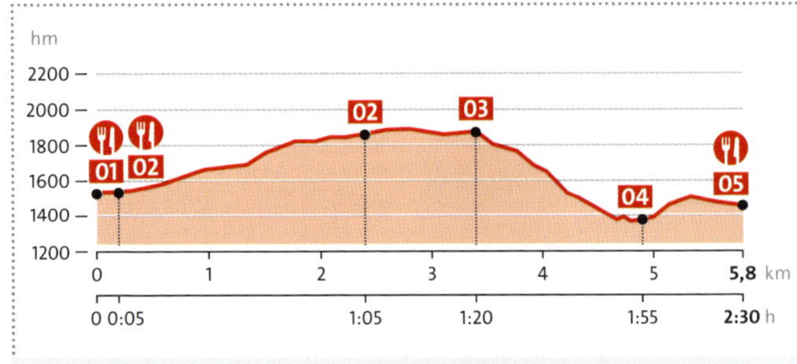

01 Passo Cibiana/Refugio Remauro, 1.530 m; 02 Baita Deona, 1.535 m;
03 Wegkreuzung, 1.848 m; 04 Le Calades, 1.858 m;
05 Ru de Bosc Negre, 1.380 m; 06 Rifugio Bosconero, 1.457 m

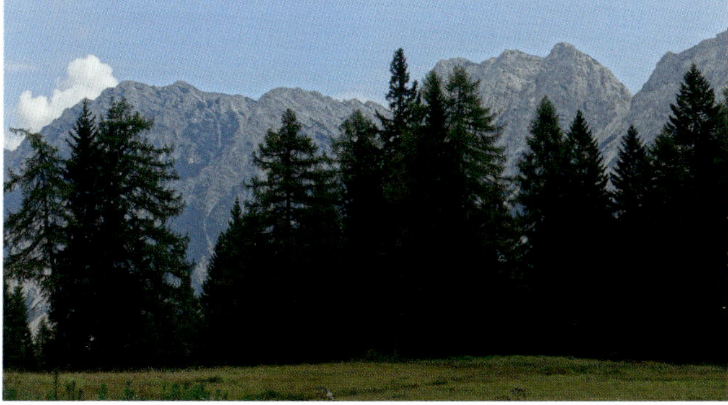

Die Bergwelt östlich vom Sassolungo di Cibiana

Alta und 2.468 m hohen Sasso di Bosconero. Bei dieser einmaligen Naturlandschaft ist das Wandern ein Vergnügen der Extraklasse.

▶ Vom **Passo Cibiana** 01 (1.530 m) gehen wir in südwestliche Richtung ein kurzes Stück auf der Hauptstraße und biegen in die Stichstraße nach links, um so an der **Baita Deona** 02 (1.530 m) vorbeizugehen. Von dort überqueren wir in südlicher Richtung den dazugehörigen Parkplatz und gehen auf der darauffolgenden Forststraße bis zur nächsten Weggabelung. Hier orientieren wir uns nach halb links auf dem Wanderweg 483 und folgen zunächst der Ausschilderung Richtung Bivacco Casera Campestrin. Wir ignorieren den nachfolgenden halb links abzweigenden Pfad zur Malga Copada Alta und gehen geradeaus weiter.

Wir gelangen an eine **Wegkreuzung** 03 (1.848 m), an der mehrerer Wege abgehen. Wir gehen nicht halb links auf der Wegnummer 483 nach Ospitale di Cadore und auch nicht geradeaus auf der Wegnummer 485 zur Forcella de le Ciavazole, die übrigens bereits 2009 geschlossen wurde – da es zu viele Unfälle gab! Trotzdem ist sie in vielen Wanderführern noch

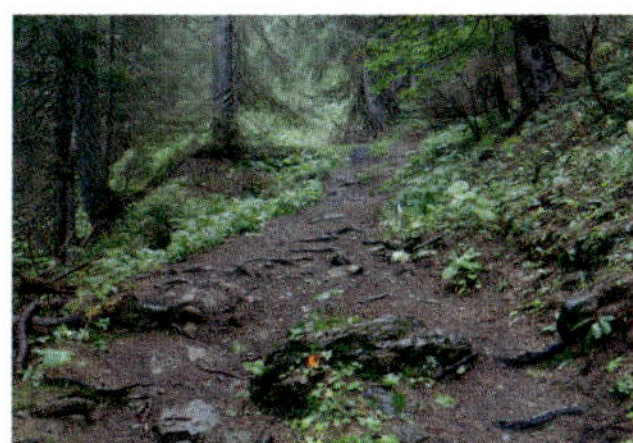

Im Wald kurz vor der Kreuzung mehrerer Wege

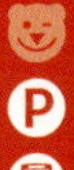
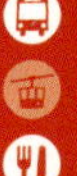
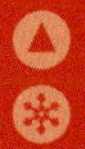
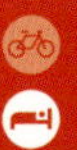

ACHTUNG!

Noch einmal der Hinweis an dieser Stelle! Die Tour führt nicht über die seit 2009 gesperrte Forcella de le Ciavazoles!

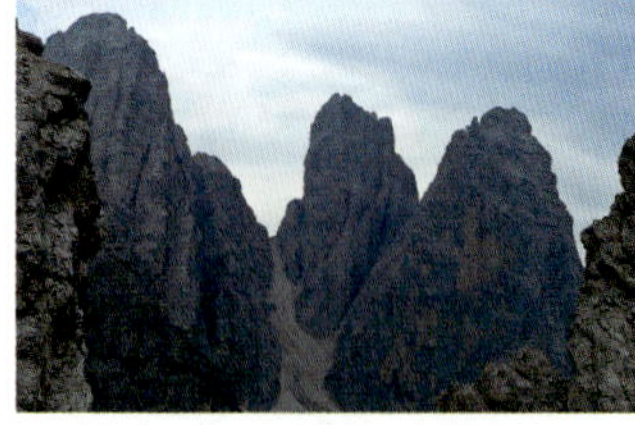

Von links der 2.468 m hohe Sasso di Bosconero, der 2.430 m hohe Sasso di Toanella und der 2.412 m hohe Rocchetta Alta

immer zu finden! Wir folgen dem Wanderweg 485 (ja dies ist genau die gleiche Wegnummer wie zur Forcella de le Ciavazole!) halb rechts, aber ausgeschildert Richtung Rifugio Bosconero und Le Calades.

Wir ignorieren alle weiteren Abzweig und erreichen die Einsattelung **Le Calades** **04** (1.858 m). Nach ca. 40 m folgen wir demlinken Abzweig Richtung Rifugio

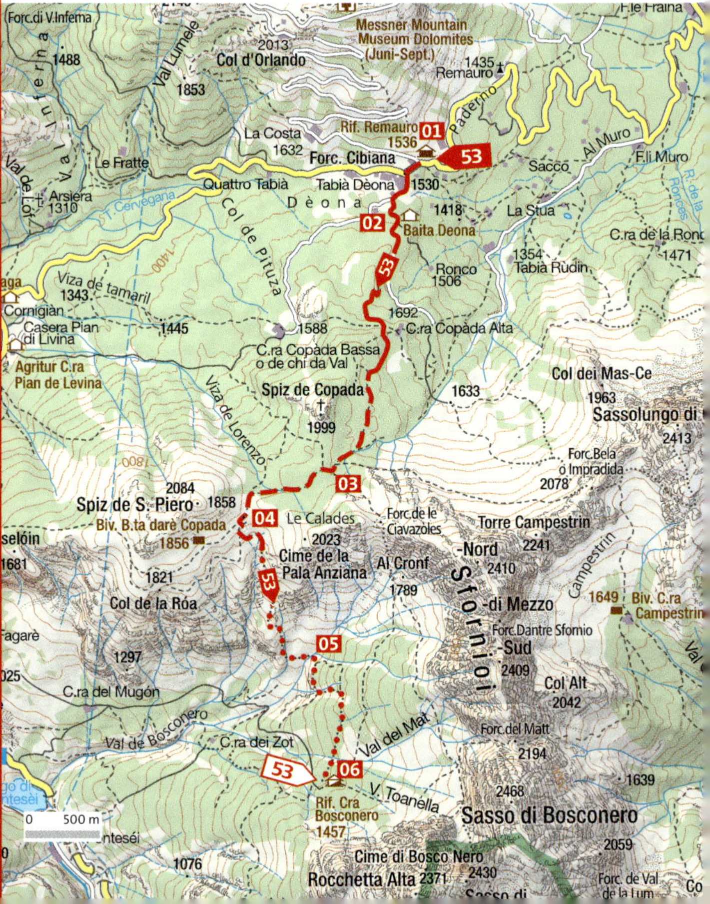

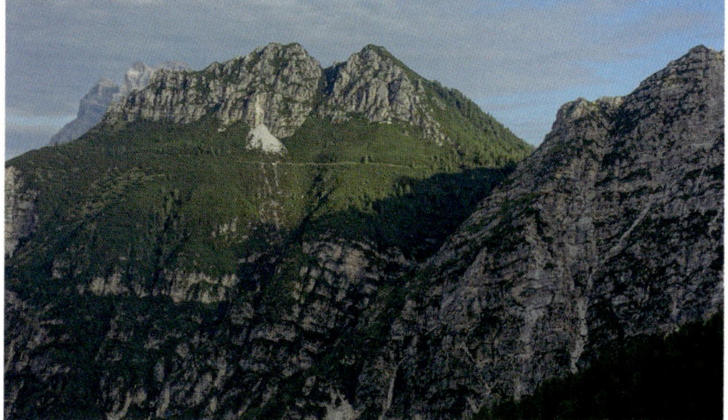

Der Spiz de San Piero oberhalb der Einsattelung Le Calades

Bosconero und nicht dem weiterführenden Pfad Richtung Bivacco Baita Darè Copàda und Spiz de San Piero. Zum Zeitpunkt der Recherchereise befand sich dort kein Wegweiser und keine Wegnummer.

Es folgt ein steiler Abstieg durch Latschenkiefern, bald erreichen wir den Wald und steigen ab in das weite Gerollfeld des **Ru de Bosc Negre** 05 (1.380 m). Steinmännchen markieren den Weg durch das Geröllfeld und den weiterführenden Pfad auf der gegenüber gelegenen Uferseite.

Es folgt nun wieder ein steiler Aufstieg auf rutschigen Waldboden, auch ist der Weg nicht immer einfach zu finden, da er nicht oft begangen wird. Wir erreichen das idyllisch gelegene **Rifugio Bosconero** 06 (1.457 m), unterhalb des mächtigen Felsmassivs des 2.412 m hohen Rocchetta Alta.

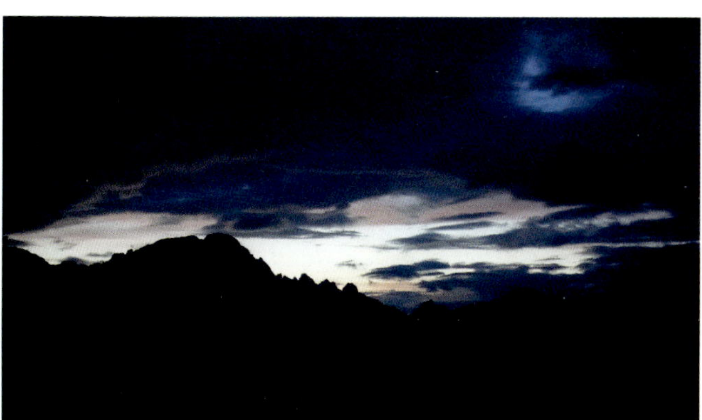

Blaue Stunde über der Civettagruppe, von Osten gesehen

53.1 WEGKREUZUNG – OSPITALE DI CADORE

Dolomiten Höhenweg Nr. 3

  9,5 km  3:45 h  230 hm 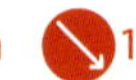 1700 hm 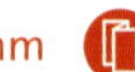  672

START | Wegkreuzung, 1.848 m
[GPS: N46.357460° E12.254360°]
CHARAKTER | Sehr langer und kräftezehrender Abstieg. Die Orientierung ist bis auf eine Schlüsselstelle eindeutig. Gute Trittsicherheit wird benötigt. Startpunkt/Einstieg/Abbruch: Der Passo Cibiana ist mit dem Pkw, Bus und zu Fuß erreichbar und befindet sich am Ende der Etappen 51.2 und 52. Endpunkt: In der kleinen Gemeinde Ospitale di Cadore in der Provinz Belluno in Venetien. Zusatzausrüstung: keine. Einkehr: Baita Deone, beim Bivacco Casera Campestrin gibt es eine Quelle. Übernachtung: in Longarone z. B. B & B Casa Gilda: www.bed-and-breakfast.it/de/venetien/casa-gilda-longarone/10256.

Trotz der Tatsache, dass die unberührte Felsregion der Bosconerogruppe immer beliebter im deutschsprachigen Raum wird, wandert man weiterhin fern von jeglicher alpiner Übererschließung. Selten trifft man einen Wanderer auf dieser hier beschriebenen Variante. Anstatt der Etappen 54 und 55 geht man vom Passo Cibiana (Etappe 53) nach Ospitale di Cadore. Von dort fährt man mit dem Bus nach Longarone zum Endpunkt der letzten Etappe und dem Ende des Dolomiten Höhenwegs Nr. 3. Durch diese Varian-

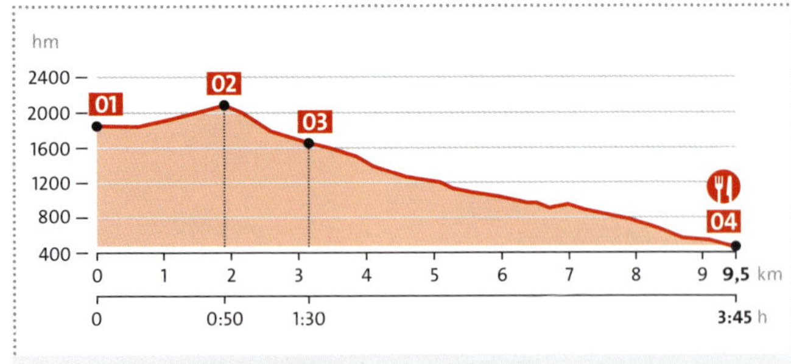

01 Wegkreuzung, 1.848 m; 02 Forcella Bela o Impradida 2.078 m; 03 Bivacco Casera Campestrin, 1.649 m; 04 Ospitale di Cadore, 480 m

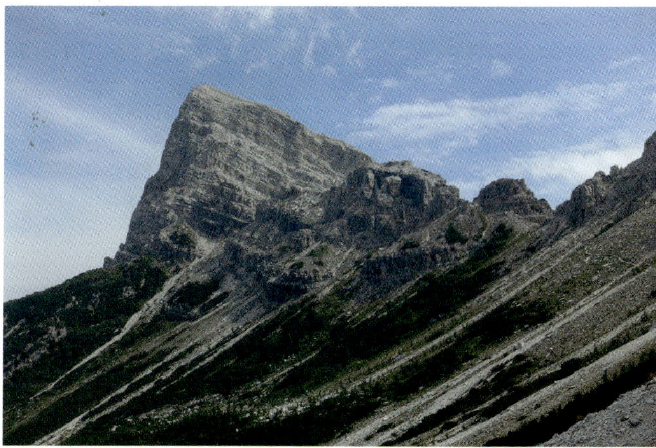

Der schroffe Felsgipfel des 2.413 m hohen Sassolungo di Cibiana

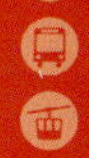

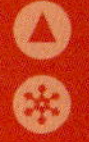

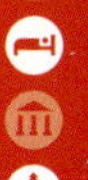

te lassen sich zwei Tage einsparen. Auch umgeht man dadurch konditionell fordernde und technisch schwierige Tourenabschnitte!

Wir folgen der **Etappe 53** vom **Passo Cibiana** 01 (1.530 m) bis zur **Wegkreuzung** 02 (1.884 m, siehe Seite 281).

An der **Wegkreuzung** 01 (1.484 m) gehen mehrere Wege ab, wir gehen halb links auf der ausgeschilderten Wegnummer 483 nach Ospitale di Cadore. Nur noch ein kurzes Stück gehen wir durch den Wald, dann geht es durch Latschenkiefern und Schutthalden unterhalb des 2.410 m hohen Sfornioi-Nord. Wir gehen Richtung Osten, wo sich der schroffe Felsgipfel des 2.413 m hohe Sassolungo di Cibiana auftürmt.

Noch auf den nördlichen Hängen des Bergmassivs erreichen wir eine erste Einsattelung, von der wir aber noch weiter auf dem östlich ausgerichteten Bergrücken aufsteigen, um dann die **Forcella Bela o Impradida** 02 (2.078 m) zu erreichen. Von hier ergibt sich ein faszinierender Fernblick in nordwestliche Richtung auf den 2.187 m hohen Monte Rite und dahinterliegend die Civetta, die Marmolada, der Monte Pelmo, die Tofane, die Ponta de Sorapis südöstlich von Cortina d'Ampezzo, der Monte Antelao – der höchste Berg der Ampezzaner Dolomiten – und die Marmarole. Jenseits der Scharte steigen wir durch steile, mit Gras bewachsene, enge Kehren bis zu einer ersten Weggabelung ab. Hier gehen wir nicht links zum Gipfel des Sassolungo di Cibiana, sondern geradeaus weiter auf dem Wanderweg 483 Richtung Bivacco Casera Campestrin.

Wir steigen über gerölligen und rutschigen Untergrund in einem Talkessel ab, der von den riesigen Dolomitfelswänden der südlichen Bosconerogruppe eingefasst wird. Nachdem wir die Latschenkiefern hinter uns ge-

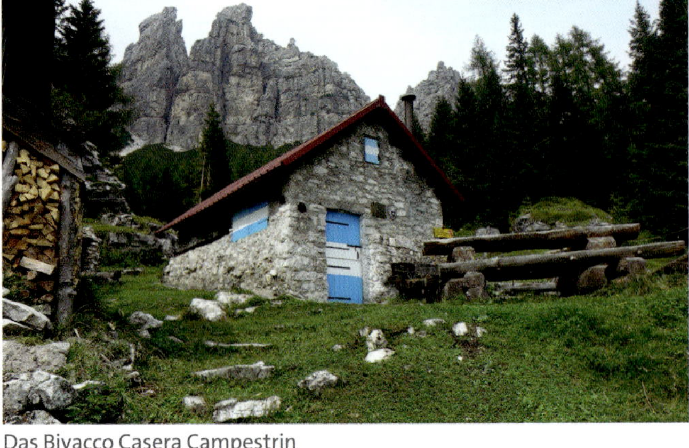
Das Bivacco Casera Campestrin

lassen haben erreichen wir weichen Waldboden und das **Bivacco Casera Campestrin** 03 (1.649 m), hier gibt es direkt an der Hütte eine Quelle. Auf einem eindeutig auszumachenden Pfad geht es talwärts, teilweise in steilen und engen Kehren, bis wir bei Wiesengelände die **Casera Valbona** (1.241 m) erreichen, die seit den 1960er Jahren nicht mehr bewirtschaftet wird.

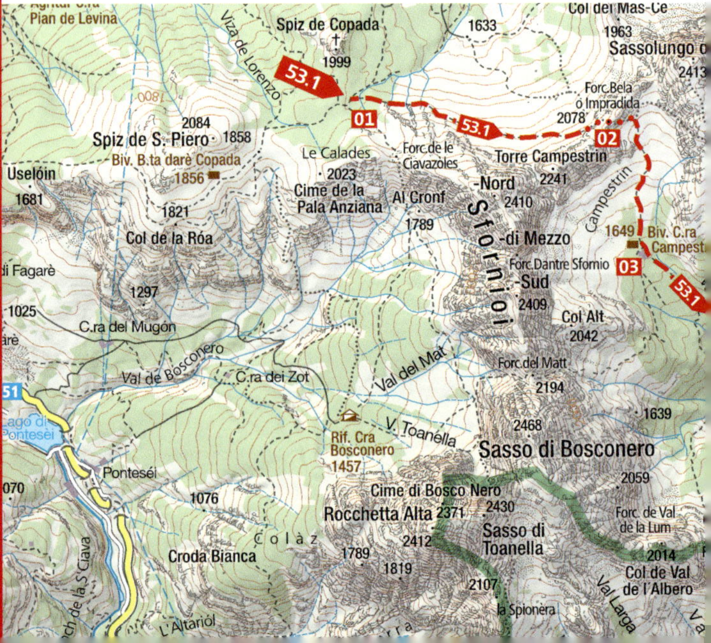

Hinter dem Gebäude der Casera gehen wir rechts und folgen der Schotterpiste durch die lang gezogene Linkskurve. Eine scharf nach links abzweigende Piste ignorieren wir und gehen nun kontinuierlich durch das Valle di Valbona bergab. Bei einer Parkbucht ignorieren wir die nach links abzweigende Stichstraße. **Schlüsselstelle:** Ca. 325 m hinter einem Haus oder ca. 15 m vor einer Leitplanke zweigt nach rechts ein unscheinbarer Pfad ab. Er führt über einen Bergrücken talwärts und endet an einem weiteren Pfad, den wir rechts bergab bis ins Dorf folgen. Dort gehen wir in Kehren bis zum Unterdorf von **Ospitale di Cadore** 04 (480 m), um auf der Hauptstraße nach links zu gehen und ca. 50 m vor dem Kreisverkehr die Bushaltestelle erreichen.

Zum finalen **Endpunkt** des Dolomiten Höhenwegs Nr. 3 in Longarone gelangt man mit dem Bus (www.dolomitibus.it/it/linee-extra-urbane-invernali).

Die Rückreise zum **Ausgangspunkt** des Dolomiten Höhenwegs Nr. 3 in Toblach ist auf Seite 295 beschrieben.

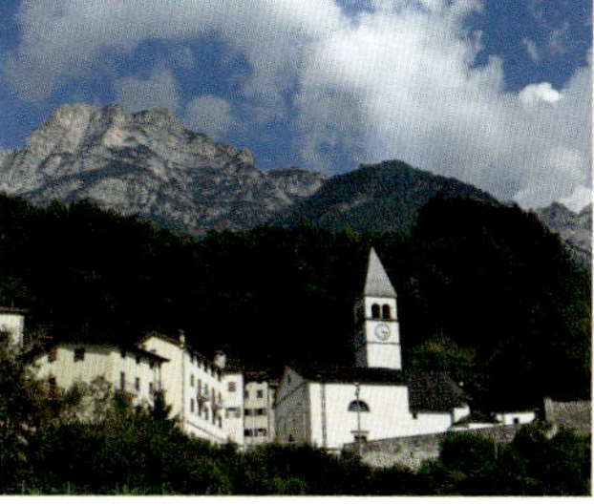

Ospitale di Cadore

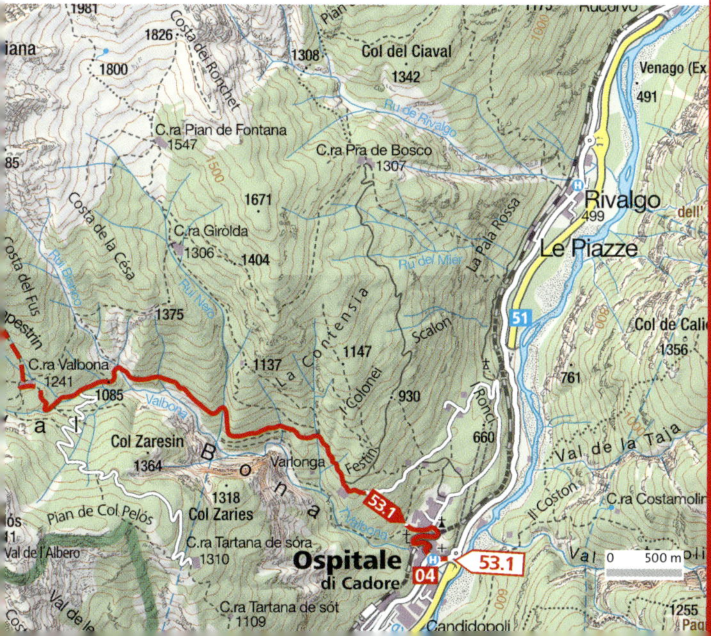

RIFUGIO BOSCONERO – BIVACCO TOVANELLA

Dolomiten Höhenweg Nr. 3

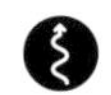
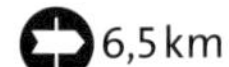
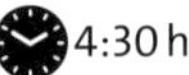
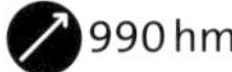
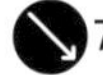

6,5 km 4:30 h 990 hm 700 hm 672

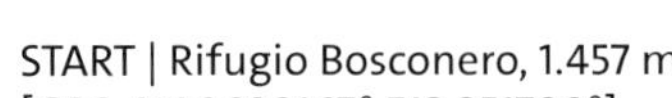

START | Rifugio Bosconero, 1.457 m
[GPS: N46.338167° E12.251700°]
CHARAKTER | Konditionell fordernd aufgrund der Höhenmeter. Trittsicherheit und Schwindelfreiheit sind ein Muss. Eine Scharte ist zusätzlich versichert. Guter Orientierungssinn, da die Wegführung nicht immer eindeutig ist. Startpunkt: Das Rifugio Bosconero ist nur zu Fuß erreichbar und befindet sich am Ende der Etappe 53. Endpunkt: Das Bivacco Tovanella ist nur zu Fuß erreichbar und befindet sich am Anfang der Etappe 55. Zusatzausrüstung: evtl. Klettersteigset, im Frühsommer Pickel und Steigeisen. Einkehr: keine, genügend Trinkwasser mitnehmen. Übernachtung: Selbstversorgerhütte Bivacco Tovanella: www.caiveneto.it/bivacco/tovanella.

Aufgrund der zu bewältigenden Höhenmeter und des schwierigen Geländes ist die 11. Etappe die zweitschwerste Tour des Dolomiten Höhenwegs Nr. 3. Aber sie ist zugleich die Königsetappe, da die landschaftlich faszinierende Strecke die gesamte südliche

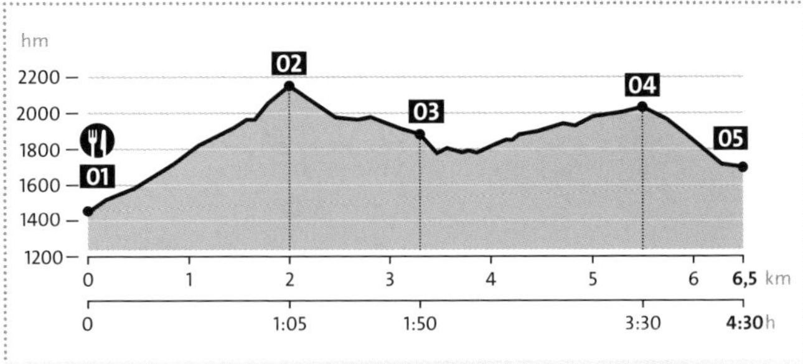

01 Rifugio Bosconero, 1.457 m; **02** Forcella Toanella, 2.150 m; **03** Forcella del Viàz de le Pónte, 1.885 m; **04** Porta de la Serra, 2.038 m; **05** Bivacco Tovanella, 1.688 m

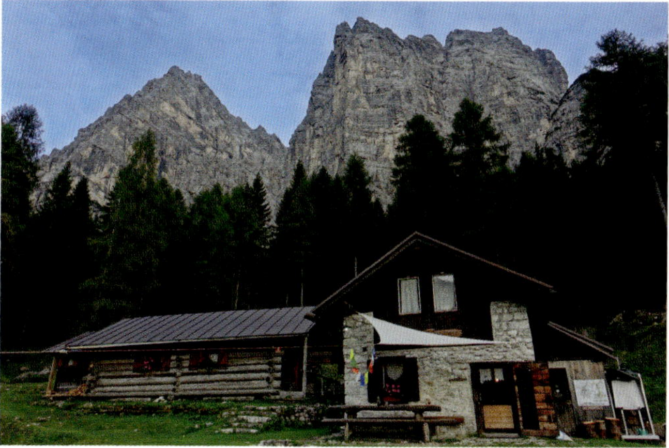

Das Rifugio Bosconero

Bosconerogruppe durchquert. Ein besonderes Naturspektakel erleben wir an der der Forcella Toanella. Richtung Westen erhebt sich der 2.430 m hohe Sasso di Toanella und rechts davon der 2.468 m hohe Sasso di Bosconero. Schaut man durch diese senkrecht aufragenden Felswände oberhalb der Scharte Richtung Norden, so erblickt man den Monte Pelmo, die Punta Sorapiss-Gebirgsgruppe und den Antelao. Die schönsten Aussichtspunkte liefert oftmals die Natur selbst.

▶ Wir gehen in nordöstlicher Richtung um das **Rifugio Bosconero** 01 (1.457 m) herum, um dann in östlicher Richtung auf dem Wanderweg 490 durch den Wald aufzusteigen. Bereits im Reich der Latschenkiefern angekommen gabelt sich der Pfad, beide Wege sind zielführend unterhalb der extrem steil aufragenden Nordwand des 2.412 m hohen Rocchetta Alta. Kurz vor der Scharte führen beide Pfadspuren wieder zusammen. Dort quert auch der Wanderweg 482 und wir beginnen mit dem steilen Aufstieg durch ein nicht endenwollendes Geröllfeld.

Auf den Steinen befinden sich rot-weiße Markierungen, die uns selbst bei Nebel sicher bis zur **Forcella Toanella** 02 (2.150 m) leiten. Wir überschreiten die Scharte, gehen nicht halb links auf dem Pfad durch das weite Kar, sondern halten uns halb rechts unterhalb der Felsen.

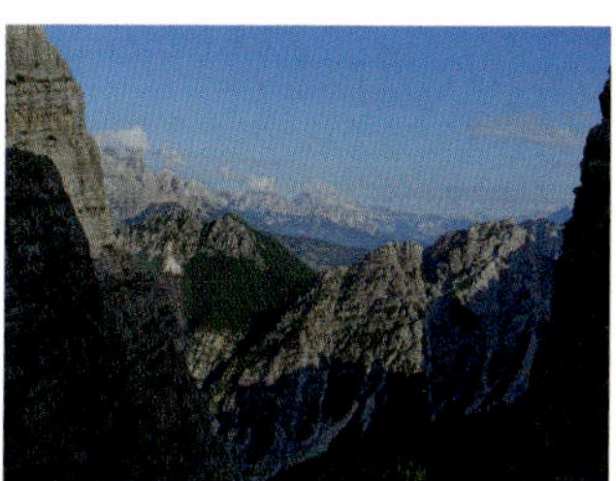

Ein besonderes Naturspektakel erleben wir an der Forcella Toanella

In engen Kehren geht es ca. 250 Entfernungsmeter bergab bis zu einer Schlüsselstelle! Hier verlassen wir nämlich das weite Tal nach halb rechts bergauf unter Zuhilfenahme der Hände durch eine felsige Rinne! Auch befindet sich an dieser Stelle eine weiß-rote Markierung auf einem Stein – die aber nicht unbedingt einfach zu sehen ist. Über einen schmalen, mit Gras und Latschenkiefern bestandenen Kamm gehen wir ein längeres Stück und erreichen auf der rechten Bergseite die **Forcella del Viàz de le Pónte** **03** (1.885 m). Der nun sehr steile und geröllige Abstieg durch die Scharte ist zusätzlich mit Metallseilen gesichert. Wer nicht trittsicher und schwindelfrei ist, sollte vorsichtshalber das Klettersteigset anlegen.

Am Ende der Scharte gehen wir links auf einem schmalen Pfad unterhalb der steilen Felswände.

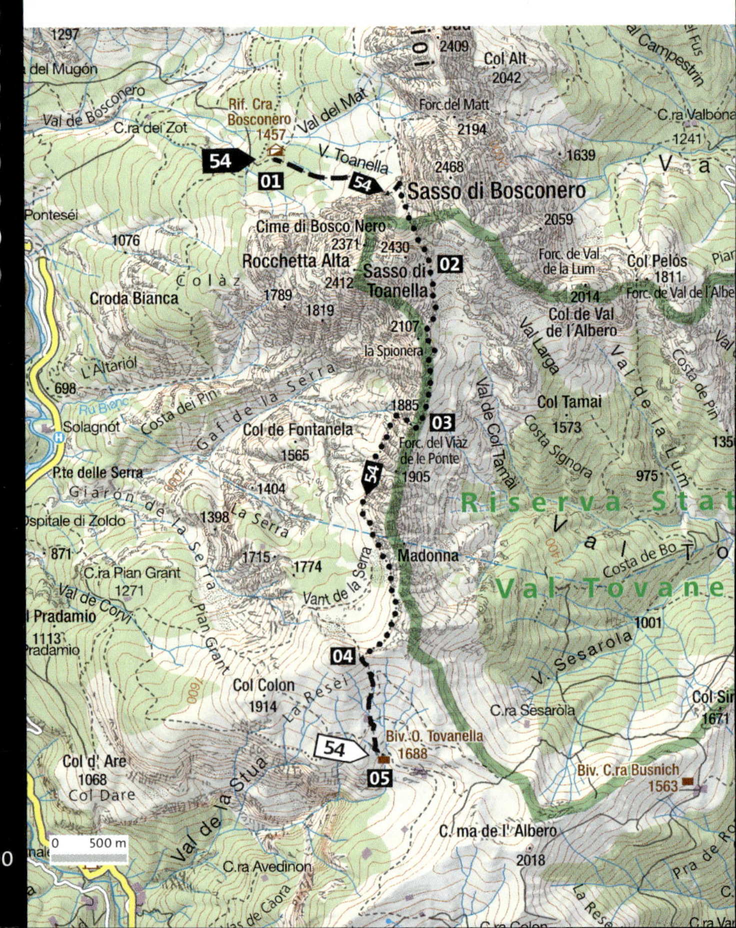

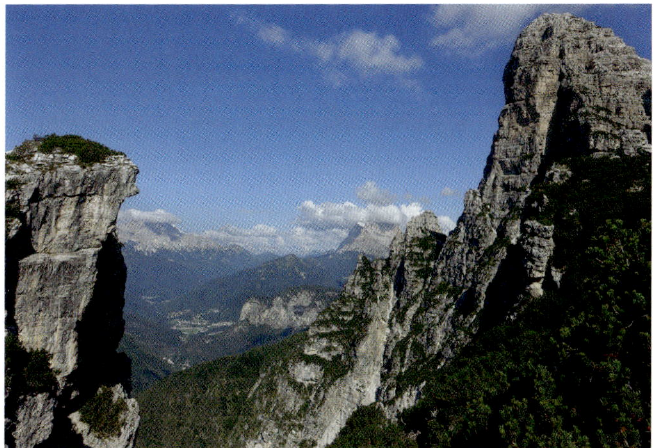

Blick von der Forcella del Viàz de le Pónte

Immer wieder müssen Erosionsrinnen gequert werden, auch ist

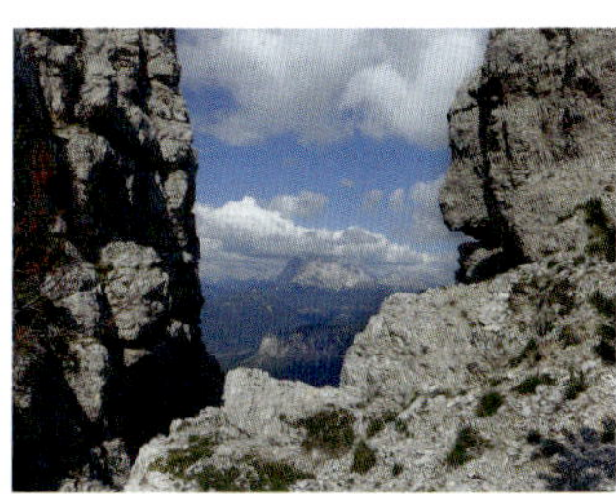

Die Überschreitung an der Porta de la Serra

ein weiterer Abschnitt mit Stahlseilen gesichert. Sobald wir ein weiteres faszinierendes Kar erreichen gabelt sich der Pfad. Wir gehen halb links und fangen an, die Berghänge des weiten Kares zu queren – Richtung der 2.139 m hohen Cima de la Serra. Der selten gegangene Pfad endet an der **Porta de la Serra** **04** (2.038 m), wo wir das weite Kar verlassen und den felsigen Bergrücken übersteigen.

Auf dem Wanderweg 482 steigen wir extrem steil auf rutschigen Bergwiesen ab. Da der Pfad selten begangen wird, ist er auch noch schwer auszumachen. Wir passieren eine Zisterne und Ruinen, von nun an ist der Pfad wieder ausgeschildert Richtung Bivacco Tovanella. Nach kurzer Zeit erreichen wir unser heutiges Tages- oder Etappenziel, das **Bivacco Tovanella** **05** (1.688 m).

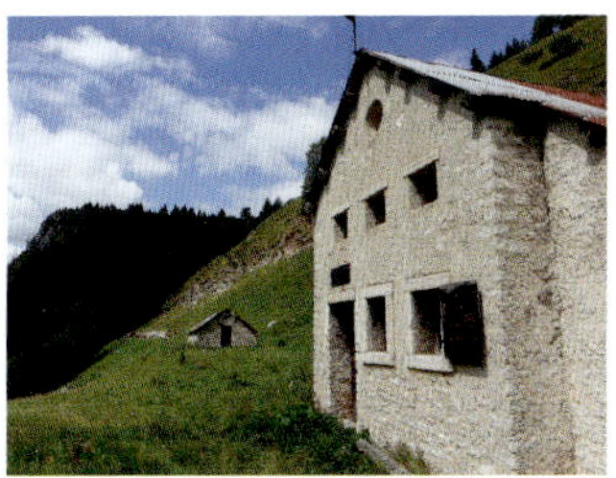

Das Bivacco Tovanella

BIVACCO TOVANELLA – LONGARONE

Dolomiten Höhenweg Nr. 3

  10,8 km  3:00 h 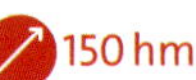 150 hm 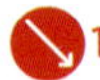 1400 hm 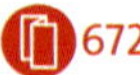 672

START | Bivacco Tovanella, 1.688 m
[GPS: N46.301067° E12.265200°]

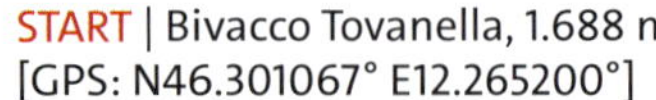

CHARAKTER | Für 1.400 Höhenmeter Abstieg durch einfaches Gelände benötigt man eine gute Kondition. Teilweise ist die Orientierung aufgrund fehlender Wegmarkierungen erschwert. Startpunkt: Das Bivacco Tovanella ist nur zu Fuß erreichbar und befindet sich am Ende der Etappe 54. Der Endpunkt ist in Longarone. Zusatzausrüstung: keine. Einkehr: unterwegs keine. Übernachtung: in Longarone z. B. B&B Casa Gilda: www.bed-and-breakfast.it/de/venetien/casa-gilda-longarone/10256.

Von den südlichen Ausläufern der Bosconerogruppe steigen wir auf dieser aussichtsreichen Etappe weit oberhalb des Val di Zoldo nach Longarone ab. Der Ort Longarone mit der gleichnamigen Gemeinde liegt 20 km nördlich der Provinzhauptstadt Belluno am Fluss Piave. Wir haben den Dolomiten Höhenweg Nr. 3 geschafft! Nach emotionalen Extrempositionen der letzten Wandertage steigt ein erhabenes Glücksgefühl in uns auf, diese Herausforderung bewältigt zu haben!

▶ Vom **Bivacco Tovanella** 01 (1.688 m) folgen wir dem schlecht zu erkennenden weiterführenden Pfad. Es ist nirgends geschrieben, aber es ist der Wanderweg 482, auf dem man nur wenige rote

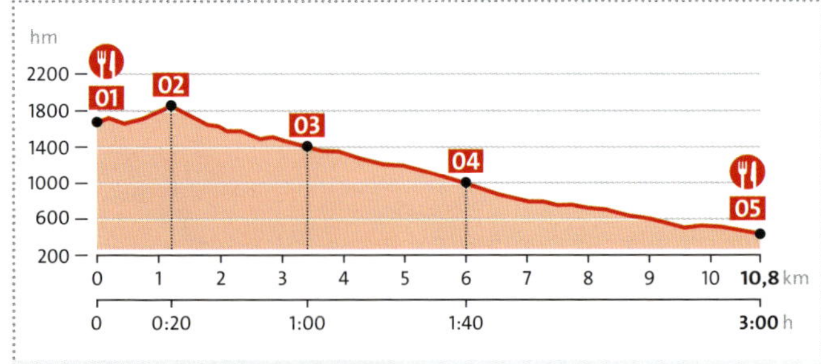

01 Bivacco Tovanella, 1.688 m; 02 Passo Dou, 1.840 m; 03 Wald, 1.417 m; 04 Pfad, 1.000 m; 05 Longarone, 444 m

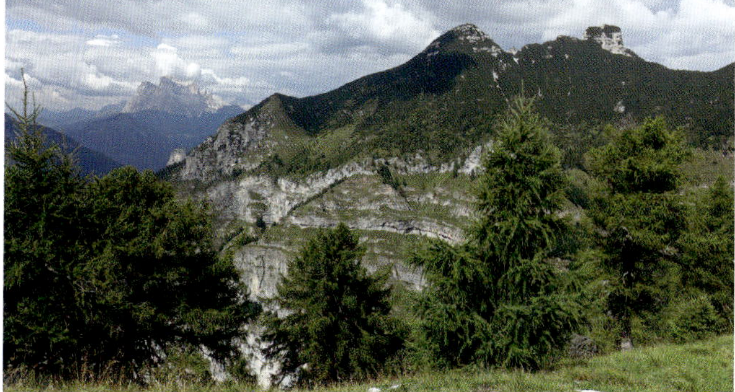
Richtung Norden erhebt sich der mächtige Monte Pelmo

Markierungen findet. Wir steigen nicht nach rechts in das Tal ab, sondern gehen leicht ansteigend in südwestliche Richtung, um unterhalb von Felsen auf einem nun gut zu erkennenden Pfad durch einen lichten Wald aufsteigen.

Wir erreichen den baumlosen **Passo Dou** 02 (1.840 m), Richtung Norden erhebt sich der mächtige Monte Pelmo und links davon die Civetta. An der Gabelung der beiden Pfade gehen wir nicht halb links auf einem Höhenweg weiter, sondern halb rechts, von nun an geht es kontinuierlich bergab. Rechts unterhalb befindet sich das weitläufige Zoldotal. Wir ignorieren einen rechten Abzweig und hinter einem großen Steinhaufen einen abzweigenden Pfad nach links.

Nachdem wir die steilen und grasbewachsenen Berghänge hinter uns gelassen haben gelangen wir in den **Wald (Bosco)** 03 (1.417 m). Im Wechsel zwischen mit Gras bewachsenen Lichtungen und

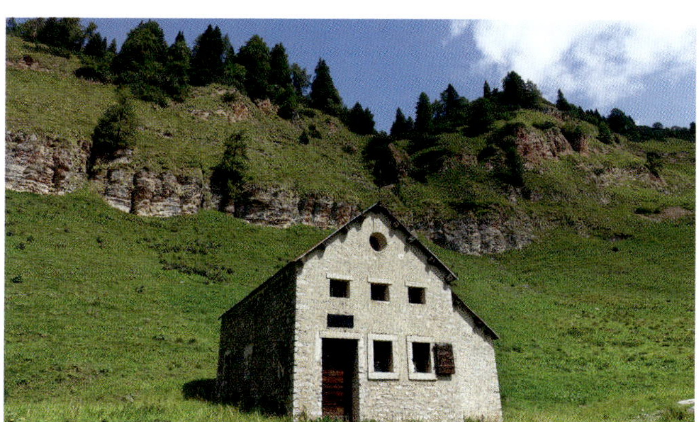
Das 1.688 m hoch gelegene Bivacco Tovanella

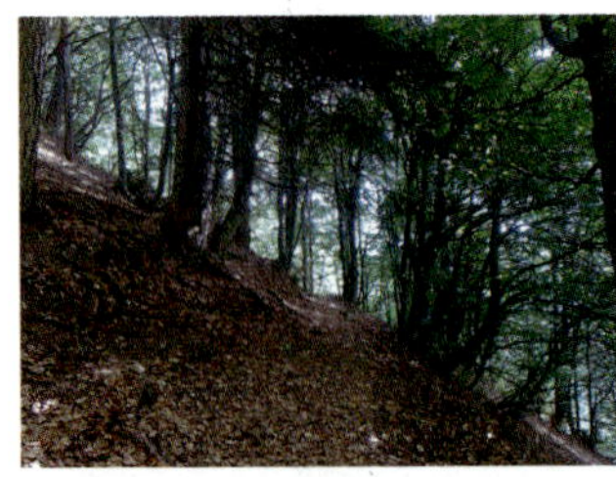

Der Wechsel zwischen Gras bewachsenen Lichtungen und Waldstücken

weiteren Waldstücken gehen wir nun kontinuierlich bergab, bis wir dann an einem Kreuz, einer Bank und einem Heiligenschrein vorbeikommen. Ca. 30 m hinter dem Heiligenschrein gehen wir rechts, nun auf einen mit Steinen gesäumten Pfad – weiterhin der Wanderweg 482.

Ca. 500 m nachdem wir rechts abgebogen waren zweigen wir nun auf einen weiteren mit Steinen

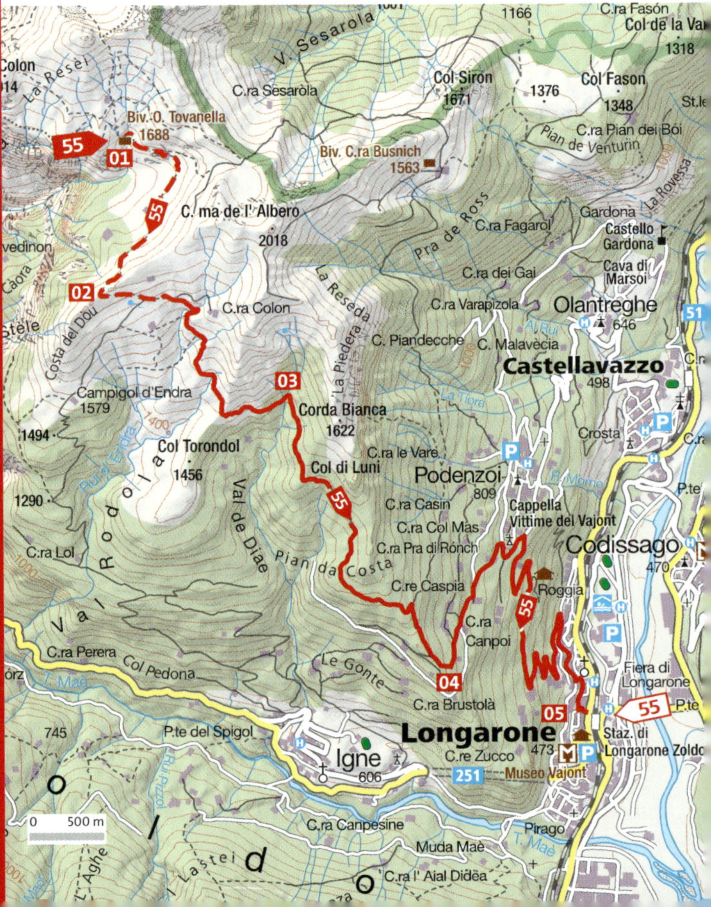

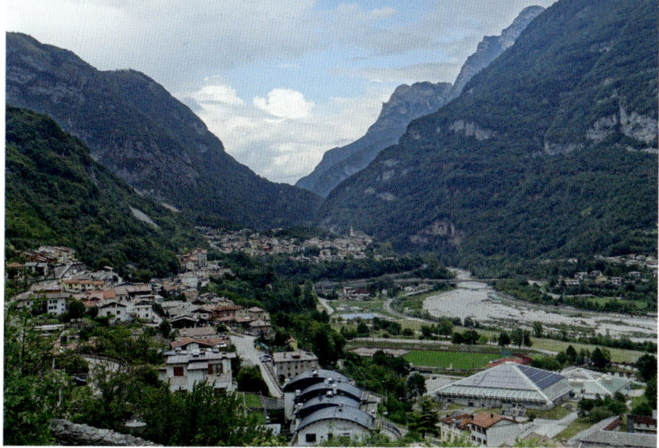

Der Ort Longarone am Fluss Piave

gesäumten **Pfad (Sentiero)** 04 (1.000 m) ab. Im weiteren Verlauf queren wir eine Piste und der Pfad, auf dem wir gehen, mündet in eine Straße, auf der wir geradeaus weitermarschieren. Kurz nach einer Linkskehre der Straße, hier befindet sich auf der rechten Straßenseite eine Ruine, verlassen wir die Straße nach halb rechts auf dem weiterführenden Pfad. Dieser endet an einer weiteren Straße, an der wir scharf rechts gehen.

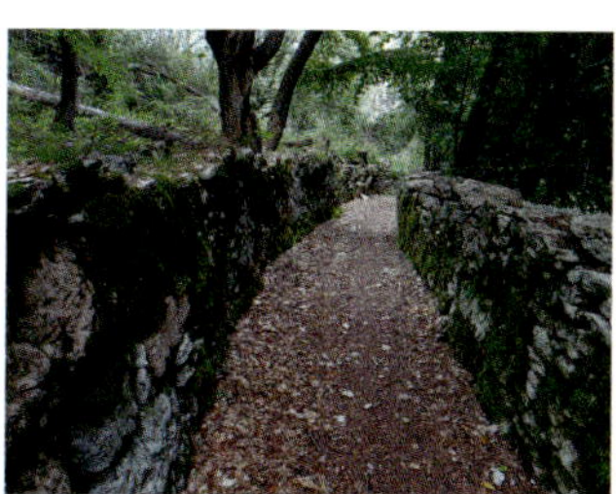

Ein mit Steinen gesäumter Pfad (Sentiero)

Bei einer kleinen Kapelle gehen wir nicht nach halb links in die Stichstraße, sondern biegen bei der nächsten Möglichkeit scharf rechts ab – hier befindet sich auch ein Wegweiser Richtung Longarone – und gehen nun auf dieser gering befahrenen Straße kontinuierlich bergab. Auf vielen Wegen erreicht man die Bushaltestelle und den Bahnhof von **Longarone** 05 (444 m).

Rückreise nach Toblach

1. Mit dem Pkw fährt man 85 km bis zum Ausgangspunkt zurück.
2. Der Flixbus (shop.flixbus.de) fährt einmal täglich um 9.16 Uhr von Longarone über Cortina d'Ampezzo nach Toblach-Bahnhof und die Fahrzeit beträgt 1:38 Stunden.

ALLES AUSSER WANDERN

Anreise

Die Ausgangspunkte der Höhenwege sind bequem mit dem Pkw über die Brennerautobahn erreichbar. Die größeren Ortschaften der Dolomiten sind von dort auf gut ausgebautem Straßennetz zu erreichen. Mit dem Autozug der Deutschen Bahn fährt man im Schlafwagen von Hamburg, Berlin, Düsseldorf, Hildesheim und Neu-Isenburg oder mit dem City Night Line bis nach Bozen. Die Hauptzugverbindung quer durch die Alpen verläuft von München über Innsbruck, Brixen, Bozen, Trento, Rovereto nach Verona. Die Regionalbahn 100 fährt vom Brenner über Franzensfeste und Brixen nach Bozen. Die Landeshauptstadt Bozen verfügt über einen kleinen Flughafen, dieser ist aber aufgrund der schlechten Verbindungen nicht für die Anreise geeignet. Die nächstgelegenen Flughäfen sind Innsbruck (120 km), Bergamo (200 km), Verona (130 km), Treviso (268 km), Venedig (275 km), Mailand (280 km) und München (320 km).

Sehenswürdigkeiten

DOLOMITEN HÖHENWEG NR. 1

Kaiserjägersteig (Etappe 7.1)
Um Bergsteigern und Kletterern einen Eindruck der tragischen Geschehnisse am Lagazuoi zu ermöglichen, wurde der Kaiserjägersteig, heutzutage ein Klettersteig, gangbar gemacht.
lagazuoi.it/DE/percorso7-Der-Kaiserjgersteig

Freilichtmuseum des Großen Krieges (Etappe 7.1)
Ein Höhepunkt ist die Besichtigung des Freilichtmuseums des „Großen Krieges“ am Lagazuoi und der Festung „Tre Sassi“ aus dem Ersten Weltkrieg. Unter dem Motto „Auf den Spuren des Dolomitenkrieges“ wandert man entlang zahlreicher Häuser, Stellungen und Schützengräben. Es werden auch Führungen angeboten.
Cinque Torri
Kontakt: Consorzio Delicious Cortina
Via del Mercato 14
I-32043 Cortina d’Ampezzo
Tel. +39 0436 2863
www.cortinadelicious.it/DE/p55-Die-Museen-ber-den-Groen-Krieg

Stadt Belluno (Etappe 22)
Zum Ende des Dolomiten Höhenwegs Nr. 1, sobald wir die Naturlandschaft der Dolomiten hinter uns lassen, tauchen wir in die Kulturlandschaft von Belluno ein. Besonders erwähnenswert ist die **Kathedralbasilika St. Martin** (Basilica Cattedrale di S. Martino) oder der **Palazzo dei Rettori**, ursprünglich im venezianischen Gotikstil erbaut, wurde er später mit Renaissance-Dekorationen angereichert. Die finalen Arbeiten wurden 1536 abgeschlossen.
Piazza Duomo bzw. Via Duomo
I-32100 Belluno
www.dolomiti.it/de/belluno/

Städtisches Museum Belluno (Etappe 22)
Im Erdgeschoss des Städtischen Museums von Belluno sind wichtige archäologische Funde aus dem gesamten Landkreis ausgestellt, im Obergeschoss befinden sich Fragmente von Fresken und im obersten Stockwerk kann man Gemälde betrachten.
Piazza Duomo 16
I-32100 Belluno
Tel. +39 4379 13282
museo.comune.belluno.it

Bischofskirche Brixen (Etappe 23)
Die Bischofskirche der römisch-katholischen Diözese Bozen-Brixen erhebt sich mitten im Stadtzentrum. In einem Gräberfeld, im Querschiff befinden sich die Bischofsgräber.
Hofburgplatz 1
I-39042 Brixen
Tel. +39 0472 834034
www.suedtirolerland.it/de/highlights/sehenswuerdigkeiten/dom-zu-brixen/

Hofburg Brixen (Etappe 23)
Seit Mitte des 13. Jh. bis 1973 war die Hofburg die Residenz der Bischöfe des Bistums Brixen. Bis zur Säkularisation im Jahre 1803 hatten die Bischöfe auch die weltliche Herrschaft inne, sodass Brixen einen Fürstenhof mit entsprechender Verwaltung hatte. Daher stammt der Name „Hofburg“ für die Residenz. Mit der Verlegung des Bischofsitzes nach Bozen im Jahre 1973 erhielt die Hofburg eine neue Widmung: Seither beherbergt sie das Diözesanmuseum und das Diözesanarchiv.
Hofburgplatz 2
I-39042 Brixen
Tel. +39 0472 830505
www.hofburg.it

Kloster Neustift (Etappe 23)
Eines der bedeutendsten Klöster im Tiroler Raum steht in Neustift bei Vahrn, rund 3 km nördlich von Brixen. Seine Gründung geht auf das 12. Jahrhundert und Hartmann von Brixen zurück, damals Bischof von Brixen.
Stiftstr. 1
I-39040 Vahrn
Tel. +39 0472 836189
www.kloster-neustift.it

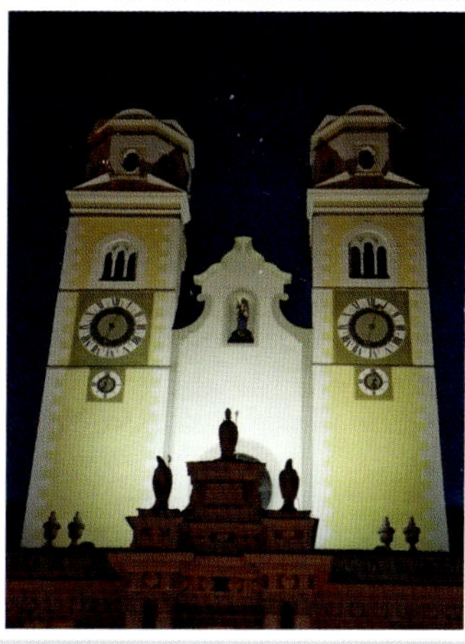
Bischofskirche Brixen (Etappe 23)

Museo della Grande Guerra (Etappe 30)
Kleine Privatsammlung über die Marmolada-Front des Ersten Weltkriegs bei der Talstation der Gondelbahn, etwas oberhalb des Südendes der Staumauer am Südwestufer des Lago di Fedaia.
Località Fedaia, 24
I-38032 Canazei (TN)
Tel. +39 0462 601181
www.visittrentino.info/de/guide/sehenswertes/museen/museo-dellaguerra-1915-1918_md_2667
www.museomarmoladagrandeguerra.com/de/

Stadt Feltre (Etappe 43)
Der Fernwanderweg endet in der reizvollen Stadt Feltre, eine der schönsten befestigten Städte Venetiens, die von einer **zinnbewehrten Mauer** aus dem 16. Jahrhundert umgeben ist. Besonders sehenswert sind die **Piazza**

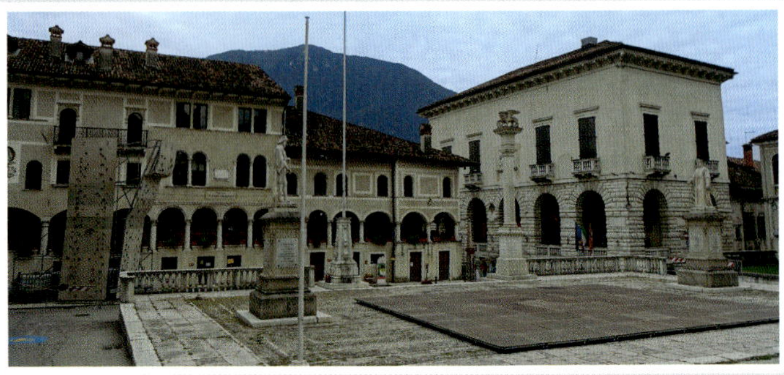

Die Piazza Maggiore in Feltre (Etappe 43)

Maggiore mit ihren einmaligen umliegenden Gebäude, wie zum Beispiel das Schloss Alboino.
www.infodolomiti.it > Erfahrungen > Gemeinden > Feltre

Kloster der heiligen Märtyrer Vittore und Corona (Etappe 43)
Die „Basilica Santuario dei Ss. Vittore e Corona" wurde Ende des 1000. Jahrhunderts südlich von Feltre erbaut. Im Inneren stammen die ältesten Fresken, die auf den Säulen St. Peter und St. Paul darstellen, aus den XII.–XIII. Jh. Bemerkenswert ist die Arche der Märtyrer Vittore und Corona, eine Marmorstatue von San Vittore und das spätgotische Ziborium. Im Kreuzgang können Sie die Lünetten sehen, die im 17. Jahrhundert mit dem Miracoli di San Vittore gemalt wurden.
I-32032 Feltre
www.santivittoreecorona.it

DOLOMITEN HÖHENWEG NR. 3

Fernheizkraftwerk Toblach-Innichen (Etappe 44)
Von den Hackschnitzeln zur thermischen-elektrischen Energie: Der Schaugang Sehen, Hören, Fühlen, Verstehen ... Er verdeutlicht den Prozess von der Biomasse zur Stromerzeugung.
Bahnhofstraße 8
I-39034 Toblach
Tel. +39 0474 973214
www.fti.bz/schaugang/

Sennerei Drei Zinnen (Etappe 44)
Die Sennerei Drei Zinnen ist ein kleines Museum, das einen Blick in die Vergangenheit der traditionsreichen Milchverarbeitung und Käseherstellung ermöglicht. Auf der Führung gibt es einen Einblick in den Reifekeller und die hohe Kunst der Lagerung und Reifung der Käselaibe.
Pustertaler Straße 3c
I-39034 Toblach
Tel. +39 0474971300
www.3zinnen.it

Naturparkhaus Drei Zinnen (Etappe 44)
Das Naturparkhaus im Grand Hotel in Toblach gewährt Einblicke in die

Welt zweier Südtiroler Naturparke, den Naturpark Drei Zinnen und den östlichen Teil des Naturparks Fanes-Sennes-Prags. Im Naturparkhaus finden Sie Informationen über die Natur- und Kulturlandschaften, die Geologie der Dolomiten, die Kriegsereignisse an der Dolomitenfront, die Anfänge des Alpinismus und die touristische Entwicklungsgeschichte der Dolomitenregion Drei Zinnen.
Kulturzentrum Grand Hotel Toblach
Dolomitenstraße 37
I-39034 Toblach
Tel. +39 0474 973017
https://naturparks.provinz.bz.it/naturpark-drei-zinnen.asp

Freilichtmuseum & Kriegerfriedhof (Etappe 45)
Im Ersten Weltkrieg kämpften am Monte Piano (2.324 m) Österreicher und Italiener gegeneinander. Der Nordgipfel war von den Österreichern, der südliche Hauptgipfel von den Italienern besetzt. Im Freilichtmuseum & Kriegerfriedhof Stellungsanlagen, Schützengräben und Stollen. Beide Seiten lagen sich nur wenige Meter gegenüber. 14.000 Soldaten, Italiener wie Österreicher, haben hier ihr Leben verloren und fanden am Kriegerfriedhof Nasswand ihre letzte Ruhe. Der Wanderweg auf den Monte Piano führt durch das ehemalige Frontgebiet, entlang sorgfältig wiederhergestellter Schützengräben, Tunnels, Bergstollen und Bombenabwurfstellen. In der Bosihütte kann eine Sammlung von Fundstücken betrachtet werden.
Shuttle-Dienst mit dem Jeep:
Tel. +39 338 5282447 oder
+39 336 309730
www.montepiana.com/indexger.htm

Messner Mountain Museum Dolomites (Etappen 51 und 52)
Das von Reinhold Messner initiierte Konzept der Messner Mountain Museen basiert auf sechs Museen, wobei jedes der Häuser jeweils einem besonderen Thema gewidmet ist. Im Herzen der Dolomiten erhebt sich der 2.181 m hohe Berg Monte Rite, ein faszinierender Aussichtsberg und zugleich die Heimat des sehr sehenswerten Messner Mountain Museum Dolomites, das sich der Erschließungsgeschichte der Dolomiten widmet.
gelegen auf dem 2.181 m hohen Berg Monte Rite
Tel. +39 388 1568007
www.messner-mountain-museum.it/dolomites/museum/

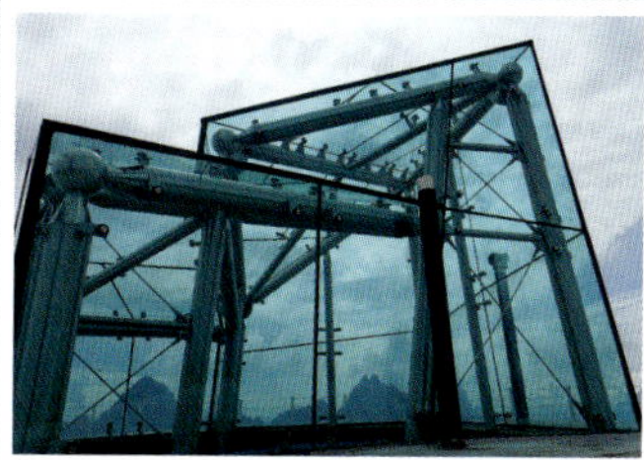
Das gläserne Dach des MMM Dolomites (Etappen 51 und 52)

Museum des Vajont-Staudamms (Etappe 55)
Der Dolomiten Höhenweg Nr. 3 endet in dem Dorf Longarone, das auf eine lange Geschichte zurückschauen konnte, bis es 1963 durch die Folgen eines Tsunamis im Vajontstausee fast komplett – bis auf einen Kirchturm – zerstört wurde. Zur Erinnerung an die Tragödie wurde im Be-

sucherzentrum des Naturparks der Friaulischen Dolomiten das Museum des Vajont-Staudamms eingerichtet und seit 2007 ist die Dammkrone öffentlich zugänglich.
Museo Longarone Vajont Attimi di Storia
Piazza Gonzaga, 1
I-32013 Longarone
www.attimidistoria.it/de
www.parcodolomitifriulane.it/en/guided-tours/crest-path-of-the-vajont-dam-2/

Die Region im Netz

Autonome Region Trentino-Südtirol
www.regione.taa.it

Provincia di Belluno
www.provincia.belluno.it

Almhütten in Belluno
www.infodolomiti.it > Gastfreundschaft > Almhütten

Unterkünfte in Belluno
www.infodolomiti.it > Gastfreundschaft > Wo man schlafen kann

Naturschutzgebiete
www.dolomitipark.it
naturparks.provinz.bz.it

Alpine Auskünfte, Wege- und Hütteninfos, Wetter, Bergrettung, Versicherung
www.alpenverein.it

Club Alpino Italiano
www.cai.it

Öffentlicher Nahverkehr

Wer sich in Südtirol und Belluno auch ohne Pkw fortbewegen möchte, kann auf ein sehr gutes System im Nahverkehr zählen. So können Sie bequem, schnell und umweltfreundlich mit den öffentlichen Verkehrsmitteln die Sehenswürdigkeiten, die Ortschaften des Landes erforschen und die Ausgangspunkte der Dolomiten Höhenwege und die Rückfahrt vom Ziel der Dolomiten Höhenwege umsetzen. Ein dichtes Netz vieler verschiedener Betreiber verbindet nahezu jede Ortschaft der Region.

Fahrplanauskünfte:
www.sii.bz.it
www.trenitalia.com
www.dolomitibus.it
www.trentinotrasporti.it
shop.flixbus.de

Auch sehr hilfreich ist die Suchmaschine: **moovitapp.com**

Taxidienste

Taxi Ingrid Vontavon
Brixen
Tel. +39 3497514380
ingridvontavon@gmail.com

Taxi Peer
Toblach
Tel. +39 3482688899
info@peer-shuttle.it

Taxi Cortina Dolomiti
Cortina
Tel. +39 0436860888
info@taxicortinadolomiti.com

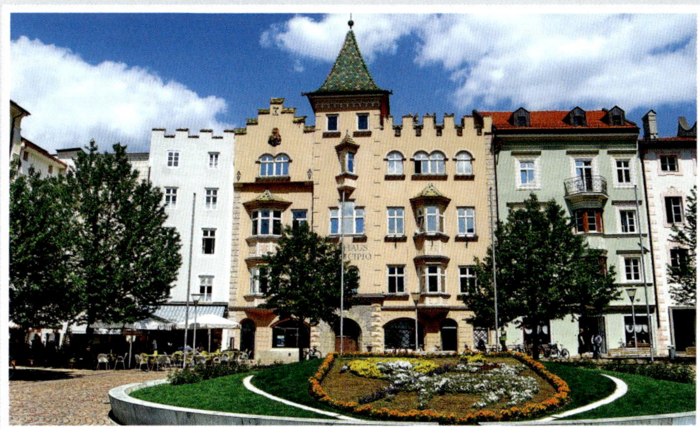
Blumenuhr in Brixen (Etappe 23)

Dolomiti Transfer
Belluno
Tel. +39 3895114060
info@dolomititransfer.net

Posteggi Taxi
Feltre
Tel. +39 04392180

Taxi Pieve di Cadore
Ospitale di Cadore
Tel. +39 3383554518

Märkte

Bauernmarkt Brixen
In Brixen findet ein großer Bauernmarkt auf dem Hartmannsplatz am Samstag statt. Angeboten wird hier alles, was die Eisacktaler Bauern und Bäuerinnen ernten und erzeugen, von Obst über Käse bis hin zu Honig und Speck.
www.eisacktal.com/de/aktiv/essen-und-trinken/bauernmaerkte/

Traditionsmarkt Stegen
Ende Oktober eines jeden Jahres trifft sich ganz Südtirol in Stegen, einem kleinen Vorort von Bruneck, zum größten Traditionsmarkt Tirols. Marktschreier, Wanderhändler und Keschtnbrater (Kastanienbrater) bieten an, was der Südtiroler zum Überwintern benötigen – vom Traktor bis zum Blütenhonig. Der Besuch des Stegener Markts ist ein Muss, wenn man gut über den Winter kommen möchte.
www.suedtirol.com/event/225/stegener-markt

Bauernmarkt und Dorfmarkt Toblach
In den Sommermonaten Juni, Juli und August öffnet einmal im Monat der Bauernmarkt Toblinga Vormas in Toblach. Auch gibt es einen Dorf-

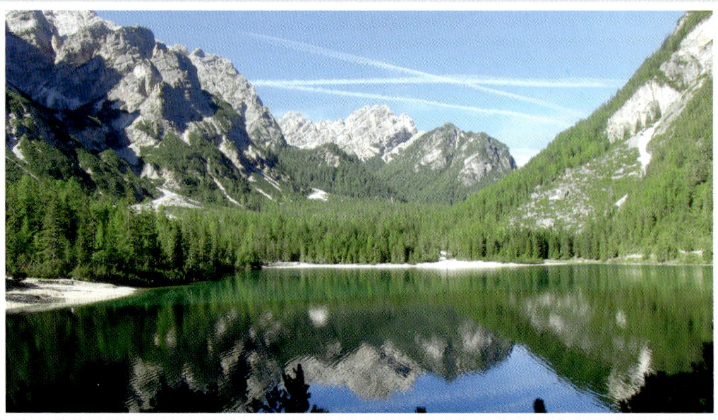

Pragser Wildsee (Etappe 1)

markt an jedem Montag von Mitte Mai bis Mitte November.
Infos: Tourismusverein Toblach
Tel. +39 0474 972132
info@toblach.info

Wochenmärkte
Am Dienstag und Freitag findet in der Piazzale Marconi in **Cortina d'Ampezzo** ein Wochenmarkt statt.
Am Samstag in der Piazza Piloni und am Mittwoch in der Viale Sommariva finden Wochenmärkte in **Belluno** statt.
Auch in **Feltre** öffnet ein Wochenmarkt seine Tore, jeweils am Dienstag und Freitag, in der Via Roma, Via Vecellio bis Via Campo Giorgio.

Diplomatische Vertretungen in Norditalien

Honorarkonsul der Bundesrepublik Deutschland
Dr.-Streiter-Gasse 12
I-39100 Bozen (BZ)
Tel. +39 0471972118
bozen@hk-diplo.de

Österreichisches Generalkonsulat
Piazza del Liberty, 8/4
I-20121 Mailand (MI)
Tel. +39 02778078-0
www.bmeia.gv.at/gk-mailand/

Schweizerisches Generalkonsulat
Via Palestro, 2
I-20121 Mailand (MI)
Tel. +39 027779161
milano@eda.admin.ch

Währung

Als Mitglied der Europäischen Union (EU) ist die Währung von Italien der Euro, also die Währung der Europäischen Wirtschafts- und Währungsunion. Er wird von der Europäischen Zentralbank ausgegeben und fungiert als gemeinsame offizielle Währung der EU-Mitgliedstaaten, die zusammen die Eurozone bilden. Nach dem US-Dollar ist der Euro die wichtigste Reservewährung der Welt.

In Supermärkten und größeren Geschäften sowie an Tankstellen wird die EC-Maestrokarte als Zahlungsmittel akzeptiert. Vorsichtshalber sollte man sich informieren, ob das Maestrozeichen am Eingang, bzw. an den Tanksäulen vorhanden ist. Es finden sich zahlreiche Akzeptanzstellen für Kreditkarten von Mastercard, Visa, American Express oder Diners Club. Besonders in großen Hotels und Geschäften, gehobenen Restaurants und an Tankstellen kann damit bezahlt werden. Beachten Sie, dass die meisten Banken eine Gebühr für Barabhebungen erheben. Bargeld ist als Zahlungsmittel immer gefragt und gerade in ländlichen Regionen und fernab der Touristenregionen ein wichtiger Begleiter. Achtung! Auf den meisten Hütten kann nur mit Bargeld gezahlt werden!!

Geldautomaten

Das Netz der Banken mit Geldautomaten ist engmaschig und die Benutzerführung ist in verschiedenen Sprachen – in Südtirol sogar auf Deutsch. Zur Sicherheit sollte man an den Bankeingängen oder direkt am Automaten schauen, ob keine gefälschten Kartenleser angebracht sind. Decken Sie bei der Eingabe der PIN-Nummer immer das Eingabefeld ab. Während der Öffnungszeiten der Banken, von Montag bis Freitag 8.30–13.00 Uhr und 14.30–16.30 Uhr kann in allen Banken Geld gewechselt werden.

Kaufkraft

Sind Waren in der Schweiz ca. 60 % teurer als in Deutschland, so ist die Kaufkraft in Italien um 2 % größer, in den touristischen Zentren von Südtirol ca. 6 % teurer. Für vergleichbare Waren und Dienstleistungen in Italien müssten deutsche Urlauber im eigenen Land € 1,– bezahlen, in Italien € 0,98, in Südtirol € 1,06. Exorbitant sind die Preise auf den Hütten angestiegen! Für ca. 3 Minuten duschen zahlt man € 6,– , ein 0,5 l Bier kostet € 5,– und ein Frühstück mit Trockengebäck kostet ca. € 8,–. Isst man mittags und abends und übernachtet im Bettenlager, so ist die Tagespauschale schnell bei € 50,– bis € 60,–.

Reiseveranstalter

Mit einem guten Wanderführer und der nötigen Vorbereitung ist es kein Problem, einen der drei Dolomiten Höhenwege selbst organisiert und selbstständig zu wandern. Da man in der Regel die gleichen Etappen wie Mitwanderer geht, trifft man sich oft auf den Hütten wieder. Wem aber die losen Bekanntschaften zu wenig sind und lieber jeden Abschnitt mit den selben Leuten unternehmen möchte, dem sei eine Gruppenreise empfohlen. Anbieter gibt es einige im Wandergebiet, so zum Beispiel:

DAV Summit Club
www.dav-summit-club.de/dav-summit-club/alpen/alpen-sommer/der-dolomiten-hoehenweg-vom-pragser-wildsee-bis-zur-civetta

ALLES AUSSER WANDERN

OASE Alpin
www.oase-alpin.de/touren/wanderungen/dolomiten-hoehenweg-nr-1.html

Alpinschule Oberstdorf
www.alpinschule-oberstdorf.de/wandern/huettenwandern/alta-via-delle-dolomiti-nr-1.html

Alpinwelten
www.alpinewelten.com/dolomitenhoehenweg-nr-1

Berge Reisen
www.berge-reisen.de/alta-via-1-dolomiten-hoehenweg/

Medizinische Versorgung

Die medizinische Versorgung ist im ganzen Land gut ausgebaut und hat ein optimales Verhältnis von einem Allgemeinmediziner pro 1.500 Einwohner. 11 Notarztwagen und 35 fortschrittliche Basis-Rettungswagen kommen zum Einsatz. Der Hubschrauberrettungsdienst ist mit 2 Hubschraubern (Pelikan 1 und Pelikan 2) ausgestattet (einer davon mit Standort im Krankenhaus Bozen und der andere im Krankenhaus Brixen). Bei Bedarf steht ein weiterer Hubschrauber des Bergrettungsdienstes Aiut Alpin Dolomites während der Sommer- und Wintersaison zur Verfügung. Die öffentlichen Landeskrankenhäuser sind das Krankenhaus Bozen, Krankenhaus Meran, Krankenhaus Schlanders, Krankenhaus Innichen. Die auf Landesebene geführten Privatkliniken sind die Marienklinik, die Privatklinik L. Bonvicini, die Privatklinik Villa Melitta, die Privatklinik Dolomiti Sportclinic, die Privatklinik Brixsana, die Privatklinik Villa St. Anna, die Privatklinik Martinsbrunn und die Privatklinik City Clinic Bozen.

Krankenhäuser

Die nächstliegenden Krankenhäuser an den Dolomiten Höhenwegen:

Krankenhaus Brixen
Dantestraße 5
I-39042 Brixen (BZ)
Tel. +39 0472 812111
www.sabes.it/de/krankenhaeuser/brixen/kh-brixen.asp

Krankenhaus Bruneck
Spitalstraße 11
I-39031 Bruneck (BZ)
Tel. +39 0474 581111
www.sabes.it/de/KrankenhausBruneck.asp

Ospedale di Cortina d'Ampezzo
Via Codivilla, 1
I-32043 Cortina d'Ampezzo (BL)
Tel. +39 0436 883111
www.aulss1.veneto.it/sezione/ospedale-di-cortina-dampezzo/

Ospedale di Pieve di Cadore
Via Cogonie, 30
I-32044 Pieve di Cadore (BL)
Tel. +39 0435 3411
www.aulss1.veneto.it/sezione/ospedale-di-pieve-di-cadore/

Ospedale di Belluno
Viale Europa, 22
I-32100 Belluno (BL)
Tel. +39 0437 516111
www.aulss1.veneto.it/sezione/ospedale-di-belluno

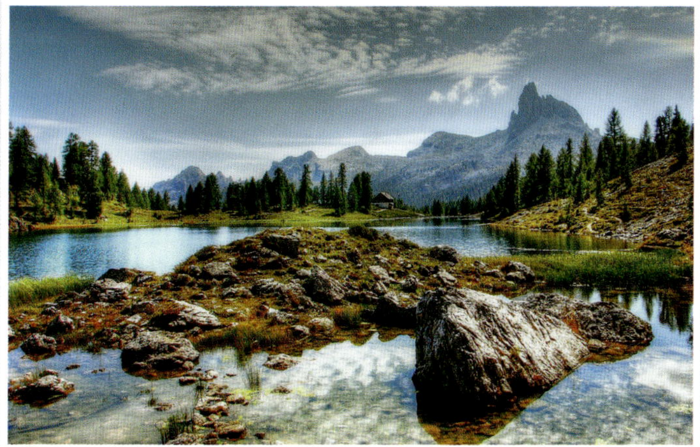

Lago di Federa (Etappen 9 und 10)

Kontakt bei medizinischen Notfällen

Landesnotrufzentrale: 112

Rotes Kreuz Bozen:
Tel. +39 0471 917213

Weißes Kreuz Bozen:
Tel. +39 0471 444444

GRS - Heli Doctor:
Tel. +39 0471 1882222

Erste Hilfe - Krankenhaus Brixen:
Tel. +39 0472 812444

Erste Hilfe - Krankenhaus Bruneck:
Tel. +39 0474 581200

Italien ist EU Mitglied, somit gilt auch in Italien die Europäische Krankenversicherungskarte (EHIC). Trotzdem ist aber eine Auslandskrankenversicherung sinnvoll. Kommt es zu einem Krankheitsfall, könnte es sein, dass die heimische Krankenversicherung nicht alle Kosten aus dem Ausland übernimmt. Der Versicherungsschutz der heimischen Krankenversicherung rückerstattet nur die in im eigenen Land üblichen Behandlungskosten. Grundsätzlich sind Italiener über die staatliche Versicherung abgesichert. Deshalb ist es schwierig, einen Termin bei einem öffentlichen Arzt zu bekommen, wobei man bei privaten Ärzten zügig einen Termin erhält. Die heimische Krankenversicherung übernimmt keine Kosten von einem Privatarzt, die Auslandskrankenversicherung schon. Bei einem längeren Auslandsaufenhalt ist eine Auslandskrankenversicherung empfehlenswert. Wichtig ist noch, die Behandlungskosten gegen Quittung zu bezahlen, um die Rückerstattung von der Versicherung zu erhalten.

ÜBERNACHTUNGSVERZEICHNIS

DOLOMITEN HÖHENWEG NR. 1: PRAGSER WILDSEE – BELLUNO

Unterkünfte in Prags unter www.prags.net/unterkuenfte/

Etappe 1: Pragser Wildsee – Seekofelhütte

Hotel Pragser Wildsee: St. Veit 27, I-39030 Prags (BZ),
Tel. +39 0474 748602, www.lagodibraies.com/de/, hotel@pragserwildsee.com,
ganzjährig geöffnet
Seekofelhütte/Rifugio Biella (CAI): I-32043 Cortina d'Ampezzo (BL),
Tel. +39 0436 866991, www.rifugiobiella.it, rifugiobiella@libero.it,
von Mitte Juni bis Ende September bewirtschaftet
46 Schlafplätze (plus 6 Schlafplätze im Winterraum)

Etappe 2: Seekofelhütte – Senneshütte

Senneshütte/Rifugio: I-39030 St. Vigil in Enneberg (BZ),
Tel. +39 0474 501092, www.sennes.com, info@sennes.com,
von Anfang Juni bis Mitte Oktober und im Winter bewirtschaftet
60 Schlafplätze (25 Betten in Zimmern, 35 Plätze im Lager, kein Winterraum!)
Rifugio Munt de Sennes: Senes-Alm 2, I-39030 St. Vigil in Enneberg (BZ),
Tel. +39 0474 501311, www.muntdesennes.com, info@muntdesennes.com,
im Sommer bewirtschaftet
15 Schlafplätze

Etappe 3: Senneshütte – Schutzhütte Fodara Vedla

Schutzhaus Fodara Vedla/Rif.: Al Plan de Sora, 15, I-39030 St. Vigil in Enneberg (BZ),
Tel. +39 348 8537471, www.fodara.it, rifugio@fodara.it,
von Mitte Juni bis Anfang November bewirtschaftet
46 Schlafplätze (32 Betten in Zimmern, 14 Plätze im Lager, kein Winterraum!)

Etappe 4: Schutzhütte Fodara Vedla – Berggasthaus Pederü

Berggasthaus Pederü: Val-dai-Tamersc-Straße 16, I-39030 St. Vigil in Enneberg (BZ),
Tel. +39 0474 834316, www.pederue.it/de, info@pederue.it,
im Sommer und Winter bewirtschaftet
Einzel- und Mehrbettzimmer und 20 Plätze im Lager

Etappe 5: Berggasthaus Pederü – Lavarella-Berghütte

Ücia dles Muntagnoles: Fanes 11, I-39030 St. Vigil in Enneberg (BZ),
Tel. +39 347 5214753, www.muntagnoles.com, info@muntagnoles.com,
im Sommer bewirtschaftet
4 Mehrbettzimmer
Faneshütte/Rifugio, Fanes 3, I-39030 St. Vigil in Enneberg (BZ),
Tel. +39 0474 453001, www.rifugiofanes.com,
im Sommer und Winter bewirtschaftet
70 Schlafplätze (40 Betten in Mehrbettzimmern, 30 Plätze im Lager)
Lavarella-Berghütte, I-39030 St. Vigil in Enneberg (BZ),
Tel. +39 0474 501079, www.lavarella.it, rifugio@lavarella.it,

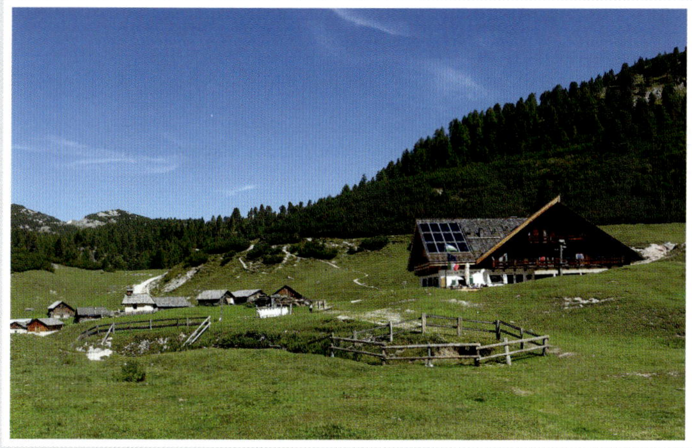

Die Schutzhütte Fodara Vedla (Etappen 3 und 4)

von Juni bis Oktober und Anfang Dezember bis Mitte April bewirtschaftet
50 Schlafplätze (25 Betten in Mehrbettzimmern, 25 Plätze im Lager)

Etappe 6: Lavarella-Berghütte – Rifugio Lagazuoi

Faneshütte: siehe Etappe 5
Rifugio Lagazuoi: Monte Lagazuoi, I-32043 Cortina d'Ampezzo (BL), Tel. +39 0436 867303, www.rifugiolagazuoi.com, von Anfang Juni bis Mitte Oktober und im Winter bewirtschaftet
74 Schlafplätze (Mehrbettzimmer und Lager)

Etappe 7 und 7.1: Rifugio Lagazuoi – Passo Falzarego – Rifugio Nuvolau

Rifugio Col Gallina (nicht direkt am Weg): Passo Falzarego, 2, I-32043 Cortina d'Ampezzo (BL), Tel. +39 0436 2939, www.rifugiocolgallina.com, info@rifugiocolgallina.com, von Mitte Juni bis Ende September und im Winter bewirtschaftet
35 Schlafplätze (Doppel- und Mehrbettzimmer)
Rifugio Averau: Località Forcella Nuvolau, 9, I-32020 Colle Santa Lucia (BL), Tel. +39 0436 4660, www.rifugioaverau.it, rifugioaverau@gmail.com, von Mitte Juni bis Anfang Oktober und Dezember bis Ostern bewirtschaftet
41 Schlafplätze (4 Mehrbettzimmer und Lager)
Rifugio Nuvolau (CAI): Monte Nuvolau, I-32043 Cortina d'Ampezzo (BL), Tel. +39 0436 867938, www.caicortina.org/rifugio-nuvolau/, siorpaes@yahoo.com, von Mitte Juni bis Ende September bewirtschaftet
24 Schlafplätze (Mehrbettzimmer und Lager)

ÜBERNACHTUNGSVERZEICHNIS

Etappe 8: Rifugio Nuvolau – Rifugio Cinque Torri

Rifugio Averau: siehe Etappe 7 und 7.1
Rifugio Scoiattoli: Località 5 Torri, I-32043 Cortina d'Ampezzo (BL), Tel. +39 0436 867939, www.rifugioscoiattoli.it, rifugio.scoiattoli@dolomiti.org, von Juni bis Septemberund Dezember bis Ostern bewirtschaftet
42 Schlafplätze (Mehrbettzimmer und Lager)
Rifugio Cinque Torri: Località 5 Torri, I-32043 Cortina d'Ampezzo (BL), Tel. +39 0436 2902, cortinadelicious.it/DE/s4-tipo-3-Die-Htte-Rifugio-Cinque-Torri, info@rifugio5torri.it,
von Mitte Juni bis Ende September bewirtschaftet
24 Schlafplätze (Mehrbettzimmer und Lager)

Etappe 8.1: Rifugio Nuvolau – Passo Giau

Rifugio Averau: siehe Etappe 7 und 7.1
Berghotel Passo Giau, Passo Giau, 7, I-32020 Colle Santa Lucia (BL), Tel. +39 346 0696745, www.passogiau.it/de/, info@passogiau.it, ganzjährig geöffnet

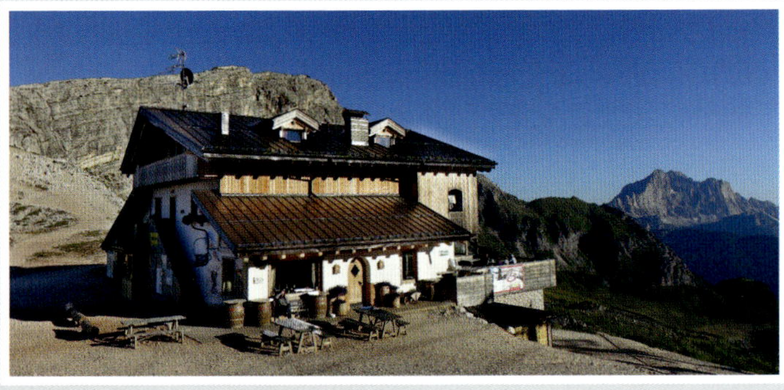

Das Rifugio Averau (Etappen 7, 7.1, 8 und 8.1)

Etappe 9: Rifugio Cinque Torri – Rifugio Croda da Lago

Rifugio Croda da Lago: Via Campo di Sopra, 10/c, I-32046 Cortina d'Ampezzo (BL), Tel. +39 0436 862085, www.crodadalago.it, crodadalago@dolomiti.org, von Mitte Juni bis Ende September bewirtschaftet
51 Schlafplätze (Mehrbettzimmer und Lager)

Etappe 9.1: Passo Giau – Rifugio Città di Fiume und Etappe 10: Rifugio Croda da Lago – Rifugio Città di Fiume

Rifugio Città di Fiume: Località Malga Durona, I-32040 Borca di Cadore (BL), Tel. +39 320 0377432, www.rifugiocittadifiume.it, info@rifugiocittadifiume.it,

von Mitte Juni bis Mitte September bewirtschaftet
35 Schlafplätze (Mehrbettzimmer und Lager)

Etappe 10: Rifugio Città di Fiume – Passo Staulanza

Rifugio Aquileia (nicht direkt am Weg): Via Peronaz, 5/6, I-32020 Selva di Cadore (BL), Tel. +39 333 5670303, rifugio-aquileia.com, info@rifugio-aquileia.com, im Sommer und Winter bewirtschaftet
25 Schlafplätze (Einzel-, Mehrbettzimmer und Lager)
Rifugio Passo Staulanza: Località Passo Staulanza, I-Zoldo Alto (BL), Tel. +39 0437 788709, www.staulanza.it, info@staulanza.it, von Mitte Juni bis Ende September und im Winter bewirtschaftet

Etappe 12: Passo Staulanza – Rifugio Coldai

Rifugio Coldai (CAI): Località Coldai, I-Zoldo Alto (BL), Tel. +39 0437 789160, www.rifugiocoldai.com, infocoldai@gmail.com, von Mitte Juni bis Mitte September bewirtschaftet
88 Schlafplätze (plus 8 Plätze im Winterraum)

Etappe 13: Rifugio Coldai – Rifugio Tissi

Rifugio Tissi (CAI): Località Col Reàn, I-32022 Alleghe (BL), Tel. +39 0437 721644, www.rifugiotissi.com; rifugio.tissi@gmail.com, von Mitte Juni bis Mitte September bewirtschaftet
65 Schlafplätze (plus 12 Plätze im Winterraum)

Etappe 14: Rifugio Tissi – Rifugio Vazzoler

Rifugio Vazzoler (CAI): Località Col Negro di Pelsa, I-32027 Taibon Agordin (BL), Tel. +39 238 8867114, www.rifugiovazzoler.com, von Mitte Juni es Ende September bewirtschaftet
52 Schlafplätze (Doppel-, Mehrbettzimmer und Lager)

Etappe 15: Rifugio Vazzoler – Rifugio Bruto Carestiato

Rifugio Bruto Carestiato (CAI): Località Col dei Pas, I-32021 Agordo (BL), Tel. +39 0437 62949, www.rifugiocarestiato.com, info@rifugiocarestiato.com, von Anfang Mai bis Mitte Oktober bewirtschaftet
32 Schlafplätze in 8 Vierbettzimmern (plus 6 Plätze im Winterraum)

Etappe 16: Rifugio Bruto Carestiato – Passo Duràn

Rifugio Passo Duràn „Tomè": Località Passo Duràn, I-32020 La Valle Agordina (BL), Tel. +39 346 4165461, www.rifugiopassoduran.it, ganzjährig bewirtschaftet
25 Schlafplätze
Rifugio San Sebastiano: Località Passo Duràn, Val di Zoldo, I-32010 Zoldo Alto (BL), Tel. +39 0437 62360, www.passoduran.it, info@passoduran.it, ganzjährig bewirtschaftet
25 Schlafplätze

ÜBERNACHTUNGSVERZEICHNIS

Etappe 17: Passo Duràn – Rifugio Sommariva al Pramperet
Rifugio Sommariva al Pramperet Pramperet: I-32013 Longarone (BL), Tel. +39 0437 1956153, www.rifugiosommarivaalpramperet.it, info@rifugiosommarivaalpramperet.it, von Mitte Juni bis Mitte September bewirtschaftet
20 Schlafplätze

Etappe 18: Rifugio Sommariva al Pramperet – Rifugio Pian de Fontana
Rifugio Pian de Fontana (CAI): Località Pian de Fontana, I-32013 Longarone (BL), Tel. +39 0437 1956135, www.piandefontana.it, piandefontana@livecom.it, von Anfang Juni bis Ende September bewirtschaftet
36 Schlafplätze (24 Betten im Lager, 12 Plätze im Winterraum)

Etappe 19: Rifugio Pian de Fontana – Bivacco del Màrmol
Bivacco del Màrmol: unter der Forcella del Marmol, I-32100 Belluno (BL), www.caiveneto.it/bivacco/marmol, segreteria@caiveneto.it
ganzjährig geöffnetes Biwak (Selbstversorgerhütte)
9 Schlafplätze

Etappe 19.1: Rifugio Pian de Fontana – Bushaltestelle La Pissa
Rifugio F. Bianchet: Località Pian dei Gat, I-32036 Sedico (BL), Tel. +39 0437 669226, www.caiveneto.it/rifugio/bianchet, rifugiobianchet@hotmail.com
von Anfang Juni bis Ende September bewirtschaftet
40 Schlafplätze (plus 6 Plätze im Winterraum)
für Unterkünfte in Belluno siehe Etappe 22

Etappe 20: Bivacco del Màrmol – Via Ferrata Piero Rossi – Rifugio 7° Alpini
Bivacco Sperti (nicht direkt am Weg, CAI): Località Zoccolo Pala Belluna, I-32100 Belluno (BL), www.caiveneto.it/bivacco/sperti, segreteria@caiveneto.it
ganzjährig geöffnetes Biwak (Selbstversorgerhütte)
6 Schlafplätze
Rifugio 7° Alpini (CAI): Località Pis Pilón, I-32100 Belluno (BL), Tel. +39 0437 941631, rifugiosettimoalpini.it/, infosettimoalpini@gmail.com, von Mitte Juni bis Ende September bewirtschaftet
Achtung! Der Hüttenwirt und Bergführer bietet einen geführten Abstieg von der Forcella del Màrmol bis zum Rifugio an. Ein Klettersteigset ist im Preis inbegriffen!
60 Schlafplätze

Etappe 21: Rifugio 7° Alpini – Locanda Case Bortot
Locanda Case Bortot: Via Pra de Luni, 60, I-32100 Belluno (BL), Tel. +39 0437 294831, locandacasebortot.it, info@locandacasebortot.it
ganzjährig geöffnete

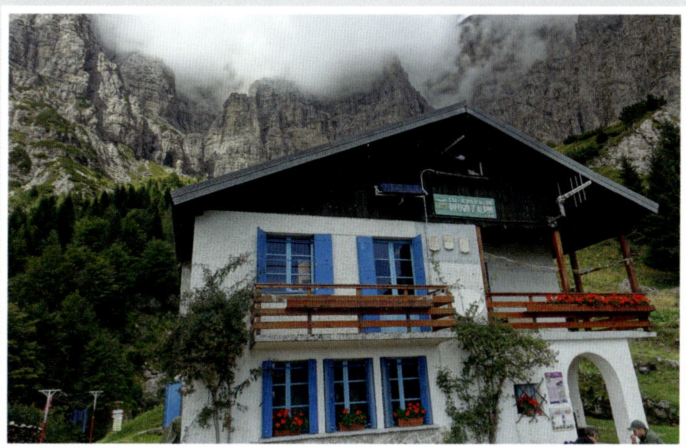

Das Rifugio 7° Alpini und im Hintergrund die Schiaragruppe (Etappen 20 und 21)

Etappe 22: Locanda Case Bortot – Belluno

B&B Villa Campana: Via S. Lorenzo, 102, I-32100 Belluno (BL),
Tel. +39 0437 949116, bbvillacampanabelluno.net
Albergo Cappello e Cadore, Via Sebastiano Ricci, 8, I-32100 Belluno (BL),
Tel. +39 0437 940246, www.albergocappello.com, info@albergocappello.com
Albergo delle Alpi, Via Jacopo Tasso, 13, I-32100 Belluno (BL),
Tel. +39 0437 940545, www.dellealpi.it, info@dellealpi.it
Suite Hotel Astor, Piazza dei Martiri, 26/E, I-32100 Belluno (BL),
Tel. +39 0437 943756, www.astorbelluno.com, info@astorbelluno.it
Appartamenti Mori, Via Giacomo Matteotti, 7, I-32100 Belluno (BL),
Tel. +39 340 1245851, www.booking.com/hotel/it/appartamento-mori-belluno.de.html

Weitere Unterkünfte in Belluno unter www.infodolomiti.it

DOLOMITEN HÖHENWEG NR. 2: BRIXEN – FELTRE

Unterkünfte in Brixen unter www.brixen.org

Etappe 23: Talstation Plose Kabinenbahn – Plosehütte

Berg-Gasthof Geisler (nicht direkt am Weg): Kreuztal 298/A, I-39042 Brixen (BZ),
Tel. +39 0472 521319, www.pension-geisler.it, info@pension-geisler.it

ÜBERNACHTUNGSVERZEICHNIS

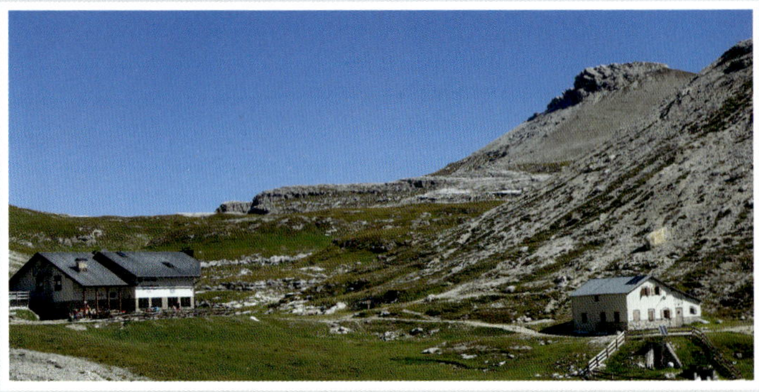

Die Puezhütte (Etappen 25 und 26)

Plosehütte, In der Flauge 16, 39042 St. Andrä / Brixen (BZ),
Tel. +39 0472 521333, www.plosehuette.com, info@plosehuette.com
von Anfang Juni bis Mitte Oktober und im Winter bewirtschaftet
60 Schlafplätze (Mehrbettzimmer und Lager)

Etappe 23.1: Afers (Brixen) Skihütte – Kerer Kreuzl

Schatzerhütte: I-39040 Afers (BZ), Tel. +39 0472 521343, www.schatzerhuette.com
von Ende Mai bis Ende Oktober bewirtschaftet

Etappe 24: Plosehütte – Schlüterhütte

Schatzerhütte (nicht direkt am Weg): siehe Etappe 23.1
Berggasthaus Edelweißhütte (nicht direkt am Weg): Coller Straße 39, I-39040 Villnöß (BZ), Tel. +39 0472 694920,
www.edelweiss-huette.it, info@edelweiss-huette.it
von Anfang Mai bis Ende Oktober bewirtschaftet
Halslhütte (nicht direkt am Weg): Coller Straße 40, I-39040 Villnöß (BZ),
Tel. +39 0472 521267, www.halslhuette.it, info@halslhuette.it
im Sommer und Winter bewirtschaftet, Übernachtung nur im Sommer
Schlüterhütte/Rifugio Genova: Bergerweg 32, I-39040 Villnöß (BZ),
Tel. +39 0472 670072, www.schlueterhuette.com, info@schlueterhuette.com
von Mitte Juni bis Mitte Oktober bewirtschaftet
90 Schlafplätze (Mehrbettzimmer und Lager)

Etappe 25: Schlüterhütte – Puezhütte

Puezhütte/Ütia de Puez (CAI): I-39048 Wolkenstein in Gröden (BZ),
Tel. +39 0474 646427, ; www.rifugiopuez.it, info@rifugiopuez.it
von Mitte Juni bis Ende September bewirtschaftet
85 Schlafplätze

Etappe 26: Puezhütte – Grödner Joch

Hotel Cir: Grödnerjoch 5, I-39048 Wolkenstein (BZ),
Tel. +39 0471 795127, hotelcir.com, info@hotelcir.com
Rifugio Frara, Grödnerjoch 5, I-39048 Wolkenstein (BZ),
Tel. +39 0471 795225, www.rifugiofrara.it, info@rifugiofrara.it
im Sommer und Winter bewirtschaftet

Etappe 27: Grödner Joch – Pisciadùhütte

Pisciadùhütte: Boscdaplan, 66, I-39036 La Villa (BZ),
Tel. +39 0471 836292, www.rifugiopisciadu.it, info@rifugiopisciadu.it
von Ende Juni bis Ende September bewirtschaftet
100 Schlafplätze (Mehrbettzimmer und Lager)

Etappe 28: Pisciadùhütte – Boèhütte

Boèhütte/Rifugio Boè (SAT): Strada di Pordoi, I-38032 Canazei (TN),
Tel. +39 0471 847303, www.rifugioboe.it, info@rifugioboe.it
von Mitte Juni bis Ende September bewirtschaftet
69 Schlafplätze im Lager

Etappe 29 und 29.1: Boèhütte – Pordoijoch

Rifugio Forcella Pordoi: Località Forcella Pordoi, I-38032 Canazei (TN),
Tel. +39 0462 767500, www.rifugioforcellapordoi.com, rif.forcella.pordoi@gmail.com,
von Ende Juni bis Anfang Oktober bewirtschaftet
30 Schlafplätze in 3 Mehrbettzimmern
Rifugio Capanna Piz Fassa: Località Piz Boè, I-38032 Canazei (TN),
Tel. +39 0462 601723 oder +39 336 452523, www.rifugiocapannapizfassa.com/de/,
info@rifugiocapannapizfassa.com,
von Mitte Juni bis Ende September bewirtschaftet
22 Schlafplätze (Mehrbettzimmer und Lager)

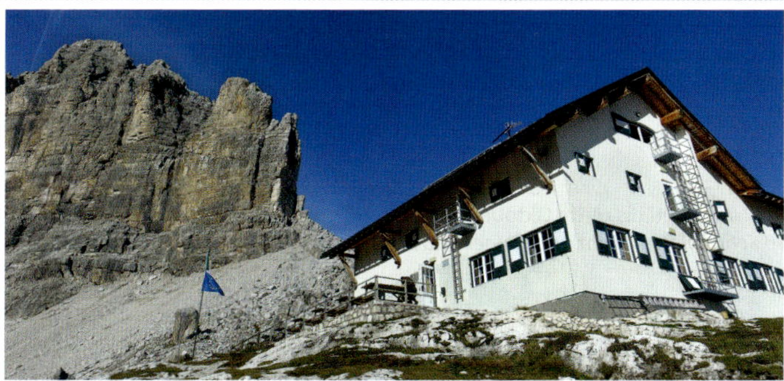

Die 2.585 m hoch gelegene Pisciadùhütte (Etappen 27 und 28)

Hotel Col di Lana: Strada del Pordoi, 132, I-38032 Canazei (TN),
Tel. +39 0462 601277, www.coldilana.it/de/, info@coldilana.it
Hotel Savoia: Passo Pordoi, I-38032 Arabba Livinallongo del Col di Lana (BL),
Tel. +39 0462 601717, www.savoiahotel.net/de, info@savoiahotel.net

Etappe 30: Pordoijoch – Lago di Fedaia

Rifugio Sass Becè: Streda Dolomites, 47, I-38032 Canazei (TN),
Tel. +39 0462 602084 oder 0462 601006, www.sassbece.com, info@sassbece.com,
im Sommer und Winter bewirtschaftet
12 Schlafplätze in 4 Mehrbettzimmern
Rifugio Baita Fredarola: Strèda de Pordoi, 120, I-38032 Canazei (TN),
Tel. +39 0462 602072, www.fredarola.it, info@fredarola.it
von Mitte Juni bis Ende September und im Winter bewirtschaftet
20 Schlafplätze
Rifugio Viel dal Pan: Localitá Viel Del Pan, 1, I-38032 Canazei (TN),
Tel. +39 339 3865241, www.rifugiovieldalpan.com, info@rifugiovieldalpan.com,
von Mitte Juni bis Ende September bewirtschaftet
23 Schlafplätze in 6 Mehrbettzimmern
Rifugio Castiglioni Marmolada: Passo Fedaia, 5, I-38032 Canazei (TN),
Tel. +39 0462 601681, www.rifugiomarmolada.it, info@rifugiomarmolada.it,
im Sommer und Winter bewirtschaftet
90 Schlafplätze in 13 Mehrbettzimmern
Hotel Rifugio Dolomia: Passo Fedaia, 16, I-38030 Alba Di Canazei (TN),
Tel. +39 0462 601221, www.hotelrifugiodolomia.it, info@hotelrifugiodolomia.it.
von Mitte Juni bis Ende September und im Winter bewirtschaftet
60 Schlafplätze in 26 Mehrbettzimmern

Etappe 31 und 31.1: Lago di Fedaia – Rifugio Contrin

Hotel Villetta Maria: Via De Pian Trevisan, 44, I-38032 Canazei (TN),
Tel. +39 0462 601033, www.unionhotelscanazei.it/DE/290973/hotel-villetta-maria.php
Rifugio Baita Cianci: Localitá Val Contrin, I-38032 Canazei (TN),
Tel. +39 377 3887772, www.visitfassa.com/rifugi/rifugio-baita-cianci/,
im Sommer bewirtschaftet
Rifugio Contrin: Localitá Val Contrin, I-38032 Canazei (TN),
Tel. +39 0462 601101, www.rifugiocontrin.it, info@rifugiocontrin.it,
von Juni bis September bewirtschaftet
100 Schlafplätze (Mehrbettzimmer und Lager)

Etappe 32: Rifugio Contrin – Passo di San Pellegrino

Rifugio Fuciade: Località Fuciade, I-38030 Soraga (TN),
Tel. +39 0462 574281, www.fuciade.it/de/, rifugiofuciade@gmail.com,
im Sommer und Winter bewirtschaftet
7 Zimmer
Albergo Miralago: Località Lago delle Pozze, I-38030 Soraga (TN),
Tel. +39 0462 573791, www.albergomiralago.com/de/, miralago@dolomiti.com

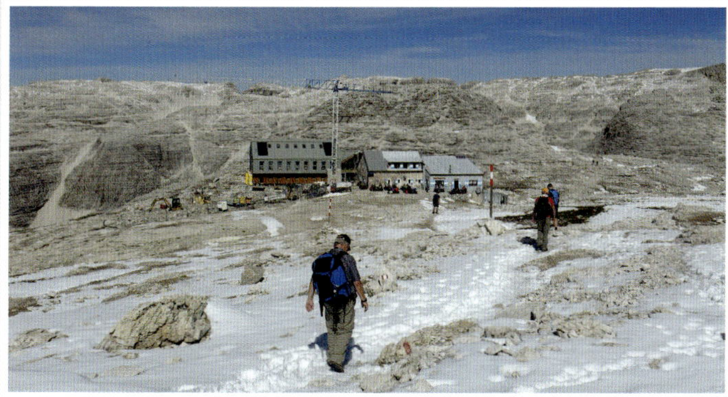

Die alte und die neue Boèhütte (Etappen 28, 29 und 29.1)

im Sommer und Winter geöffnet
14 Zimmer
Hotel Costabella: Sén Pelegrin, 37, I-38035 Moena (TN),
Tel. +39 0462 573326, www.costabella.it, info@costabella.it,
im Sommer und Winter geöffnet
23 Zimmer (Doppel- und Mehrbettzimmer)
Hotel Cristallo: Sén Pelegrin, 22, I-38035 Moena (TN),
Tel. +39 0462 573342, www.hotel-cristallo.com/de, info@hotel-cristallo.com,
im Sommer und Winter geöffnet

Etappe 33: Passo di San Pellegrino – Passo di Vallès

Rifugio Capanna Passo Vallès: Localitá Passo Valles, 2, I-38054 San Martino di Castrozza (TN), Tel. +39 0437 599136 oder 599460, www.passovalles.com,
von Mitte Juni bis Ende Oktober und von Dezember bis Ende April bewirtschaftet
25 Schlafplätze (12 Doppelzimmer und 1 Einzelzimmer)

Etappe 34 und 34.1: Passo di Vallès – Rifugio Volpi al Mulaz

Rufugio Volpi al Mulaz: Località Mulaz, I-32020 Falcade (BL),
Tel. +39 0437 599420, www.caiveneto.it/rifugio/volpi-al-mulaz, rifugiomulaz@gmail.com, von Mitte Juni bis Ende September bewirtschaftet
39 Schlafplätze (plus 13 Plätze im Winterraum)

Etappe 35: Rifugio Volpi al Mulaz – Rifugio Rosetta

Rifugio Rosetta (CAI): Pale di San Martino, I-38054 San Martino di Castrozza (TN), Tel. +39 349 5331742, www.rifugiorosetta.it, info@rifugiorosetta.it,
von Mitte Juni bis Ende September und im Winter bewirtschaftet
80 Schlafplätze (Mehrbettzimmer)

ÜBERNACHTUNGSVERZEICHNIS

Etappe 36: Rifugio Rosetta – Rifugio Pradidali
Rifugio Pradidali (CAI): Valle di Pradidali, I-38054 Tonadico (TN),
Tel. +39 0439 64180 oder +39 348 2455732, www.rifugiopradidali.com,
pradidali@libero.it, von Mitte Juni bis Ende September bewirtschaftet
58 Schlafplätze (Mehrbettzimmer)

Etappe 36.1: Rifugio Rosetta – Rifugio Treviso
Bivacco Carlo Minazio (CAI): Vallon delle Lede, I-38054 Tonadico (TN),
www.caipadova.it/gruppi/commissione-rifugi-e-bivacchi/bivacco-minazio/,
info@caipadova.it
ganzjährig geöffnetes Biwak (Selbstversorgerhütte)
12 Schlafplätze
Rifugio Treviso (CAI): Val Canali, I-38054 Tonadico (TN),
Tel. +39 0439 62311, www.rifugiotreviso.it, rifugiotreviso@gmail.com
Anfang Juni bis Ende September bewirtschaftet
42 Schlafplätze

Etappe 37: Rifugio Pradidali – Rifugio Treviso
Bivacco Carlo Minazio (CAI): siehe Etappe 36.1
Rifugio Treviso (CAI): siehe Etappe 36.1

Etappe 38: Rifugio Treviso – Passo Cereda
Rifugio Cereda: Localitá Passo Cereda, I-38054 Transacqua (TN),
Tel. +39 0439 65030, www.rifugiocereda.com/de/, rifugiocereda@gmail.com,
von Mitte Juni bis Mitte Oktober bewirtschaftet
50 Schlafplätze (Mehrbettzimmer und Lager)

Etappe 39: Passo Cereda – Bivacco Feltre Bodo
Bivacco Feltre Bodo (CAI): Via Caltene, I-32030 Cesiomaggiore (BL),
Tel. +39 0439 81140, www.caifeltre.it/rifugi-e-bivacchi/, info@caifeltre.it,
ganzjährig geöffnetes Biwak (Selbstversorgerhütte)
19 Schlafplätze

Etappe 40: Bivacco Feltre Bodo – Rifugio Bruno Boz
Rifugio Bruno Boz (CAI): Località Neva, I-32030 Cesiomaggiore (BL),
Tel. +39 0439 64448, www.rifugioboz.it, info@rifugioboz.it,
von Anfang Juni bis Ende September bewirtschaftet
36 Schlafplätze (plus 6 Plätze im Winterraum)

Etappe 41: Rifugio Bruno Boz – Rifugio G. Dal Piàz
Rifugio G. Dal Piaz (CAI): Località Servo, 226, I-32030 Sovramonte (BL),
Tel. +39 0439 9065, www.rifugiodalpiaz.com, info@rifugiodalpiaz.com,
von Mitte Juni bis Mitte September bewirtschaftet
22 Schlafplätze (plus 4 Plätze im Winterraum)

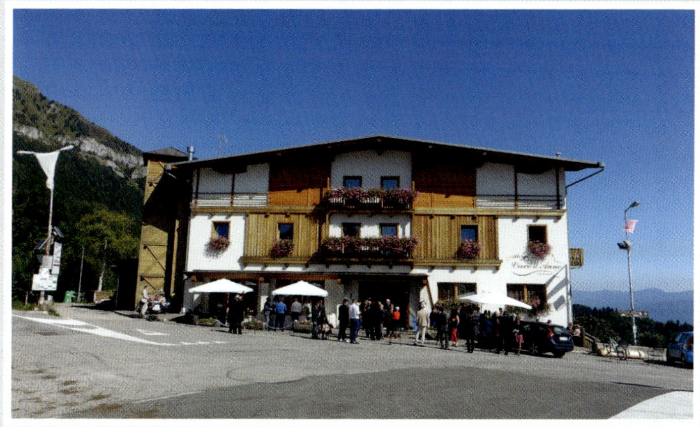

Das Albergo Ristorante Croce d'Aune am gleichnamigen Pass (Etappen 42 und 43)

Etappe 42: Rifugio G. Dal Piàz – Passo Croce d'Aune
Albergo Ristorante Al Camoscio: Passo Croce d'Aune, 85, I-32030 Sovramonte (BL), Tel. +39 0439 977058, albergocamoscio@libero.it,
15 Schlafplätze
Albergo Ristorante Croce d'Aune: Via Croce d'Aune, 32, I-32034 Pedavena (BL), Tel. +39 0439 977000, albergocrocedaune.it, albergocrocedaune@virgilio.it,
52 Schlafplätze

Etappe 43: Passo Croce d'Aune – Pedavena – Feltre
B & B Il Giardino di San Paolo: Via San Paolo, 10, I-32032 Feltre (BL), Tel. +39 328 1252240 oder +390439840958, www.giardinodisanpaolo.altervista.org, dante.zallot@gmail.com
B & B Villa Tina: Via Giuseppe Garibaldi, 54, I-32032 Feltre (BL), Tel. +39 380 3486870, www.villatinafeltre.it/de, info@villatinafeltre.it

Etappe 43.1: Passo Croce d'Aune – Bushaltestelle Lamen und Etappe 43.2: Bushaltestelle Lamen – Feltre
B & B Il Gufo: Via Costa Solana, 2, I-32032 Feltre (TN), Tel. +39 328 3382981, www.visitfeltre.info/dovedormire/bb-il-gufo/, b-b-bier@libero.it, von Juni bis November geöffnet
8 Schlafplätze (2 Doppelzimmer und 1 Vierbettzimmer)

Weitere Unterkünfte in Feltre siehe Etappe 43 und unter www.visitfeltre.info/dovedormire/

ÜBERNACHTUNGSVERZEICHNIS

DOLOMITEN HÖHENWEG NR. 3: TOBLACH – LONGARONE

Unterkünfte in Toblach unter www.toblach.bz/unterkuenfte/

Etappe 44: Bahnhof Toblach – Berggasthof Plätzwiese
Etappe 44.1: Niederdorf-Prags – Berggasthof Plätzwiese

Alpengasthof Brückele: Außerprags 4, I-39030 Prags (BZ), Tel. +39 0474 748613,www.hotel-brueckele.it, info@hotel-brueckele.it ganzjährig geöffnet

Berggasthof Plätzwiese: Außerprags 58, I-39030 Prags (BZ), Tel. +39 0474 748650, www.plaetzwiese.com, info@plaetzwiese.com, ganzjährig geöffnet

Berghotel Hohe Gaisl: Plätzwiese 60, I-39030 Prags (BZ), Tel. +39 0474 748606, www.hohegaisl.com, hotel@hohegaisl.com, ganzjährig geöffnet

Etappe 45: Berggasthof Plätzwiese – Rifugio Maggiore Angelo Bosi

Dürrensteinhütte/Rifugio di Vallandro: Plätzwiese 71, I-39030 Prags (BZ), Tel. +39 0474 972505, www.vallandro.it, info@vallandro.it, von Anfang Mai bis Anfang November und von Mitte Dezember bis Mitte April bewirtschaftet
40 Schlafplätze (Mehrbettzimmer und Lager)

Hotel Drei Zinnenblick: Landro 6, I-39034 Toblach (BZ), Tel. +39 0474 972633, www.hotelbaur.it/de/drei-zinnenblick.aspx, info@hotelbaur.it, ganzjährig geöffnet
80 Schlafplätze (Mehrbettzimmer)

Rifugio Maggiore Angelo Bosi: Via Monte Piana, 32, I-32041 Auronzo di Cadore (BL), Tel. +39 0435 39034, www.montepiana.com/rifugiobosi.htm, rifugiomontepiana@gmail.com, von Mitte Juni bis Mitte Oktober bewirtschaftet
20 Schlafplätze

Etappe 45.1: Berggasthof Plätzwiese – Rifugio Vandelli

Rifugio Son Forca: Grava di Stounies, I-32043 Cortina d'Ampezzo (BL), Tel. +39 0436 861822, www.rifugiosonforca.it, info@rifugiosonforca.it, von Ende Juni bis Mitte September und im Winter bewirtschaftet
37 Schlafplätze (Doppelzimmer und Lager)

Rifugio Vandelli (CAI): am Lago del Sorapis, I-32043 Cortina d'Ampezzo (BL), Tel. +39 0435 39015, www.rifugiovandelli.it, rifugiovandelli@libero.it, von Mitte Juni bis Mitte September bewirtschaftett
57 Schlafplätze (plus 4 Plätze im Winterraum)

Etappe 46: Rifugio Maggiore Angelo Bosi – Rifugio Vandelli

Rifugio Vandelli (CAI): siehe Etappe 45.1

Etappe 47: Rifugio Vandelli – Bivacco Slataper

Bivacco Slataper (CAI): Alto Fond de Ruseco, I-38054 San Vito di Cadore (BL), www.caitrentaottobre.it/bivacchi/, segreteria@caixxxottobre.it, ganzjährig geöffnetes Biwak (Selbstversorgerhütte), Achtung! Keine Quelle!
3 Schlafplätze

Etappe 48: Bivacco Slataper – Rifugio San Marco

Rifugio San Marco (CAI): Localitá Col de chi da Os, I-32046 San Vito di Cadore (BL), Tel. +39 0436 9444, www.rifugiosanmarco.com, info@rifugiosanmarco.com, von Mitte Juni bis Ende September bewirtschaftet
45 Schlafplätze

Etappe 49: Rifugio San Marco – San Vito di Cadore

Rifugio Scotter Palatini: Localitá Ghiaioni Scotter, I-32046 San Vito di Cadore (BL), Tel. +39 347 8314236, www.rifugioscotter.it, info@rifugioscotter.it, von Mitte Juni bis Ende September und im Winter bewirtschaftet
18 Schlafplätze (Mehrbettzimmer und Lager)
Hotel Il Cardo: Via Belvedere 91, I-32046 San Vito di Cadore (BL), Tel. +39 0436 890459, www.hotelilcardo.com, info@hotelilcardo.com
Hotel Dolomiti, Via Roma, 33, I-32046 San Vito di Cadore (BL), Tel. +39 0436 890184, www.hoteldolomiti.com

Etappe 50: San Vito di Cadore – Rifugio Venezia

Rifugio Venezia (CAI): Campi di Rutorto, I-32040 Vodo di Cadore (BL), Tel. +39 0436 9684 oder +39 320 0103872, www.rifugiovenezia.it, rifugio.venezia@libero.it, von Mitte Juni bis Ende September bewirtschaftet
62 Schlafplätze (Mehrbettzimmer und Lager plus 10 Plätze im Winterraum)

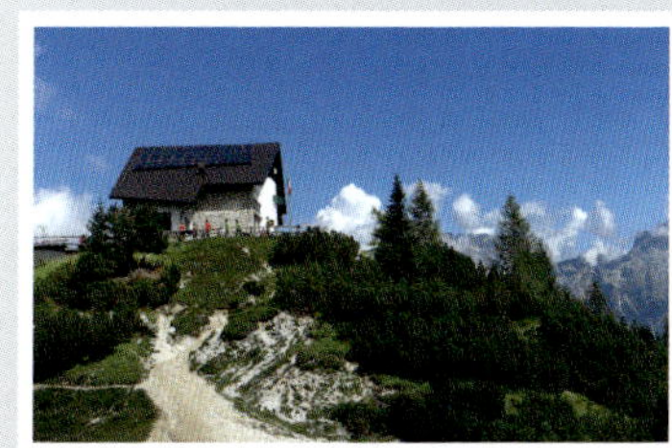

Das Rifugio Venezia (Etappen 50 und 51)

Etappe 51 und 51.1: Rifugio Venezia – Rifugio Dolomites

Rifugio G. Talamini: Localitá Col Botei, I-32040 Vodo di Cadore (BL), Tel. +39 380 9081496, www.rifugiogptalamini.com, rif.talamini@gmail.com, ganzjährig bewirtschaftet
6 Schlafplätze in Mehrbettzimmern
Rifugio Dolomites: Localitá Monte Rite, I-32040 Cibiana di Cadore (BL), Tel. +39 348 5658675, rifugiomonterite.it, info@rifugiomonterite.it, von Anfang Juni bis Mitte Oktober bewirtschaftet
30 Schlafplätze (Mehrbettzimmer und Lager)

ÜBERNACHTUNGSVERZEICHNIS

Etappe 52: Rifugio Dolomites – Passo Cibiana und
Etappe 51.2: Forcella die Val Inferna – Passo Cibiana

Rifugio Remauro: Via Pianezze, 61, I-32040 Cibiana di Cadore (BL),
Tel. +39 0435 74273, www.rifugioremauro.it, info@rifugioremauro.it,
ganzjährig bewirtschaftet (außer November und April)
34 Schlafplätze (Mehrbettzimmer und Lager)
Baita Deona: Via Pianezze, 61/I, I-32040 Cibiana di Cadore (BL),
Tel. +39 0435 540169, www.baitadeona.it, info@baitadeona.it,
ganzjährig bewirtschaftet
8 Schlafplätze (4 Doppelzimmer)

Etappe 53: Passo Cibiana – Rifugio Bosconero

Baita Deona: siehe Etappe 52
Rifugio Bosconero: Località Alta Val Bosconero, I-32012 Forno di Zoldo (BL),
Tel. +39 0437 787346, rifugiobosconero.it, mbosconero@libero.it,
von von Anfang Juni bis Ende September bewirtschaftet (je nach Wetterlage)
24 Schlafplätze im Lager (plus 4 Plätze im Winterraum)

Etappe 53.1: Wegkreuzung – Ospitale di Cadore

Baita Deona: siehe Etappe 52
Bivacco Casera Campestrin (CAI): Val Campestrin, I-32010 Ospitale di Cadore (BL),
Tel. +39 338 1607357, caisandona.it/2k15/bivacco-casera-campestrin/,
campestrin@caisandona.it, ganzjährig geöffnetes Biwak (Selbstversorgerhütte),
12 Schlafplätze

Keine Unterkünfte in Ospitale di Cadore, für Unterkünfte in Longarone siehe Etappe 55

Etappe 54: Rifugio Bosconero – Bivacco Tovanella

Bivacco Tovanella (CAI): Localitá Casera Pezzei, I-32010 Castello Lavazzo (BL),
www.caiveneto.it/bivacco/tovanella, segreteria@caiveneto.it,
ganzjährig geöffnetes Biwak (Selbstversorgerhütte), Achtung: Brunnen führt im Sommer kein Wasser! Keine brauchbare Kochausstattung.
8 Schlafplätze

Etappe 55: Bivacco Tovanella – Longarone

B & Casa Gilda: Via Roggia, 41, I-32013 Longarone (BL),
Tel. +39 0437 771375, www.infodolomiti.it, casagilda@libero.it
5 Schlafplätze (2 Doppelzimmer und 1 Einzelzimmer)
B & B Maya: Via Guglielmo Celso, 6/a, I-32013 Longarone (BL),
Tel. +39 335 7000772, www.bebmaya.it, info@bebmaya.it,
Hotel Posta: Piazza IX Ottobre 1963, 16, I-32013 Longarone (BL),
Tel. +39 0437 771661, www.hotelpostalongarone.it, info@HotelPostaLongarone.it
39 Schlafplätze (15 Doppelzimmer und 9 Einzelzimmer)

Weitere Unterkünfte in Longarone und Umgebung sowie in Belluno siehe Etappe 22 und unter www.infodolomiti.it

Tourismusbüros der Provinzen

Provincia di Belluno Dolomiti
Via San Andrea, 5
I-32100 Belluno
Tel. +39 0437 959111
www.infodolomiti.it
mail@infodolomiti.it

Provinz Südtirol
Information für den Gast
Südtiroler Straße 60
I-39100 Bozen
Tel. +39 0471 999999
www.suedtirol.info
info@suedtirol.info
Öffnungszeiten:
Montag bis Freitag:
9.00–12.30 und
14.00–18.00 Uhr und
Samstag: 9.30-12.30
und 14.00–18.00 Uhr

Trentino S.p.A.-Marketing AG
Via Romagnosi, 11
I-38122 Trento
www.visittrentino.info/de
direzione@trentino-marketing.org
kein Puplikumsverkehr

Tourismusbüros der Regionen

Tourismusverein Brixen
Regensburger Allee 9
I-39042 Brixen
Tel. +39 0472 275252
www.brixen.org
info@brixen.org
Öffnungszeiten:
Montag bis Freitag:
08.30–12.30 und
14.00–18.00 Uhr und
Samstag: 9.00-13.00
Uhr

Tourismusverein Toblach
Dolomitenstraße 3
I-39034 Toblach
Tel. +39 0474 972132
www.drei-zinnen.info
info@toblach.info
Öffnungszeiten:
Montag bis Freitag:
09.00–12.30 und
15.00–18.00 Uhr und
Samstag: 09.00–12.00
Uhr

Info Point Cortina d'Ampezzo
Corso Italia, 81
I-32043 Cortina d'Ampezzo
Tel. +39 0436 869086
www.serviziampezzo.it/ufficio-info-point
infopoint@serviziampezzo.it
Öffnungszeiten:
Montag bis Freitag:
9.00–13.00 und
15.00–19.00 Uhr und
Samstag: 9.00–13.00
Uhr

APT San Martino di Castrozza
Via Passo Rolle, 165
I-38054 San Martino di Castrozza
Tel. +39 0439 768867
www.sanmartino.com
info@sanmartino.com
Öffnungszeiten:
Montag bis Samstag:
9.00–12.30 und
14.30–17.30 Uhr

Tourismusbüro Belluno
Piazza del Duomo, 2
I-32100 Belluno
Tel. +39 334 2813222
www.infodolomiti.it
belluno@infodolomiti.it
Öffnungszeiten:
Montag bis Sonntag: 9.00–13.00 und
15.00–18.00 Uhr

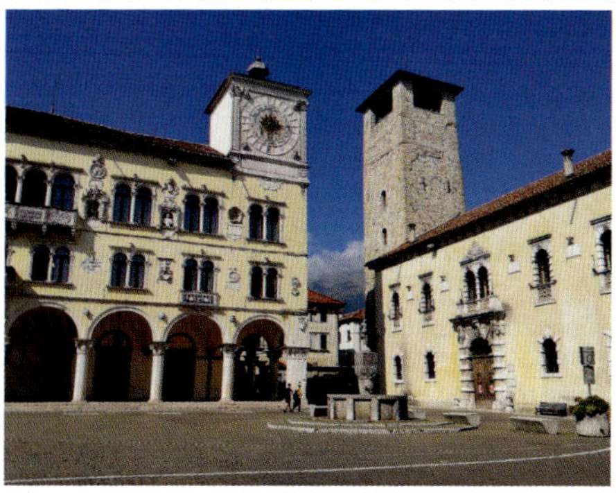

Der Domplatz mit Rathaus in Belluno

REGISTER

IMPRESSUM

© KOMPASS-Karten, A-6020 Innsbruck (21.01)
1. Auflage 2021 Verlagsnummer: 5780 ISBN 978-3-99121-140-2

Titelbild: Der Lech de Lagació mit dem Sellamassiv im Hintergrund (© Michael Will)

Texte und Fotos (soweit nicht anders angegeben): Michael Will

Bildnachweise
S. 301: © Günter Hommes / pixelio.de
S. 302: © Andreas Agnes / pixelio.de
S. 305: © Kordula und Uwe Vahle / pixelio.de
S. 321: © Gerhard Stummvoll

Grafische Herstellung: Christine Jacobi
Wanderkartenausschnitte: © KOMPASS-Karten GmbH
Kartengrundlage für Gebietsübersichtskarte S. 12–13, U4:
© MairDumont, D-73751 Ostfildern 4

Alle Angaben und Routenbeschreibungen wurden nach bestem Wissen gemäß unserer derzeitigen Informationslage gemacht. Die Wanderungen wurden sehr sorgfältig ausgewählt und beschrieben, Schwierigkeiten werden im Text kurz angegeben. Es können jedoch Änderungen an Wegen und im aktuellen Naturzustand eintreten. Wanderer und alle Kartenbenützer müssen darauf achten, dass aufgrund ständiger Veränderungen die Wegzustände bezüglich Begehbarkeit sich nicht mit den Angaben in der Karte decken müssen. Bei der großen Fülle des bearbeiteten Materials sind daher vereinzelte Fehler und Unstimmigkeiten nicht vermeidbar. Die Verwendung dieses Führers erfolgt ausschließlich auf eigenes Risiko und auf eigene Gefahr, somit eigenverantwortlich. Eine Haftung für etwaige Unfälle oder Schäden jeder Art wird daher nicht übernommen. Für Berichtigungen und Verbesserungsvorschläge ist die Redaktion stets dankbar. Korrekturhinweise bitte an folgende Anschrift:

KOMPASS-Karten GmbH
Karl-Kapferer-Straße 5, A-6020 Innsbruck
www.kompass.de/service/kontakt

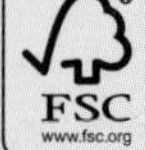

MIX
Papier aus verantwortungsvollen Quellen
FSC® C015829